权威·前沿·原创

皮书系列为
"十二五""十三五""十四五"时期国家重点出版物出版专项规划项目

BLUE BOOK

智 库 成 果 出 版 与 传 播 平 台

海南蓝皮书

BLUE BOOK OF HAINAN

海南高质量发展报告（2022）

ANNUAL REPORT ON HIGH QUALITY DEVELOPMENT OF HAINAN PROVINCE (2022)

主　　编／王惠平
执行主编／黄景贵　熊安静

社会科学文献出版社
SOCIAL SCIENCES ACADEMIC PRESS（CHINA）

图书在版编目（CIP）数据

海南高质量发展报告 . 2022 ／王惠平主编 .－－北京：
社会科学文献出版社，2022. 12
　　（海南蓝皮书）
　　ISBN 978-7-5228-0974-8

　　Ⅰ．①海…　Ⅱ．①王…　Ⅲ．①区域经济发展-研究报
告-海南-2022　Ⅳ．①F127. 66

中国版本图书馆 CIP 数据核字（2022）第 198610 号

海南蓝皮书
海南高质量发展报告（2022）

主　　编／王惠平
执行主编／黄景贵　熊安静

出 版 人／王利民
组稿编辑／周　丽
责任编辑／连凌云
责任印制／王京美

出　　版／社会科学文献出版社·城市和绿色发展分社（010）59367143
　　　　　　地址：北京市北三环中路甲 29 号院华龙大厦　邮编：100029
　　　　　　网址：www. ssap. com. cn
发　　行／社会科学文献出版社（010）59367028
印　　装／天津千鹤文化传播有限公司

规　　格／开　本：787mm×1092mm　1/16
　　　　　　印　张：27　字　数：407 千字
版　　次／2022 年 12 月第 1 版　2022 年 12 月第 1 次印刷
书　　号／ISBN 978-7-5228-0974-8
定　　价／168. 00 元

读者服务电话：4008918866

主要编撰者简介

王惠平 经济学博士，财政理论和实践方向博士后；海南省社会科学界联合会党组书记、主席，海南省社会科学院院长。主要研究方向：邓小平理论、习近平新时代中国特色社会主义理论在海南的实践；应用经济学；财税理论与实践。相关研究成果：创新提出村级公益事业建设一事一议财政奖补理论，并在全国推广形成村级公益事业建设一事一议财政奖补制度；参与制订和实施全国唯一的海南离岛免税购物政策；参与推动出台《财政部支持海南全面深化改革有关财税政策的实施方案》；参与制订、推动出台和实施《海南自由贸易港建设总体方案》中"零关税、低税率、简税制"海南自由贸易港财税政策制度；主持的《建设中国特色自由贸易港的财税政策和制度安排研究》获得海南自贸港研究优秀成果一等奖，《县乡财政困难现状、问题及对策研究》获得财政部机关优秀调研报告一等奖，《促进国际旅游岛建设的财税政策研究》获得全国第六次优秀财政理论研究成果二等奖。在《人民日报》《经济日报》《财政研究》《经济学动态》《中国财政》《中国财经报》等报刊发表文章数十篇；出版著作十余部，主编《海南自由贸易港发展报告（2021）》。

黄景贵 经济学博士，二级教授，国务院政府特殊津贴专家，教育部"新世纪优秀人才支持计划"获得者，曾任海南大学经济学院院长、海南大学 MBA 教育中心主任、海南经贸职业技术学院院长、中国世界经济学会常务理事，现任海南省社会科学院特聘研究员、海南省对外经济贸易与合作研究基地主任。主要研究方向：世界经济、国际贸易。主持完成国家级课题多项，主编的《海南自由贸易港建设 100 问》获 2021 年海南省人民政府海南自由贸易港研究优秀成果二等奖。

熊安静 海南省社科联党组成员、副主席，海南省社会科学院副院长；《南海学刊》主编，海南省委讲师团专家成员，曾任海南大学经济学院硕士生导师。具有多年政府机关文字工作经验，熟悉公共政策、公文写作。主要研究方向：公共政策、公共管理、区域经济与产业发展。多次获海南省社科成果奖，主编和参编多部专著，《习近平新时代中国特色社会主义思想的海南实践》等被评为海南省理论宣讲精品课程。

序 推动高质量发展是根本出路

党的二十大明确提出，高质量发展是全面建设社会主义现代化国家的首要任务。2018 年 4 月 13 日，习近平总书记在庆祝海南建省办经济特区 30 周年大会上的讲话中指出，海南要坚决贯彻新发展理念，建设现代化经济体系，在推动经济高质量发展方面走在全国前列。2022 年 4 月 13 日，习近平总书记在海南考察工作结束时的讲话又进一步强调，要把海南更好发展起来，贯彻新发展理念、推动高质量发展是根本出路。为落实好党中央和习近平总书记的嘱托和要求，中共海南省委七届十次全会作出了全面部署，要求重点把握好、落实好十个方面的任务。2021 年是"十四五"开局之年，也是海南全面深化改革开放和加快建设自由贸易港的关键之年。一方面，新冠肺炎疫情对产业链、供应链冲击较大，外部经济环境复杂多变，货币政策转向加快；另一方面，我国发展仍然处于重要的战略机遇期，国家积极的财政政策托底，产业结构升级转型效果明显，内生动力增强。海南如何在奋力推进中国特色自由贸易港建设中全面贯彻新发展理念，完全融入新发展格局，把握重点、找准焦点、彰显亮点，充分释放自贸港政策红利，统筹推进经济社会高质量发展？为贯彻落实习近平总书记在海南的一系列重要讲话和指示批示精神，研究记录海南经济社会高质量发展的客观进程，充分发挥海南社科专家的咨政建言作用，更好地服务于国家战略和省委省政府的中心工作，海南省社会科学界联合会、海南省社会科学院组织编写了《海南高质量发展报告（2022）》。

一个区域要实现高质量发展，需要深刻理解并处理好一系列重大关系，即：高质量发展是以人民为中心的发展，要处理好"见物"和"见人"的关系；高质量发展是更好满足人民美好生活需要的发展，要处理好经济发展和民生改善的关系；高质量发展是绿色成为普遍形态的发展，要处理好经济建设和生态文明建设的关系；高质量发展是更为安全的发展，要处理好发展和安全的关系；高质量发展是完善社会主义市场经济体制，要处理好使市场在资源配置中起决定性作用和更好发挥政府作用的关系；高质量发展是统筹协调的发展，要处理好供给侧结构性改革和需求侧管理的关系；构建新发展格局是推动高质量发展的重大战略，要处理好国内大循环和国际大循环的关系；高质量发展是推动共同富裕的发展，要处理好效率和公平的关系；高质量发展是实现共同繁荣的发展，要处理好公有制为主体和多种所有制共同发展的关系；高质量发展是实体经济和虚拟经济协同的发展，要处理好实体经济和虚拟经济的关系。除此之外，高质量发展还要处理好稳与进、短期与长期、整体与局部的关系。

《海南高质量发展报告（2022）》是第一本全面反映海南经济社会高质量发展状况的蓝皮书，本书共设置了总报告、产业提质篇、空间发展篇、公共基础篇、特色专题篇5个部分，共14篇报告，以高质量发展的指标体系、政策体系、标准体系、统计体系和绩效评价、政策考核等为导向，以推进经济社会高质量发展为目标，客观阐述海南各项事业、各大产业发展的国际国内环境和政策导向，实地调查并研究其发展现状，分析制约因素及如何打破瓶颈并借鉴国内外同行业经验，提出高质量发展的对策建议。在查阅大量文献资料和定性、定量分析的基础上，力求展示一个全面、协调、奋进、创新的海南。令人欣慰的是，2021年，海南省坚持深化供给侧结构性改革实践，以壮士断腕的决心减少经济对房地产业的依赖，加快构建旅游业、现代服务业、高新技术产业和热带特色高效农业"3+1"现代产业体系，调优产业结构，培育发展新动能。非房地产投资占比较5年前提高12个百分点，"3+1"主导产业增加值占比达七成、对经济增长的贡献率近八成，主要经济指标增速历史性走在全国前列，各项事业稳步推进，企业利润、居民收入、财政收入更加充实，海南交出了一份高质量发展的满意答卷。

　　当然，海南高质量发展过程中存在的问题也是本报告高度关注的内容。海南将按照省第八次党代会精神，继续聚焦发展"3+1"主导产业，打造"三极一带一区"区域协调发展新格局，以重点园区为载体推动产业集聚集群发展，打赢科技创新翻身仗，提质升级"五网"基础设施，建设产业聚焦、区域协调的自由贸易港，推动海南高质量发展迈上新台阶。

王惠平

2022 年 10 月 30 日

摘　要

　　党的十九大报告指出，我国经济由高速发展阶段进入高质量发展阶段，作为全国最大经济特区、国际旅游岛、海南自由贸易港建设的海南省，应在高质量发展方面走在全国前列。2018年4月13日习近平总书记宣布，海南要对标国际经贸规则，实行开放自由便利的经贸政策，建设中国特色自由贸易港。近年来，海南省委省政府围绕全面深化改革开放试验区、国家生态文明试验区、国家重大战略服务保障区和国际旅游消费中心建设的根本任务，通过发展"3+1"主导产业，强化市区县之间的产业协作，明确区域差异化发展战略，加大制度集成创新力度，不断优化营商环境，大力推进国际教育创新岛、国际卫生旅行保健中心、国际设计岛建设，实现全岛同城化，产业园区化，在旅游购物消费回流、教育留学回流、医美消费回流等方面取得了重要进展和明显成效。

　　本报告通过文献梳理、实地调研、数据分析，全面总结了2021年海南省高质量发展的国际国内环境、政策支撑及其取得的主要成效；在产业升级、区域协同、事业提质、行业赋能等方面，推出了一系列具有全国改革开放示范意义的创新案例；对标国际高水平自贸港和国内发达地区的科学规划和先进经验，查找差距；结合自由贸易港建设的整体思路、目标任务和海南实际，提出了高质量发展的政策建议。

　　海南将紧扣"三区一中心"的战略定位，重点聚集旅游业、现代服务业、高新技术产业、热带特色高效农业等"3+1"主导产业，加快建立开放型生态型服务型现代产业体系，推动主导产业集群化发展。继续深化重点领域、重要行业、重点部门改革,推进制度集成创新。继续推动自由贸易港政策落地落实和滚动升级,将政策优势转化为发展优势。加大对外开放创新力度,推动新型离岸国际贸易、数字贸易等业态提速发展。不断优化营商环境,加大产业园区招商引资强度。着力培育高质量发展的市场主体,构建全方位的企业服务体系,对入驻海南的企业进行全链条服务。继续深化"放管服"改革,全面推进负面清单管理制度。加大高层次人才引进力度,着力培育海南高质量发展的动力源泉。推进绿色低碳发展,争创一流的生态环境。加快"三级一区一带"平台、项目、机制构建,推进高质量的区域发展。加快软硬件封关环境建设,有效防范和化解各种风险,朝着"一线放开、二级管住、岛内自由"的开放、自由、便利的海南自由贸易港的既定目标奋力迈进。

关键词: 海南自由贸易港　高质量发展　营商环境　国际经贸规则三区一中心

Abstract

Thereports of the 19th National Congress of the Communist Party of China claims that the china's economy is in the high quality stage, Hainan province must play an exemplary role in high quality development as the largest special economic zone, international tourism island and free trade port. In April 13 of 2018, General Secretary Xi Jinping announced that Hainan should implement free and convince policy, construct free trade port with Chinese characteristics with international trade rule. In recent years, with the main tasks of reform and opening-up pilot zone, national ecological civilization pilot zone, service zone for implementing China's major strategies and international tourism and consumption zone, Hainan province developed "3+1" leading industry, strengthened the cooperation between cities, districts and counties, implemented regional differentiation development strategies, increased institutional integrated innovation efforts, optimized market environment, constructed international education innovation island, international sanitation heath center and international design island to realize the urban integration and industry zonation, achieved remarkable effect on the tourism, shopping and consumption reflow, educational reflow and cosmetic medicine reflow.

The remarkable effect on the international and domestic environment, policy support in the progress of high quality development of Hainan province in 2021 based on literature review, field research and data analysis. Some cases with model significance in the reform and opening-up were put forward from the aspects of industrial and program upgrading, regional collaboration and industry energized. Finding gap with the experiences of international free trade port and developed area in China. Some suggestions were put forward based on general idea and main goal of free trade port and situation of Hainan province.

Based on strategic positioning of "three zones and one center", focus on the "3+1" leading industry such as tourism trade, modern service industry, high and new technology industry and tropical agriculture trade, building an openness, ecotypic and service-oriented modern industry system, promoting clustering development of leading industry. Deepening the reform of key fields, key industry and key departments, increasing institutional integrated innovation efforts. Promoting the upgrade of the polices of free trade port, turned policy advantage into development advantage. Strengthening the effort to the opening-up, promoting the development of new offshore international trade and digital trade. Optimizing market environment, encouraged investments of industrial parks. Cultivating main high quality market entities, constructing all-round enterprise service system, offering the whole chain service for enterprise in Hainan. Deepening the reform of delegate power, improve regulation and upgrade service, implementing negative list management system. Introducing high quality talents to realize the development of Hainan province. Promoting green and low-carbon development, establishing high quality ecological environment. Speeding up the platform, program and mechanism of "three economic circles, sea urban belt and central mountains environmental protection zone" to realize regional development. Speeding up the lockdown environment construction of software and hardware, doing more to guard against risks to ensure " goods across the border freely, collect duties of goods from free trade zone to non-free trade zone, freedom in zone", and construct an opening, free, convince free trade port.

Keywords: Hainan Free Trade Port; High Quality Development; Market Environment; International Economic Rule; Three Zones and One Center

目 录 ↖

Ⅰ 总报告

Ⅱ 产业提质篇

Ⅲ 空间发展篇

皮书数据库阅读**使用指南**

CONTENTS ⤦

I General Report

II Industrial Upgrading

III　Spatial Development

IV　Public Foundation

V　Special Topic

总 报 告

General Report

B.1

2021年海南高质量发展：
进展、问题及对策建议

余升国*

摘 要： 2021 年，海南省经济增长质量显著提升，互联网产业、医疗健康产业等新兴产业蓬勃发展，对房地产的依赖逐步下降，单位GDP 能耗持续下降，经济外向度提高，实际利用外资总额显著增长；工业、服务业增加值占地区生产总值比重持续提高，产业结构持续转型升级；以海口、三亚、儋洋为增长极的区域协调发展格局逐步形成；城乡居民可支配收入持续增长，就业和物价保持稳定，民生持续改善。但是也面临国际经济复苏放缓、输入型通货膨胀风险加大、全球产业链供应链加速重构的负面冲击等外部挑战，经济复苏结构性不平衡和内需恢复不够充分等内部风险。下一年度，建议进一步落实自由贸易港早期安排，加强制度

* 余升国，经济学博士，海南大学经济学院副教授、副院长，硕士生导师，主要研究领域为区域经济学、世界经济学。

的集成创新，深化"放管服"改革，加快构建现代产业体系，优化产业结构，推进产业园区产城融合发展。

关键词： 高质量发展　区域协调发展　制度集成创新　现代产业体系　产城融合发展

自习近平总书记在党的十九大报告中首次提出"我国经济已由高速增长阶段转向高质量发展阶段"[①]，国内学者从不同的维度不同的视角对高质量发展概念进行了界定。例如"高质量发展就是能够很好地满足人民日益增长的美好生活期望的发展，同时体现新发展理念的发展"[②]，高质量发展是"商品和服务质量普遍持续提高的发展、投入产出效率和经济效益不断提高的发展等等"[③]。高质量发展是"数量和质量的有机统一体，体现了五大发展理念，其中，创新发展、协调发展、绿色发展、共享发展分别解决的是高质量中的动力问题，高质量发展中的不均衡，人与自然如何和谐共处，如何实现社会利益的公平正义问题等"[④]。高质量发展"以新发展理念为指导，囊括经济领域、社会领域、生态领域等多方面，不仅包括经济领域的高质量发展，也包括社会、文化、生态、国家治理等领域的高质量发展"[⑤]。高质量发展是指一个国家或区域经济社会发展在数量增长的基础上，以五大发展理念为引领，通过结构优化、效率提升、创新驱动、保护环境、增加福利等实现数量与质量共同提升的发展，更加注重发展效率、要素高效配置、

---

① 习近平：《决胜全面建成小康社会　夺取新时代中国特色社会主义伟大胜利——在中国共产党第十九次全国代表大会上的报告》（2017年10月18日），人民出版社，2017，第30页。

② 杨伟民：《贯彻中央经济工作会议精神　推动高质量发展》，《宏观经济管理》2018年第2期，第13页。

③ 林兆木：《我国经济高质量发展的内涵和要义》，《西部大开发》2018年第Z1期，第111~113页。

④ 任保平、李禹墨：《新时代我国高质量发展评判体系的构建及其转型路径》，《陕西师范大学学报（哲学社会科学版）》2018年第3期。

⑤ 王晓慧：《中国经济高质量发展研究》，吉林大学博士学位论文，2019。

结构持续优化、创新驱动、生态环境有机协调和成果共享。① 根据国务院发展研究中心王一鸣的研究，中国高质量发展的典型特征包含五个方面：从"数量追赶"转向"质量追赶"，从"规模扩张"转向"结构升级"，从"要素驱动"转向"创新驱动"，从"分配失衡"转向"共同富裕"，从"高碳增长"转向"绿色发展"。② 综上所述，高质量发展是指政治、经济、社会、生态和文化等方面投入产出效率和经济效益不断提高。

推动经济高质量发展一直是海南全面深化改革开放的重点，新旧动能转换、基础设施升级、产业结构调整、未来产业培育四个方面是海南高质量发展的主要抓手。③ 2021年是"十四五"开局之年，虽然外部环境复杂严峻，但得益于我国科学统筹疫情防控，海南社会需求稳步恢复，再加上自贸港相关政策接连落地生效，海南以自由贸易港建设引领高质量发展成势见效。

一 2021年海南省高质量发展现状

2021年以来，海南省全省上下践行习近平总书记关于高质量发展的指示，把握新发展阶段、贯彻新发展理念、融入新发展格局，推动经济社会发展呈现质量更高、结构更优、生态更好、民生更实、风险防控更加扎实有效的良好局面。④

（一）主要经济指标增速历史性走在全国前列

经济增速全国第二。2021年在党和中央政府的领导下，海南坚持动态

---

① 北京市科学技术研究院高质量发展研究课题组：《北京高质量发展报告（2021）》，社会科学文献出版社，2021。
② 王一鸣：《百年大变局、高质量发展与构建新发展格局》，《管理世界》2020年第12期，第1～13页。
③ 马海燕：《海南省省长：海南四举措推动高质量发展》，https：//baijiahao.baidu.com/s？id=1644832813090359741&wfr=spider&for=pc.2021-09-17。
④ 冯飞：《2022年海南省政府工作报告》，https：//www.hainan.gov.cn/hainan/szfgzbg/202201/6da8f2ca08ce440792389398d9a78459.shtml。

清零的防疫政策，疫情得到有效控制，社会需求迅速恢复，再加上海南自贸港相关政策落地生效，2021年海南经济增长率高达11.2%。如图1所示，2021年第一季度增长率由上一季度的个位数增长到19.8%，在第二季度保持高速增长，到第三、第四季度增速虽放缓，但全年累计保持11.2%，仅居湖北之后排名全国第二。

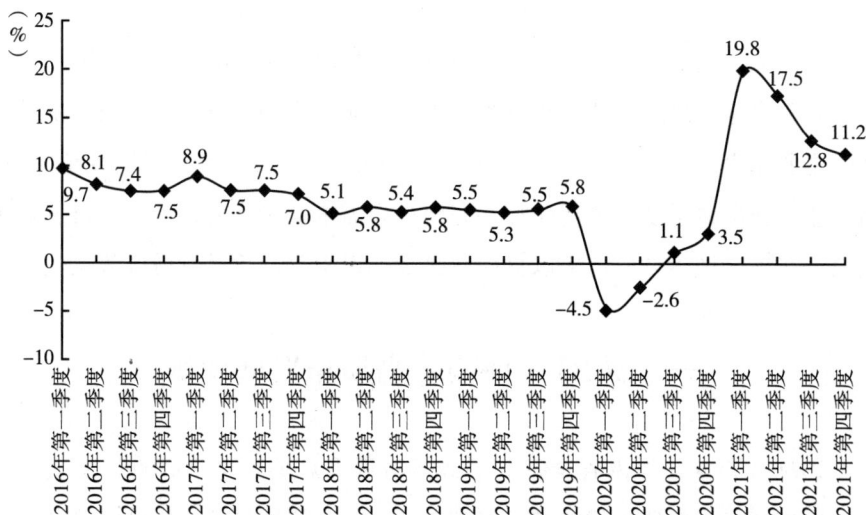

图1 2016年以来海南省季度GDP累计同比增速

数据来源：根据wind数据整理。

地方一般公共预算收入增速全国第七。如图2所示，经历2020年的急剧下降后，2021年海南地方一般公共预算收入迅速回升，全年增速高达12.9%，根据国家统计局的数据，在内地31个省份中排名第七。

固定资产投资迅猛增长。如图3所示，固定资产投资在2020年初急剧下降，然后缓慢恢复。进入2021年后，海南固定资产投资迅猛增加，全年增速高达10.2%，根据国家统计局的数据，在内地31个省份中排名第七。

城乡居民消费能力总体回升。刨除季节性因素，2020年2月以来，随着疫情防控的顺利开展，海南城乡居民消费能力总体回升，但是城乡呈现不

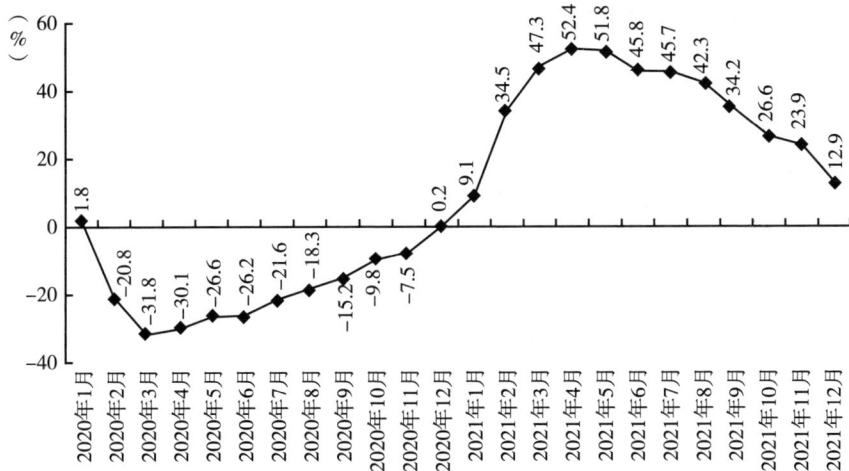

图2 2020~2021年海南省地方公共财政收入月度累计同比增速

数据来源：根据wind数据整理。

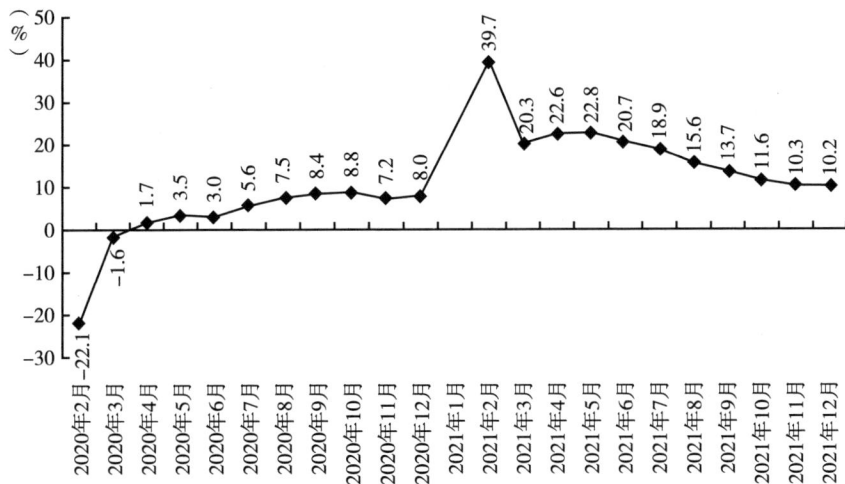

图3 2020~2021年海南省固定资产投资完成额月度累计同比增速

数据来源：根据wind数据整理。

同的变化趋势。如图4所示，农村居民社会消费品零售总额总体保持平稳，2021年下半年开始企稳回升；城镇居民社会消费品零售总额呈现波动式上升的趋势，但是总体消费水平已经超过疫情之前的水平，据国家统计局数据，2021 年，海南省社会消费品零售总额增长率在内地 31 个省份中排名首位。

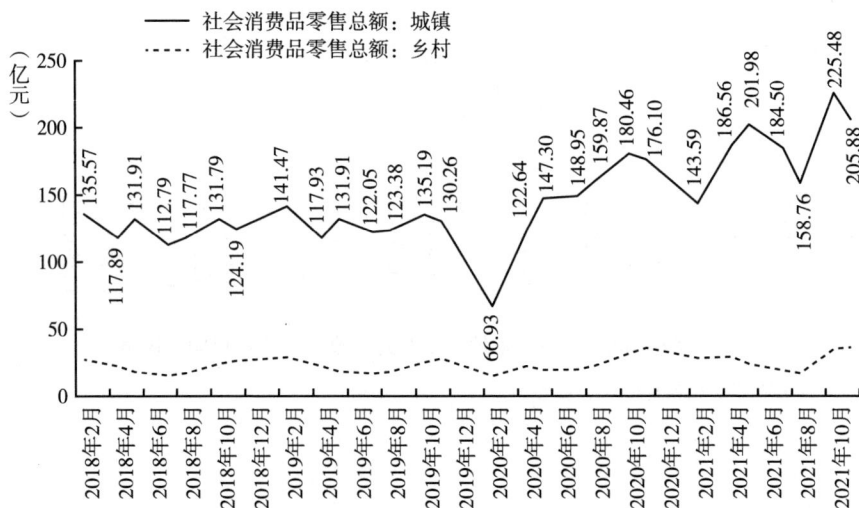

图 4　2018~2021 年海南省城乡居民月度社会消费品零售总额

数据来源：根据 wind 数据整理。

（二）全面深化改革取得突破性成果

2018 年海南成为全国首个地方党政机构改革的省份。机构改革后的海南在对应党中央、国务院机构改革的机构调整和职能优化基础上，突出海南特色，因地制宜设置了省委全面深化改革委员会、省委人才发展局、省委国家安全委员会办公室等机构，省委统战部对外加挂省台湾事务办公室牌子，并优化省委军民融合发展委员会办公室、省商务厅等部门的职责。[①]

以落实《海南自由贸易港建设总体方案》有关贸易投资自由化便利化条款为突破口，先后出台落地 150 多项政策文件并推出 120 多项制度创新成果。

---

① 彭青林：《海南率先基本完成省级党政机构改革，55 个机构实现组建运行》，https://baijiahao.
baidu.com/s? id = 1614089947066564970&wfr = spider&for = pc. 2018 - 10 - 12。

企业所得税和个人所得税"双15%"政策落地生效，原辅料"零关税"政策正面清单、交通工具及游艇"零关税"政策正面清单相继发布，全国首张服务贸易负面清单以及仅包含27项限制措施的《海南自贸港外商投资准入负面清单（2020年版）》《海南自由贸易港法》《海南省公平竞争条例》等法律法规相继出台，市场营商环境不断改善，2021年海南省新增市场主体49.77万户。将"一线放开、二线管住"制度试点从洋浦保税港推广到海口综合保税区和海口空港综合保税区并增点扩区①，海南自贸港的封关运作有序推进。

2021年海南省加强顶层设计，持续改善营商环境。一是省和各市县均成立了工作专班；二是省人大常委会先后审议通过《海南自由贸易港优化营商环境条例》《海南自由贸易港公平竞争条例》等法规；三是出台了深化"放管服"改革的42项措施以及未来5年重要量化指标赶超国内一流实施方案等政策文件，夯实了海南优化营商环境的"四梁八柱"；四是大力推动放宽市场准入、准入即准营、政务服务"零跑动"、一枚印章管审批、投资贸易"单一窗口"等重点改革事项，目前开办企业全流程1天即可办完，54%的政务服务事项实现零跑动，"机器管规划"等制度集成创新案例受到国务院通报表扬。2021年新增市场主体同比增长52.15%，新增企业中私营企业占比较大，私营企业占新增企业总量的90%以上，主要集中在科学研究和技术服务、批发和零售、信息传输等行业。外资企业占比虽然较小，但是增速较快，2021年新设立外商投资企业增长92.6%。

（三）经济转型取得显著成效

破除土地财政，对房地产依赖大幅下降。如图5所示，以2018年为分界线，在2018年及以前，海南房地产投资占全社会固定资产投资比重在52%以上，到2021年，海南房地产投资占全社会固定资产投资比重下降到36.1%。

---

① 裴昱：《突破海关特殊监管区海南"一线放开、二线管住"试点扩围》，https：//baijiahao.baidu.com/s？id=1745107163894631412&wfr=spider&for=pc，2022-9-27。

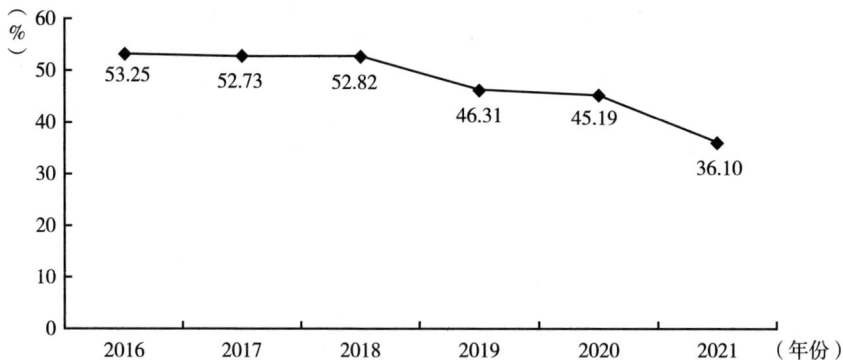

图5　2016~2021年海南省房地产投资占全社会固定资产投资比重

数据来源：根据wind数据整理。

单位GDP能源消耗不断下降。如表1所示，自2016年以来，海南省历年单位GDP能耗持续下降，每万元GDP能耗从2019年的0.494吨标准煤下降到2021年的0.443吨标准煤。

表1　2016~2021年海南省单位GDP能耗

单位：吨标准煤/万元

年份	2016	2017	2018	2019	2020	2021
单位GDP能耗	0.494	0.484	0.478	0.471	0.457	0.443

数据来源：wind。

外向型经济发展持续向好。如表2所示，实际利用外资总额受新冠肺炎疫情影响不明显，2021年随着自贸港各项政策的逐步落地，实际利用外资总额显著增长。全省实际利用外资在连续三年翻番基础上再增长16.2%，新设外资企业数量增长92.6%。2021年累计33艘国际船舶入籍"中国洋浦港"，登记吨位总规模全国排名跃升到第二名[①]，货物贸易规模也首次突破千亿元大关。

---

① 《入籍"中国洋浦港"国际船舶达33艘！登记总吨规模跻身全国第二》，儋州市新闻中心官方账号，https://baijiahao.baidu.com/s? id = 1739757284869986606&wfr = spider&for = pc. 2022-07-29。

表2　2021年2~12月海南省固定资产投资总额与实际利用外资总额

月份	固定资产投资总额累计(亿元)	同比增长(%)	实际利用外资累计(亿美元)	同比增长(%)
2月	135.58	39.7	4.078	319.3
3月	143.31	29.4	1.4804	433
4月	94.46	28	1.1843	432.7
5月	103.46	22.8	1.2428	527.5
6月	127.46	20.7	1.5112	623.6
7月	99.76	18.9	0.9608	213.4
8月	100.88	15.6	8.6122	388.1
9月	131.81	16.8	8.5960	424.1
10月	138.49	11.6	1.7904	414.1
11月	139.74	10.3	0.7143	311.0
12月	164.68	10.2	5.0222	104.6

数据来源：wind。

新兴产业蓬勃发展。如表3所示，在"十三五"期间，互联网产业、医疗健康产业等新兴产业占GDP的比重均呈现上升趋势。2021年高新技术企业是2016年的近6倍，年均增长率超43%，远高于全国25%的增长速度。"十三五"期间，高新技术产业的营业收入每年增长幅度约为40%，占海南省经济总量的比重为6.5%，比"十二五"期末提高了4.1个百分点；2021年，海南高新技术产业实现营收约3000亿元，继续保持快速增长势头①。此外，免税销售产业链逐步建立，免税品销售拉动消费，社会消费品零售总额大幅增长。海南省统计局的数据显示，2021年，海南举办首届国际消博会，离岛免税销售额突破600亿元，网络零售额快速增长，剔除离岛免税政策性消费热点，全省社会消费品零售总额增速为15.6%，高于全国平均水平3.1个百分点②。

---

① 《国家发展改革委刊文点赞海南自贸港这一产业》，中共海南省委宣传部官方澎湃号，http://www-thepaper-cn-s.vpn.sdnu.edu.cn/newsDetail_forward_16995069.2022-03-07。

② 陈雪怡：《2021年海南社会消费品零售总额增速全国第一》，https://baijiahao.baidu.com/s?id=1723454696915295534&wfr=spider&for=pc.2022-01-31。

表 3　2016～2020 年海南省重点新兴产业增加值及占 GDP 比重

单位：亿元，%

		互联网产业	医疗健康产业	现代金融服务业	医药产业	低碳制造业
2016 年	产值	142.79	101.61	296.90	52.10	142.20
	占 GDP 比重	3.49	2.48	7.26	1.27	3.48
2017 年	产值	179.55	121.10	328.94	64.00	156.00
	占 GDP 比重	3.99	2.69	7.31	1.42	3.47
2018 年	产值	202.80	148.18	380.10	74.22	185.40
	占 GDP 比重	5.06	3.69	9.48	1.85	4.62
2019 年	产值	238.60	169.22	392.23	78.40	164.90
	占 GDP 比重	4.48	3.17	7.36	1.47	3.09
2020 年	产值	309.74	194.88	397.91	73.78	184.39
	占 GDP 比重	5.60	3.52	7.19	1.33	3.33

数据来源：wind。

产业结构不断优化。根据表 4 地区生产总值统一核算结果，2021 年海南省三次产业结构调整为 19.4∶19.1∶61.5，由此看出，2021 年，服务业仍是经济增长主动力，全省服务业（第三产业）增加值同比增长 15.3%，对经济增长的贡献率为 82.5%。表 4 反映了 2021 年全省分行业生产总值的增长情况。海南省调结构持续推进，工业、服务业增加值占地区生产总值比重分别较上年提高 0.6 个和 1.2 个百分点，产业结构持续转型升级。

表 4　2020～2021 年海南省分行业生产总值

指标	2021 年（亿元）	2020 年（亿元）	比上年同期增减（%）
全省生产总值	6475.20	5566.24	11.2
农林牧渔业	1300.67	1178.39	4.1
工业	683.60	557.42	9.6
建筑业	560.67	518.66	2.4
批发和零售业	955.00	669.80	35.6
交通运输、仓储和邮政业	352.82	257.64	29.7

续表

指标	2021 年（亿元）	2020 年（亿元）	比上年同期增减（%）
住宿和餐饮业	256.71	220.99	10.8
金融业	422.79	395.89	3.6
房地产业	589.04	525.50	9.4
其他服务业	1353.90	1241.95	8.5
第一产业	1254.44	1135.98	3.9
第二产业	1238.80	1072.24	6.0
第三产业	3981.96	3358.02	15.3

数据来源：wind。

产业园区要素聚集和拉动引领作用显著。2021 年，海南省 11 个重点园区营业收入突破万亿元，同 2020 年相比增长 134%；税收收入同比增长 47.73%，达到 585.63 亿元，占全省总税收的 40.1%；固定资产投资额翻倍，增速达73.6%。[①] 同时，园区实际利用外资增加，由 2020 年的 16 亿元上升至 32.04 亿元，进出口额同比增长迅速，达到 1037.51 亿元。[②] 11 个重点园区挂牌成立以来，园区加快推动自贸港政策落地，经济规模继续扩大，投资结构持续优化，对外开放程度不断提升，整体发展态势良好。

创新驱动能力持续增强。如图 6 所示，高新技术企业总收入从 2016 年的 407.29 亿元增加到 2021 年的 1088 亿元，6 年间增长了 167%。

另外，如表 5 所示，自 2016 年以来，海南省专利申请受理数急剧上升，2021 年受理数为 2016 年的 7 倍。

---

① 《关注：海南 11 个重点园区过去一年做了这些事儿》，中共海南省委宣传部官方澎湃号，https：//m. thepaper. cn/newsDetail_ forward_ 12968535? ivk_ sa = 1024105d. 2021-06-03。

② 《2021 年海南 11 个重点园区营业收入首次突破万亿元》，中国经济网，https：// baijiahao. baidu. com/s? id =1725636141639843136&wfr = spider&for = pc. 2022-02-24。

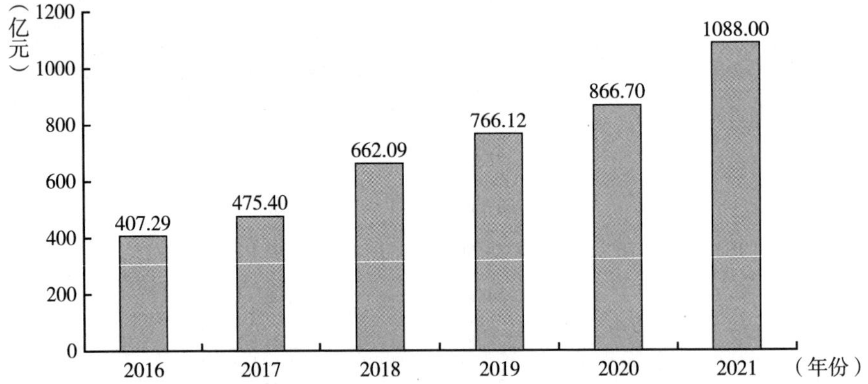

图6　2016~2021年海南省高新技术企业总收入

数据来源：根据 wind 数据整理。

表5　2016~2021年海南省专利申请授权数

年份	专利申请授权数
2016	1939
2017	2133
2018	3292
2019	4423
2020	8578
2021	13632

数据来源：wind。

（四）基础设施持续改善

2021年6月8日，海南省人民政府办公厅印发《海南省"十四五"综合交通运输规划》，提出围绕"四方五港"战略布局，力争到2025年全省交通基础设施建设投资五年累计突破2200亿元。截至2021年底海南公路、水路固定资产投资完成193亿元，海口美兰机场二期项目投入运营，综合立体交通网进一步完善。

首先，高速路网由"田"字型向"丰"字型拓展升级，顺利实现"县县通高速"目标。截至 2021 年底，公路网总规模达到 41045 公里，高速公路里程 1265 公里，普通国省干线里程 3563 公里，农村公路里程 36216 公里。①

其次，海口美兰国际机场、三亚凤凰国际机场、琼海博鳌机场 2021 年完成运输旅客 3485.19 万人次，货邮吞吐量 28.38 万吨，实现起降 26.15 万次，同比分别增长 7.35%、32%、8%。据初步统计，美兰机场、凤凰机场旅客 2021 年运输量分别排名国内第 16 位和第 19 位②。2021 年 12 月 2 日，海口美兰机场二期项目投入运营，海南已经实现航线网络省会城市全覆盖。

此外，海南进一步加大港口交通基础设施建设。2021 年，琼州海峡港航一体化实施平台完成组建，琼州海峡（海南）轮渡运输有限公司（以下简称琼州海峡轮渡公司）揭牌成立，琼州海峡航运资源已基本实现一体化。

（五）区域协调发展新格局加速形成

从 2015 年提出"海澄文一体化综合经济圈"到 2020 年提出"海澄文定"综合经济圈，再到 2022 年提出"海口经济圈"，以海口为中心的北部城市群建立了紧密的分工协作联系。"海澄文定"四地在交通、产业、生态、公共服务等领域取得新突破，一体化进程不断加快。交通方面，海文大桥、海定大桥等相继开通，海口快速路的高速公路"断头路"全部打通，海澄文定四个城市交通一小时通勤圈逐步扩大。

从 2015 年的"大三亚旅游经济圈"到 2022 年提出"大三亚经济圈"，以三亚为中心的南部城市群在旅游产业集群式发展的基础上，在省政府工作报告关于"统筹重点区域发展"的部署中，可以清晰看到 2022 年"大三亚"经济圈的顶层安排，那就是"推动'大三亚'经济圈一体化纵深拓展，基础设施、公共服务率先互联互通共享，超前谋划经济圈城际轨道交通

---

① 徐明锋：《"田"字型向"丰"字型拓展升级　海南公路越来越好越走越宽》，http：//k. sina. com. cn/article_ 1708533224_ 65d625e8020018v0e. html. 2022-04-25。

② 邵长春：《海南岛内三家机场 2021 年运输旅客 3485 万余人次》，https：//baijiahao. baidu. com/s？ id=1720928983475600759&wfr=spider&for=pc. 2022-01-13。

项目"。

2022年5月10日,《关于海南自由贸易港统筹区域协调发展的若干意见》正式发布,标志着以海口、三亚、儋洋为增长极的区域协调发展格局正式推进,除三大增长极外,海南还将加快构建以中心城市为引领、大中小城镇协调发展的世界级滨海城市带,推动形成山海互动、蓝绿互补的中部山区生态保育区。①

(六)民生保障水平和能力稳步提升

1. 城乡居民可支配收入持续上涨

如表6所示,自2016年以来,海南省城乡居民人均可支配收入均呈现不同程度的上涨。其中城乡居民人均可支配收入从2016年的2.07万元增长到2021年的3.05万元,增长了约47%;城镇常住居民人均可支配收入从2016年的2.85万元增长到2021年的4.02万元,增长了约41%;农村常住居民人均可支配收入从2016年的1.18万元增长到2021年的1.81万元,增长了约53%。

表6 2016~2021年海南省城乡居民人均可支配收入

单位:万元

年份	2016	2017	2018	2019	2020	2021
城乡居民	2.07	2.26	2.46	2.67	2.79	3.05
城镇常住居民	2.85	3.08	3.33	3.6	3.71	4.02
农村常住居民	1.18	1.29	1.4	1.51	1.63	1.81

数据来源:wind。

2. 就业形势基本稳定

2021年,海南省全省城镇新增就业17.74万人,完成年度目标任务的118.29%,高校毕业生初次毕业去向落实率达到91.48%,全省支出就业补

---

① 王子谦:《海南打造三大经济增长极 提升自贸港经济实力》,中国新闻网,https://baijiahao. baidu. com/s? id=1732448285861620082&wfr=spider&for=pc. 2022-05-10。

助资金 8.3 亿元，并开展补贴性职业技能培训 27.43 万人次。

3. 物价企稳回落

物价水平保持稳定。如图 7 所示，随着疫情防控的顺利开展，2020 年以来投资消费逐步恢复正常，进入 2021 年之后，海南省物价水平企稳回落。据国家统计局数据，2021 年海南省居民消费价格指数上涨率在内地 31 个省份中排名倒数第三。

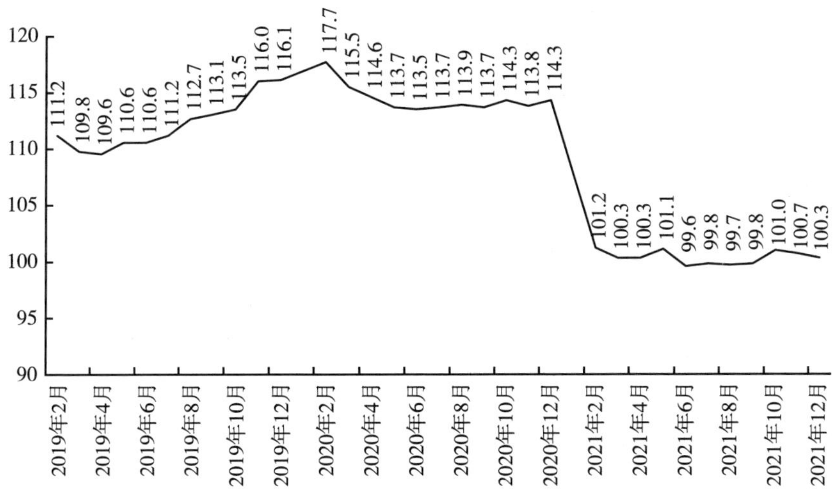

图 7　2019～2021 年海南省 CPI 定基指数

数据来源：根据 wind 数据整理。

（七）生态环境持续保持全国一流水平

1. 全省空气质量优良天数比例超全国平均水平

2021 年海南省全省环境空气质量优良天数比例为 99.4%，远超全国平均 78% 的水平。2021 年污染物细颗粒物（PM2.5）浓度为 13 微克每立方米，可吸入颗粒物（PM10）浓度为 25 微克每立方米，臭氧（O_3）浓度为 111 微克每立方米，二氧化硫（SO_2）浓度为 5 微克每立方米，二氧化氮（NO_2）浓度为 7 微克每立方米，一氧化碳（CO）浓度 0.7 毫克每立方米。

空气中 PM2.5、PM10、SO_2、NO_2、CO 五项污染物浓度均达到国家一级标准。[①]

2. 全省淡水水质保持优良水平

全省地表水水质达到优良（Ⅰ~Ⅲ类）等级的比例为 92.2%，远远高于全国 84.9% 的平均水平。地下水以Ⅲ~Ⅳ类为主，占比分别达到 34.2% 和 42.5%。

二 海南高质量发展面临的挑战

我国将继续统筹疫情防控和经济社会发展，兼顾短期经济平稳增长和中长期高质量发展，实现发展新跨越。从国际国内环境来看，新冠肺炎疫情持续发酵风险依然存在，美国货币增发导致的输入型风险以及外部需求驱动和成本推动的输入型通货膨胀风险较大。国内人口老龄化问题对经济体产生深远的影响。

（一）国内外环境变化带来的挑战

首先是增量外部需求难以延续高增长。在 2021 年低基数效应作用下，海外重要经济体经济快速复苏。随着疫苗接种以及新冠肺炎患者自发抗体的作用下，世界各国疫情总体呈现好转趋势，生产处于稳步回升状态，总体而言世界主要经济体经济将逐步企稳、稳中向好。这意味着外部需求将趋于平稳，增量需求将难以延续高增长，总体经济增长不容乐观，相比于 2021 年，国际货币基金组织、世界银行和经合组织三大机构对 2022 年经济增速预测分别下降 1.5 个、1.4 个和 1 个百分点，但是世界各大经济体经济复苏的力度存在较大差异。

其次是输入型通货膨胀风险加大。一方面，美国货币海量增发带来输入

---

① 海南省生态环境厅：《2021 年海南省生态环境状况公报》，https：//www.hainanlilun.com/zhongdiangaige/duoguiheyi/2022/06/10/19093.shtml.2022-06-10。

型通货膨胀风险。2021 年 2 月 4 日美国众议院正式批准拜登政府 1.9 万亿美元的抗疫救助计划。随着该项计划的落实及其滞后效应，未来输入型通货膨胀风险加剧。输入型通货膨胀以及疫情的冲击使得国际大宗商品价格上涨将推动成本的上升，未来需求拉动和成本推动将交替上升，世界市场输入型通货膨胀风险加剧。另一方面，全球产业链供应链加速重构，从供给侧造成负面冲击引起输入型风险。受新冠肺炎疫情的冲击，全球产业链供应链中断，世界物流运输受阻，高度融入全球价值链和高度依赖外部需求的开放型经济体受到的冲击尤其巨大，加之近年来极端主义、民粹主义、保护主义盛行，"退群""脱钩""断链"行为不断增多，主要经济体开始加快布局调整产业链供应链，推动其短链化、区域化、本地化、分散化发展，这对我国的外部需求造成了负面冲击。

此外，国内需求恢复较慢带来的挑战。一方面，经济复苏结构性不平衡带来的挑战。生产恢复得非常快，但是社会需求恢复较慢，主要原因在于疫情对中低收入阶层、小微企业影响比较大，以及对消费者信心造成负面冲击。疫情对服务业打击最大，尽管海南由于自贸港政策的红利在一定程度上缓解了疫情对服务业的冲击，但是一旦疫情出现反复，海南服务业应该是最先受到冲击的。海南大中企业、高科技企业相对较少，疫情之后，反而是大中企业、高科技企业恢复得很好。相对而言大型企业抗压能力较强，中小企业在疫情面前较为脆弱。另一方面，内需恢复不够充分，消费和服务业复苏存在变数。

（二）市场公平竞争文化氛围有待加强

高质量发展要求建立健全完善的市场机制，发挥市场在资源配置中的基础性作用。根据课题组 2021 年针对 423 名政府、企事业单位等人员的问卷调查，虽然强化竞争政策的思想已经逐步深入人心，但部分政府机关和事业单位人员"政府干预"的思想意识依然浓厚。20.8%的受访者不知道反垄断和竞争政策；35.94%的受访者支持政府干预不属于政府定价的商品和服务的企业定价；45.39%的受访者支持政府或行业协会组织或者引导企业达成并实施垄断协议（如联合涨价）等限制竞争行为；20.8%的受访者赞同政府排斥或者限制外地经营者参加本地招投标活动；22.69%的受访者赞同政府设置不合理或歧视性的市场准入和退出条件。

（三）科技创新能力有待加强

一是创新要素不足。海南高新技术产业在"十三五"时期快速发展，基础不断夯实，但从在全国的占比或与其他地区横向比较看，海南高新技术产业企业数量少、规模小，产业创新活力不足，地区科技创新水平偏低的问题仍然比较明显。2021年海南省高新技术企业保有量在31个省份中排名倒数第5。海南高新技术产业缺乏产业带动明显的领军企业，截至2021年底，海南获评工信部专精特新"小巨人"①的企业只有8家。②

二是高端人才严重不足。从第七次全国人口普查情况可知，海南省每十万人口中受教育人口及占比分别为：大专以上13919人，占比13.92%；高中以上15561人，占比15.56%；初中程度为40174人，初中以下为19701人。截至2020年底，海南省文盲率为3.25%。海南少数民族人口占比为17.97%，位居全国前列，受语言影响，文化普及程度偏低。根据课题组2022年6月份的一次调查，在自贸港政策加持以及薪酬待遇比内地高20%~40%的情况下，由于教育、医疗、住房、生活配套等基础设施不足，以及行业规模小导致的晋升或流动机会匮乏，海南企业普遍存在高端人才引进困难的局面。

三是研发投入强度严重不足。如图9所示，尽管研发强度有所提升，但是海南研发强度不及全国平均水平的1/3，研发强度严重不足。

---

① "专精特新"中小企业是指具备专业化、精细化、特色化、创新型四大优势的中小企业。"小巨人"则是"专精特新"中小企业中的佼佼者，是专注于细分市场、创新能力强、市场占有率高、掌握关键核心技术、质量效益优的排头兵企业。2021年全省"专精特新"企业库已滚动培育企业247家。
② 邵长春：《海南国家专精特新"小巨人"企业增至8家》，https://sanya.focus.cn/zixun/4478a68306107520.html。

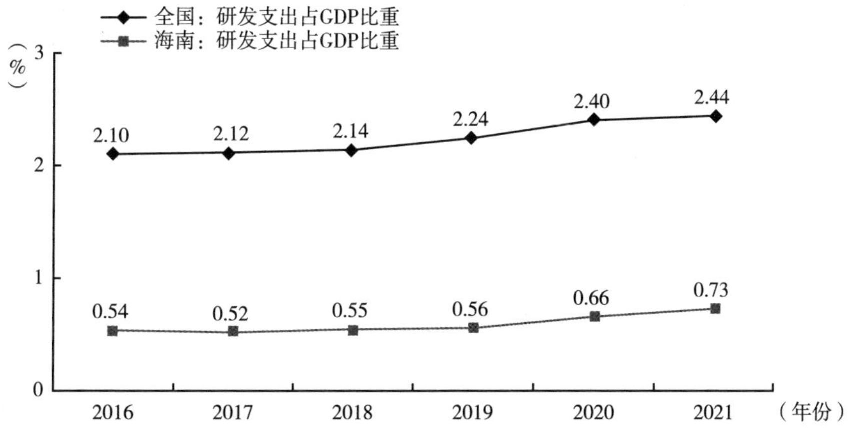

图9　2016~2021年海南研发投入强度与全国比较

数据来源：根据 wind 数据整理。

（四）公共保障机制有待健全

长期以来海南经济基础整体相对落后，在教育、医疗等方面投入相对滞后，人民群众获得感有待加强，保障人民群众对美好生活向往的保障能力和可持续能力有待加强。以医疗健康事业为例，截至 2020 年，海南千人口的床位数（5.9 张）、执业（助理）医师数（2.69 人）、注册护士数（3.49人）均低于全国平均水平；2020 年，医师日均担负诊疗人次数（5.4 人）和担负住院床日数（1.2 天）低于全国平均水平。2021 年全省卫生健康事业虽然取得了明显进步，但对标人民群众日益增长的健康服务需求、经济社会高质量发展的要求以及海南自贸港建设目标，海南省的卫生健康事业发展水平仍有较大差距。主要表现为公共卫生治理体系和能力依旧薄弱，医疗服务体系不完善和医疗质量不高，重点健康项目推进缓慢，要素供给体系不完善等。实现卫生健康治理体系和治理能力现代化任务还很艰巨。

（五）产业链条短，物流成本高

海南是一个典型的岛屿经济体，本身市场狭小，岛内缺少市场引擎优势和现代基础产业链，而岛外市场的产业链无法延伸到海南。此外，产品市场和原辅料市场两头在外，运输距离长、转运环节多、运输时间长，导致海南整体物流成本偏高。根据《2020年海南省现代物流业运行情况通报》数据，2020年海南省物流费用占社会物流总额比例为10.3%，是全国平均水平的两倍多，海南的物流费用成本要明显高于全国平均水平。

三 进一步推动海南高质量发展的政策建议

（一）进一步落实自由贸易港早期安排政策，加快海南自由贸易港建设

一是动态完善调整自由贸易港早期安排政策。要安排专班人员动态跟踪评估自由贸易港早期安排政策，适时争取调整完善。如个人所得税"15%"享受条件要和国际接轨，以"居住183天"作为基本条件。离岛购物免税店要在海南全岛布局，西线要适时增加离岛免税购物店等。"零关税"3张清单可根据企业需求适当增加品种。"加工增值30%免关税"政策实施范围随着监管能力提高适时由现行保税区扩大到全省21个产业园区，以促进产业壮大。

二是积极落实自由贸易港早期政策，最大可能发挥好政策效应。加快速度出台"岛内居民消费的进境商品正面清单"，用好"离岛购物免税""加工增值30%免关税""零关税"等政策，加大招商引资引企力度，吸引更多市场主体落户海南，发挥政策叠加效应，推动产业集聚，把政策优势转化形成产业链和产业体系。

三是抓紧推进封关前准备工作。积极推进《海南自由贸易港总体建设方案》各项任务落地，落实好任务清单、项目清单、压力测试清单"三个清单"。强化要素保障，加快项目落地，完善"一线""二线"口岸布局规划，抓紧实施口岸建设和升级改造。实施运行非设关地综合执法点。抓好风险防控，确保高质量做好封关运作准备工作。完善社会管理信息化平台，真正提高实战能力。

（二）提高制度集成创新的能级，为经济社会发展提供强劲动能

坚持以制度创新和系统集成为核心，立足新发展阶段，贯彻新发展理念，加强部门之间的协同配合，梳理形成制度创新配套清单，在服务贸易大类中的金融、科技、医疗、数字经济等领域争取先行先试政策。对标 CPTPP、RCEP 等高水平经贸规则，联合开展海南自贸港改革创新成果集成创新。

推进政府决策公开、管理公开、服务公开、结果公开，使职权法定、边界清晰、主体明确、运行公开。厘清政府与市场的界限，厘清政府、企业与社会的职责与权利，转变政府职能，转变市场监管理念，简政放权、放管结合，以制度形式进一步细化责任清单，明确不同政府部门监管执法的标准与权力边界，加强不同部门监管行为的对接，以清单的项目对接实现系统集成式的制度创新。

推进各级政府事权和财权的规范化和法制化，用完善的制度体系推进自贸区治理体系的协同化与整体化。防止不同部门的重复与交叉监管，加强部门间的协同监管与合力。要不断突破"条块"分割产生的框框，推进"大部制"改革。

（三）进一步优化营商环境，千方百计抓项目扩投资促消费

站在历史的高度，用深化改革的思维来建设更加适合高质量发展的营商环境，引导带动全社会树立宪法法律至上、法律面前人人平等的法治理念，充分利用特区立法权，全面落实海南自由贸易港法。例如，可以全面推广洋浦的"企业服务专员"制度，对企业提供从投资、生产经营到市场退出的全过程"保姆式"服务，对企业提出的营商环境相关难题提供及时高效的解决办法，并将此项工作纳入干部考核考察范围。

深化"放管服"改革。进一步简化审批环节。在压缩审批时限的同时，注重审批和监管的衔接互动，搭建审管衔接互动平台，实现审批和监管的无缝网上对接。加强信用信息平台建设，并将此平台与一体化在线政务服务平台进行数据对接。制定诚信体系黑名单，增加违法成本，达到"一处违法、

处处受限"的效果，实现失信联合惩戒机制部门间全覆盖。加强审批服务标准化和规范化。从划转事项、委托事项、提交材料数量和程序等方面进行统一规范。行政审批事项必划项目和应划项目的划转，必须同步解决人员划转问题，消除人员身份和技术能力等方面的限制性因素，增强审批能力。

借助信息技术实现网络的联通。随着互联网技术的发展，各级政府纷纷推进监管方式的数字化。例如，广西壮族自治区政府全面推进"互联网+明厨亮灶"监管平台建设，实现在线可视化。"互联网+明厨亮灶"监管平台能迅速抓取、分析餐饮服务经营者加工制作食品时存在的操作不规范行为，并发送给相关食品安全管理员；同时可将监控视频向公众、师生家长、监管部门、主管部门等展示，形成人人关注、人人监督食品安全的良好社会氛围。[①] 消费者监督和"用脚投票"倒逼食品经营单位积极履行食品安全的主体责任。再如宁波市场监管局采用"以网管网"3.0版本，不但对违规信息抓取更快更精准，而且实现了线下执法，执法人员可以通过手机对自己所在方圆几百米至几公里以内网络订餐违规行为实时抓取，减少了执法派发流程，确保了问题线索的有效性，大大提高了执法效率。[②] 建议海南加快数字政府建设，打造智慧高效全国一流的"互联网+政务服务"体系，巩固和提升一网通办能力，需要加强顶层设计，打破部门间的数字孤岛状态，推进技术、业务、数据融合。

推动各类惠企政策落地达效。提高政策出台的科学性和前瞻性，落实公平竞争审查制度。建立重大涉企政策科学论证制度，重大政策出台之前，组织相关政府部门、多领域专家、政策主体和客体参与的论证会。充分发挥工商联、企业家联合会等行业协会的作用，向企业家和从业者问计求策，及时了解掌握企业在投资与生产经营各环节中遇到的难题与现实诉求，及时评估政策落实程度与效果。多管齐下帮助企业降低税费成本、用工成本和运营成本，加大金融纾困力度，保住企业的资金链和产业链。加快出口转内销，通

---

① 吴家跃、李洋洋：《广西全面推行"明厨亮灶"》，http：//zwfw.gxzf.gov.cn/art/2022/9/29/art_ 32_ 107382.html。

② 李华：《用大数据管住"一盒外卖"宁波网络订餐智能监控平台3.0版本上线》，https：//baijiahao.baidu.com/s?id=1622896844072056547&wfr=spider&for=pc。

过互联网创新营销模式，拓展销售渠道，对接国内市场。着力扩大有效投资，刺激消费增长，提振微观主体信心。

加强社会诚信建设。深入完善诚信经营的激励与约束机制。引导诚信经营的社会舆论氛围对企业形成督促压力，以推动企业开展诚信生产经营活动。充分发挥网络对诚信建设的推动作用，构建诚信社会建设相关信息的网络公示平台。

（四）加快构建现代产业体系

进一步落实"3+1+1"产业体系发展思路，强化各市县之间的产业协作，明确各自的差异化发展战略，避免过度竞争。当前各市县在自身的优势产业方面并没有建立起明显的差异化竞争格局，部分市县甚至出现争拉总部企业、建立同类产业园区的现象。各市县在产业规划制定中要明确各自的功能定位，建立更加全面有效的协作沟通机制，因地制宜，落实好差异化发展战略。要在做大做强现有优势产业的基础上，结合新一代信息技术，在招商引资中积极开展全过程产业链招商，引进或培育出各市县的龙头企业乃至相关产业集群。尤其是要应充分发挥现代服务业的高辐射能力，积极开展与其他区域的产业协作，推动新一代信息技术在多领域的融合运用，健全科技创新和现代服务双轮驱动的现代产业体系，增强海南省的核心竞争力。

推动旅游业提质升级。分别打造北部城乡旅游区、南部度假旅游区、中部雨林旅游区、东部康养旅游区、西部林海旅游区，发挥海南的地方优势与特色，大力提升旅游产品核心吸引力。以免税店为核心打造国际消费核心区，以各市县传统商圈为基础打造国际消费商圈，以各市县特色步行街为基础打造特色商业名街。聚焦展会引育、赛事承办、节庆活动，坚持产业发展结合海南省各市县的传统文化、地理位置、物质资源等各个方面的因素，因地制宜，根据现实的环境去发展相对应的产业。坚持引进和培育相结合，积极提升国际国内展会、赛事承办能力。大力开发特色休闲旅游产品。加大力度促进"旅游+"文化、农业、工业等产业，娱乐、体育、商业、康养等行业的融合发展。做大做强现有康养度假、温泉度假、高尔夫休闲等高端休闲产品，培育休闲度假消费新热点。要依托现代服务业集聚区建设，打造一批特色休闲街区和城市休闲商务旅游区。

发展全域智慧旅游。围绕服务旅游产业、服务社会公众两大主题，编制各市县的"智慧旅游发展规划"，建设涵盖全省旅游行业的综合信息数据库，积极与携程、同程、驴妈妈等旅游知名网站合作，活跃和壮大海南旅游市场。

做优做强现代服务业。重点发展互联网、医疗健康、现代金融、现代物流、教育文体、商务服务、科技服务、房地产等产业，加快服务贸易创新发展，显著提升国内外要素配置资源能力。深化数字基础设施建设，建立数字基础设施、国际大数据交易所，促进数据的高效有序流动及深度开发利用；完善高精尖服务产业发展政策，壮大信息技术、区块链、先进计算、生物医疗、在线新经济（在线教育、在线健康医疗、在线文化旅游、在线会展等）等服务产业规模。推动服务业与制造业深度融合。充分利用现代信息技术，更好地满足服务业新业态下的新需求，并实现更高的收益回报。特别是在贸易和增长放缓并叠加全球疫情负面影响的时代背景下，利用这种信息化赋能深度融合尤为重要。以扩大开放促进服务业要素资源高效配置。利用广阔的国际服务贸易市场，融入服务业全球分工，通过各种要素资源的进口，提升国内服务业的技术水平与竞争力。与此同时，加大力度推行要素市场改革，破除要素市场的障碍，在国内国际双循环中实现要素资源的高效配置。

培育壮大高新技术产业。实施创新驱动发展战略，聚焦海南优势特色领域，借力"智慧海南"建设，以高新技术推动油气化工、低碳制造、清洁能源优化升级，瞄准世界一流标准，建设好"五大平台""三大科技城"，培育南繁育种、深海科技、航天科技等面向未来的高新技术产业，打造国际技术创新之岛。力争高新技术产业产值超过2000亿元、企业达1100家。推动数字经济增长30%，国际互联网数据专用通道建成运行。新药创制3种以上。推进"陆海空"未来产业集聚更多行业领军企业。加快清洁能源、节能环保和高端食品加工等产业转型升级，推动海口新能源汽车产业集群、昌江清洁能源高新技术产业园、临高金牌港绿色建筑建材产业基地和海南湾岭农产品加工物流园等建设。聚焦海南优势特色领域加快产业集群发展，占领价值链高端环节。重点围绕市场需求，加大油气化工、低碳制造、清洁能源等产品开发研发力度，以优质产品打开并挤进高端产品市场，逐步占据全球价值链的高端环节。

加大力度培育高新技术企业，构建分层分类的梯级培育体系，要加大奖补力度，解决企业申报的后顾之忧。围绕高新技术产业，强化重大项目顶层设计，选择龙头企业和核心技术，培育实施一批技术含量高、发展潜力大、提升带动作用强的重大项目。设立重大产业技术专项，集中力量解决制约大油气化工、低碳制造、清洁能源等产业发展的关键技术瓶颈，提升产业自主创新能力。加大科技成果转化的力度。立足海南大学、三亚南繁研究院、华南热带农业科学院等高校和科研院所的研究力量，打通科技成果的转化通道。

做精做优热带特色高效农业。深度挖掘海南热带资源优势，壮大热带水果和花卉，做大做强以椰子树、橡胶树、槟榔树等"三棵树"代表的热带作物，建设现代化海洋牧场，整合海南渔港资源，打造国际渔业交易中心。要夯实现代农业生产基础，加大新型生产要素供给，提高要素保障能力。除土地、水、人力等传统资源之外，全省应加大科技、金融、数据、政策等新型要素资源的支持力度，彻底扭转农业依赖传统资源发展的常规路径。加大农业科技要素、金融要素供给。加强与规模农业、科技农业、品牌农业、电商销售等产业链相关的大数据建设，用现代数据系统引领现代农业产业体系发展。要促进生产加工一体化发展，完善农业产业链条。围绕效率效益延伸产业链条，增强产业链带动能力。加强产前产业链培育。针对节水、育种、技术服务、生产物资、市场信息等短板，加大技术要素和生产物资供给，促进农业产前环节链条式发展。加强产中环节链条创新。以服务托管、过程监测、田间管理等服务创新，解放农业从业人力资源，提高现代农业劳动生产率。加强产后环节链条延伸。要完善农业社会化服务体系，培育多元化服务主体。围绕产前、产中、产后各环节，拓展农业服务产业链，培育地市级龙头农资供应集团，建设现代农业物资超市，畅通农资购销渠道。瞄准产中环节需求，加快培育农业托管、技术咨询、病虫害防治、农机服务等专业化服务。瞄准产后环节需求，加强农产品市场信息、加工基地、电商、物流基地服务对接，促进现代农业服务业拓展延伸。推动服务多样化发展，打造服务利益共同体。要加快构建数字化智慧农业保障体系。加快农业农村通信设施建设，弥补城乡"数字鸿沟"。用数字技术深度整合农业生产环境、农产品产业链分析、农业社会化服务、农产品质量安全监管、农村资产资源、农村人居环境治理、新型职业农民服务等模块，实现农业技术专家与种养经营主体线上线下互动、App动态监测。同时加强农业科技院校技术服务平台、远程技术支持系统建设。将试验分析、示范推广系统集成，促进产学研用深度对接，提高农业科研服务效率，提升智慧农业服务保障能力。此外加强优势农产品生产基地与仓储物流设施配套建设。促进仓储物流项目向生产基地靠拢，农产品加工项目向仓储物流基地靠拢，加强在地化、区域化物流企业与全国化物流龙头对接，在蔬菜、果品、肉类、海鲜等优势特色农产品集中区建设冷链物流系统，降低物流成本和物流损耗，提高物流效率。

（五）巩固国家生态文明试验区建设成果

一是加强顶层设计，完善生态环境治理领导责任体系。全面落实《海南省"十四五"生态环境保护规划》精神，通过优化国土空间开发格局、构建绿色低碳循环经济体系、全面提高能源资源利用效率、建立健全生态产品价值实现机制等措施推动绿色低碳发展；积极开展碳排放达峰行动，主动适应气候变化、提升气候治理能力，落实双碳目标；推进"三水"统筹治理、强化精细化管理、加强土壤环境保护、改善农业农村生态环境，打造全国环境质量标杆；筑牢生态安全格局、加强生物多样性保护、实施重要生态系统保育和修复、强化生态保护监管，维护自贸港生态安全；高标准建设环境基础设施、加强固体废物环境监管、加强核与辐射风险管控、加强重金属和化学品风险防控、加强生态环境与健康管理，守牢生态文明底线。

二是健全生态环境治理企业责任体系，构建以排污许可制为核心的固定污染源监管制度体系，全面落实《海南省生态环境厅生态环境监测质量管理办法》精神，强化许可制执法监管。

三是健全生态环境治理全民行动体系，组织办好主题宣传活动和评选活动，实施环保举报奖励制度，大力宣传正面典型，及时曝光反面案例和突出生态环境问题。

四是健全生态环境治理法规政策体系，推动出台海南省土壤污染防治条例，完善环境损害赔偿制度，编制一批适用的污染防治技术指南。

（六）扎实做好民生保障工作

首先是确保高质量稳就业工作。近年来，海南持续实施就业优先政策，市场主体数量迅速增长为扩大就业总量提供了广阔的空间，就业结构进一步优化，就业总量持续增长，就业质量不断提高。2020年海南省从业人员为540.97万人，比2016年增加了27.83万人，增长率为5.42%，就业形势持续向好。在新的一年中，应该坚定实施就业优先战略，不断提高人力资本水平，持续提升公共服务能力，完善重点群体就业支持体系，确保稳就业工作高质量完成。

其次，积极构建适合自贸港发展的社会保障体系。近年来海南社会保险覆盖面不断扩大，社会保险基金安全稳定运行，社会保险水平持续提高，人民群众的获得感、幸福感、安全感得到进一步加强。继续深化社会保障改革、完善社会保障法制、完善基金安全机制，进一步加强社会保障工作，用心用情用力解决好人民群众的急难愁盼问题。

（七）深入挖掘海南特色文化

聚焦文化产业重点领域发展，以建设中国海南国际文物艺术品交易中心、建设游戏电竞港、发展文化演艺产业、打造文化创意设计产业、发展数字文化产业发展为抓手，推动文化产业重点领域发展。

鼓励和支持新闻出版、广播电影电视、文化演艺等领域深入探索文化和科技、旅游、金融、教育等融合发展，创新产品形态、服务方式、商业模式，引领带动国有文化企业转型升级。完成省出版集团组建工作，推动海南日报社（集团）和海南广播电视总台（集团）"报纸+广电+网络"深度融合，推进国有文化企业加快改革发展。

落实国家文化数字化战略部署，以数字化手段提升文化生产力，有计划分步骤开展文化大数据体系建设。深入挖掘火山文化、骑楼老街文化、黎苗民俗文化、热带岛屿文化、热带雨林生态文化等资源，推动海南特色资源数字化。

参考文献

［1］习近平：《决胜全面建成小康社会　夺取新时代中国特色社会主义伟大胜利——在中国共产党第十九次全国代表大会上的报告》（2017 年 10 月 18 日），人民出版社，2017，第 30 页。

［2］杨伟民：《贯彻中央经济工作会议精神　推动高质量发展》，《宏观经济管理》2018 年第 2 期，第 13 页。

［3］林兆木：《我国经济高质量发展的内涵和要义》，《西部大开发》2018 年第 Z1 期，第 111~113 页。

［4］任保平、李禹墨：《新时代我国高质量发展评判体系的构建及其转型路径》，《陕西师范大学学报（哲学社会科学版）》2018 年第 3 期。

［5］王晓慧：《中国经济高质量发展研究》，吉林大学博士学位论文，2019。

［6］北京市科学技术研究院高质量发展研究课题组：《北京高质量发展报告（2021）》，社会科学文献出版社，2021。

［7］王一鸣：《百年大变局、高质量发展与构建新发展格局》，《管理世界》2020 年第 12 期，第 1~13 页。

［8］马海燕：《海南省省长：海南四举措推动高质量发展》，https：//baijiahao. baidu. com/s？id=1644832813090359741&wfr=spider&for=pc. 2021-09-17。

［9］冯飞：《2022 年海南省政府工作报告》，https：//www. hainan. gov. cn/hainan/szfgzbg/202201/ 6da8f2ca08ce440792389398d9a78459. shtml。

［10］彭青林：《海南率先基本完成省级党政机构改革，55 个机构实现组建运行》，https：//baijiahao. baidu. com/s？id = 1614089947066564970&wfr = spider&for = pc. 2018-10-12。

［11］裴昱：《突破海关特殊监管区海南"一线放开、二线管住"试点扩围》，https：//baijiahao. baidu. com/s？id = 1745107163894631412&wfr=spider&for = pc. 2022-9-27。

［12］《入籍"中国洋浦港"国际船舶达 33 艘！登记总吨规模跻身全国第二》，儋州市新闻中心官方账号，https：//baijiahao. baidu. com/s？id=1739757284869986606&wfr = spider&for=pc. 2022-07-29。

［13］《国家发展改革委刊文点赞海南自贸港这一产业》，中共海南省委宣传部官方澎湃号，http：//www-thepaper-cn-s. vpn. sdnu. edu. cn/newsDetail_ forward_ 16995069. 2022-03-07。

［14］陈雪怡：《2021年海南社会消费品零售总额增速全国第一》，https：//baijiahao. baidu. com/s？id=1723454696915295534&wfr=spider&for=pc. 2022-01-31。

［15］《关注：海南11个重点园区过去一年做了这些事儿》，中共海南省委宣传部官方澎湃号，https：//m. thepaper. cn/newsDetail_ forward_ 12968535？ivk_ sa=1024105d. 2021-06-03。

［16］《2021年海南11个重点园区营业收入首次突破万亿元》，中国经济网，https：//baijiahao. baidu. com/s？id=1725636141639843136&wfr=spider&for=pc. 2022-02-24。

［17］徐明锋：《"田"字型向"丰"字型拓展升级　海南公路越来越好越走越宽》，http：//k. sina. com. cn/article_ 1708533224_ 65d625e8020018v0e. html. 2022-04-25。

［18］邵长春：《海南岛内三家机场2021年运输旅客3485万余人次》，https：//baijiahao. baidu. com/s？id=1720928983475600759&wfr=spider&for=pc. 2022-01-13。

［19］王子谦：《海南打造三大经济增长极　提升自贸港经济实力》，中国新闻网，https：//baijiahao. baidu. com/s？id=1732448285861620082&wfr=spider&for=pc. 2022-05-10。

［20］海南省生态环境厅：《2021年海南省生态环境状况公报》，https：//www. hainanlilun. com/zhongdiangaige/duoguiheyi/2022/06/10/19093. shtml. 2022-06-10。

［21］邵长春：《海南国家专精特新"小巨人"企业增至8家》，https：//sanya. focus. cn/zixun/4478a68306107520. html。

［22］吴家跃、李洋洋：《广西全面推行"明厨亮灶"》，http：//zwfw. gxzf. gov. cn/art/2022/9/29/art_ 32_ 107382. html。

［23］李华：《用大数据管住"一盒外卖"宁波网络订餐智能监控平台3.0版本上线》，https：//baijiahao. baidu. com/s？id=1622896844072056547&wfr=spider&for=pc。

产业提质篇
Industrial Upgrading

B.2
2021年海南文化产业高质量发展报告

孙继华*

摘　要： 文化产业是一种兼具文化和经济属性的特殊产业形态，其发达程度是衡量一个国家和地区经济实力、社会文明程度的重要标准。"十四五"时期文化产业的高质量发展，对建设社会主义文化强国具有重要的意义。在"双循环"新发展格局、疫情防控常态化、"十四五"开局等背景下，海南自由贸易港明确了文化产业的发展布局和努力方向，利用《海南自由贸易港建设总体方案》文化产业政策利好，布局国家对外文化服务贸易基地（海南）建设，文化产业发展呈现诸多亮点，但也存在一些问题，基于此，本研究提出了海南文化产业高质量发展的对策建议。

关键词： 海南自由贸易港　文化产业　高质量发展

---

* 孙继华，海南省社会科学院自贸所所长，研究员，主要研究方向为公共政策、农业信息。

文化是一个国家和民族的软实力，也是城市发展和乡村振兴的基础和灵魂。文化产业作为一种兼具文化和经济属性的特殊的产业形态，其发达程度是衡量一个国家和地区经济实力、社会文明程度的重要标准。通过培育新型文化产业业态，创新文化消费模式，推动文化产业高质量发展，可增强人们的文化获得感和幸福感。党的十九届五中全会提出要加快发展文化事业和文化产业，增强国家文化软实力。我国"十四五"时期的文化产业新发展，对推动社会主义文化强国建设具有十分重要的意义。在推动经济高质量发展的基础上繁荣发展文化产业，保障文化产品和服务供给，可满足人们对美好生活的现实和潜在需求，不断提升人民群众的获得感和幸福感。

2021年是"十四五"开局之年，海南省坚持以习近平新时代中国特色社会主义思想为指导，深入学习贯彻落实习近平总书记关于海南自由贸易港的重要讲话和指示批示精神，自觉践行举旗帜、聚民心、育新人、兴文化、展形象的使命任务，立足新发展阶段，坚持新发展理念，大力弘扬文化产业正能量，努力创作优秀文艺作品，提供优秀文化产品和优秀旅游产品，积极发挥文化在新冠肺炎疫情防控中的重要作用，推动文化产业发展取得较好的经济和社会效益，产业规模不断扩大，支柱地位进一步提升，与城市发展各方面融合度不断增强，有力地推动了城市文化综合实力出新出彩。

一　海南文化产业发展环境

（一）国家部署各项政策，推进文化产业高质量发展

文化产业发展在一定程度上依赖于文化产业政策，科学合理的政策可以促进、引导、扶持产业的发展，文化产业的发展又可对政策的形成起到及时反馈作用，可以促进健全文化产业政策体系和优化文化产业发展路径。党的十九大的召开，标志着我国进入了高质量发展的新时代，文化产业也呈现出结构性变化，新业态不断涌现，数字化发展爆发式增长，产业升级加速。近年，国家发布实施《关于加强文化领域行业组织建设的指导意见》《文化产

业促进法（草案送审稿）》《关于推进数字文化产业高质量发展的意见》等，从新业态发展、行业分类组织和立法保障等方面支持和激发文化产业发展活力。2021年发布了《"十四五"文化产业发展规划》《"十四五"非物质文化遗产保护规划》《"十四五"文化和旅游科技创新规划》《"十四五"艺术创作规划》《关于高质量打造新时代文化高地推进共同富裕示范区建设行动方案（2021—2025年）》《"十四五"促进中小企业发展规划》《"十四五"旅游业发展规划》《"十四五"国家信息化规划》《"十四五"文物保护和科技创新规划》《出版业"十四五"时期发展规划》《"十四五"数字经济发展规划》等重要政策，筑牢了我国文化产业高质量发展的制度保障。

在"双循环"新发展格局、全球疫情加速冲击、"十四五"产业规划陆续出台等背景下，我国文化产业结构不断调整，消费需求继续释放，产业规模进一步扩大。虽然受新冠肺炎疫情的影响，线下文化产业遭受挫折，但随着文化和科技的深度融合，新技术、新业态、新模式的不断涌现，文化产业园区成为促进我国文化产业集聚发展的重要力量。"十四五"时期，我国文化产业将在国民经济主战场继续发挥更重要的支撑和带动作用。

（二）全国规模以上文化产业发展稳中趋好，核心文化领域产业企业营收较高

2021年，我国文化产业领域深入贯彻"六稳六保"工作，在疫情防控常态化情况下，总体呈稳健恢复态势。第一，总体营收上升，韧性不断显现。2021年全国规模以上文化及相关产业企业数量增至6.5万家，营业收入较疫情前增加3万多亿元。第二，三大产业类型均保持两位数增长，其中文化批发和零售业增速最快。第三，九大行业门类营业收入与上年相比均实现两位数增长，43个行业类别中营收增长面达95.3%；内容创作生产占比呈上升趋势，文艺创作总体水平不断提升。第四，文化产业新业态持续增长，高质量发展动力强劲。16个新业态行业小类营收达到39623亿元，两年均增长20.5%，较全国平均水平均高11.6个百分点。第五，文物保护利用方式不断创新，公共文化服务社会化效能不断提升。第六，文化立法工作

稳步推进，对知识产权的保护重视程度不断提升。

对我国 6.5 万家规模以上文化及相关产业企业调查发现：2017～2019 年，我国规模以上文化产业企业营业收入相对平稳，2020 年后提升幅度加大；2021 年，我国规模以上文化产业企业营收达 119064 亿元，较 2020 年的 98514 亿元增加了 20.86%（见图 1）。

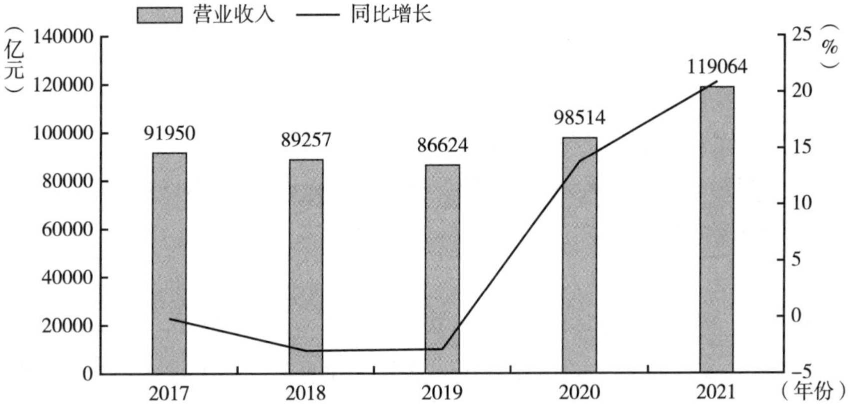

图 1　2017～2021 年我国规模以上文化及相关产业企业营业收入统计

数据来源：国家统计局。

随着我国社会经济的不断发展，文化产业对 GDP 的贡献正在逐步增强。2021 年，我国规模以上文化产业企业营业收入约占 GDP 的 10.41%，较 2019 年（8.78%）增长了 1.63 个百分点，较 2020 年（9.72%）增长了 0.69 个百分点（见图 2）。

2021 年我国各文化行业营收结构如图 3。从行业类别来看，2021 年内容创作生产营业收入 25163 亿元，占文化产业总营收的 21.13%，占比最大；文化消费终端生产营业收入 22654 亿元，占比 19.03%，位居第二；创意设计服务营业收入为 19565 亿元，占比 16.43%，位居第三；文化辅助生产和中介服务营业收入 16212 亿元，占比 13.62%；新闻信息服务营业收入 13715 亿元，占比 11.52%；文化传播渠道营业收入 12962 亿元，占比 10.89%；文化装备生产营业收入 6940 亿元，占比 5.83%；文化娱乐休闲服务营业收入 1306 亿元，占比 1.10%；文化投资运营营业收入 547 亿元，占比

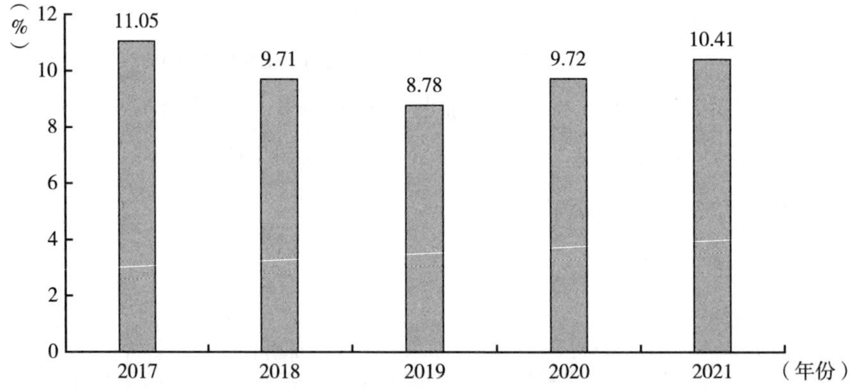

图 2　2017～2021 年我国规模以上文化及相关产业企业营业收入占 GDP 的比例

数据来源：国家统计局。

仅为 0.46%。综上，文化行业中，内容创作生产仍然是主导，创意设计服务业正在兴起，文化投资运营占比最小，文化产业企业需加大投入、加强运营。

2021 年我国文化服务业营业收入完成 56255 亿元，占文化产业营业总收入的 47.25%，占比最大；文化制造业营业收入完成 44030 亿元，占文化产业营业总收入的 36.98%，占比居中；文化批发和零售业营业收入完成 18779 亿元，占文化产业营业总收入的 15.77%，占比最小（见图 4）。

2021 年我国文化核心领域营业收入约 73258 亿元，占文化产业营业总收入的 61.53%；文化相关领域营业收入约 45806 亿元，占文化产业营业总收入的 38.47%。可见，我国核心文化领域产业企业发展较好，营收相对较高（见图 5）。

（三）疫情防控常态化条件下我国文化产业发展呈现新的特点和趋势

1."互联网+文化"产业成为新的经济增长点

新冠肺炎疫情给全国文化产业带来较大影响，在全国文化及相关产业九大行业类别中，唯有新闻信息服务行业一枝独秀。疫情严重影响了人们线下聚集性娱乐消费和文化生产活动，包括文化旅游、影视剧拍摄和电影放映、线下的文化娱乐演艺、文化节庆会展活动、综艺节目制作、文化游乐主题乐

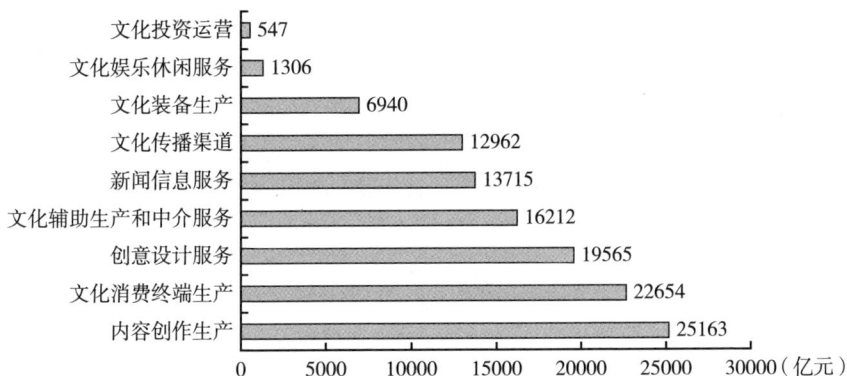

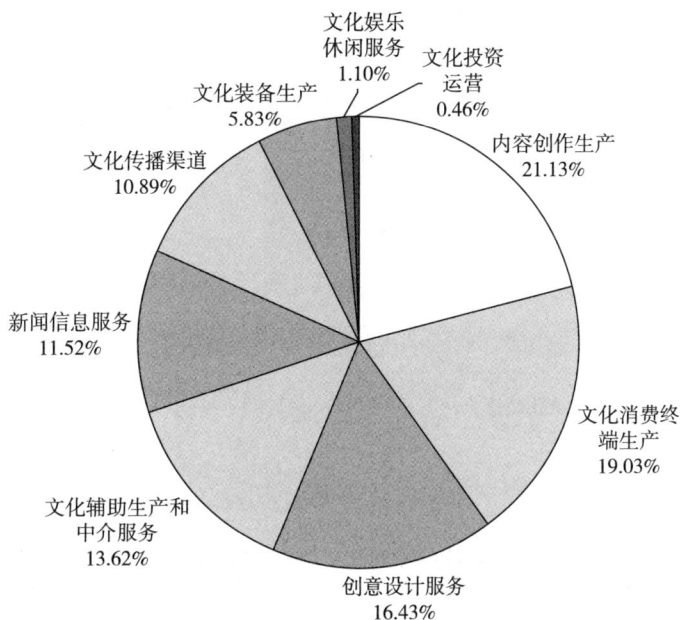

图3　2021年中国文化产业营收结构（按行业类别）

数据来源：国家统计局。

园、聚集性体育健身、线下文化产品批售等。一些下游文化企业及编剧、艺人经纪活动，以及传统的广告传播业和公关营销业等，均受到严重冲击。随着疫情防控的常态化，以网络信息技术为基础的互联网探索服务、数字出版、游戏内容服务、互联网广告、可穿戴智能文化设备制造等文化新兴业态

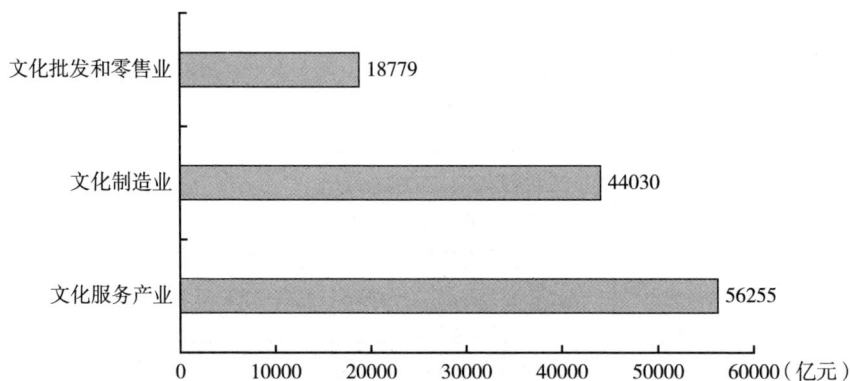

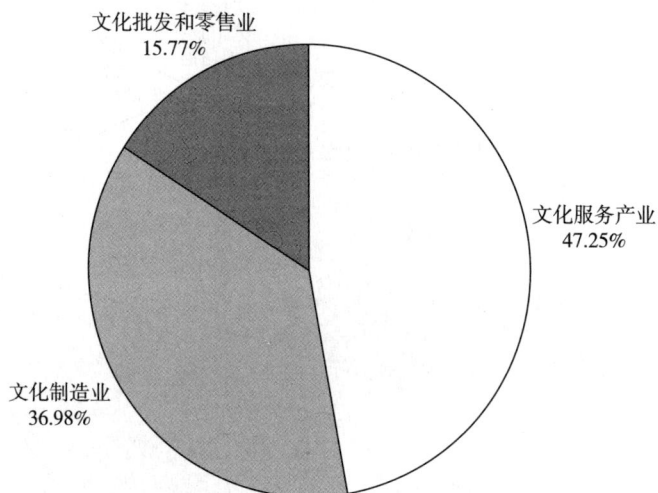

图 4　2021 年中国文化产业营收结构（按产业类型）

数据来源：国家统计局。

出现并保持营收良好增长。这些人与人非接触式的"互联网+文化"等新业态的不断发展壮大，逐步替代了传统文化产业的市场份额，成为我国文化产业新的经济增长点。

2. 新冠肺炎疫情催生了文化产业的数字化发展

近几年，短视频、直播等互联网文娱消费新用户迅猛增加，"云放映""云演唱会""云展览""云蹦迪"等新文化消费模式的创造力和影响力不断

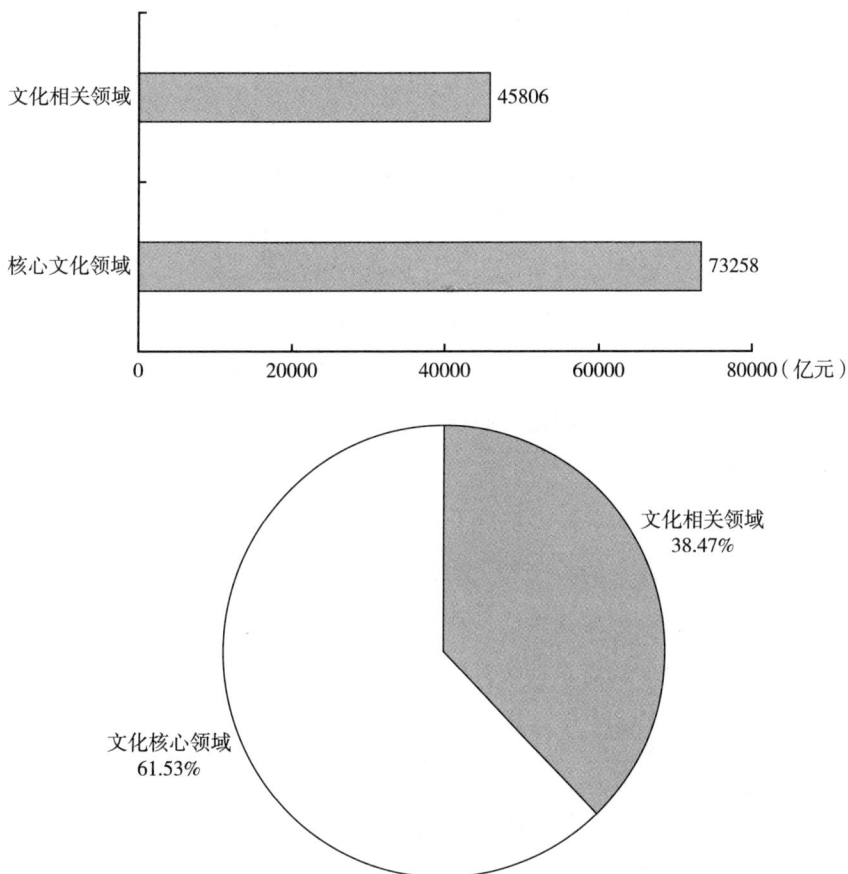

图5　2021年中国文化产业营收结构（按领域）

数据来源：国家统计局。

提升。人们的线下文化娱乐消费逐渐大量被线上文娱消费取代，并逐步过渡成为大多数人文化消费的主流方式，消费方式的变化加速了传统文化制造业和文化批发零售业"数字化"嵌入的速度、广度和深度。大数据、人工智能和云计算等技术的快速发展和应用，加速了文化产品批发和零售业的"大智移云"化。5G、区块链等技术的运用，实现了文化旅游、节庆会展、演艺娱乐和体育赛会等体验型传统文化服务业向非现场的"身临其境"和"互联互动"等创新体验模式的转变。可穿戴文化智能设备和虚拟化数字终端开始研发、生产和制造。文化传媒和传播服务业的融合发展，文化内容趋于合作者共创，大型文化企业向跨界"巨无霸"和"超级平台"方向发展，内容创作生产领域的企业"去中心化"，文化科技平台的"跑马圈地"式快速发展，以及文化企业向媒体的融合转型等，新冠肺炎疫情催生了文化产业的数字化发展。

3. 新冠肺炎疫情推动文化与康养产业融合发展提速前行

经济新常态、社会结构新变化下，多业态开始融合发展。为积极应对我国人口老龄化，文化产业和康养产业的融合发展，已成为文化强国、健康中国之必需。近年，国家先后出台了《关于促进健康服务业发展的若干意见》《"健康中国 2030"规划纲要》《关于加快发展养老服务业的若干意见》等一系列指导性的政策文件，逐步形成了国家对文化、健康、养老产业发展的顶层设计，为文化与康养产业的融合提供了良好的发展环境和契机。

随着居民消费水平的提高和大数据等信息技术的迅速发展，新冠肺炎疫情后，大健康理念渐渐深入人心，再加上我国人口老龄化趋势的加剧，社会公众对文化康养服务的需求持续升温，银发数字鸿沟、老年照护和亚健康等问题，让社会公众特别是老年群体对文化、健康医疗、养老养生的消费需求更为迫切，在线下文化体育活动和文体比赛日趋减少的情况下，公众对文化体育智能设备的消费量迅速提升。文化与康养产业的融合发展，既可提升我国公民的文化和健康素养，也可让老年人安享晚年生活，促进家庭和社会的和谐安定。文化与康养产业的融合，可以扩大"银发内需"，引爆"银发经济"，成为新的消费增长点，促进构建国内大循环和国内国际双循环，这些都有力地推动了文化与康养产业融合发展的提速前行。

二 国内其他省市文化产业的发展经验

（一）北京市文化产业发展经验

北京是我国的政治中心，历史文化、人力、科技等资源丰富，总部经济发达，文化与经济的可渗透性强、可开展程度高，是全国的知识输出中枢，其文化产业的发展对全国具有巨大的文化辐射力和影响力。北京根据战略定位、城市角色以及国际大都市的高端形态发展目标发展文化产业特别是创意产业，形成文创产业聚集区，以文化产业为区域发展赋能；高质量加强全国文化中心功能建设，以满足北京市民和国内外游客多层次多样化的文化需求，不断增强其文化获得感和幸福感；发挥全国文化中心的示范作用，推动北京文化治理体系和治理能力现代化建设，辐射带动全国文化（创意）产业的发展，推动全国各地乃至世界文化的交流和互鉴。国家对外文化贸易基地（北京）作为文化和旅游部正式授牌的"国家对外文化贸易基地"、中宣部等几部委共同认定的全国首批国家文化出口基地，以建设和发展立足北京、服务全国、面向世界的全球文化展示、交流和交易中心为主线，紧紧围绕国家"一带一路"建设和国家文化发展战略需求，发挥空港保税政策优势，构建国际文化贸易企业集聚中心、国际文化产品展览展示及仓储物流中心等多个综合功能区，为国内外文化机构提供展示体验、交易交割、孵化培育等国际化服务。

北京市文化产业生产力、影响力和驱动力均较强，连续6年保持全国省区市文化产业发展指数第1名。2021年北京市规模以上文化产业实现营业收入17563.8亿元，同比增长17.5%；实现利润总额1429.4亿元，同比增长47.5%；吸纳从业人员64万人，同比增长4.8%。文化核心领域收入合计15848.3亿元，同比增长17.8%。其中，文化娱乐休闲服务和内容创作生产分别同比增长38.5%和30.8%；新闻信息服务、文化传播渠道分别同比增长21.5%、12.5%；创意设计服务和文化投资运营同比增长6.2%和11.1%。文化相关领域收入合计1715.6亿元，同比增长14.4%。其中，文化辅助生产和中介服务收入761.7亿元，同比增长11.4%；文化装备生产收入120.3亿元，同比增长8.3%；文化消费终端生产收入833.6亿元，同比增长18.4%。

（二）上海市文化产业发展经验

上海市文化产业贯彻新发展理念，打造新发展格局，始终围绕建设具有世界影响力的社会主义现代化国际大都市的总体目标，以高质量发展、高效益提升、高能级集聚为主线，顺应超大城市发展规律和特色，持续推动产业结构调整和优化升级，实现上海市文化产业发展助力上海建设国际经济、金融、贸易、航运以及科技创新"五个中心"。上海市努力消除新冠肺炎疫情带来的影响，加快发展与数字经济、互联网有机融合的文化产业新业态，促进产城融合，以城市功能提级为主，推动产业和城市功能双转型；深化文化体制和机制改革创新，以培育创客文化赋能上海这座全球创意城市的建设，张江、金桥、外高桥三大国家级文创集聚区突出优势，向产业园区、文创社区、生态景区相结合方向发展，成为产业高地、开放高地和资源福地；根据国家推动消费增长的总体指导方针，吸引社会资本入驻文化市场，积极打造包括数字游戏产业、音乐剧产业等数字文化内容服务；以国家对外文化贸易基地（上海）为主体，发挥在长三角区域文化中的核心和枢纽作用，互联互通，弘扬中华的悠久文脉，培育创新型的区域组织架构，以网络促进资金、技术和信息的有序流动，辐射带动周边区域文化产业发展，并在文化内容和个性化展示、演艺业发展等方面发力，促进长三角地区"一体化"发展对外文化贸易；搭建国家级文化交流平台，加强与东南亚国家的文化互动和交流，传承和创新相结合，培育新形势下我国文化贸易发展新优势，服务国内大循环和国内国际双循环新发展格局。

（三）广州市文化产业发展经验

广州积极打出政策"组合拳"，相继出台《广州市人民政府办公厅关于加快文化产业创新发展的实施意见》《关于加快动漫游戏产业发展的意见》《广州市推进文化与金融融合发展的实施意见》《关于促进广州市文化与科技融合的实施意见》《广州市推进文化创意和设计服务与相关产业融合发展行动方案》等文化产业政策，以政策制度优势引领文化产业迅猛发展。以项目为支撑开展顶层设计，积极推进产业资金扶持、税收政策落实、切实减轻文化企业负担等措施落实，推动广州市文化产业的转型升级和高质量发展。游戏、动漫、互联网+文化、超高清视频、网络直播等文化新业态发展强劲，在文化产业中所占比重不断提升。加快运用5G、大数据、云计算等数字化新技术，聚集数字化转型，以项目规划带动产业发展，智慧旅游产业呈现高速发展态势，如打造"数字白云山"等信息化建设工程项目，风景区电子巡查系统成为全国首创，实现了智慧景区导览；再如"千年羊城"串联广州城建史上重大事件，让受众跨越千年感受广州的前世今生。通过政策和资金扶持，成立"粤港澳大湾区电影推介联盟"，推动电影产业的发展，助力粤港澳大湾区成为中国电影产业发展的"第三极"。不断完善文化消费设施，鼓励城乡居民文化消费，整合文化领域交易资源，重点打造"广州文交会"，积极助力网易、三七互娱等游戏企业布局海外，推动广州文化产品和文化服务走出去。借助"一带一路"倡议和粤港澳大湾区建设的深入推进，把以珠宝产业为核心的时尚产业纳入现代产业体系的重要组成部分，打造世界重要的珠宝产业基地，加强品牌建设，推动数字化转型，努力将珠宝产业发展成为打造广州"时尚之都"和"全球定制之都"的重要产业基础和强大经济支撑。

三 海南文化产业发展现状

（一）主要政策及发展方向

海南省委省政府高度重视文化产业的发展，明确文化产业的发展布局和努力方向，将文化产业列入优先发展的 12 个重点产业，开展"多规合一"和"服务贸易"试点。从土地供应、税收减免、人才引进、市场培育和投融资等方面出台扶持政策，支持文化产业的高质量发展。

1. 健全文化管理体制机制

海南省委省政府研究制订了《海南省"十四五"时期文化发展改革规划纲要》《海南关于加快文化产业创新发展的实施政策》《海南省文化旅游融合发展的若干意见》《国家对外文化贸易基地（海南）建设规划》《海南电竞产业发展规划》《海南自由贸易港影视产业发展规划》等一系列政策文件，推动构建统一开放、竞争有序的现代文化市场体系，聚焦影视等重点领域，整合优化国有文化资源，激发民营文化企业创新创造活力，吸引更多优秀民营资本投资文化产业，推进海南文化产业与科技、金融、旅游等相关产业的深度融合；积极培育文化产业新业态，加快打造文化和科技深度融合的示范基地和领军企业。

2. 减免文创产业园区行政规费

海南省政府办公厅印发了《海南省推进文化创意和设计服务与相关产业整合发展实施方案（2015—2022年）》，对经海南省政府认定的省级文化创意产业园区，在建成3年内给予行政规费减免，以此着力提升海南文化产业的创新创意水平，创新海南特色原创文化产品和服务，推进文化创意和服务设计与装备制造业、消费品工业、信息业、建筑业、旅游业、农业和体育等产业的深度融合；加强对海南全省抢救性文物保护单位、文化和自然遗产地、历史文化名城名镇名村和传统村落的保护，推动文化产业发展成为现代服务业的支柱性产业。

3. 规范文化产业资金管理

海南省财政厅牵头印发了《海南省文化产业发展专项资金管理暂行办法》，以制度形式规范了文化产业发展专项资金管理，提高文化产业各项资金的使用效益。

4. 出台文化产业重大利好政策

《海南自由贸易港建设总体方案》（以下简称《总体方案》）针对娱乐设备免征关税、进口环节增值税和消费税，这是对海南文化产业的重大利好，可以充分利用这种政策优势，以较低成本引进世界先进的游艺设备，尽快吸引主题公园、休闲文化设施和带有大型装置的演出项目聚集海南。《总体方案》确定了海南省为中国国产网络游戏属地审批省份，即无需经过国家新闻出版署审批网络游戏编号，属地化审批流程加快，这些政策优势有利于海南引进更多游乐设施，吸引优质网游公司集聚海南。《总体方案》还允许外商独资企业在海南设立演出经纪机构、从事演出场所经营、投资文艺表演团体等，这有利于集聚国外演艺资源，激活国外资金以轻资产的形式布局我国内地演艺市场，正常参与我国本土演艺竞争，实现优势演艺内容的多维度融合，更好地激发演艺市场活力。

5. 聚集重点领域招商引资

海南拥有红色娘子军等丰富的红色旅游资源，是全国海洋面积最大的省份，热带雨林区面积位居全国之首。"三区一中心"是海南自由贸易港的战略定位，旅游业是海南的"3+1"主导产业之一，也是优势产业。疫情防控常态化下，海南将是"三大消费回流"的最佳去处，可推进海南建设国际旅游消费中心。另外，国家各部委还在税收、人才、贸易、投资、金融、运输、免税购物、邮轮旅游等方面出台了一系列配套政策，支持海南自由贸易港的发展。2025 年封关运作之前，海南文化旅游产业可抓住这个重要的窗口期，围绕国际旅游消费中心建设，发挥海南文化旅游业和自由贸易港的政策叠加优势，聚焦演艺主题公园、非国有博物馆、文化艺术品交易、数字内容服务、文创领域、品牌节庆、文化服务贸易、影视行业等方面，着力吸引国家级乃至世界级演艺集团、国内著名非国有博物馆和收藏家集聚海南创新创业和投资兴业。引进国内外知识文创和影视头部企业，精心打造动漫、数字艺术品牌，设立数字文创节，推动文化体育与旅游、科技产业、健康医疗等领域的深度融合发展。

6. 建设国家对外文化服务贸易基地（海南）

2016 年海南省出台《海南省加快发展对外文化贸易实施方案》，开始加强对外文化出口重点企业和重点项目建设。《总体方案》明确提出要在海南建设国家对外文化贸易基地，这是继上海、北京、深圳之后国家批准设立的第四个国家对外文化贸易基地。商务部等发布《关于推进海南自由贸易港贸易自由化便利化若干措施》，提出由文化和旅游部牵头，中央宣传部等部委参加，建设国家对外文化贸易基地（海南），发展动漫游戏、电子竞技、影视制作、旅游演艺、创意设计、版权交易等重点文化服务贸易。建立国际文化艺术品鉴定、评估、仲裁规则和标准体系，将海南自由贸易港打造成为国际文化艺术品拍卖中心。《总体方案》赋予海南贸易、投资、跨境资金流动、人员进出、货物五个自由便利和一个数据安全有序流动，为海南文化创意产业的发展和对外文化贸易提供了良好的政策机制保障。

（二）发展现状

国家和地区的文明富强依赖于强大的文化及产业支撑。随着我国经济的发展，大众的消费理念发生了根本性改变，消费结构也逐步转向医疗保健和教育文化娱乐等。文化产业作为一种战略性产业，对国家和地区的产业结构调整具有重要作用。

1. 文化产业发展概况

海南的文化产业起步较晚，相较北京、上海等地基础薄弱。2018年习近平总书记发表"4·13"重要讲话以来，海南省委省政府高度重视文化产业的发展，海南省旅文厅等部门根据海南的自然资源禀赋和发展定位科学管理、精准施策。加上自由贸易港政策的加持，海南的文化旅游产业开始蓬勃发展，文化产业增加值在GDP中的占比不断提高，广播电视、新闻出版行业稳步发展，文化和体育产业紧密融合，会展和休闲产业崛起，文化遗产得到科学合理保护，动漫设计、"互联网+文化"产业新业态开始出现并充分发力，文化产业结构不断调整和优化升级。截至2020年底，海南已建成国家级文化产业示范基地6个、国家"一带一路"文化产业项目2个、国家级特色文化产业项目1个、省级文化产业示范基地10个和省级文化产业示范园区2个，文化产业结构趋于合理，产业体系逐步完善，文化产业体量和规模逐渐增大。2020年，海南省规模以上文化产业及企业营业收入已达665亿元，文化产业发展前景广阔。

城乡公共文化服务设施建设加快。截至2021年底，海南共建成乡镇综合文化站219个、村综合文化服务中心2931个、社区综合文化服务中心349个、文化馆23个、图书馆24个、国有国建博物馆18个、民营博物馆13个、行业博物馆2个、国营演艺场所49个、民营演艺场所16个。共组建国有文艺团体16家、民营文艺团体67家。

文物和非物质文化遗产保护加强。截至2021年底，海南共有全国重点文物保护单位35处，省级文物保护单位208处。2018年后共投入文物旅游项目32个，建设非物质文化遗产保护名录487项，其中国家级32项、省级

82 项、市县级 373 项。共有非物质文化遗产传承人 1128 人，其中国家级 19 人、省级 149 人、市（县）级 960 人。共建成非遗传习所 132 家。

体育基础设施建设和产业发展加速。以建设国家南方体育训练中心为核心，在海南建设五指山综合、海口帆船帆板、文昌沙滩排球、三亚沙滩排球、万宁冲浪、陵水羽毛球、海口沙滩排球、澄迈智力运动、白沙综合等八个国家体育训练南方基地，以及中国登山协会白沙攀岩训练基地、中国现代五项运动协会白沙训练基地、中国铁人三项运动协会训练基地、国家澄迈智力运动基地、中国拳击协会白沙 MMA 综合格斗训练基地、中国拳击协会职业拳击训练基地。截至 2021 年底，全省共有健身场所 4806 处、大型健身广场 4 个、健身步道 16 条，共安装户外健身器材 9645 件，已投入使用或在建的符合《公共体育场馆建设标准》等级评定的公共体育场馆共 41 个。已举办 2020 海南亲水运动季、2020 年海南省高尔夫球队际赛、2020 年薪火传承·中国健康跑海南站、"全民健身　健康中国"全国县域社会足球（海南省）赛事活动、2020 年中国篮球公开赛（海口赛区）、环海南岛国际公路自行车赛、环海南岛国际大帆船赛等活动。在海南省注册的业余运动员人数达 7465 人。全省共有业余体校 15 家，有 90 个省级单项体育协会，72 个民办非企业单位。省级协会会员人数约 10 万人。

2. 文化产业发展亮点

深化国有文化企业改革。一是加强党对省属国有文化企业的领导。海南省委省政府深入学习和贯彻落实习近平总书记在全国国有企业党的建设工作会议上的讲话精神，健全省属国有文化企业党建工作领导体制，建立起省委宣传部有效主导、管人管事管资产管导向相统一的监管模式；推动成立省文资办党委纪委，充分发挥企业党建统领企业改革发展的作用，为做优做强省属国有文化企业提供了坚强的政治保障和组织保障。二是建立对省属国有文化企业的考核评价机制。根据中央关于建立两个效益相统一的考核评价体系要求，印发了《海南省贯彻落实〈关于推动国有文化企业把社会效益放在首位、实现社会效益和经济效益相统一的指导意见〉重要举措分工方案》，印发了《省文资办监管企业负责人经营业绩考核评价及薪酬审核实施办法》

及 3 个实施细则，明确社会效益指标考核权重占 60%，推动文化企业建立定位清晰、运行规范、充满活力、始终把社会效益放在首位的体制机制。三是推动监管企业完善内部运行机制。组织监管企业修订公司章程，推动监管企业建立现代企业制度，完善法人治理结构，推动形成党委领导与法人治理结构相结合的经营管理模式。企业的董事长或执行董事由企业党委书记兼任，党委成员以双向进入、交叉任职的方式进入董事会、监事会和经营管理层。四是推动企业做强做优做大。着眼打造"四集团一平台"，进一步加强省属文化企业资源整合，整合省内广电相关资源，成立海南广播电影电视传媒集团；推动符合条件的国有文化企业上市融资，完成南海网股份制改造，实现"新三板"挂牌目标；推动省歌舞团有限责任公司、省民族歌舞团有限责任公司、海口市艺术团整合组建省演艺集团，印发《海南省演艺集团组建方案》，稳步推进组建相关事宜；推动海南日报社（海南日报报业集团）和海南广播电视总台（集团）两个媒体单位深度融合，建设具有较强竞争力的新型主流媒体集团；引入四川文轩、浙数传媒等战略投资，顺利回购海南凤凰新华出版发行有限责任公司江苏方 51% 股权，稳步推动海南出版社有限公司、海南凤凰新华出版发行有限公司、海南省新华书店集团有限公司、海南省教材出版有限公司、南方出版社有限公司整合组建省出版集团。

部署推动文化产业快速发展。一是加强对文化产业的统筹规划。拟定《海南省"十四五"时期文化发展改革规划纲要》《海南关于加快文化产业创新发展的实施意见》《国家对外文化贸易基地（海南）建设规划》等政策文件。同时，根据《国家发展改革委　商务部关于支持海南自由贸易港建设放宽市场准入若干特别措施的意见》，省委宣传部牵头拟定《海南省支持海南国际文物艺术品交易中心建设的配套政策》《海南省支持文化演艺产业发展若干政策》等政策文件。二是积极培育新兴文化产业。根据《海南游戏产业发展三年行动计划》启动实施国产网络游戏属地管理试点工作，截至 2020 年 12 月，园区已有包括腾讯互娱、三七互娱等头部企业在内的游戏企业 1291 家，2020 年实现营收近 200 亿元，纳税 17.33 亿元。截至 2021 年底，该园区游戏企业超过 1800 家。三是充分发挥文化产业发展专项资金的扶持作用。积极推进省文化产业发展专项资金申报、审计和绩效评估工作，认真做好省政府"一企一策"重点产业发展资金申报推荐工作，通过股权投资、对赌奖补、贷款贴息、绩效奖励等方式，扶持和规范引导影视、演艺、电竞游戏、文化创意、文旅融合等重点领域文化企业发展。2021 年文化产业发展专项资金 1.49 亿元，扶持文化企业项目 45 个。支持海南车智易通信息技术有限公司申报省政府重点产业发展专项资金。

3. 规模以上文化产业发展分析

2020 年海南规模以上文化及相关产业法人单位数量偏少，仅 193 家，各市县规模以上文化产业主要集中在文化制造业、文化批发和零售业、文化服务业三大行业和海口、三亚、澄迈 3 个市县，其他市县比较少（见表 1）。

表 1　2020 年海南省各市县规模以上文化及相关产业法人单位数

单位：个

地区	法人单位数	文化制造业	文化批发和零售业	文化服务业
全省总计	193	9	36	148
海口市	86	6	13	67
三亚市	44	1	4	39
五指山市	1			1
文昌市	3		1	2
琼海市	6		2	4
万宁市	5		2	3
定安市	2	1	1	
屯昌县	1		1	
澄迈县	25		3	22
临高县	1		1	
儋州市	6	1	1	4
东方市	1		1	
乐东县	1		1	
琼中县	1		1	
保亭县	3		1	2
陵水县	5		1	4

地区	法人单位数	文化制造业	文化批发和零售业	文化服务业
白沙县	1		1	
昌江县	1		1	

数据来源：海南统计年鉴。

2020年海南全省规模以上文化制造业企业只有9个，主要集中在海口市，全省营业收入117.36亿元，缴纳增值税4.29亿元；儋州市（洋浦）规模以上文化制造业企业营业收入111.65亿元，居全省之首；除海口、三亚、儋州（洋浦）和定安4个市县外的其他市县还没有实现零的突破，这值得重视（见表2）。

2020年海南各市县规模以上文化批发和零售业企业总数为36个，主要集中在海口，占全省的1/3多。全省规模以上文化批发和零售业营业收入达154.71亿元，超过了文化制造业产业的营业收入。目前，全省仅五指山市还没有规模以上文化批发和零售业企业，琼中、定安、琼海等市县的规模以上文化批发和零售业发展不充分，营业收入居全省后三位（见表3）。

表2　2020年海南各市县规模以上文化制造业企业基本情况

单位：万元，个，人

地区	企业单位数	年末从业人数	资产总计	营业收入	营业税金及附加	营业利润	应缴增值税
全省总计	9	3136	3060666	1173610	12511	116504	42882
海口市	6	891	137237	47317	507	2363	146
三亚市	1	118	12847	7247	8	587	58
五指山市	—	—	—	—	—	—	—
文昌市	—	—	—	—	—	—	—
琼海市	—	—	—	—	—	—	—
万宁市	—	—	—	—	—	—	—
定安市	1	58	3791	2530	6	427	41
屯昌县	—	—	—	—	—	—	—
澄迈县	—	—	—	—	—	—	—

续表

地区	企业单位数	年末从业人数	资产总计	营业收入	营业税金及附加	营业利润	应缴增值税
临高县	—	—	—	—	—	—	—
儋州市（洋浦）	1	2069	2906791	1116516	11989	113981	41337
东方市	—	—	—	—	—	—	—
乐东县	—	—	—	—	—	—	—
琼中县	—	—	—	—	—	—	—
保亭县	—	—	—	—	—	—	—
陵水县	—	—	—	—	—	—	—
白沙县	—	—	—	—	—	—	—
昌江县	—	—	—	—	—	—	—

数据来源：海南统计年鉴。

表3　2020年海南各市县规模以上文化批发和零售业基本情况

单位：万元，个，人

地区	企业单位数	年末从业人数	资产总计	营业收入	营业税金及附加	营业利润	应缴增值税
全省总计	36	1803	575394	1547116	2080	27637	4297
海口市	13	1134	262954	532305	729	5112	1042
三亚市	4	101	278411	941720	1220	19075	3158
五指山市	—	—	—	—	—	—	—
文昌市	1	41	3237	3870	37	184	16
琼海市	2	50	1677	3923	7	190	2
万宁市	2	70	2118	2332	13	−537	6
定安市	1	18	1107	1537	3	49	2
屯昌县	1	20	1991	1668	6	70	5
澄迈县	3	136	8814	41682	7	2477	50
临高县	1	26	2417	2168	10	69	—
儋州市（洋浦）	1	56	3178	4095	19	172	—
东方市	1	26	1888	2289	3	175	1
乐东县	1	33	2371	2700	10	202	4
琼中县	1	13	926	1211	4	5	
保亭县	1	10	2284	905	6	43	3
陵水县	1	37	854	2035	2	175	4

续表

地区	企业单位数	年末从业人数	资产总计	营业收入	营业税金及附加	营业利润	应缴增值税
白沙县	1	13	1344	1447	4	82	1
昌江县	1	19	824	1230	1	48	3

数据来源：海南统计年鉴。

2020年海南重点文化服务业企业已有148个，比文化制造业、文化批发和零售业多，说明文化服务业发展速度加快；重点文化服务业企业主要集中在海口、三亚、澄迈3个市县，定安、屯昌等7个市县还没有重点文化服务业企业；全省重点文化服务业企业实现营业收入393.54亿元，是文化批发和零售业的2倍、文化制造业的3倍（见表4）。

表4　2020年海南各市县重点文化服务业企业基本情况

单位：万元，个，人

地区	企业单位数	年末从业人数	资产总计	营业收入	营业税金及附加	营业利润	应缴增值税
全省总计	148	21286	5272712	3935401	10790	81031	27015
海口市	67	5373	2485389	2794302	3196	28015	19431
三亚市	39	9378	1399500	264928	4698	-12721	-2320
五指山市	1	51	1590	427		-96	
文昌市	2	840	334695	194134	1068	-17900	30
琼海市	4	126	14161	2810	14	-802	83
万宁市	3	129	8658	528	15	-531	—
定安市	—	—	—	—	—	—	—
屯昌县	—	—	—	—	—	—	—
澄迈县	22	2812	563095	636434	1077	90708	9077
临高县							
儋州市（洋浦）	4	245	191899	9759	11	-2656	38
东方市	—	—	—	—	—	—	—
乐东县	—	—	—	—	—	—	—
琼中县	—	—	—	—	—	—	—
保亭县	2	1436	88142	19004	395	-2607	204

续表

地区	企业单位数	年末从业人数	资产总计	营业收入	营业税金及附加	营业利润	应缴增值税
陵水县	4	906	65584	13076	317	−379	201
白沙县	—	—	—	—	—	—	—
昌江县	—	—	—	—	—	—	—

数据来源：海南统计年鉴。

（三）存在的问题

1. 新冠肺炎疫情对海南自贸港文化产业造成严重冲击

海南95%的文化企业为中小企业，而且旅游、会展等聚众娱乐型服务行业占比较高，但由于新冠肺炎疫情的影响，失去了节假日红利。集文化娱乐休闲于一体的现代服务业是海南自由贸易港"3+1"主导产业之一，在疫情防控常态化条件下，也受到严重冲击。据统计，疫情高峰期，海南约有71.6%的文化企业受到影响，其中84.5%的文化企业完全停工，大、中、小微型文化企业的完全停工率分别为84.6%、85.9%和80.7%。近四成文化企业营业收入同比减少30%~50%。文化创意设计服务、文化投资运营和文化娱乐休闲服务等三大企业营业收入减幅超50%。46.6%~54.8%的微型或初创文化企业通过裁员降低生产运营成本。

2. 文化产业的开放度不高，支撑制度待创新

目前，海南文化产业大多为中小型内资企业，规模不大，固定资产投资不多，投融资有一定难度，主要依靠政府专项资金和财政资金支持，文化产业的发展资金来源单一；文化创新创意企业的在税率和税减与新加坡等世界自由港有一定差距；尚未出台促进海南文化产业结构调整和优化升级的法规；未形成外商独资文化企业相关营业领域及原则、管理制度等负面清单。这些都影响了海南文化产业的高质量发展。

3. 规模以上文化产业企业不多，文化产业营收不高

截至2020年底，海南规模以上文化及相关产业法人单位数仅193个，

其中9个文化制造业企业、36个文化批发和零售业企业、148个重点文化服务业企业，且主要集中在海口、三亚和澄迈三个市县，地域发展极不平衡。规模以上文化产业及相关企业营业收入共665.61亿元，其中文化制造业企业营业收入117.36亿元、文化批发和零售业营业收入154.71亿元、重点文化服务业企业营业收入393.54亿元。无论是文化产业生产力、影响力，还是文化产业驱动力，海南都与北上广、浙江、山东等省市有较大的差距。

4. 文化产业新兴业态发展动力不足，产业融合度偏低

新发展格局下，随着5G、人工智能和大数据技术的蓬勃发展，人们对文化消费的需求发生了根本性的变化，发展数字创意产业（网络文学、动漫设计、游戏等）、新型文化体育产业、互联网+旅游产业等文化产业新兴业态成为趋势。海南目前数字创意产业、网络文化产业以及数字出版业发展动力不足，规模以上企业法人不多，也没有根据国家文化产业政策的调整由支持项目转向支持文化基金。

海南文化产业与旅游业、热带高效农业、海洋渔业、航空航天等海南优势产业的关联度不够高，没有形成联产融合和跨地域发展的良好机制，海洋文化旅游、文化旅游+康养、文化体育+医疗等的产业融合力度有待提升。

5. 文化产业集群不多，产业链待延伸

集群化发展，是文化产业适应"互联网+"环境的必然要求。内容创作是文化产业集群化发展的核心，优质内容是拉动文化消费的强大动力。海南规模以上文化产业及企业共193家，其中文化服务业有148家，占比达76.68%，先进的文化制造业占比过低，仅为4.66%。海南文化产业结构低端化明显，推动多产业融合发展和市场化的创意设计等明显不足。

产业链是文化产业集群化发展的基础，文化产业集群的发展质量很大程度取决于产业链的扩展延伸。海南在文化产业上的投资相对较少，文化产业、文化体育场馆的建设和娱乐业的发展等相对滞后。虽然对复兴城、生态软件园等重点产业园区加强了培育，但在其内部产业结构调整和外部辐射带动效应，以及完善产业生态环境和健全产业体系方面尚有不足。需要尽快延长其产业链，发挥龙头企业以及重点产业园区的聚合作用，辐射带动海南文化产业中的一大批相关中小企业的聚集发展。

6. 文化产业专业人才匮乏，引进培育力度待加强

海南 1988 年建省后才开启文化产业发展，与国内其他省区市相比，海南的文化产业发展起步较晚。海南人口结构特征明显，人口整体素质相对偏低。2020 年，海南常住人口 1012.34 万人，65 岁及以上人口占比 10.43%，人口老龄化程度明显；人均受教育年限偏低，仅为 9.21 年。第七次全国人口普查情况显示，海南每十万人口中受教育人口及占比分别为：大专以上 13919人，占比 13.92%；高中以上 15561 人，占比 15.56%；初中程度为 40174 人，初中以下为 19701 人。截至 2020 年底，海南文盲率为 3.25%。海南少数民族人口占比 17.97%，位居全国前列，受语言障碍，文化普及程度偏低。

海南文化产业要高质量发展，必须加快培育本土人才，同时制定人才战略，优先引进国内外高端文化产业专业人才，并配套相关制度，让真正的文化专业人才进得来、留得住、干得好。

四 海南文化产业发展对策

（一）立足新发展定位，聚焦文化产业重点领域发展

一是着力推进中国海南国际文物艺术品交易中心建设。贯彻落实国家发改委、商务部《关于支持海南自由贸易港建设放宽市场准入若干特别措施意见》，大力推进中国海南国际文物艺术品交易中心项目落地三亚，开展可交易文物和艺术品展示、仓储、鉴定、评估、溯源、质押和交易等综合服务，出台并组织实施《关于支持建设中国海南国际文物艺术品交易中心政策的若干意见》，吸引国际国内关联资源聚集，培育海南文化产业发展新动能。二是着力推进游戏电竞港建设。依托海南生态软件园，建设中国游戏数码港，搭建全球游戏产业公共服务平台，通过腾讯、三七互娱、元游等头部游戏企业吸引更多优质产业链上下游企业落户园区。落实促进"游戏走出去"扶持政策，吸引包括腾讯、完美世界、IGG 等国内龙头企业在内的更多

游戏企业将游戏出口业务实质性落地海南。培育游戏电竞产业链，打造海南国际电竞港，加快电竞比赛、交易、直播、培训等业务发展，积极引进国际国内电竞游戏赛事。三是着力发展文化演艺产业。推动全省文化演艺设施合理布局，支持社会力量投资建设演艺设施。扶持本土精品剧目创作展演，打造具有海南标识性和标志性演艺节目。提升"三亚千古情""红色娘子军"等品牌演艺效应，拓展内容深度和表现形式。引进国内外高端演艺和新兴表演业态，引进知名艺术家驻场表演，引进更多优质演艺类企业和项目，拓宽演出主题，建设海南演艺品牌集群，形成"海南观演"的行业氛围和区域形象。四是着力推进文化创意设计产业发展。发展珠宝首饰、工艺品等领域的设计与高级定制，服务全球供应链。发展互动设计，支持影视、游戏、视频、动漫等领域设计升级。以海南旅游购物为导向，着力提升本土文创产品设计能力，打造具有海南特色的文创产品集萃和伴手礼，结合各类节庆会展活动举办多主题的文创产品市集，提升"海南文创"品牌知名度和美誉度。五是着力推进数字文化产业发展规划和布局。鼓励国有企业牵头，高标准建设国家对外文化贸易基地（海南）。支持基地创建云生产和服务平台，以数字化技术推动基地文化产业和贸易创新发展。引导和支持基地布局数字文化产业，加快发展新型文化企业、文化业态，创新文化消费模式，大力培育如数字创意、网络视听、数字出版、数字娱乐和线上演播等文化产业新业态，推动数字文化产品和服务"走出去"。

（二）贯彻新发展理念，深化国有文化企业改革

一是深化供给侧结构性改革。推动海南省属文化企业布局前瞻性新兴产业，鼓励和支持新闻出版、广播电影电视、文化演艺等领域深入探索文化和科技、旅游、金融、教育等融合发展，创新产品形态、服务方式、商业模式，引领带动国有文化企业转型升级。二是持续推进战略性重组和专业化整合。加快推进全省出版、发行资源整合，完成省出版集团组建工作，启动三年行动计划，推进优质出版发行业务板块股改上市。推动海南日报社（集团）和海南广播电视总台（集团）"报纸+广电+网络"深度融合，构建内

容、经营、技术、管理统一体系，建设具有较强竞争力影响力的新型主流媒体集团，探索媒体深度融合发展的"海南模式"。支持南海网作为新三板公司进入创新层，为挂牌上市准备条件。三是稳妥推进混合所有制改革。推动省演艺集团（筹）和省文化投资管理公司二级及以下子公司引入非国有资本开展混合所有制改革。四是探索职业经理人制度。选取1~2家省属文化企业集团公司二级及以下子公司，试点推行职业经理人制度。五是优化国有文化资产监管方式。监管职能转向以管资本为主，梳理优化监管机构职责和工作内容，推进清单管理，制定权力和责任清单并动态调整优化。

（三）融入新发展格局，启动文化大数据体系建设

落实国家文化数字化战略部署，以数字化手段提升文化生产力，有计划分步骤开展文化大数据体系建设。一是以爱国主义教育基地中革命博物馆纪念馆为目标对象，推进红色基因库年度建设任务；二是选取示范文化机构，部署底层关联服务引擎和应用软件，将其数据信息融入中华文化素材库；三是依托有线电视网络、广电5G网络和互联互通平台，夯实国家文化专网数字化基础设施；四是鼓励省属国有文化企业、文化产权交易机构共同建设省域文化数据服务平台和国家文化大数据海外中心，为海南文化生产和消费数字化转型升级奠定基础；五是支持有条件的机构、场所建设文化数字化创新成果展示及体验空间。

（四）推动高质量发展，完善文化产业发展工作机制

一是建立健全党委统一领导、党政齐抓共管、宣传部门牵头组织协调、有关部门分工负责、社会力量积极参与的海南文化产业发展新体制和新格局，尽快形成推动全省文化产业发展的强大合力。二是搭建海南文化产业公共服务平台，建立省、市、县（市、区）三级文化产业统计分析和政策服务体系，编制海南文化产业行业目录和法人单位名录库，实现分行业精准统计和动态管理，定期发布文化产业发展数据和研究报告。三是建立常态化文

化产业项目储备库机制，以项目库为抓手，搭建省文化产业项目库，不断提升文化产业高质量发展水平。四是以"海南重点文化企业""海南重点文化产业项目"等推介形式，将细分领域企业列入政府采购目录和大型活动合作伙伴等扶优形式，打造代表海南形象的文化企业集群。

（五）健全文化产业政策法规，推进制度型开放

海南要建设具有世界影响力的中国特色自由贸易港，打造中国改革开放的新标杆，产业发展是关键。《总体方案》颁布以来，海南深化文化体制改革，统筹推进国有文化企业改革和文化产业高质量发展，文化产业取得一些成效，但还需要加快文化产业制度创新。

加快国家对外文化服务贸易基地（海南）建设，扩大海南自由贸易港文化服务业的开放程度。顺应全球服务贸易强劲增长的势头，做好应对经济全球化新形势和新发展格局的战略制度建设。现代服务业是海南自由贸易港"3+1"重点产业领域，虽然文化旅游服务有一定的产业基础，免税商品的销售也迅速攀升，但海南建省较晚，现代工业经济体系未完全建立。受地理环境制约，加工制造业也发展不充分，产值也比较低。因此，文化产业特别是文化服务业应当加快发展，按照《总体方案》的要求，试点并扩大向外资开放演艺场所经营机构和演出经纪机构，集聚国际优秀的演艺机构和专业人才。同时利用我国加入 RCEP 的契机，在外商投资准入负面清单中明晰内资与外资企业可进入的文化产业类别和领域，给予内外资文化企业同台竞争的机会；简化商事登记程序，缩短许可时间；探索重大文化项目分段融资制度；探索创新文化产权交易、金融租赁、质押融资、投资风险评估管理；逐步缩小与新加坡等世界自由港国际离岸业务中心的税率、税减差距；充分利用海南自贸港的法规制定权，尽快起草《海南省文化产业发展促进条例》，防止自贸港沦为知识产权侵权特区；主动对标 CPTPP 等世界高水平经贸规则，调整文化投资、金融、税收等制度；提升外资文化企业的投资预期，从制度上推进文化产业高质量发展。

（六）提升国际传播力，推动文化产业"走出去"

文化产业的国内国际传播是一个国家或地区扩大国际影响力，提高文化软实力的重要形式，也是提升国家和地区文化产业发展水平的主要路径。海南处于连接中国和东南亚的中间节点，是南海的前沿，也是"21世纪海上丝绸之路"圈定的5个省市之一和其战略交汇点，具有文化产业国际传播的地理位置优势。建设海南自由贸易港是习近平总书记亲自谋划、亲自部署、亲自推动的国家战略，是我国文化产业高质量发展和对外传播的新契机，可在国际交流、人才引进、资金支持等方面为我国文化产业"走出去"提供实践探索和经验借鉴，向世界展示我国坚定不移扩大对外开放的形象。

随着经济全球化和数字技术的迅猛发展，文化产业的传播也呈现"多极化"发展态势，要做好世界文明的互鉴交流，并在这种国际传播环境和国际舆论局势中讲好中国故事、传递中国声音、传播中国形象，文化产业传播的模式选择和着力点非常重要。为此，海南应组建专业智库或组织专业人才，深入研究我国文化产业的国际传播形式和趋势，总结我国文化产业传播现状，分析其制约因素，并提出海南在我国文化产业国际传播实践中的角色定位和探索目标，提出提升文化产业传播力的确实可行的路径。目前，海南的文化产业基础数据分布在省委宣传部、省网信办和省旅文厅等3个单位，且仅旅文厅建有专业的文化旅游产业数据库，可动态调整和跟踪相关文化企业基础数据，而国有文化产业及相关企业数据、网络出版基础数据尚未建立专业数据库，为海南自由贸易港文化产业的数据获取和研究带来诸多不便。因此，建议整合三方面的文化产业及相关企业基础数据，并适时动态更新，真正实现文化产业基础数据的"一站式"获取和数据安全有序流动，为文化产业的国际传播提供基础数据保障。

海南是热带岛屿，有以琼北和琼西为主的火山文化，以海口和文昌为主的骑楼老街文化，以琼中、白沙等中部市县为主的黎苗民俗文化，以海南岛、西沙群岛、南沙群岛、中沙群岛为主的热带岛屿文化，以保亭、五指山为主的热带雨林生态文化等资源。可充分利用这些热带资源，做好文化品牌建设，大力发展"互联网+文化"、动漫、游戏等新兴文化业态，提升海南文化产业的附加值和影响力。打造区域性双向互动文化产业合作平台，定期举办学术论坛、产品展示和科技交流等活动，创立国际开发设计机构，推动黎锦技艺和船型屋工艺品及相关延伸品的跨国交流与科技合作，在国内国际文化产业发展平台上发出海南声音。

参考文献

［1］ 胡鹏林、刘德道：《新时代如何发展文化产业新业态》，中国经济网，2018年2月11日。

［2］ 范玉刚：《常态化疫情防控下文化产业发展的思考》，《改革开放与现代化建设》2021年第6期，第73~78页。

［3］ 饶琼娟、雷蕾：《"危"与"机"，疫情中对海南文化产业发展的思考》，《今日海南》2020年第2期，第46~48页。

［4］ 海南省统计局：《海南统计年鉴2021》，中国统计出版社，2021。

［5］ 徐锦江主编《上海文化产业发展报告（2021）》，上海社会科学院出版社，2021。

［6］ 徐咏虹主编《广州文化产业发展报告（2021）》，社会科学文献出版社，2021。

B.3
2021年海南旅游业高质量发展报告

郭　强*

摘　要： 旅游业作为海南自由贸易港建设四大主导产业之一，其发展备受各方关注。在新冠肺炎疫情防控常态化背景下，海南省深入研究国内外游客消费需求，着力打造文旅休闲体验、消费新平台，积极探索服务旅游消费新思路、新模式和新路径，加快国际旅游消费中心建设步伐。2021年海南旅游业实现稳步复苏，在接待游客总人数和旅游总收入上都有明显提升，并推进和带动了购物、医疗、教育消费领域的"三大回流"。本报告基于《全国旅游业高质量发展评价指标体系》和《海南省旅游业高质量发展评价指标体系》各项指标评分，回顾2021年海南旅游业取得的不俗业绩，深入分析面向高质量发展的突出问题，并根据发展实际提出对策建议。

关键词： 海南　旅游业　高质量发展　海南自由贸易港　国际旅游消费中心

一　2021年海南旅游业发展状况及评价

2021年，海南接待游客总人数为8100.43万人次，同比增长25.49%，恢复至2019年的97.5%（见图1）；实现旅游总收入1384.34亿元，同比增长58.6%，比2019年增长30.9%①（见图2）。

---

* 郭强，海南大学旅游学院院长，教授、博导，主要研究方向为自贸港建设管理、服务管理、收益管理。

① 《2021年海南接待国内外游客8100.43万人次　旅游总收入1384.34亿元》，海南省旅游和文化广电体育厅官网，http://lwt.hainan.gov.cn/ywdt/zwdt/202201/t20220113_3128938.html。

图1　2015~2021年海南接待游客数量统计

数据来源：根据海南省旅游和文化广电体育厅官网发布数据整理。

图2　2015~2021年海南旅游收入统计

数据来源：根据海南省旅游和文化广电体育厅官网发布数据整理。

（一）2019~2021年海南省旅游业高质量发展水平

根据对高质量发展特征在旅游业中的解读，从旅游业"质量追赶"、旅游业"绿色发展"、旅游业"结构升级"、旅游业"共同富裕"、旅游业"创新驱动"这五大高质量发展特征出发，结合相关政策和已有学术文献研究，构建了《海南省旅游业高质量发展评价指标体系》《全国旅游业高质量发展评价指标体系》。

2019~2020年，海南旅游业高质量发展水平呈快速增长趋势，2021年维持小幅增长（见图3），2019~2021年，旅游业的结构升级、共同富裕、绿色发展均保持了增长态势，由于新冠肺炎疫情的影响，旅游业质量追赶在2020年出现了回落，在2021年恢复到以往水平（见图4）。从各项指标上看，旅游公共服务均等化、政府与公共部门政策得分增长幅度较大，游客满意度、旅游低碳发展、旅游绿色消费、旅游产业结构合理化、旅游产业结构高级化、人民精神生活共同富裕得分呈现了稳步增长的态势，而最能体现旅游业质量效益的旅游业全要素生产率与学术得分在2020年有所回落，旅游业生态保护得分2021年有所下跌，公司创新得分近3年呈现先增长后下跌的情况（见图5）。

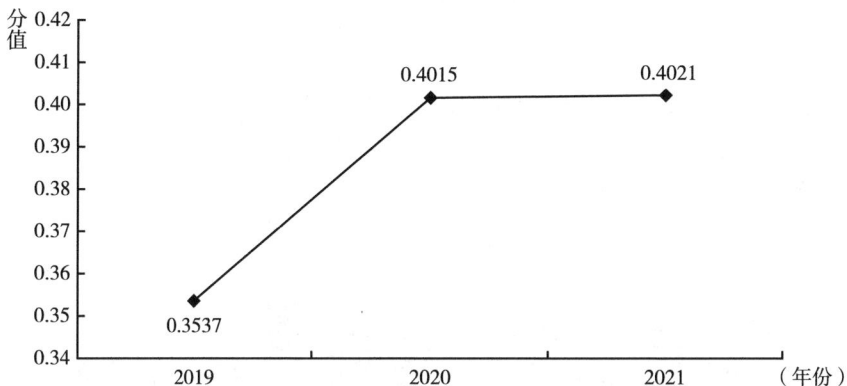

图3 2019~2021年海南省旅游业高质量发展水平

（二）2021年全国旅游业高质量发展排名

《全国旅游业高质量发展评价指标体系》测算结果显示，2021年，北京、上海、江苏在旅游业高质量发展排名中位居前三，在质量追赶、绿色发展、结构升级、共同富裕和创新驱动五项指标上均表现优异，海南排位也比较靠前，居第六位（见表1）。

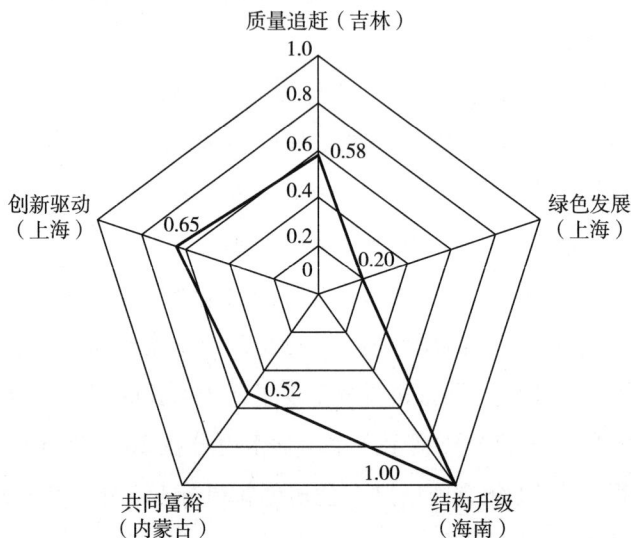

图4 2021年海南旅游业高质量发展与全国单项最优比较雷达图

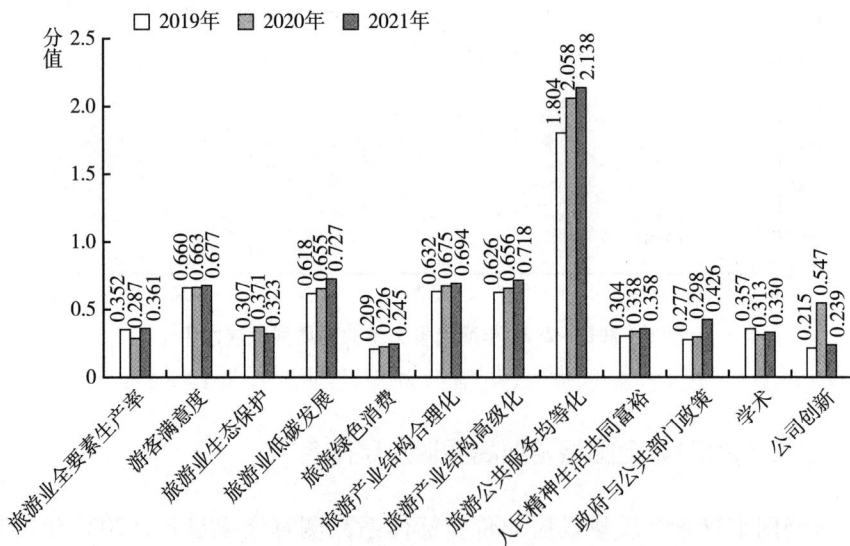

图5 2019~2021年海南旅游业高质量发展各项指标分项得分及增长情况

表1　2021年全国旅游业高质量发展排名

排名	地区	总得分	排名	地区	总得分
1	北京	4.463411455	16	吉林	1.984711024
2	上海	4.118043812	17	天津	1.940122131
3	江苏	3.625649313	18	湖南	1.869666841
4	浙江	3.557858640	19	甘肃	1.772075122
5	广东	3.049618615	20	河北	1.739058878
6	海南	2.946839056	21	辽宁	1.716585821
7	安徽	2.431248964	22	黑龙江	1.711952917
8	山东	2.316155445	23	内蒙古	1.649173017
9	湖北	2.281381437	24	贵州	1.607881108
10	福建	2.215470911	25	四川	1.583069069
11	陕西	2.209009994	26	山西	1.547259635
12	河南	2.131706208	27	广西	1.540949965
13	江西	2.093482915	28	云南	1.468206787
14	新疆	2.079585267	29	重庆	1.441383736
15	宁夏	2.077413966	30	青海	0.696527951

（三）2021年海南旅游业发展呈现亮点

1.旅游产业宏观结构表现合理

本报告根据测量依据，采取第三产业在生产过程创造的新增价值与第二产业在生产过程创造的新增价值的比值服务化倾向计算公式。其中，第三产业主要指各类服务及商品，第二产业主要指高新技术制造业和装备制造业等。根据相关研究，某区域服务化倾向越高，越有利于经济结构转型，表明该区域制造业相关企业更多专注于提高自身核心竞争力的业务，而将与其主营业务无关的服务外包给专门的服务提供商。一方面企业将资源和精力合理分配，降低了企业的各项成本支出，生产设备在生产过程中的效率极大提高；另一方面，专业的服务提供商提高了制造业相关企业的生产效率，促进了该区域服务业的进步和发展，服务的总投入是减少的，服务质量和水准却极大提高，深刻影响制造业企业的出口产品质量。《2021 全国旅游业高质量发展评价指标体系》测算结果显示，在宏观结构合理化指标上，海南位居全国第二。

旅游业是海南聚焦发展的四大主导产业之一。根据 2021 年海南经济运行情况新闻发布会上公布的数据①，海南第一产业增加值 1254.44 亿元，同比增长 3.9%；第二产业增加值 1238.80 亿元，同比增长 6.0%；第三产业增加值 3981.96 亿元，同比增长 15.3%。2021 年，海南省服务业（第三产业）增加值同比增长 15.3%，对经济增长的贡献率为 82.5%，表明第三产业已成为海南省经济增长的主要动力。

2. 高附加值旅游消费逐步形成

《2021 全国旅游业高质量发展评价指标体系》测算结果显示，海南省高附加值环节消费比例在全国排名第二。自 2020 年国家发布《海南自由贸易港建设总体方案》后，众多有利政策为海南开展消费回流工作提供了很大的支持。以免税购物为例，海口美兰机场二期于 2021 年末正式建成运营，海南岛第十家免税店——位于机场 T2 航站楼的免税店也同时营业，海南免税规模进一步扩大。2021 年海南离岛免税店总销售额 601.7 亿元，同比增长 84%；免税购物人数 967.66 万人次，同比增长 73%；免税购买件数 5349.25 万件，同比增长 71%。2022 年海南将加快培育低空、游艇、赛事等新的旅游消费热点，推动旅游消费升级。特别是免税购物，力争在 2022 年达到千亿元的销售额目标②。

医疗旅游相关方面，海南快速促进旅游与医疗相关产业的结合，高水平打造产业园，逐步形成医疗与旅游的结合。2021 年，博鳌乐城国际医疗旅游先行区设立全国首个真实世界数据研究和评价重点实验室，特许药械进口增长 58.5，特药险参保超 800 万人，医疗旅游人数增长 90.6%。园区内相

---

① 《2021 年海南省经济运行情况新闻发布会》，海南省人民政府官网，https://www.hainan.gov.cn/hainan/szfxwfbh/202201/477ab567f0564ffeb5745fdb43f34d17.shtml。

② 《2022 年海南省政府工作报告》，海南省人民政府网，https://www.hainan.gov.cn/hainan/szfgzbg/202201/6da8f2ca08ce440792389398d9a78459.shtml。

关旅游者数量同比增长率达454%，初步展现了吸引医疗健康消费从境外回流的势头①。博鳌研究型医院开启试运行，同时加快推进省会城市公立医院和多个医学中心的建设，海南省也在全国率先实现了全部村（居）卫生机构的第五代移动通信技术远程诊疗系统覆盖，"一市（县）一院"工程则引进有名的医院超50家，海南优质医疗资源引入数量也在全国排在前列。

教育方面，海南国际教育创新岛的建设在2021年也发展迅猛。海南"一园五区"建设推进速度加快，以陵水黎安国际教育创新试验区为例，该园区累计引进国内"双一流"大学和世界上比较有名的高等教育学校40余所。目前包括北大、中传、电子科技、北体等国内优秀高校，英国考文垂大学等世界知名大学也已经签约，计划进驻试验区②。

2021年，海南签约的教育相关合作项目共120多个，总投资额350余亿元，引进国内外知名高校43所。引进人才约2.4万人，其中海内外院士、教学名师、国家级突出贡献专家等高水平高层次人才1700多名，他们积极地加入到国际教育创新岛的建设中，为海南的教育事业发展提供了强大动力③。

3. 初步形成全域旅游发展格局

经过多年的重点建设，海南省全域旅游的发展成绩喜人。《2021全国旅游业高质量发展评价指标体系》测算结果显示，海南省全域旅游发展水平在全国排名第一，主要体现在以下几个方面。

其一，全域旅游示范区，完善第一个"1/3"。2021年，海南有5个市县被认定为省级全域旅游示范区。这是自2019年海南两个市县被国家认定为国家全域旅游示范区后的又一个大的进步。琼海市提出全域5A景区的新理念用来建设独一无二的"田园城市"；万宁市重点发展冲浪产业，形成以

① 《2022年海南省政府工作报告》，海南省人民政府网，https：//www.hainan.gov.cn/hainan/szfgzbg/202201/6da8f2ca08ce440792389398d9a78459.shtml。

② 《推进海南国际教育创新岛建设》，中华人民共和国国家发展和改革委员会，https：//www.ndrc.gov.cn/xwdt/ztzl/hnqmshggkf/zjhn/202203/t20220319_1319631.html？code=&state=123。

③ 《海南省教育厅2021年绩效考核社会评价工作情况》，海南省教育厅，http：//edu.hainan.gov.cn/edu/0400/202112/c4919f5083b5464fba4a3c0d6b843fb8.shtml。

冲浪产业为核心的产业链;定安县则秉承"以红带绿,以绿托红""以文促旅,以旅彰文"的发展思路,拓展乡村旅游资源;海口市秀英区全力挖掘本地民俗资源打造文化品牌;三亚市海棠区依托得天独厚的旅游资源,已构建起"全域旅游+"多元化发展格局。

其二,海南热带雨林国家公园,助力打造第二个"1/3"。2021年9月30日,国务院批复同意设立海南热带雨林国家公园。2021年10月12日,习近平主席在联合国《生物多样性公约》第十五次缔约方大会上宣布:中国正式设立三江源、大熊猫、东北虎豹、海南热带雨林、武夷山第一批国家公园。至此,海南热带雨林国家公园正式成立,成为海南省全域旅游发展的重要组成部分。

其三,环岛旅游公路,串联第三个"1/3"。海南环岛旅游公路经过一年多的建设已经取得了多项重大进展。作为串起多个景点和休息补给功能的驿站,联通沿海十几个市县的"线",旅游公路的建设严格按照全域旅游的要求,这条"珍珠项链"将建成海南全域旅游体系中的重要组成部分,并计划把1/3的游客吸附上来①。

4. 多种旅游业态竞相绽放

夜间经济实现新发展。三亚海昌梦幻海洋不夜城获评国家级夜间文化和旅游消费集聚区,助力海南省全力发展夜间旅游经济②。历史街区新面貌呈现。海口骑楼老街获评国家级旅游休闲街区,作为海南省唯一入选的街区,骑楼老街在尽最大程度地保留独特建筑的同时又注重当下新元素的融合打造,丰富老街业态,提升骑楼建筑历史文化街区对年轻一代消费群体的吸引力,从而进一步让其真正焕发出新的活力③。

乡村旅游快速发展。第三批全国乡村旅游重点村名录中,海南有五个村

①《海南环岛旅游公路开建》,海南省人民政府,https://www.hainan.gov.cn/hainan/5309/202101/cd2a2648374b42039da95478fbc4be14.shtml。

②《首批国家级夜间文化和旅游消费集聚区名单公示 三亚海昌梦幻海洋不夜城入选》,海南日报,https://t.ynet.cn/baijia/31613323.html。

③《首批国家级旅游休闲街区 | 海口骑楼老街:百年老街焕发新生活力》,文旅中国,https://baijiahao.baidu.com/s?id=1725064393202116125&wfr=spider&for=pc。

位列其中；同时又有 3 个镇被纳入第一批全国乡村旅游重点镇（乡）名录①。认定昌江黎族自治县霸王岭、琼海市潭门旅游小镇（潭门镇）两家旅游小镇；新增认定 30 家不同级别的民宿，将近 40 家不同级别的乡村旅游点（见图 6、图 7、图 8）。

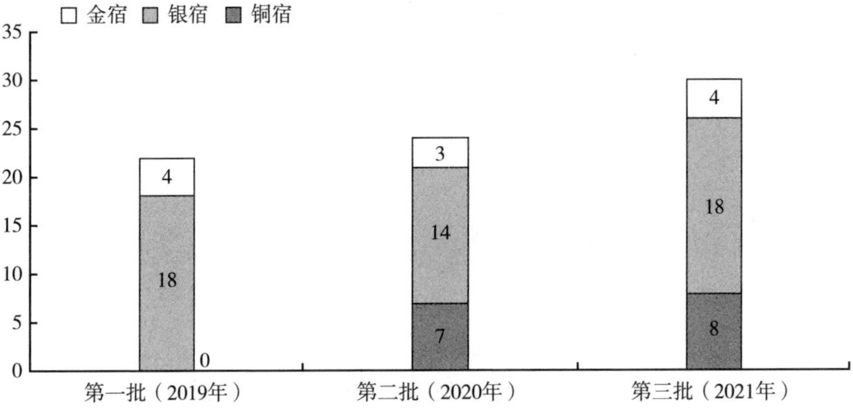

图 6　2019~2021 年海南民宿评定数据统计

数据来源：根据海南省旅游和文化广电体育厅官网发布的资料整理。

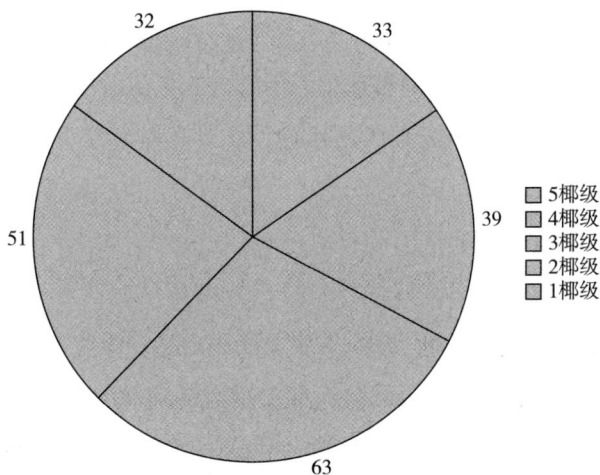

图 7　海南椰级乡村旅游点等级分布

数据来源：根据海南省旅游和文化广电体育厅官网发布的资料整理。

---

① 《海南 8 地入选全国乡村旅游重点村镇》，海南省旅游和文化广电体育厅，http://lwt. hainan. gov. cn/ywdt/zwdt/202109/t20210905_ 3046938. html。

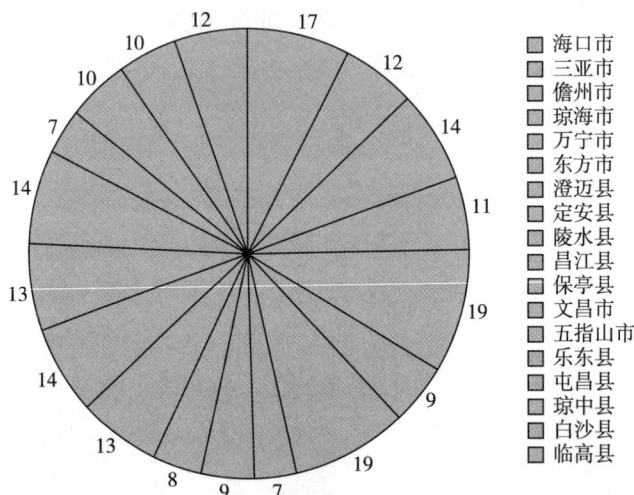

图8　海南椰级乡村旅游点位置分布

数据来源：根据海南省旅游和文化广电体育厅官网发布的资料整理。

"A级"旅游景区的创建工作成绩亮眼。2021年，海南全省有近20家旅游景区成功"创A"，其中有多家旅游景区成功创建国家AAAA级景区；定安母瑞山红色文化旅游区的打造是海南省内红色旅游的典范；文昌市等一些市县也实现了拥有高A级景区的目标；此外还有万宁等两个地方的景区获评省级旅游度假区。

5. 招商引资成效显著

2021年，为发展海南区域优势、打造海南特色旅游业、完善旅游产业链、提高海南经济的竞争力，海南省旅文厅先后在全国重点旅游客源地，如武汉等地举办8场招商推介会，组织参加招商活动20余次，举行招商座谈近90次①。活动成效显著，向潜在意向客户有效传达了海南省重点发展的项目，有力地吸引了投资。2021年海南共促成32个文化和旅游、体育产业项目签约和开工，40余家旅游文体企业登记注册，专业旅行服务企业凯撒

---

① 《2021年海南接待国内外游客8100.43万人次　旅游总收入1384.34亿元》，海南省旅游和文化广电体育厅，http://lwt.hainan.gov.cn/ywdt/zwdt/202201/t20220113_3128938.html。

旅业落户到三亚，海花岛系列项目进入试运营阶段，陵水富力海洋欢乐世界正式开园营业，外来资本、机构、人才等旅游业要素积极流入，海南自贸港的"虹吸效应"正逐渐显现。

旅游业高质量发展对海南自贸港建设具有举足轻重的作用，海南省大力支持海南旅游产业高质量、高效率发展。此外，海南自贸港简税制、零关税、低税率等具有国际竞争力的税制特色使得海南成为一个具有国际竞争力和吸引力的旅游热点地区。2021年已开工"十四五"期间旅游消费重点项目41项，总投资486.59亿元，其中投资额超过20亿元的重点项目有海南环岛旅游公路项目、呀诺达雨林文化旅游区项目、海南兴隆巧克力王国、海南白石岭绿世界旅游区、世界新能源汽车体验中心项目、南平温泉庄园。

为贯彻落实海南省对新冠肺炎疫情后旅游业振兴相关文件精神的指示，2021年在海南省旅文厅的组织下，第二批扶持旅游产业发展的专项资金成功发放，活动共收到申报2021年度第二批重点产业（旅游产业）扶持的项目318个。经委托第三方复核，组织专家评审，确认通过审核的项目为294个，其中贷款贴息34个，创优评级奖励82个，保险产品购买178个，扶持金额合计4945.92万元，其中贷款贴息414.18万元，创优评级奖励4488.29万元，保险产品购买补贴43.45万元[1]，为海南旅游企业的发展提供了良好的发展环境。

6. 高水平旅游论文影响力提升

中国特色自由贸易港建设自从2020年6月1日迈出重要的一步后，海南备受学界、业界的关注，以海南省作为研究案例的高水平论文也逐年增加，海南自贸港在国内和国际的学术影响力逐年递增。高水平旅游论文发表指标排名越靠前，说明该区域学术影响力越强，区域学术研究影响力强代表学术界和业界对海南自由贸易港具有较大的探索。通过学术研究成果的传播，海南自贸港的国内国际影响力会越来越大，各界对海南的关注和了解也

---

[1] 《关于2021年海南省重点产业发展专项资金（旅游产业）第二批扶持项目名单的公告》，海南省人民政府官网，https://www.hainan.gov.cn/hainan/0101/202111/d96ef2067ed0453ab995888d28729ddd.shtml。

会愈加深入。《2021 全国旅游业高质量发展评价指标体系》测算结果显示，海南该项指标在全国排名第一。

海南旅游业在学术界受到了极大的关注，学术界对海南旅游的研究主题与海南省重点鼓励和支持旅游与文化、体育、医疗、养老、养生等深度融合的目标不谋而合，研究内容主要涵盖海南康养、体育、购物、文化、会展等多元主题。通过对海南旅游业进行深度剖析，多面貌、多角度的海南将逐渐为大众所知，对于海南旅游研究的理论贡献也有利于指导海南旅游业更好地进行实践，从而助力海南省旅游业高质量发展，助推海南自贸港建设。

二 海南旅游业发展面临的困境和瓶颈

（一）缺乏具有海南特色的国际旅游吸引物

海南大力拓展旅游发展新局面，国际化旅游发展水平不断提升，但与全球旅游发达国家和地区相比，当前海南旅游国际化水平存在着较大的差距，国际旅游吸引物建设仍显不足。

1. 国际性旅游核心吸引物相对缺乏，尚未凸显海南特色

海南国际旅游吸引物供给相对不足，国际性旅游市场主体数量规模相对较小，国际竞争力和特色化发展水平有待提升。全省国际化核心旅游产品和旅游节庆活动相对较少，具有世界级高品位和国际性竞争力的景区和旅游度假区、旅游综合体等也较少，且对海南历史文化的挖掘深度不足，旅游产品、项目和目的地建设与海南文化的融合不够，尚未凸显海南特色。近年来国际性展览、会议和体育赛事活动等不断引入，但本土化、特色化的旅游节庆活动的国际知名度和旅游吸引力相对较低，缺乏国际竞争力。

从市场主体来看，海南省国外运营主体引入规模相对较小，酒店业、旅行社等国际化发展程度相对较高，但总体而言旅游业国外运营主体数量和市场规模较小，娱乐活动、餐饮、购物、休闲度假综合体等多元化的国际性运营主体引入不足；且国内旅游相关企业的国际化水平偏低，具有国际性竞争力的行业领军企业数量规模相对较小，省内本土旅行社、酒店、旅游集团等国际化发展水平偏低，特色旅游品牌国际知名度和影响力不足。

此外，免税购物、国际医疗和国际教育尚未形成品牌特色和海南优势。近年来，免税购物、国际医疗和国际教育等海外消费回流，海南国际游客消费不断扩大，但全省国际旅游消费承接能力和供给质量仍需不断提升。国际性旅游产品供给、旅游消费环境和国际贸易合作平台等亟待完善，如免税购物与日本、韩国等竞争激烈，国际性比较优势相对较小，在价格、品类、质量和服务等方面尚未形成海南优势和特色。

2. 统筹联动不足，国际旅游吸引物布局与建设有待强化

一是国际旅游吸引物规划布局的统筹协调性仍有不足，国际性旅游消费产品、项目、目的地等缺乏差异化布局，各市县国际旅游发展的协同性和互补性有待提升。海南省区域旅游发展不均衡，东部、中部和西部各市县国际性旅游吸引物建设的数量规模和国际化旅游发展水平存在着较大的差异，中西部地区旅游发展相对滞后。尽管东部、中部和西部旅游资源丰富多样、各具特色和优势，但在国际旅游吸引物建设过程中，各市县旅游项目建设对"国际旅游消费"的聚焦不足，旅游供给特色、差异性不明显，同质化严重，项目规划布局未依托自身优势形成区域协同和分工互补。

二是各市县的联动与合作不够。近年来，海南省不断强化区域协调联动发展策略，如海口经济圈、三亚经济圈等区域协同发展不断加强。在国际旅游吸引物建设过程中，市县联动和协同发展多以项目统筹布局和规划为主，在旅游活动策划、旅游产品组合、宣传营销等方面缺乏区域的联动与合作。

三是各部门的统筹协调与联动不足，国际旅游吸引物建设进程较为缓慢，建设质量有待提升。部门统筹协调与联动机制有待完善，责任分工不够明确，监督机制不够健全，导致国际旅游吸引物建设存在工作滞后、质量不高等问题。

（二）未能有效引流来琼高端游客

目前，海南省在吸引高端游客的硬环境和软政策方面还存在一些不足，

导致高端游客未能被有效引流。

1. 高端旅游业态和旅游产品供给不足

为提升市场影响力和竞争力,融入新的发展思路或转变新的内容形式以创造出有别于传统的业态,是一个产业或行业逐步改进、完善、转型和升级的必然路径。根据《海南省旅游业高质量发展评价指标体系》测算结果,2019~2021 年,海南省旅游业产业融合度综合指数稳步增长,但在全国仅排名第 22,远落后于全国平均水平。相较于第 1 名的广东省,海南存在高端旅游业态和旅游产品供给不足的问题,主要表现在以下几点。

第一,海南邮轮旅游产业发展相对缓慢。首先,海南邮轮旅游产业市场占有率较低。2018 年,三亚凤凰岛邮轮码头国际邮轮旅客吞吐量 20059 人次,靠泊邮轮数量 20 艘次;秀英港游客吞吐量 47500 人次,靠泊邮轮数量 51 艘次。2020 年新冠肺炎疫情下三亚凤凰岛靠泊国际邮轮数量直接跌至个位数,旅客合计 6435 人次,2020 年和 2021 年虽有恢复但是速度缓慢。其次,海南邮轮旅游产品少。美国佛罗里达州邮轮旅游将"海面游"与"陆地游"进行联动,将相关邮轮始发港选取在建设有大量旅游吸引物的城市,包括建有迪士尼乐园的奥兰多、世界十大热门剧院之一的劳德代尔堡、拥有维兹卡雅博物馆的迈阿密等。而海口港联检厅是由仓库改装建造而成,秀英港 20 号泊位距临时客运联检大厅较远,旅客需要穿越整个集装箱作业区,港口附近商业体系建筑陈旧,没有配套休闲娱乐场所。

第二,低空旅游发展滞后。国务院 2022 年印发《"十四五"旅游业发展规划》,提出完善低空旅游等发展政策,工业和信息化部要会同文化和旅游部加强低空飞行器装备研发应用和产业发展。关于促进低空旅游发展的一系列政策红利发布后,全国各地都开始紧锣密鼓地布局低空旅游的基础设施和项目培育。海南全年气候适宜,低空净空率高,空中能见度高,年均可允许飞行天数占比高达 93%,适合发展"低空+旅游"的新兴业态。但就基础设施而言,相较于美国、日本、新西兰等低空旅游产业较为发达的国家,海南还需大力改进,全球范围内航空旅游产品模式主要包括旅游交通类,用于举办会议、接待贵宾等活动;空中游览类即空中观光;娱乐型飞行体验类主要是驾驶体验和低空体育；地面体验类包括航空主体相关展会活动以及机场周边休闲旅游设施体验。海南目前对空中游览类旅游产品的开发较多，依托自然资源提供观光游览项目，而其他形式的活动开发较少。

第三，免税旅游发展动力不足。因新冠肺炎疫情影响全球旅游消费者流动受到极大限制，国际免税旅游消费经济下滑严重。由于国际通道阻塞，海南在疫情背景下发挥了国内市场优势。然而，要想在疫情后仍然保持这个发展势头，海南还需要进一步建设和完善免税购物政策及配套服务。当前，海南在价格方面缺乏竞争力，免税品价格相较于国外仍然偏高，折扣力度小或优惠活动少，优惠金额小，并且线下发放的优惠券只能用于线下门店，无法在线上平台使用。其次，海南免税店附近娱乐、交通、休闲及餐饮等配套设施缺乏，例如日月广场参与品牌门店少，只有风味小吃街，并且价格昂贵，菜品品种少，无法满足游客需求。因此，海南省积极构建配套设施和线上销售渠道刻不容缓。

第四，康养旅游发展有待提速。海南在2003年就提出了"健康岛"这一概念，并且有着推动康养旅游发展得天独厚的优质自然资源，然而康养旅游产业发展主要面临以下问题：一是市场竞争能力较弱，截至2021年，我国有233家康养旅游产业试点单位，而海南仅有8家；二是产品核心把握不准，海南省康养旅游主要包括海洋、医疗、森林、温泉等类型，温泉康养旅游是其中开放程度较高的一种，但是目前海南的温泉旅游与"康养"结合不够紧密。海南温泉旅游发展的重点仍然在自然资源观光层面，康养项目内容趋于同质化，忽略了民俗风情、独特文化和康养效果的开发。日本温泉非常著名，每一处温泉附近都会有标识其可观赏的独特景观和该温泉特有的疗养功效的标志，值得学习。

2. 旅游公共服务体系需优化

旅游公共服务是支撑游客开展旅游活动的基础。根据《海南省旅游业高质量发展评价指标体系》评分结果，近3年来海南旅游公共服务水平不断提升，虽然从全国范围来看，海南旅游交通便捷度、旅游公共信息服务和旅游公共安全等公共服务排名都居中，但仍需不断加快完善。

首先，旅游公共交通便捷度有待提升。一是城际交通运输网络建设需要进一步完善。岛内交通配置不均，中部地区路网密度小，尚无轨道交通覆盖，"丰"字形高速公路网初步形成，但各公路衔接不畅，高速公路瓶颈路段亟须提质扩容。干线公路等级水平偏低，全国二级以上高速公路占比平均水平为13.4%，江苏高达27.5%，而海南仅为9.2%，仍需不断提升。高速公路网、高速铁网、城际轨道交通等交通网络规划仍需细化完善，建设速度有待提升。二是市内通勤交通及景区景点接驳交通不够便利。部分公交线路规划设置不合理，存在准点性低、车次间隔时间过长、旅游淡旺季车辆和停车场等资源调配不足等问题。农村地区公路改造建设进程较慢，乡村与城市交通衔接度有待提升。三是旅游交通相关配套服务设施不够健全。部分公路交通引导标识和公交站点标识等设置缺乏科学性，信息不清晰、内容滞后、外观陈旧，外语信息服务单一；高速公路服务区和游客集散中心功能特色不足；自驾旅游服务体系亟待完善。

其次，旅游便民惠民服务设施亟待完善。全省食、住、行、游、娱、购等旅游相关领域的便民惠民设施不断完善，但医疗救护、特殊群体人性化服务设施、公共休闲游憩设施、文化和体育等公共服务设施较少。一是对游客集中区域医疗救护服务重视不足，部分景区景点、交通站点、游客集散中心等医疗服务站缺乏，医疗急救服务单一、设施设备有限。二是特殊游客群体人性化服务设施相对缺乏，如母婴室、第三卫生间、婴儿车、轮椅、手杖、电梯、盲文标识、社区健身设施等传统无障碍服务设施建设不足；便于老人和残疾人操作的智能设备、语音导览、网络视听平台等无障碍信息设备匮乏。三是文化、体育类公共服务设施相对不足，公共文化、体育与旅游服务机构等的融合发展相对滞后。

再次，旅游公共信息服务智慧化有待提速。与国内外旅游发达地区相比，海南旅游公共信息服务设施建设水平相对滞后，信息统筹、公共服务信息化、智慧化发展有待提速。一是信息资源统筹共享建设不足，各旅游相关的政府部门和社会主体缺少联动联合，跨区域、多部门旅游公共信息统筹共享机制仍需加速完善；面向游客的智慧化信息统筹发布项目进展较慢，"智游海南"自2020年推出以来仍未向市场广泛推广。二是旅游网站和网络信息平台等线上渠道信息获取完整性、便捷性不足,信息内容和服务功能有限,信息动态性、及时性不足。三是旅游信息咨询中心和服务热线等线下信息获取渠道有待优化,游客集中场所旅游信息咨询服务中心设置合理性仍需提高,交通站点、公园、景区景点导览指引标识、电子信息屏及自主导览设施建设不足,存在信息陈旧、内容不健全等问题;旅游服务热线不够通畅,服务人员专业水平和服务态度仍需提升。

最后,旅游安全保障服务有待持续强化。海南旅游安全保障服务供给体系已初步建立,但安全保障服务体系和能力有待持续强化。一是旅游安全风险防控体系不健全,仍需对标自贸港建设各类风险防控,建立完善旅游安全风险评估和督查、预警机制。二是新冠肺炎疫情形势依旧严峻,涉旅疫情传播扩散风险不容忽视,常态化疫情防控仍需加强。三是安全生产管理与控制、涉旅企业安全管理和防范意识不到位;游客自主化、散客化趋势日益显著,旅游公共安全服务应根据市场变化及时调整完善,但部分景区景点、交通要点等游客集中区域公共安全设施、信息和预警机制、应急救援服务等存在一定的滞后性。

(三)环岛旅游公路建设推进缓慢

自2020年12月31日海南环岛旅游公路开工建设以来,多个路段已经实现功能性通车。截至2022年6月,全线路基已完成约47%,预计2023年底实现全线通车。尽管公路建设一直在有序进行,但是仍然存在一些亟须解决的问题。

1. 旅游公路整体建设进度较为缓慢

据海南省交通厅发布的信息,环岛旅游公路项目征地拆迁工作滞后,未能实现海南省政府设定的在2021年8月之前完成80%及8月底全部完成的目标。截至2021年8月底,仅完成58.11%。旅游公路项目涉海环评、红树林移植等审批手续没有完成,难以确定取土场。一方面,无法大面积展开施工工作,大量控制性工程及基础性项目无法实施;另一方面,部分具备开工条件的桥洞工程也没有及时组织施工。项目目前实际开工建造的桥梁仅 9 座、涵洞仅 48 个,距离计划的 137 座桥梁和 1329 个涵洞差距非常大。

投资方面。项目累计完成投资 30.24 亿元,仅占年度投资计划的 50.4%。其中,三工区累计完成投资 0.45 亿元,仅占年度投资计划的 12.47%;五工区累计完成投资 0.4 亿元,仅占年度投资计划的 10.68%,建设进度缓慢。

环线旅游设施方面。比起旅游公路的建设进度,配套设施的建设进度明显更为缓慢。以其中起到承担游客观景、休息、补给需求的重要作用的驿站为例,虽然部分市县各辖区旅游公路已经实现功能性通车,但相关配套设施如驿站、营地等仍在建设中,甚至还存在未开始建设的情况。

2. 驿站分布不均且特色凸显不足

海南环岛旅游公路规划在全线拟建 40 个不同的驿站,覆盖沿线全部 12 个市县和洋浦经济开发区。驿站类型主要分为自然景观资源型和历史人文资源型两大类。从规划布局方面看,尽管从整体看,环岛旅游公路途经的各地市县均有相应的驿站设计,但仍存在分布不均衡、覆盖不合理的情况。以三亚市为例,作为海南省最重要的旅游城市之一,旅游公路途经三亚 200 余千米,占总规划路线长度的 20% 以上,是整个旅游公路中最为重要的环节之一。但是在三亚市规划设计的公路驿站仅有 3 个,密度过小。特别是崖州红韵和海棠花语两个驿站,其间相隔近 100 千米,是整个旅游公路中距离最远的两个驿站。

除了布局不均衡以外,特色凸显也存在一定的不足。以江东新区"东港觅古"驿站为例,其结合自身资源优势和区位特色,主打定位为"东港生态的水上花园"和以科技体验赋能的历史人文资源型驿站。尽管很多驿站的建设在规划中已经尽可能地覆盖了不同的旅游类型,结合了当地的旅游资源特色,但仍然存在同质化严重、特点凸显不足的问题。究其原因,一方面是因为海南作为热带岛屿,本身旅游资源虽然丰富但同质化明显,长时间的环岛旅行很可能造成审美疲劳;另一方面,当下旅游公路驿站的开发过于注重结合本地资源、彰显本地特色,却忽视了海南省各市县差异并不明显的局限性，不能打开思路，大胆创新。综合来看，以上存在的情况将很可能为环岛旅游公路最终的呈现效果埋下不利隐患。

3. 环线旅游业态缺乏统一规划

作为海南省重要的一条景观大道，环岛旅游公路在设计伊始就承担着串联起全岛旅游业态的重任，是形成滨海全域旅游发展全要素的有机连接。因此，不仅仅是旅游公路本身，其串联起的所有景区、驿站、酒店、度假区等都是这条"珍珠项链"的重要组成部分。在推进建设的过程中，各市县、各旅游区等绝对不能"各自为战""独立发展"，不能出现抢夺资源、恶性竞争的情况。

2021年底，海南省委书记沈晓明到文昌市调研环岛旅游公路及驿站规划建设情况时曾指出：要积极做好招商引资工作，坚持市场化运作，完善投融资机制，创新商业模式，广泛吸引各类社会资本参与，加快推进驿站建设。此后，多个地区的驿站工作开始了招商引资计划，但大多是各自规划各自招商。这种做法一方面可以很好地彰显区域特色，发挥各地区主管部门的主观能动性，同时能有效地避免资源浪费；另一方面由于缺乏统一的整体规划引领，在各地驿站的建设中难免会出现创意"撞车"、同质化严重等情况，在一定程度上既造成资源浪费，也会影响旅游公路的整体形象，使"三分之一"目标的实现打了折扣。

（四）制度集成创新仍有很大空间

从近几年《海南省旅游业高质量发展评价指标体系》测算结果可见，海南省旅游业在创新驱动方面呈逐年上升趋势，但全国排名却不佳，说明海南省旅游投资、创新驱动力仍显不足，还是以资本驱动为主，具体原因分析如下。

1. 有关旅游业发展的制度创新碎片化特征明显

2021年12月底发布的十三批123项海南自由贸易港制度创新案例中，涉及旅游领域的很少，仅9项，且制度创新案例主要集中在本地区、本部门、本领域，企业获得感仍较弱，部分政府部门之间政策相对独立，旅游用地供给、旅游项目审批、旅游交通管理和旅游物价管理等方面政策实施与市场主体发展要求存在差距。如三亚的婚庆产业经过多年培育已经踏入百亿产业行列，但婚拍行业在海边搭建临时摄影背景设施也需经过繁杂的手续或根本不批准。此外，海南民宿业发展迅猛，游艇业也表现亮眼，但民宿业主自己推出"民宿+游艇"旅游产品就可能涉嫌非法经营旅行社业务，而且对酒店推出的"机票+酒店"业务关注也甚少。

2. 制度创新缺乏协同性和集成度

跨部门、跨区域、跨行业穿透式的制度创新力度不够、方法不多、经验不足，且制度创新的难度在增加。创新难度小的领域已经取得显著成效，难度大的创新面临法律调整滞后、授权不足、激励机制缺失等问题。例如在海南省强化旅游产能配置和优化的背景下，旅游度假区作为"一中心、三天堂、一高地"的载体，三亚在旅游度假区的管理体制上没有被强化，反而被弱化了。整个海南省唯一的国家级旅游度假区三亚亚龙湾目前仅仅是一个科级单位，管委会也被撤销，仅设置一个综合服务中心，客观上造成了小马拉大车的窘境。

三　海南旅游业高质量发展政策建议

（一）加快打造凸显海南地方特色的国际旅游吸引物

1. 强化世界级旅游吸引物供给，形成海南特色

加快推进国际旅游吸引物建设项目，对标国际知名旅游目的地，高标准、高质量建设航天、海洋等主题公园及各类旅游综合度假区、国际旅游消费聚集区等。引入国际旅游消费 IP 和全球高端知名旅游消费品牌，对接国际高水平引入系列大型国际展览会和世界级节事活动；同时，整体打造海南特色的国际性文化旅游 IP 和文旅品牌，以海洋文化为主基调，挖掘黎苗民族文化、海上丝绸之路文化、华侨血脉文化、东坡文化、饮食文化等系列海南特色文化，与旅游、影视、演艺、展览、动漫、电子竞技等相关行业融合发展，系统提升旅游文化 IP 和文旅品牌的国际影响力和知名度。

培育和壮大国际化旅游市场主体。增强本土旅游企业的国际竞争力和影响力，面向国际市场，打造海南文化、旅游、购物、农产品、制造等特色品牌；鼓励涉旅企业以多种形式与国际企业开展多样化的交流与合作，与国际奢侈品品牌合作，将海南元素融入奢侈品中。逐步探索放宽外资市场准入，推动实现外商投资旅游业在准入资格、投资占比、经营范围上与国内市场主体一致化，简化外商主体市场准入流程，完善境外人员从业资格管理制度；对标国内外旅游知名和领军企业（如世界500强、旅游集团20强等），加大招商引资力度，引入多元化国际运营主体。

提高免税购物、医疗、教育等国际旅游消费回流承载力，完善免税购物商业基础设施建设，科学规划布局，积极构建多层次免税购物体系，加强品牌引入，同步国际品牌、品种与价格，增强免税购物消费吸引力；提高国际医疗供给能力，大力发展医疗康养旅游消费；搭建完善国际教育合作交流平台，提升教育行业水平，承接国际教育消费回流。

2. 统筹联动，优化布局，推动全省国际旅游吸引物建设协同发展

政府强化顶层设计和整体统筹规划，优化国际旅游吸引物建设项目布局。推动落实全省一盘棋、全岛联动一体化发展机制，提高市县和区域发展的协同互补性，形成资源优势互补、产业互补、区域分工互补、商圈互补等，形成旅游发展凝聚力和辐射力，促进全省国际旅游消费协同发展。聚焦"国际旅游消费"，依托区域资源特色与优势进行国际旅游吸引物差异化布局，支持海口、三亚、琼海、儋州等城市打造具有国际影响力的大型综合性消费商圈；加大中西部国际旅游吸引物项目布局力度，推动各市县形成差异化的国际旅游消费场所、街区和休闲旅游打卡地。

系统强化市县联动与合作。在国际旅游吸引物建设项目统筹布局的基础上，加强各市县在旅游活动策划、旅游产品组合、旅游宣传营销等方面的联动与合作。坚持陆海统筹、山海联动，依托东部、中部、西部差异化旅游资源，在旅游活动策划和线路设计的过程中串联起海洋、森林、小镇、乡村、康养、文化、体育、购物等各类特色旅游吸引物，通过各市县的旅游宣传营销联动与合作，推动实现游客的有效引流和吸引回流。

加快完善部门统筹协调和联动机制，推进国际旅游吸引物建设进程。建立健全政府多部门工作统筹协调机制，完善日常工作会商机制，健全统筹考核评估机制，明确各部门的责任与分工，推动国际旅游吸引物建设项目规划、招商引资、施工建设等各环节的即时有序进行；加强项目监督与质量管理，完善相关考核办法，确保各项目保质保量推进。

（二）瞄准中高端消费需求

1.了解中高端游客需求，加强高端旅游产品开发

打造高端邮轮旅游产业。首先需要完善停泊及港口配备。积极开发大型豪华邮轮停泊和港口配备。此外，秀英港还同时肩负客运和货运的任务，一定要区分游客通道和货物通道。其次，邮轮旅游属于高端产业，整条完整产业链包括上游的船舶形体设计、零件制造装配以及下游的行业企业经营、港口运作服务等，海南需要突破技术瓶颈，打破停留在邮轮产业链末端的局面，进一步促进相关企业发展，促进海南邮轮旅游高质量转型，增强海南邮轮市场竞争力。最后以海洋文化为核心进行邮轮航线开发，海南具有独特的"海上丝绸之路"文化，随着西沙群岛的进一步开放和开发，海南可以打造"海上丝绸之路邮轮之旅"，依托海洋文化和西沙群岛的自然资源打造独一无二的邮轮航线。

大力开发低空旅游。首先需要建设和完善直升机起降点、丰富直升机机型等各种基础设备，吸引低空旅游业务公司进入海南，积极打造低空旅游发展平台。其次，海南需要设计多样化和特色化发展路径，配合康养、科技、研学、文化等发展主题，制定以航空产业部门为主的发展模式，促进航空旅游的整体发展。在原先低空旅游项目的基础上结合婚纱摄影、旅行航拍，充分发挥自然资源优势。同时，积极开发和推进以文昌国际航天城项目为核心的航天产业集群，培育相关航天产品，如航天博物馆、航天科技园、直升机博览会、航空航天旅游夏令营或冬令营等。除此之外，可以借助目前正在运行的美兰机场及凤凰机场现有基础设施、周边环境和文化资源，开展以机场为活动主体的观光、购物、休闲、餐饮等新型旅游活动。

持续擦亮"离岛免税"金字招牌。目前免税店主要分布在海口和三亚两地，为实现均衡发展，对于免税企业入驻海南中西部地区可以适当给予优惠政策或奖励政策，以刺激优秀免税企业进驻中西部，带动中西部消费。此外，线下免税店周围商业体系和基础娱乐设施应尽快完善，积极构建起以免税消费为核心，带动餐饮、住宿等产业联动发展。

打造康养旅游胜地。目前海南省康养旅游的首要任务就是建立完善的康养旅游发展体系。以博鳌乐城国际医疗旅游先行区为平台，进一步打造一批高端化的健康中心及医疗旅游保健机构。其次，加快吸引医药行业进入海南省康养旅游业，使"康养+旅游"的产业链全面铺开，并且开发和完善智能消费渠道，紧密结合互联网、大数据，提供优质、高端、可定制化的综合性服务，发展智慧社区使得消费者有渠道参与康养旅游产业。在形成可支持性平台、产业链及销售渠道后，海南应该着重打造拥有自己 IP 的康养旅游项目。海南温泉资源非常丰富，可以依托独特的黎药南药开发药浴温泉、中医理疗。此外，积极推广海南本地保健食品，如富硒的桥头地瓜、含多种维生素和矿物元素的福橙、增强免疫力的红毛丹等。

2. 对标高质量公共服务标准，完善旅游公共服务体系

第一，系统提升旅游公共交通服务便捷度。首先推进城际交通快速化，加快完善城际交通运输网络建设，统筹协调岛内交通资源配置，加快中部地区交通优化布局，推进高速公路瓶颈路段扩容、高速公路与城市快速路衔接；细化完善全省"丰"字形高速公路网、"田"字形高铁网、"六环"交通网等规划建设。其次，市内通勤交通便捷化、城乡交通一体化，科学合理设置交通线路，依据旅游淡旺季交通线路现实情况动态调配公交和旅游接驳车辆车次、收发时间和停车场等；加快推进乡村地区公路改造进程，推进乡村公路与城市交通的有效衔接。再次，开发高端特殊交通工具便于高端游客进入海南腹地，例如在海棠湾建设游艇码头、房车基地，在神玉岛建直升机起降点，联通海南中西部如热带雨林公园等旅游景点，开发奢华旅游交通路线，实现市县联动发展。再结合海南文化和旅游资源特色构建特色综合公路服务区，结合房车及直升机行驶路线，提供高端旅游服务和产品。

第二，加速完善旅游便民惠民服务设施建设。在食、住、行、游、娱、购等旅游相关设施不断完善的基础上，加快完善公共医疗救护、特殊群体人性化服务、文旅体融合发展等便民惠民的公共服务设施建设。重视完善游客集中区域医疗救护服务体系建设，强化医疗服务建设标准和考核力度，推动游客集中区域建立医疗服务站，合理配备医疗设施设备。系统完善无障碍设施建设，保障特殊游客群体出游权益，培养提高从业人员对特殊群体的人文关怀及人性化服务意识，营造关爱特殊游客群体的旅游氛围；制定完善特殊群体旅游公共服务标准及规范，结合传统无障碍设施和智能化、信息化网络无障碍设施系统完善基础设施建设；建立旅游公共服务多中心治理模式，联合政府、社会、企业及公众等多主体参与，协同提升特殊游客群体公共服务水平。加速完善文化、体育等公共服务，推进文旅体等公共服务融合提升，加快推进省市级图书馆、博物馆、非遗文化展示中心及乡村综合性文化服务中心等项目建设，丰富文艺惠民活动；完善社区体育健身设施，构建全民体育健身组织网络，丰富公众体育基础设施供给；探索变革公共文化、体育与旅游服务机构等融合发展，以政务服务、旅游公共服务中心、文体展示与交易等为重点，探索推进公共服务融合提升。

第三，有序提升旅游公共信息服务智慧化水平。统筹利用政府与社会信息资源，联合各涉旅部门实现旅游信息共享。协同联合交通、公安、气象、通信等多部门，建立跨区域、多部门旅游信息统筹共享机制，实现涉旅信息高效共享；加快推进"一部手机游海南"项目建设，面向游客市场全面推广"智游海南"App，满足游客智慧化、统筹化信息搜寻与反馈需求。提升旅游资讯网站和网络信息平台的信息内容完整性和信息获取便利性，强化旅游信息平台、景区景点微信公众号、旅游信息资讯网站等的建设与运营管理，丰富信息内容和服务功能，旅游信息动态更新。优化旅游信息咨询中心和服务热线等线下信息获取渠道，合理配置游客集中区域旅游信息咨询服务中心位置与规模，优化交通站点、公园、景区景点等导览信息系统，完善导览标识、电子信息屏和自主导览设施建设，确保信息的准确性和时效性；保证旅游服务热线的畅通性，加大热线服务人员专业服务培训，提升信息咨询服务水平。

第四，全面强化旅游安全服务保障体系。健全旅游风险防控体系，对标自贸港各类风险防控，建立健全旅游金融投资风险、生态环境风险、网络安全风险等多方位的安全风险评估、督查和预警机制，制定完善安全风险清单。重视新冠肺炎疫情防控严峻形势，坚决履行旅游相关部门疫情防控责任和部门职责，开展疫情防控专项检查行动，做好疫情常态化防控，防止疫情扩散。加强旅游安全生产管理与控制，强化旅游场所的交通安全、游览安全、娱乐活动安全、公共卫生安全、消防安全等重点部位、重点环节和重要时段的安全隐患排查力度，严格部署和落实安全生产工作；综合应用"人防""物防""技防"等手段，强化景区景点安全管理与控制，打造安全旅游目的地。

（三）高质量推进环岛旅游公路建设

1. 加快建设步伐，创新打造公路业态

海南环岛旅游公路作为海南全域旅游的重要组成部分，既起到了串联起空间上的各种"全"的作用，也改变了单一旅游业态为主导的旅游产业结构。围绕旅游公路的建设，逐步构建起以旅游公路各节点为平台的复合型旅游产业结构，是海南省全域旅游发展的重心所在。因此，为了实现海南省全域旅游的快速发展，既要加快建设环岛旅游公路的步伐，也要用心大胆打造沿线精致的旅游业态。为此，建议在随后的环岛旅游公路配套设施打造中以"展现地域特点，吸收国际特色"为目标。

以旅游公路驿站为例，虽然海南是一个热带岛屿，各地区差异性不显著，容易出现设计建设同质化现象，但放眼全球，热带国家地区很多，如果可以吸收环赤道各热带国家和地区的特点作为驿站建设的主题，再结合驿站当地旅游资源及特点，实现国内外不同文化间的完美融合，旅游吸引力将会大大增加。同时还可以借此机会进行全球招商，一方面，可以引入外资促进省内经济发展，另一方面，国外优秀的旅游企业也可以因其品牌效应带来国际流量，从而进一步促进海南省旅游业的国际化发展。

2. 借鉴优秀经验,彰显海南特色

以迈阿密旅游交通规划为例。迈阿密被称为"美洲首都",是佛罗里达州最著名的旅游城市,也是美国最著名的滨海旅游交通景区之一。目前迈阿密旅游交通主要呈现以下主要优势和特点。

其一,推出全季旅游产品,均衡淡旺季客流。迈阿密在全年不同时间都会举办各具特色的节庆活动,通过景区主体的引导,尽可能地缩小迈阿密淡旺季客流差异。其二,打造出行便捷、体验舒适的内部交通体系。规划旅游专线串联城区多个景点;路网覆盖率及可达性较高;通过价格手段调节景区停车供需。其三,构建高效、便捷的现代化码头。迈阿密游轮港是世界规模最大的邮轮母港,其航线通往全球各地,被誉为"世界游轮之都"。游轮码头紧邻机场,交通服务便捷。多港挂靠吸引游客。迈阿密旅游部门与航线沿途政府达成协议,提供多个国家入境旅游的便捷服务。其四,打造智慧化旅游交通管理服务。开发旅游与交通结合的 App 和网站。开发的旅游+交通 App 支持多种语言,可以搜索附近的景区、餐馆等,提供景区介绍、地图导航等服务,以满足游客的个性化旅行信息需求。

将迈阿密经验借鉴到海南环岛旅游公路的建设中,既要实现旅游公路作为公共服务体系中重要一环的作用,也要彰显海南特色,形成独具风格的景观大道。

3. 整体规划和整体招商,增强竞争力

"全省一盘棋、全岛同城化"是海南打造高标准高质量"全域旅游"的指导方针。建议围绕环岛旅游公路,由政府牵头,吸纳全省、全国乃至全世界优秀的旅游企业加入,实现旅游资源共享和协同发展,围绕旅游公路这个核心进行产品策划、宣传推广,同时发挥旅游公路的多方面竞争力。

首先,为体现旅游公路的全域旅游竞争力,建议在环岛旅游公路全线推出涵盖全年各时段各具特色的旅游产品用以均衡客流。海南省旅游虽然有淡旺季之分,但整体来说一年当中所有月份均有代表性的旅游资源吸引物。如果将环岛旅游公路沿线各旅游资源分类打造旅游产品,将会在很大程度上降

低淡旺季带来的不利影响。

其次，发挥海南滨海旅游的特色竞争力，建设邮轮母港，实现海运方式直达旅游公路。目前海南省小汽车入岛条件较为苛刻，限制较多且轮渡运输能力有限。因此，海南客运结合海岸线资源的特点，建设以挂靠航线为主、独具地方特色的邮轮访问港。一方面可以拓展邮轮消费产品的打造，另一方面也可以减轻旅游公路关口的进出压力，同时还能分散环岛公路区域压力，实现均匀分布"三分之一"的设想。

再次，为提升环岛旅游公路的有效利用率，建议拓展旅游公共交通服务。目前进入海南省旅游的游客主要是通过陆运和航运两种方式，外省自驾游客受限于轮渡运力，不足以填充海南旅游公路全线。因此，可以在各重点旅游区、公路驿站设置汽车租赁、公共游览车等服务站点。既可以满足不同游客的游览需求，也可以充分利用旅游公路，避免造成旅游资源的浪费，进而拉动旅游消费。

（四）加速推动旅游产业创新发展

1. 细化落实并创新发展自贸港建设涉旅政策

一方面，加快落实推广海南自由贸易港的税收优惠、贸易投资自由便利等方面政策，为国内外涉旅企业、行业组织和人才落户海南并进行旅游产业开发、项目建设营造优越的政策环境，培育一批本土品牌的加工企业并打造海南免税和旅游购物产业集群；实施国际品牌集聚工程，大力引进国际知名品牌，鼓励高端知名品牌、设计师品牌、高级定制品牌等在琼首发新品。当前，在新冠肺炎疫情对出境消费形成抑制的情况下，要用好用足并创新优化海南自贸港离岛免税、入境免签、落地签证、离境退税等政策。引导出境旅游消费回流并拓展国际旅游市场，加快探索和构建旅游消费引领的海南自贸港经济发展的多元路径，从而在供给和需求两端促进国际旅游消费中心的提质扩容，进一步释放国内高端客群和国际客源市场的旅游消费潜力，推动海南国际旅游消费中心的品牌化和高端化发展。

2.加强对旅游企业的财政支持

海南省旅游和文化广电体育厅、海南省财政厅、海南省科学技术厅以及相关政府部门应联合出台相应政策,对绩效突出、附加值高、旅游带动作用明显和具有较大影响力与竞争力的旅游项目或旅游企业,灵活运用奖励、补助、贷款贴息和债权基金、融资担保等方式进行财政支持。支持 A 级以上景区、省级以上旅游度假区、生态旅游示范区等实现 5G、Wi-Fi 全覆盖,以及景区监控、闸机门禁系统、智能停车场、综合管控平台等建设;设立旅游信息化专项资金,为各地旅游信息化平台建设提供奖补。

3.加强与校、企合作,鼓励新技术创新应用

为进一步激活旅游市场活力,发挥高校、科研院所和企业的能动性,政府相关部门与省内高校、科研院所和企业共同推进智慧旅游建设和深化全域旅游示范区的创建,鼓励相关行业协会、旅游企业、科研机构及院校共同参与智慧旅游相关标准的制定修订工作。另一方面政府相关部门应大力支持高校、科研院所对无线通信、定位监控、人脸识别、移动互联、物联网、区块链等技术的研发应用,鼓励和引导旅游企业对高科技技术进行产业化应用,并加大对与旅游业关联度高的高新技术企业的扶持力度。

4.加大旅游业高层次人才引进

政府、业界、学界三方共同搭建旅游人才平台,内培和外引并举。重视对青年旅游人才的培养,设立省青年旅游创业基金,鼓励青年人才开展旅游创新创业项目;设立海南省旅游智库,诚邀省内外、国内外相关领域专家学者为海南省旅游业高质量发展建言献策;针对旅游复合型人才进行审理认定,颁发证书。增加旅游科研经费投入,加强对海南旅游业的科学研究,鼓励旅游企事业单位与高校及科研院所建立长期合作机制,促进旅游科研成果的有效转化,推动经济发展,提高人民的生活质量。

B.4
2021年海南现代服务业高质量发展报告

黄景贵　赵刘　马宁　赵素霞　于澄清*

摘　要： "十三五"以来，海南自贸港现代服务业的发展基础不断夯实，产业规模迅速扩大，重点产业快速发展，现代金融服务业稳步提升，现代物流业发展成效显著。但从高质量发展角度来看，海南现代服务业综合水平仍不高。通过熵值法构建高质量发展指数分析，海南服务业综合水平位于国内第三梯队。其面临的主要问题和挑战包括：创新水平偏低、对外开放度不高、产业效率提升缓慢和创新平台支撑乏力等。国内外现代服务业发展经验表明，创新驱动发展、产业集聚优势、制度环境保障、高端人才支撑是实现高质量发展的重要条件。结合发展现状，提出全面深化对内对外开放、扩大市场腹地、提升智能化和数字化水平、加强人才保障扶持、改善融资环境、支持绿色低碳发展、改善城市风貌、提升营商环境、加大文娱行业扶持力度等促进海南现代服务业高质量发展的政策建议。2022年海南现代服务业将稳健恢复，政策效果进一步显现，数字化赋能转型加快，服务业内生动力不断夯实。需要注意的是，国际合作背景下受到RCEP、CPTPP、DEPA等影响。

关键词： 现代服务业　海南自由贸易港　高质量发展

* 黄景贵，经济学博士，原海南经贸职业技术学院院长、教授、博士生导师，主要研究方向为经济学、自贸港建设与管理；赵刘，博士、教授，无锡商业职业技术学院科研处处长、海南经贸职业技术学院产学研合作处处长，主要研究方向为旅游规划与体验、职业教育等；马宁，博士，海南经贸职业技术学院财务管理学院，研究方向为产业经济；赵素霞，副教授，海南经贸职业技术学院国际贸易学院，研究方向为供应链管理、物流管理；于澄清，副教授，海南经贸职业技术学院产学研合作处，研究方向为经济管理、工商管理。

当前，中国经济已经进入高质量发展阶段，建设现代化经济体系和产业融合升级具有重要意义，而现代服务业高质量发展将起到重要的支撑作用。《关于新时代服务业高质量发展的指导意见》对我国服务业高质量发展提出了具体要求，同时强调提升我国服务业的服务效率和服务品质。现代服务业作为海南构建现代产业体系的三大支柱产业之一，对海南自贸港的经济发展和我国服务业对外开放具有重要意义。

一　海南现代服务业发展现状

"十三五"以来，海南自由贸易港（以下简称"海南自贸港"）现代服务业的发展基础不断夯实。海南省统计局发布的数据显示，2021年海南现代服务业增加值为2004.51亿元，其中生产性服务业占比最高，达到77.67%。2021年海南规模以上现代服务业企业实现利润总额421.16亿元，相比2020年增长4.72倍。现代服务业的快速发展主要体现在第三产业规模发展迅速、重点产业规模快速发展、现代金融服务业稳步发展、现代物流业发展成效显著等方面。

（一）第三产业规模发展迅速

近年来，海南自贸港第三产业发展迅速。如图1所示，海南自贸港第一产业和第二产业占比GDP趋势一致，均呈下降趋势。第一产业占GDP的比重从2010年的25.8%下降到2020年的20.5%，年均下降2.23个百分点；第二产业占GDP的比重从2010年的26.2%下降到2020年的19.10%，年均下降3.04个百分点。而海南自贸港的第三产业占GDP的比重持续上升，并在2013年突破了50%，达到52.7%，在2020年占比达到了60.4%。2010年到2020年第三产业年均涨幅为2.35%，最高涨幅为2018年的3.72%。

海南自贸港第三产业增加值呈稳步增长态势，从2010年的970.06亿元增长到2020年的3341.15亿元，年均增长13.25%（见图2）。其中涨幅最大年份为2013年和2011年，涨幅分别为20.84%和19.16%。

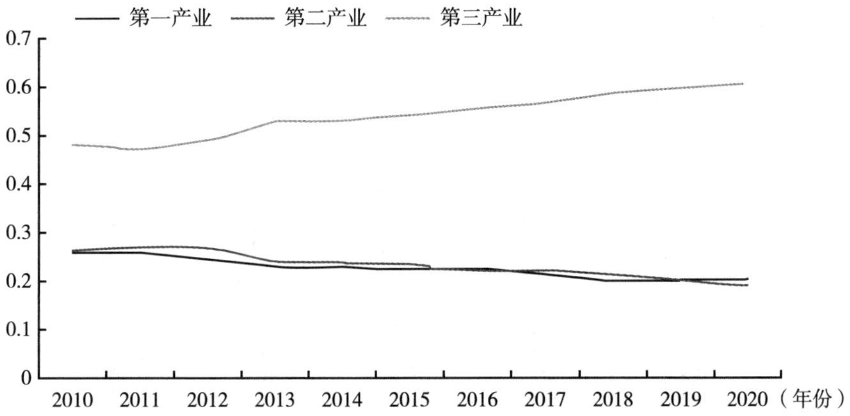

图1　2010~2020 年海南自贸港 GDP 构成

数据来源：海南省统计局《海南统计年鉴》，中国统计出版社，2011~2021 年。

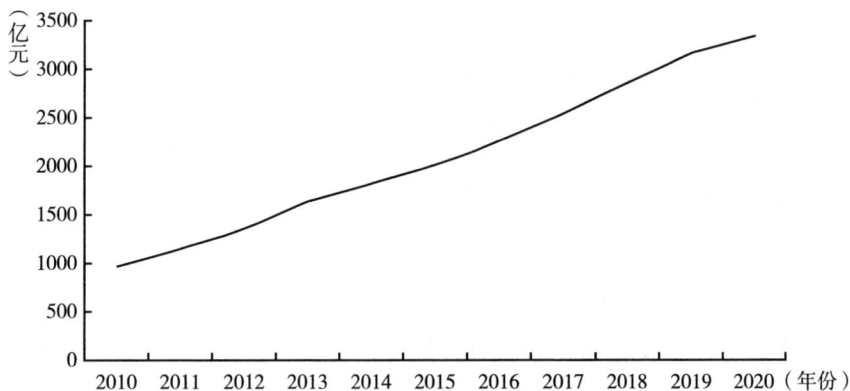

图2　2010~2020 年海南自贸港第三产业增加值

数据来源：海南省统计局《海南统计年鉴》，中国统计出版社，2011~2021 年。

（二）重点产业规模快速发展

第三产业重点产业当中，教育、文化和体育产业贡献最大，增加值从 2016 年的 311.93 亿元增长到 2020 年的 521.14 亿元，年均涨幅为 13.79%。其次为现代服务金融业，年均涨幅为 7.75%，增加值从 2016 年的 296.90 亿元增长到了 2020 年的 397.91 亿元（见图3）

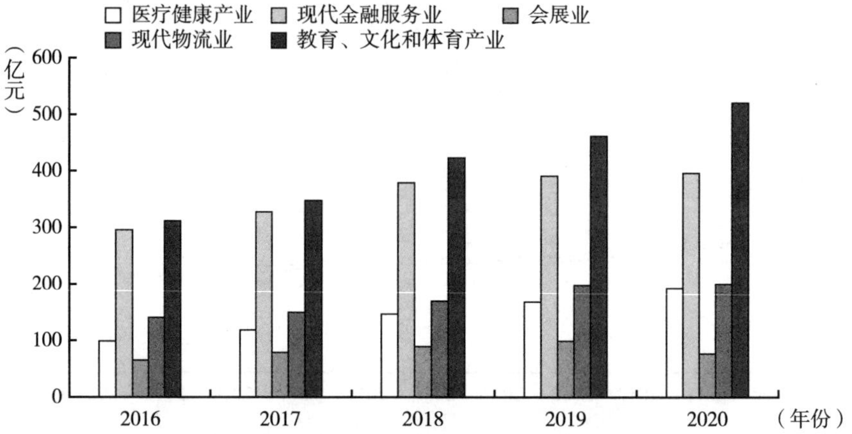

图3　2016~2020年海南自贸港重点产业增加值

数据来源：海南省统计局《海南统计年鉴》，中国统计出版社，2011~2021年。

（三）现代金融服务业稳步发展

海南自贸港金融业的发展是以银行业为主体、证券和保险业协同发展的模式。海南自贸港近年来银行业发展迅猛，如图4所示，2010~2020年末存款、贷款余额均稳步增长。年末存款余额以年均14个百分点的速度增长，年末贷款余额以年均29.7个百分点的速度攀升。如图5所示，2010~2015年海南自贸港证券交易量稳步上升，但是证券交易量在2015年达到峰值后急速回落，2020年再次提升到16246.87亿元。

保险业作为金融业的一个重要组成部分，极大地促进了海南自贸港金融业的稳步发展。图6展现了海南自贸港2012~2020年的保险费用收入。海南自贸港2012~2020年保险费用收入逐年递增，年均增长30.20%，2020年达到205.97亿元。

（四）现代物流业发展成效显著

第三产业重点产业当中，现代物流业的贡献排第三位。2021年是"十四五"开局之年，海南现代物流业发展取得重大进展，海南全省现代物流

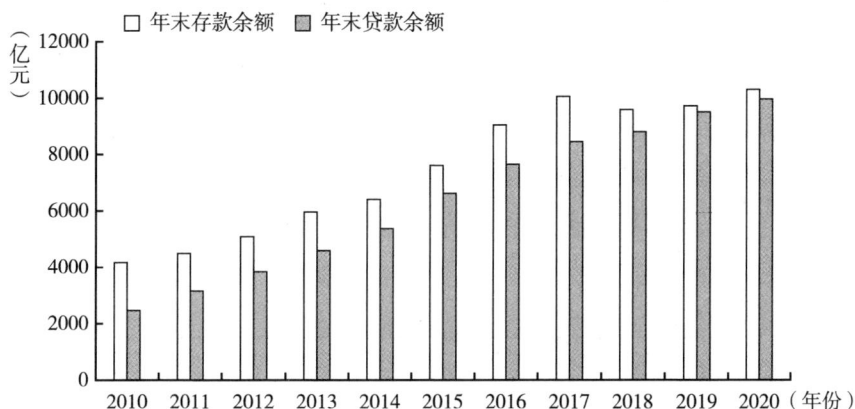

图4　2010~2020年海南自贸港存款贷款余额对比

数据来源：海南省统计局《海南统计年鉴》，中国统计出版社，2011~2021年。

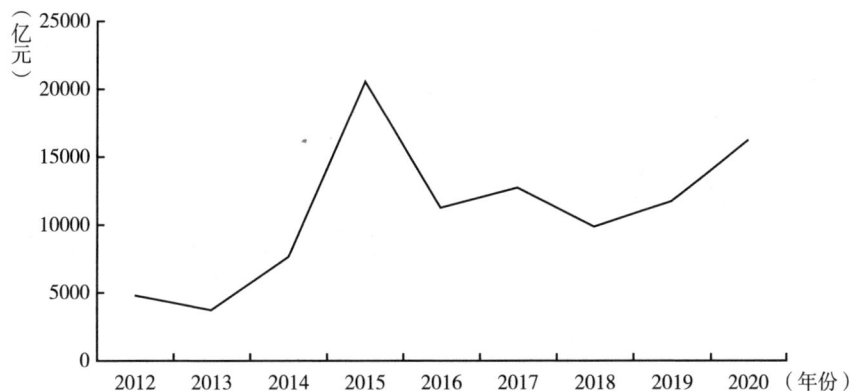

图5　2010~2020年海南自贸港证券经营机构证券交易量

数据来源：海南省统计局《海南统计年鉴》，中国统计出版社，2011~2021年。

业发展成效显著。全省物流市场量的增长得益于进口物流，物流运输与批发零售物流高速增长。从总体上看，海南自贸港零关税和运输自由便利制度红利得到释放，全省物流业跨入战略机遇期。

2021年，全省社会物流总额首次突破万亿元，同比增长22.43%，达到10241.76亿元，两年平均增长13.97%。其中农产品物流、工业品物流、进

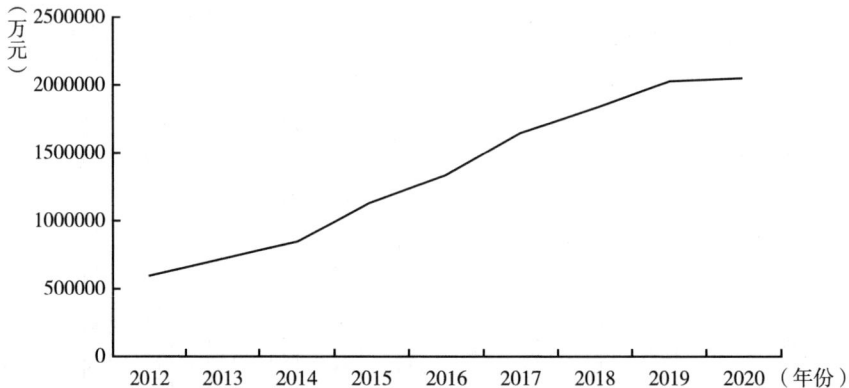

图6 2012~2020年海南自贸港保险费用收入

数据来源：海南省统计局《海南统计年鉴》，中国统计出版社，2011~2021年。

口货物物流、外省流入物品物流和单位与居民物品物流分别同比增长74.26%、10.64%、10.3%、3.32%、26.49%①。如图7所示，2021年，海南自贸港全社会物流总费用为1072.70亿元，同比增长24.46%。其中，运输费用占比52.31%，达到561.11亿元，同比增长33.64%；保管费用占比30.85%，达到330.93亿元，同比增长12.39%；管理费用占比16.84，达到180.66亿元，同比增长22.43%。如图8所示，2021年海南自贸港现代物流业收入为864.25亿元，同比增长50.50%。交通运输、仓储和邮政业务收入占社会物流业收入的50.88%，占比最高，批发零售业内部物流收入占比39.21%，工业内部物流收入占比9.91%。

（五）现代服务业高质量发展综合水平发展缓慢

1. 海南自贸港现代服务业高质量发展评价指标体系

基于创新性、协调性、持续性、开放性和共享性5个维度，本研究根据陈景华和徐金（2021）的研究，构建了现代服务业高质量发展评价指标体

---

① 王文政：《2021年海南省一季度现代物流业运行情况通报》，https://www.hainan.gov.cn/hainan/tingju/202105/9c042e8f5dcd49c1bd470c6c84db42aa.shtml。

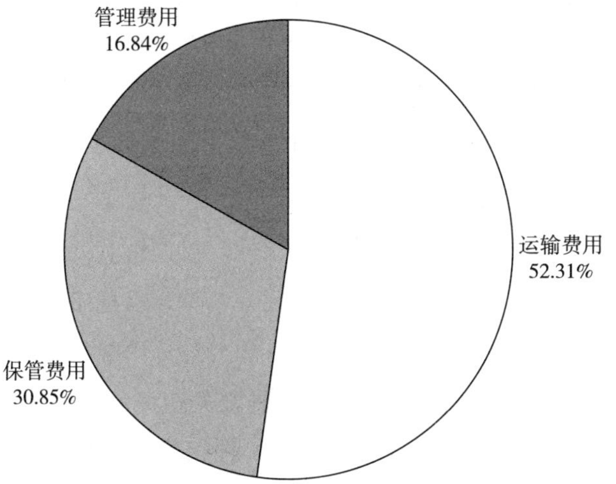

图 7　海南自贸港 2021 年全社会物流总费用

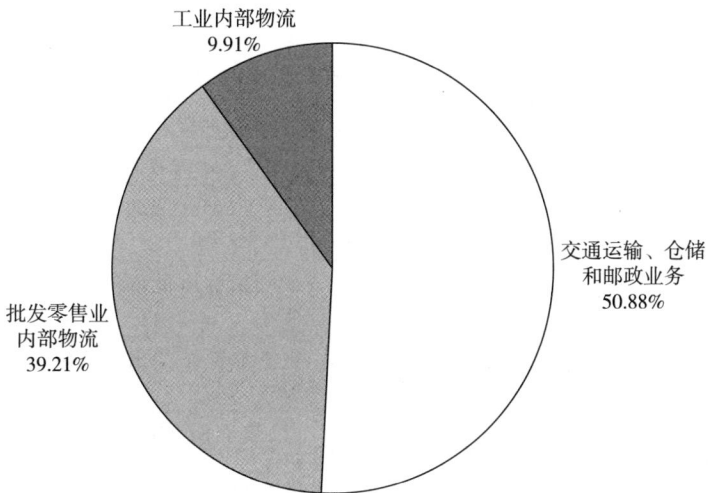

图 8　海南自贸港 2021 年全社会物流收入

系（见表1）。

本研究通过熵值法来构建高质量发展指数。熵值法是一种对决策指标客观赋权方法，可以有效克服主观因素对评价体系的影响，使评价结果更加客观可靠。表 2 显示了中国现代服务业高质量发展综合指数的变动趋势。
2010~2020 年，中国现代服务业高质量发展综合指数呈缓慢上升趋势，均值
由 0.30 增长到 0.35，但服务业高质量发展总体水平不高。从五大维度来
看，创新性处于较低的水平，2014~2015 年出现小幅下降，但在 2016 实现
了进一步的增长。其主要原因是国家实施的创新驱动发展战略"三步走"
目标带动了服务业发展核心驱动力的创新性。协调性和共享性指标整体水平
较高，表明服务业的要素市场、发展稳定性及绿色性稳中向好。开放性指标
相比较其他指标处于较低水平，这意味着服务业高质量发展的实现需要继续
加大服务业对外开放力度。2020 年，中国服务业高质量发展指数最高的是
北京，最低的是吉林，综合指数为 0.223。根据魏敏和李书昊（2018）的方
法，利用 2020 年服务业高质量发展综合指数均值（V = 0.354）与标准差
（SD = 0.087）的关系，依据 30 个省份服务业高质量发展表现将其分为 3 个
梯队。

表 1　现代服务业高质量发展指标体系

一级指标	二级指标	三级指标	指标量化	属性
创新性	创新投入	R&D 经费投入	服务业 R&D 经费支出/GDP	正向
		R&D 人员投入强度	服务业 R&D 从业人员/服务业从业人员	正向
	创新产出	经济贡献率	服务业增加值增量/GDP增量	正向
		服务业数字化	软件业务收入/服务业增加值	正向
		服务业人均专利占有量	国内服务业专利申请人均授权数	正向
	效率提升	服务业劳动生产率	服务业增加值/服务业从业人员	正向
		服务业资本生产率	服务业增加值/服务业固定资产投资额	正向

续表

一级指标	二级指标	三级指标	指标量化	属性
协调性	区域协调	服务业经济密度	服务业增加值/城市建成区面积	正向
		地区人均服务业增加值	地区人均服务业增加值/全国人均服务业增加值	正向
	城乡协调	城乡居民服务性收入水平	城镇居民人均第三产业经营净收入/农村居民人均第三产业经营净收入	正向
		城乡居民服务性消费水平	城镇居民人均服务性消费/农村居民人均服务性消费	正向
持续性	要素供给	资本要素市场化程度	金融业增加值/GDP	正向
		劳动要素市场化程度	服务业私营企业和个体就业人员/全部从业人员	正向
	稳定增长	服务业规模	服务业增加值/GDP	正向
		服务业产出稳定性	服务业增加值增速	正向
		服务业就业稳定性	服务业就业人员/总就业人员	正向
	绿色发展	服务业单位产出废气排放	服务业二氧化硫排放量/服务业增加值	反向
		服务业单位产出废水排放	服务业污水排放量/服务业增加值	反向
		环境建设投资水平	城镇环境基础建设投资/GDP	正向
		建成区绿化覆盖率	建成区绿化覆盖率	正向
开放性	外贸依存	服务业外贸依存度	服务贸易额/服务业增加值	正向
		服务业外资依存度	服务业外商直接投资/服务业增加值	正向
		服务业对外投资水平	服务业对外投资净额/服务业增加值	正向
共享性	成果惠民	收入分配水平	服务业城镇单位就业人员平均工资	正向
		服务性消费支出	城镇居民家庭人均服务性消费支出/总消费支出	正向
	公共服务	医疗卫生水平	每万人医疗卫生机构数	正向
		教育投入水平	教育经费支出/财政支出	正向
	设施完善	环卫设施完善水平	每万人拥有公共厕所	正向
		交通设施完善水平	每万人拥有公交车辆	正向
		网络设施完善水平	互联网普及率	正向

数据来源：《中国统计年鉴》《中国第三产业统计年鉴》《中国环境统计年鉴》《中国互联网络发展状况统计报告》以及各地区统计年鉴。

2. 中国、海南现代服务业高质量发展的时空分布

服务业高质量发展综合指数高于 0.397（V+0.5SD）的省份被列为第一梯队，依次为北京、山东、浙江、广东、江苏、河北、福建、陕西、河南；服务业高质量发展综合指数介于 0.314~0.393 的省份被列为第二梯队，包括山西、内蒙古、上海、安徽、江西、湖南、广西、重庆、四川、贵州、云南、甘肃、宁夏和新疆；服务业高质量发展综合指数位于 0.219~0.264 的省份被列为第三梯队，依次为海南（0.264）、天津、辽宁、湖北、青海、黑龙江和吉林。

表 2　2010~2020 年中国现代服务业高质量发展指标

省份	2010	2012	2014	2016	2018	2020	平均水平
北京	0.50	0.57	0.59	0.55	0.64	0.60	0.58
天津	0.42	0.41	0.39	0.40	0.38	0.26	0.38
河北	0.27	0.34	0.30	0.29	0.35	0.44	0.32
山西	0.23	0.29	0.32	0.31	0.27	0.31	0.28
内蒙古	0.27	0.31	0.29	0.26	0.29	0.33	0.29
辽宁	0.34	0.36	0.33	0.31	0.31	0.26	0.31
吉林	0.25	0.27	0.24	0.22	0.24	0.22	0.24
黑龙江	0.25	0.30	0.26	0.24	0.23	0.22	0.25
上海	0.51	0.56	0.49	0.52	0.54	0.34	0.50
江苏	0.33	0.43	0.36	0.37	0.43	0.45	0.39
浙江	0.37	0.42	0.40	0.38	0.45	0.47	0.40
安徽	0.22	0.26	0.25	0.28	0.31	0.33	0.27
福建	0.29	0.33	0.29	0.31	0.36	0.42	0.32
江西	0.19	0.29	0.24	0.27	0.30	0.34	0.27
山东	0.27	0.34	0.33	0.36	0.39	0.48	0.35
河南	0.23	0.28	0.25	0.26	0.31	0.40	0.28
湖北	0.22	0.27	0.24	0.26	0.28	0.26	0.25
湖南	0.24	0.30	0.28	0.30	0.35	0.39	0.30
广东	0.40	0.46	0.41	0.41	0.45	0.46	0.42
广西	0.27	0.29	0.27	0.26	0.26	0.33	0.27
海南	0.35	0.35	0.33	0.31	0.34	0.26	0.33
重庆	0.29	0.30	0.29	0.32	0.33	0.32	0.30

续表

省份	2010	2012	2014	2016	2018	2020	平均水平
四川	0.26	0.30	0.28	0.30	0.31	0.36	0.29
贵州	0.32	0.30	0.30	0.32	0.32	0.37	0.31
云南	0.25	0.29	0.28	0.28	0.31	0.36	0.28
陕西	0.25	0.29	0.28	0.28	0.32	0.40	0.30
甘肃	0.26	0.30	0.24	0.26	0.28	0.34	0.27
青海	0.36	0.35	0.29	0.30	0.28	0.23	0.30
宁夏	0.37	0.36	0.35	0.35	0.29	0.32	0.34
新疆	0.26	0.25	0.24	0.26	0.26	0.33	0.26
全国	0.30	0.34	0.31	0.32	0.34	0.35	

数据来源：作者计算。

图 9 展示了中国 30 个省区市 2010~2020 年现代服务业高质量发展指标的平均水平。其中，北京、上海、广东和浙江处于全国领先水平，而吉林、黑龙江、安徽、湖北和新疆位于末端。

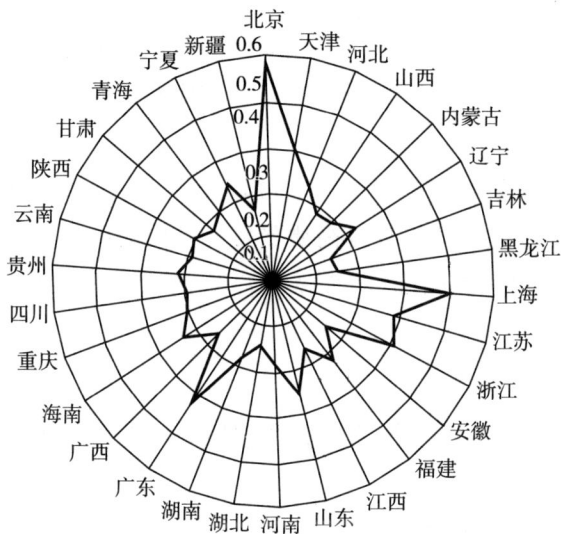

图 9　2010~2020 年中国 30 个省区市现代服务业高质量发展指标平均水平

海南现代服务业高质量发展指数从2010~2013呈稳定增长态势，增长了3.11%，但是从2014年到2019年指数回落了4.49%；2020年由于新冠肺炎疫情的影响，指数跌到了0.26（见图10）。通过所构建三级指标来看，海南自贸港的服务业资本生产率、城乡居民服务性消费水平、服务业就业稳定性、环境建设投资和服务业外资依存度等指标明显低于全国平均水平，而且呈下降趋势。其中下降最快的是服务业外贸依存度和服务业外资依存度，其次是服务业就业稳定性和环境建设投资水平。

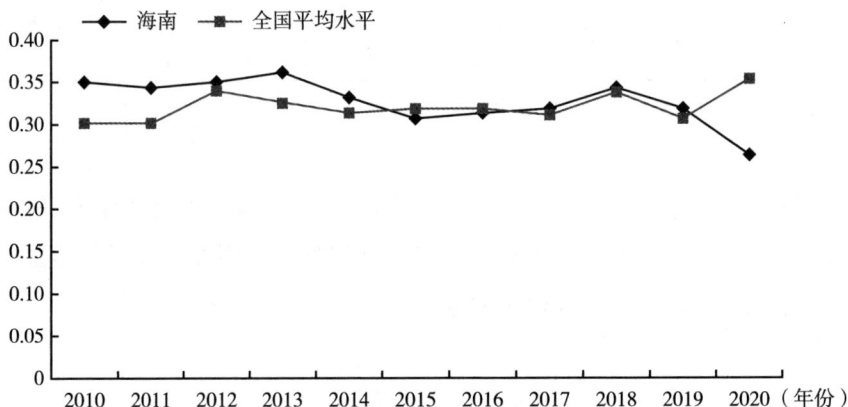

图10 2010~2020年海南现代服务业高质量发展变动态势对比

海南现代服务业高质量发展水平与我国表现优异的地区有明显差异。图11揭示了海南自贸港现代服务业高质量发展指标平均水平占国内表现最佳地区比重（指标占比为浙江的82%、广东的78%、上海的66%和北京的57%）。

二 海南现代服务业发展中存在的问题

尽管海南自贸港现代服务业保持了较快发展，但是通过对比全国其他地区来看，海南自贸港现代服务业的高质量发展面临诸多问题和挑战，例如创新水平偏低、对外开放度不高、产业效率提升缓慢和创新平台支撑乏力等。

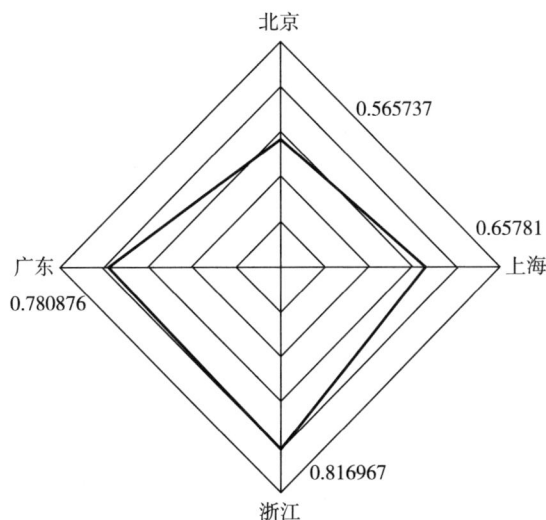

图 11　海南现代服务业高质量发展指标与国内表现最佳地区比较

（一）现代服务业创新水平偏低

1. 现代服务业 R&D 投入偏少

虽然海南服务业 R&D 投入逐年递增，但投入经费总额远远落后于全国绝大部分地区。从表 3 可以看出，2020 年海南服务业 R&D 经费支出在全国的排名为倒数第 3，仅超青海和西藏。

表 3　2020 年中国服务业 R&D 经费支出情况

序号	省份	服务业 R&D 经费支出（万元）	序号	省份	服务业 R&D 经费支出（万元）
1	北京	18733094.17	8	四川	4564656.81
2	广东	17494068.89	9	湖南	4070424.01
3	江苏	14600800.17	10	安徽	3864396.58
4	上海	11152108.12	11	湖南	3859710.59
5	浙江	9310780.27	12	福建	3578035.11
6	山东	8002710.54	13	天津	2981537.10
7	湖北	4913936.20	14	河北	2931683.43

续表

序号	省份	服务业 R&D 经费支出(万元)	序号	省份	服务业 R&D 经费支出(万元)
15	陕西	2802454.47	24	黑龙江	724996.70
16	辽宁	2718737.76	25	内蒙古	720865.47
17	重庆	2480276.14	26	甘肃	607227.26
18	江西	1849681.14	27	新疆	328593.52
19	云南	1134333.01	28	宁夏	274378.67
20	山西	978097.97	29	海南	180624.07
21	广西	866916.80	30	青海	104567.71
22	吉林	775300.13	31	西藏	21728.85
23	贵州	736590.83			

数据来源:各省区市 2021 年统计年鉴。

2. 现代服务业创新产出动力不足

专利申请人均授权数体现了一个国家和一个行业的创新产出能力。从表 4 可以看出,海南自贸港服务业专利申请人均授权数在全国排名第 27 位,仅超青海、内蒙古、新疆和西藏,人均专利授权数为 0.010。

表 4　2020 年中国服务业专利申请人均授权数情况

序号	省份	服务业专利申请人均授权数(件/人)	序号	省份	服务业专利申请人均授权数(件/人)
1	江苏	0.085	12	北京	0.024
2	浙江	0.082	13	河北	0.023
3	广东	0.068	14	河南	0.023
4	福建	0.050	15	四川	0.023
5	天津	0.045	16	湖南	0.021
6	山东	0.040	17	辽宁	0.020
7	安徽	0.038	18	陕西	0.019
8	江西	0.033	19	宁夏	0.016
9	湖北	0.030	20	贵州	0.016
10	上海	0.026	21	广西	0.013
11	重庆	0.025	22	吉林	0.013

序号	省份	服务业专利申请 人均授权数（件/人）	序号	省份	服务业专利申请 人均授权数（件/人）
23	黑龙江	0.013	28	青海	0.010
24	甘肃	0.012	29	内蒙古	0.009
25	云南	0.011	30	新疆	0.006
26	山西	0.011	31	西藏	0.005
27	海南	0.010			

数据来源：各省区市 2021 年统计年鉴。

（二）现代服务业的对外开放度不高

近年来，海南现代服务业增加值快速增长，但是目前海南自贸港的现代服务业主要依靠政府专项资金和财政资金支持，发展资金来源单一，缺乏吸引外商直接投资的能力。根据海南省统计年鉴的统计数据，海南省 2019 年服务业贸易额为 219.7 亿元，仅为全国服务贸易额 54152.9 亿元的 0.41%；服务业外商直接投资为 30.91 亿元，仅为全国服务业外商直接投资 6817.7 亿元的 0.45%。

（三）现代服务业效率提升缓慢

现代服务业增加值和固定资产投资额的比值反映出了资本生产率水平，而资本生产率体现了一个行业的效率提升水平。海南自 2013 年以来，资本生产率总体呈显著下降趋势，2019 年海南资本生产率全国排名第 24 位（见图 12）。

（四）科教事业相对落后，创新平台支撑乏力

高素质人才是现代服务业发展的重要因素之一，而平台是吸引和培养高素质人才的摇篮。2021 年海南仅有普通高等院校 21 所，其中，本科院校 8 所，占全国比重过低，全国排名仅略好于宁夏、青海和西藏。而广东拥有普

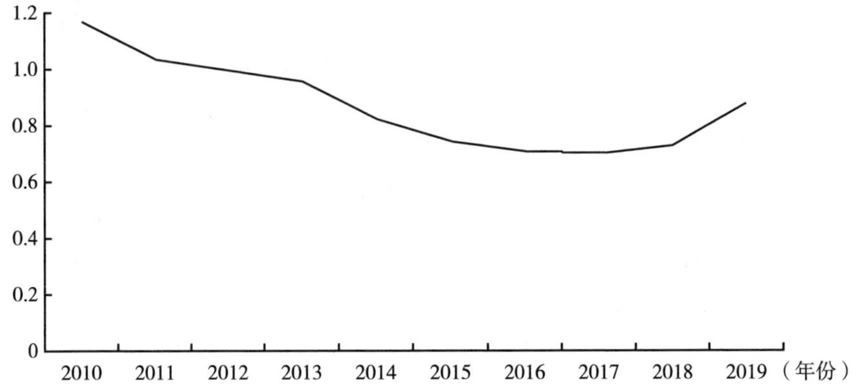

图 12　海南服务业资本生产率水平

通高校 154 所，国家重点实验室 30 家、省重点实验室 430 家。海南科教事业的落后将限制高素质和创新性人才的培养。

三　海南现代服务业高质量发展的政策建议

（一）加速扩大和全面深化对内对外开放

海南自贸港的服务贸易额、服务业外商直接投资增长乏力，甚至出现负增长的情况。根据《海南自由贸易港建设总体方案》，海南自贸港应充分利用其制度优势，如贸易自由便利、投资自由便利、跨境资金自由便利、人员进出自由便利、运输往来自由便利和数据安全有序流动，以及零关税、低税率、简税制来对标世界最高水平的开放形态，加速扩大和全面深化对内对外开放，进一步缩减外资准入负面清单，制定跨境服务贸易负面清单。

（二）着力扩大市场腹地

在海南自贸港现代服务业占 GDP 比重越来越大的形势下，海南自贸港应加大力度扩大经济总量，大力开发现代服务业发展的基础条件。因此，海南自贸港现代服务业发展可以以珠三角地区和粤港澳大湾区为服务对象的市场腹地为主，着力开发和东南亚各国的服务市场。

（三）提升现代服务业智能化和数字化水平

信息化、自动化、智能化是现代服务业发展的重要趋势。依托海南自由贸易港创新发展的城市基因以及科技创新产业基础，促使在应用新一代技术、智能化设备方面快速发展，但信息化改造是一个长期过程，需要企业持续改进，小微企业难以为继，大中型企业也投入甚多，经营压力较大。建议行业主管部门进一步加强对现代服务业相关企业的技术改革资金支持配套服务，扩大政策覆盖面，支持企业运用大数据、云计算、区块链、AI 等技术及智能化装备，优化运营模式，提高作业效率，降低生产成本，实现行业的智能化和数字化，最终与制造业、商贸业实现良好的产业协同，优化产业生态。

（四）加强现代服务业人才保障扶持

人才缺失问题已经成为海南自由贸易港现代服务行业发展面临的主要瓶颈之一。近年来，海南自贸港出台了许多关于人才引进及发展政策，并通过优化营商环境吸引外来投资，但海南各行各业的人才长期处于贫乏状态，从业指数长期低位运行，如企业在用工方面面临着基层人员流动率高、用工成本明显上涨等问题。

人力资源和科研投入将极大地影响海南自贸港现代服务业的高质量发展。建议有关部门在人才补贴方面，制定现代服务业人才专项补贴政策，适度放宽现有市县级人才补贴政策门槛，提高现代服务业从业人员待遇；在住房方面，建议有关部门提高安居房、公租房建设进度和供给量，降低员工住房及生活成本；在人才引入方面，组织交流会等多种方式帮助企业引进人才，搭建校企招聘、专业技能人才引进渠道，缓解就业招聘市场混乱局面，减少企业招聘成本；对于员工培训，建议组织针对专业技能人才的专项培训，对企业开展人才专项培训给予资金支持，提高员工技能水平及企业认同度，增强企业培训意识。

（五）改善现代服务业融资环境

2021年，海南自贸港现代服务行业中企业融资难、融资贵情况并未改变。由于部分服务行业存在回款周期普遍变长，企业资金流承压较大。如现代物流业，基于行业特性，供应链服务企业需要经常为上下游客户代开信用证、代缴关税、垫付采购资金等，企业对于流动资金需求量大。同时，物流及供应链服务企业日益趋向轻资产化运作，由于固定资产少、可抵（质）押物受限等因素，行业内的企业尤其是中小企业难以获得金融机构融资。虽然政府连续多年出台金融扶持政策，但物流及供应链市场的不确定性依然居高不下，小型企业生存承压，大型企业爆雷不断，不断冲击着行业信用体系的建立，金融机构也不愿承担过高风险提供资金。

建议通过相关服务产业发展基金为行业提供政策性担保，协调金融机构加大对现代服务业企业的金融支持，提供低利息贷款并加大授信额度，加大对数字普惠金融的支持，加大政策的覆盖面，放宽准入门槛，加快贷款审批速度，让现代服务业企业获得长足发展。

（六）支持现代服务业绿色低碳发展

当前，世界主要国家都在制定"控碳"策略，我国在2020年联合国大会上承诺力争在2030年实现碳达峰，努力争取在2060年实现碳中和。现代服务业中部分行业，如现代物流业、医疗健康产业、旅游业等是能源消耗和直接碳排放的大户，而且随着人们生活水平的提升和城市化进程加速，物流领域的资源占用和二氧化碳排放总量还将继续增加。《中国碳中和综合报告2020》中指出，我国交通运输领域的二氧化碳排放量将在2025～2030年达峰，到2050年时，碳排放较2015年水平下降约80%。在可以预见的未来，碳减排将密切关系到服务企业的可持续发展。《海南自由贸易港建设总体方案》明确提出"三区一中心"建设，建设全国生态文明试验区是海南现代服务业发展过程中需考虑的头等大事，建议有关部门出台政策鼓励企业降低业务运营碳排放，比如，推动新能源车普及工作，支持物流企业应用新能源货车，研究制定相关购车、租赁、使用补贴政策，优化新能源货车限行管理及路权，增设充电桩等配套设施；支持物流供应链企业使用绿色物流包装、可循环使用周转容器等环保低碳设备；支持物流供应链企业利用数字化、智能化手段，实现碳排放监控、物流需求预测、科学运营组织、灵活调配资源，从而间接降低社会资源浪费，实现绿色减排。

（七）加大城镇基础设施建设投资以改善城市风貌

城市的风貌将直接影响国际知名企业是否入驻海南自贸港。海南自贸港应当创造出高品质的生活和工作环境，以满足人们的需求。同时，通过城市风貌品质的提升，提高人们对自身生活环境的认同感和归属感，促进城市整体精神面貌的形成与提高。改变城市风貌需从杜绝"烂尾楼"、消除"臭街破巷"、增加"城市公园"等方面着手。

（八）提升海南自贸港营商环境

良好的营商环境是建设现代化经济体系，促进高质量发展的重要基础。营商环境是企业的生存环境，营商环境将直接影响企业对资源的有效配置。根据世界银行发布的《2020年营商环境报告》，全球营商环境整体提升较快，其中中国是2018~2019年营商环境指标提升最快的十个国家之一。

十八届五中全会提出"完善法制化、国际化、便利化的营商环境"以来，党中央、国务院及各级政府为改善我国营商环境推出了诸多富有成效的改革措施及法律法规。作为世界上最大的自由贸易港，海南自贸港也需通过健全法规制度保障体系，深入推进法治政府建设、构建多元化争端解决机制、打造国际化法律服务体系等举措打造国际一流水平营商环境。良好的营商环境将吸引一大批国际知名商务服务业企业入驻海南自贸港。国际知名企业的入驻将促进市场良性竞争，促使本地企业加大创新力度和提升优质服务意识。

（九）加大对文化、体育和娱乐等行业的扶持力度

建筑是一座城市的外表，文化则是一座城市的心灵。海南自贸港可借鉴

"成都国际音乐之都"的建设方案，形成以"国际文化交流、文化 IP 孵化、文化消费场景"三大集群的建设方案，按照"世界一流、城市之巅"标准打造城市文化新地标和城市名片。

（十）建设"教育创新试验区"和"国际医疗先行区"

随着中国社会经济的不断发展，人民生活水平、生活质量也逐步提高，对高质量教育和医疗的需求也随之加大。2019 年，中国出国留学人数为 70.35 万人，同比增长 6.3%；中国海外就医人数达到 70 万，其中 80% 以上属于各类癌症患者；中国海外就医市场约为 30 亿元。有市场预测，未来十年中国的海外医疗市场潜力有可能超过数百亿美元。海南自贸港应缩减国际优质大学和医疗机构落户海南自贸港审批流程，大力宣传海南自贸港特殊优惠政策，吸引国际名牌大学和医疗机构落户海南自贸港。

四　海南现代服务业发展预测与展望

党的十九大报告指出，我国经济已由高速增长阶段转向高质量发展阶段，正处在转变发展方式、优化经济结构、转换增长动力的攻关期，高质量发展作为"十四五"及未来更长时期经济社会发展的主题，是经济研究的一个重要方向。作为经济发展的重要推动力量，现代服务业随着信息技术的发展不断产生新业态、新模式、新产业，数字化服务得到广泛应用，生产性服务业向规模化和价值链高端延伸，生活性服务业向多样化和高品质转变，现代服务业不断向高质量发展迈进。在产业融合发展的背景下，高质量发展的现代服务业是构建现代产业体系的有力支撑，可以有效推动制造业在"十四五"时期走向产业链中高端，促进农业发展现代化转型升级。根据《海南"十四五"规划和二〇三五年远景目标纲要》，到 2025 年现代服务业增加值占服务业比重将达到 54%，占地区生产总值比重达到 35% 以上。

（一）2022年海南现代服务业发展预测

1.服务业稳健恢复，政策效果进一步显现

预计2022年海南现代服务业将稳步回升且以更快的速度恢复发展。当前，海南深入贯彻落实《中共中央国务院关于支持海南全面深化改革开放的指导意见》（中发〔2018〕12号），形成"1+N"政策体系，改革呈现全面发力、多点突破、蹄疾步稳的局面。2018年习近平总书记发表"4·13"重要讲话以来，海南在各个行业领域加快了制度集成创新的步伐，到2022年4月，共发布了13批123项制度创新的案例成果，其中许多建设成果属于全国首创。海南离岛免税购物吸引境外消费回流态势明显，2021年海南离岛免税店免税销售额601.73亿元，其中，免税销售额504.9亿元，同比增长84%，较2020年同比实现翻番[①]。

随着美兰国际机场二期正式投入运营，2022年更多高端购物游客将赴海南旅游并衍生消费，海南免税购物竞争力将进一步彰显。"中国洋浦港"船籍港、航油保税等政策效应也将不断放大，洋浦保税港区率先实行"一线"放开、"二线"管住进出口管理制度。根据海南2022年地区生产总值6%以上增幅的预计，2022年海南地区生产总值可达7000亿元；现代服务业（第三产业）的增加值预计可达4380亿元，比2021年增长10%。

2.数字化赋能发展，现代服务业转型加快

与大数据、云计算、物联网、人工智能、5G、区块链等领域相关的数字产业加速发展，在经济数字化转型、生活数字化转型和治理数字化转型中发挥更重要的影响，并对海南现代服务业形成良好的助推作用。现代服务业与数字产业、先进制造业的联动发展，互相支撑，有机循环，不断为现代服务业的发展创造新的领域和新的市场。随着海南各地数字产业园区的建设和配套设施的完善，软件业、互联网业、数字内容产业、数据处理分析企业将

---

① 杨煜：《2021年海南离岛免税店销售额突破600亿元》，光明网，https：//politics.gmw.cn/2022-01/04/content_35424491.htm。

持续高速发展。服务业数字化将加快转型，"云展览""云演出""云过节""云直播""云办公"等在线公共文化活动将成为公众广泛参与的新模式。沉浸式体验、在线消费、智能营销等数字手段将被不断运用到设计、贸易、会展等产业领域。基于人工智能、远程超声诊断、远程手术协助等技术，海南博鳌乐城等医疗产业有望扩大发展规模，逐步打造高端品牌。

城市基础设施的物联数据与公共社会数据将加速融合，推动物流业、城市管理相关服务业更加智能和便捷。跨境服务贸易限制的减少将夯实现代服务业发展基础，国际会展、跨境结算、跨境数据处理、医疗健康、离岸新型国际贸易等转向创新发展。研发设计、节能环保、环境服务等生产性服务进口，设计、维修、咨询、检验检测等领域服务外包，将成为服务贸易新增长点。

3.营商环境持续优化，服务业内生动力不断夯实

自贸港营商环境持续优化，本地居民的收入水平不断提高，来琼消费人群购买力充足，这些都将是促使2022年海南现代服务业稳定增长的重要原因。海南已发布我国首张跨境服务贸易负面清单，推出全国最短外商投资准入负面清单，2022年将重点围绕8个"一线口岸"、10个"二线口岸"和64个非设关地综合执法点，全面加快基础设施建设，自贸港营商环境将得到持续优化。制造业和服务业的绿色低碳发展将成为海南省发展的又一增长点。围绕碳达峰碳中和，数字技术与低碳产业深度融合，绿色园区、环保材料、绿色供应链、低碳服务业等将得到大力支持。随着相关消费群体购买力基础愈加稳定，推动消费增长的热点消费领域（如住房、汽车等）稳步发展，预计2022年海南的社会消费品零售总额仍会呈现高位增长，可望达到2800亿元左右；商品销售额预计2500亿元左右；餐饮业的增加值可望达到300亿元。现代服务业和零售商业（特别是大型商业企业）将朝着特色鲜明、功能齐全、环境舒适、服务优质的方向发展。

（二）海南现代服务业发展趋势

1.现代物流业快速发展

随着全岛封关运作时间的临近，受益于海南自由贸易港零关税和运输自

由便利制度，跨境物流将进入爆发式增长期，外省流入物流保持高速增长，全省农产品和工业品物流将保持稳定增长，2022年全省物流业增加值有望超过300亿元。依托港口机场加快联运物流基础设施网络建设，大型制造企业物流配套服务功能不断强化，口岸物流和制造业物流将得到快速发展。以大型物流园区建设和交通规划实施为契机，物流业通过营造多功能、多层次的现代物流框架，将使海南成为国际重要物流枢纽和亚太物流中心。一是推进海口商贸服务型、三亚空港型、洋浦港口型国家物流枢纽建设；二是推进澄迈金马、海南湾岭等物流园区建设，在洋浦、海口（澄迈）、东方等地建设大型国际中转型冷库；三是不断完善县、乡、村三级物流网络体系。在自由贸易港税收优惠政策激励下，更多有影响力的冷链企业将得以引进，具有国际竞争力的物流园区和现代物流企业将不断培育壮大。

2. 现代金融体系加快构建

金融作为信息技术应用最深入的领域之一，将伴随智慧网点、智慧营销、智慧风控、AR/VR、人工智能等技术的应用而实现金融业的产品创新、流程再造和服务升级。受疫情影响，跨境电商等新业态受到欢迎，自贸港跨境业务的高速增长将促使金融市场开放和跨境人民币结算持续增长。今后应稳步探索离岸金融业务，加快在海南培育离岸人民币市场；推进国际能源、航运、产权、股权和大宗商品等交易场所国际化发展。系列改革创新政策的落地也将吸引境内外银行、证券、保险等金融机构在琼落地，推动形成牌照齐全、结构合理、功能互补的现代金融机构体系，形成贸易金融、消费金融、绿色金融、科技金融等特色金融业务。特别是服务于实体经济高质量发展，着力加大对战略性新兴产业的支持力度，创新更加贴合企业需求的金融产品和服务。

3. 医疗健康产业高质量发展

博鳌乐城国际医疗旅游先行区新旧"国九条"政策红利进一步释放，与世界一流医药企业合作进一步深化，集医药研究、临床试验、临床治疗、健康疗养为一体的高水平医疗服务产业集群得到发展。今后应加大力度引进使用创新药械，加快推进先进临床医学中心、尖端医学技术研发转化基地建设，努力使其成为国内医学品牌。创新数字技术与医学的融合，开展AI和云计算辅助病毒基因分析、互联网医院、AI+药物研发等新形态的研究与应用。支持发展气候治疗，打造一批海南特色专病康养、中医康养和旅游康养产品。

4. 商务服务业和会展业全面发展

博鳌亚洲论坛、中国国际消费品博览会等重大会议在海南的成功举办将进一步激发商务会展业发展。着力支持中介服务业发展，营造公平、公开、规范的市场环境，大力引进中外著名的专业服务业企业，积极培育全国知名的专业服务品牌；支持专业型会展服务业发展，提高海南展览业对内对外的辐射力，培育国际级知名品牌展，推动会展业高质量发展。金融、交易、科技研发、设计、结算类总部经济有望稳步发展，促进产业进一步聚集，法律、会计、资信调查与评级、产权交易、供应链管理、智库咨询等专业服务业也将得到支持和全面发展。

5. 文化创意和设计产业创新发展

受疫情影响，在线娱乐、实景娱乐、数字娱乐等新业态将得到壮大和发展，传统文化娱乐业与新型文化娱乐业将不断融合、创新转型。设计企业将不断建立众创、众包、众设等在线设计平台；传统文化业将拓展"云游""云展""云演"等在线应用场景；网络游戏、网络直播、短视频等新型业态进一步快速发展，与数字相关的文创业态可能实现"井喷式"增长。通过引进一批世界顶尖的设计企业和著名设计机构入驻海口江东新区等重点产业园区，加快创意产业人才引进和培养步伐，工业设计、规划设计、建设设计、文化设计、创意设计、软件设计、园区设计等咨询设计服务将得到大力发展。

（三）国际合作背景下2022年海南现代服务业发展策略（RCEP、CPTPP、DEPA）

随着海南对外开放步伐的进一步加快，口岸营商环境逐渐优化，各类企业贸易积极性得到有效激发，外贸主体数量也得到快速增长，海南与RCEP成员国贸易、与欧美等发达经济体贸易往来更加紧密，对"一带一路"沿线国家进出口快速增长。

2021年，海南对其他14个区域全面经济伙伴关系协定（RCEP）成员国进出口580.8亿元，较上年增长46.7%，占海南外贸总值的39.3%。对"一带一路"沿线国家和地区进出口439.5亿元，增长40.3%。数据显示，海南与RCEP成员国贸易往来密切，RCEP成员国是海南重要的外贸进出口市场。海南独特的区位和海南自贸港政策，叠加RCEP政策，有望为海南自贸港建设发展注入更多活力①。海南需进一步贯彻新发展理念，健全管理制度体系，促进现代服务业全面高质量发展。

海南现代服务业创新发展水平总体不高，应加快培育现代服务业发展的新动能，推进服务业数字化转型升级，搭建适合RCEP、CPTPP、DEPA原产地管理需求的信息化系统，进一步强化科技支撑。对于开放发展的短板，应注重服务贸易的发展，扩大服务业开放领域，充分利用"一带一路"、自由贸易港及《区域全面经济伙伴关系协定》（RCEP）创造的平台优势，健全海关相关管理制度体系，落实《中华人民共和国海关〈区域全面经济伙伴关系协定〉项下进出口货物原产地管理办法》《中华人民共和国经核准出口商管理办法》，为RCEP原产地规则实施提供制度依据。

加强海南与东盟等的高质量投资合作，共享共建"一带一路"，实现高水平开放，充分发挥海南自由贸易港在协调发展方面的优势，缩小城乡差距，推进现代服务业与现代特色高效农业、先进制造业高水平耦合协调发展，注重绿色可持续发展，在保持现代服务业稳步增长的同时，培育绿色服务企业，实现产品的绿色优质有效供给。扩大社会服务的有效供给，建立健全共享发展的政策保障机制，切实提高人民群众的幸福感与获得感。

重视现代服务业发展的区域差异，推动三大经济圈协调发展。关注"海澄文定""大三亚"和其他市县经济圈区域内发展差异，重视区域间差异的变化，着力缩小南北与西东经济圈之间的差距，发挥各经济圈的比较优势，推动重点区域经济圈新旧动能转换，率先取得新突破，突出各经济圈的

---

① 资料来源：2021年海南外贸进出口情况新闻发布会，海南自由贸易港，http://www.hnftp.gov.cn/xwzx/xwfb/202202/t20220224_ 3146853. html。

发展特色，利用优势互补，实现协调、开放、共享、共兴局面。如发展海洋特色经济圈、红色文化旅游经济圈、医疗康养经济圈、特色农业经济圈、互联网经济圈、航空航天旅游经济圈等，主动进行成果外溢，以省会经济圈为主，在协调、开放、共享发展方面对标新加坡经济圈发展。积极学习先进经验，加强融合互通，创新现代服务业发展模式，推动三大主导产业与其他产业融合发展，形成现代服务业发展新格局。

充分发挥中心地市、先进地区的引领带动作用。加强"海澄文定"与"大三亚"的引领作用，依靠中心城市的现代服务业高水平发展的优势，带动周边地市的发展，形成相互支撑，实现各市县间"竞优"效应。海南现代服务业总体发展水平不高，应积极推进各项试点工作，开拓自由贸易港现代服务业高质量发展新思路，如现代物流业应利用区位优势，着力打造海南自由贸易港现代服务业高质量发展的标杆和引擎；现代金融业的发展，应充分利用自贸港政策优势，对不符合现代金融体系的旧体制试点改革，发挥海南自由贸易港建设投资基金引导杠杆作用，吸引社会资本投向海南；规范推广政府和社会资本合作（PPP）等模式，引导社会资本参与投资基础设施和民生事业。

参考文献

［1］西蒙·库兹涅茨：《现代经济增长》，经济学院出版社，1989。

［2］陈景华、徐金：《中国现代服务业高质量发展的空间分异及趋势演进》，《华东经济管理》2021年第11期，第61~76页。

［3］海南省统计局：《海南统计年鉴》，中国统计出版社，2011~2021。

［4］孙杰光：《现代服务业发展概论》，中国金融出版社，2017。

［5］魏敏、李书昊：《新时代中国经济高质量发展水平的测度研究》，《数量经济技术经济研究》2018年第11期，第3~20页。

B.5
2021年海南高新技术产业
高质量发展报告

张应武　刘翠仪*

摘　要： 高新技术产业是海南自由贸易港建设四大主导产业之一，"十三五"以来，海南省高新技术产业获得长足发展，产业规模快速增长，企业培育质效稳步提升，产业结构持续优化，空间聚集效应初步显现，科技创新支撑体系明显改善，但是与国内其他地区相比，仍存在企业数量少、规模小，产业创新活力不足，地区科技创新水平偏低等问题。在数字经济和自由贸易港建设的机遇背景下，海南高新技术产业发展有着独特的区位、政策和资源优势，省委省政府提出以超常规手段打赢科技创新翻身仗，着力解决研发投入偏少、创新平台支撑乏力、企业主体作用不充分等发展限制，力求以特色谋取发展空间。在借鉴国外产业园区、深圳全过程创新生态链和新昌县域科技创新发展经验基础上，海南发展高新技术产业应大力培育创新主体、全力打造产业集群、完善资金投入体系、构筑人才集聚高地、优化产业发展环境等。

关键词： 海南自由贸易港　高新技术产业　产业集群　科技创新

2021年，自由贸易港建设为海南科技创新和高新技术产业发展创造了

---

* 张应武，经济学博士，海南大学经济学院教授、博导，主要研究方向为国际经济发展理论与政策；刘翠仪，海南大学经济学院硕士研究生，主要研究方向为国际商务。

良好的政策环境,海南高新技术产业基础差、投入低、人才少、成果缺的总体状况正在逐步改善。但是,由于长期以来经济基础薄弱,以及高新技术产业发展起步较晚,海南高新产业较为落后的整体格局仍未得到根本扭转。

当前,世界新一轮科技和产业革命发展加速改变全球竞争格局,中国经济发展目标从高速增长转向高质量发展,对创新驱动发展的需求日益紧迫,作为海南自由贸易港建设四大主导产业之一的高新技术产业面临重要发展机遇。2018年习近平总书记发表"4·13"重要讲话以来,海南在高新技术产业发展上作了一系列战略部署。2021年6月,海南省政府办公厅印发《海南省以超常规手段打赢科技创新翻身仗三年行动方案(2021—2023年)》,提出到2023年实现主要科技创新指标"六翻番、六突破",为海南高新技术产业和实体经济高质量发展提供强大科技支撑。2021年7月,海南省政府办公厅印发《海南省高新技术产业"十四五"发展规划》,明确"十四五"期间海南高新技术产业发展目标、重点方向和产业空间布局。2022年2月,海南省人民政府印发《海南省创新型省份建设实施方案》,提出六大重点任务加快创新型省份建设,进一步为海南高新技术产业发展提供科技创新环境和动力。

基于此背景,本报告首先对海南省高新技术产业的发展现状及存在的问题进行归纳分析,然后通过SWOT框架系统梳理海南高新技术产业的整体发展环境。最后,针对海南高新技术产业发展中存在的问题,借鉴国内外高新技术产业的发展经验,立足现有环境条件,提出了促进海南省高新技术产业发展的对策建议。

一　海南高新技术产业的发展现状

"十三五"以来,海南省高新技术产业的发展基础不断夯实,产业规模快速发展,企业培育质效稳步提升,产业结构持续优化,空间聚集效应初步显现,科技创新支撑体系明显改善等。

(一)产业规模快速扩大

近年来,无论是从企业数量还是从营业收入来看,海南省的高新技术产业规模都快速地发展。

1. 高新技术企业存量快速增加

高新技术企业已逐步成为海南现代化经济体系的新引擎和重要支撑力量。从图1可看出，海南高新技术企业数量以平均每年超过40%的增长率，从2016年的201家，发展到2020年的838家，直到2021年破千并增至1202家，超额完成省政府工作报告中1100家的目标，取得"十四五"良好开局。2021年高新技术企业是2016年的近6倍，年均增长率超43%，远高于全国25%的增长速度。

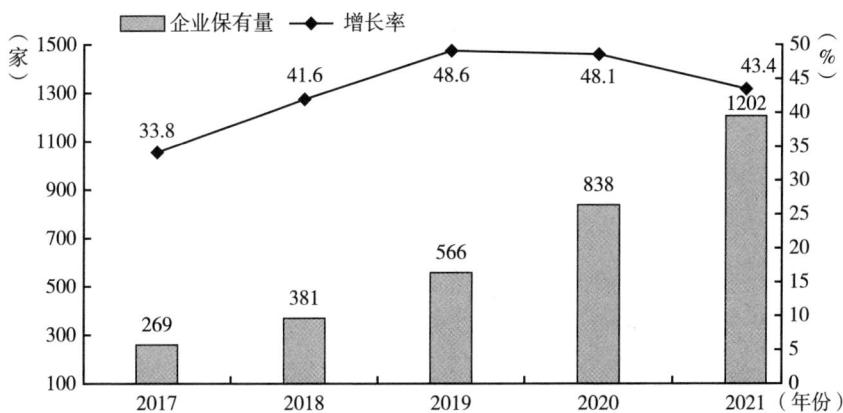

图1　2017~2021年海南高新技术企业保有量及增长率

数据来源：海南省统计年鉴。

2. 高新技术产业营业收入持续增长

"十三五"期间，高新技术产业的营业收入每年增长幅度约为40%，占海南经济总量的6.5%，比"十二五"期末提高了4.1个百分点；2021年，海南高新技术产业实现营收约3000亿元，继续保持快速增长势头。

（二）企业培育质效稳步提升

近年来，海南积极开展高新技术企业培育和认定工作，努力壮大高新技术产业主体。

1. 实施高新技术企业扩容提速行动

海南将"实施高新技术企业倍增工程"纳入《海南省以超常规手段打赢科技创新翻身仗三年行动方案（2021—2023年）》，海南省科技厅开发"海南高企咨询服务平台"App，建立高新技术企业有求必应服务体系，在海口、三亚、澄迈等企业聚集区域多次组织高新技术企业认定培训会议。海南省工业和信息化厅通过金融服务、公共服务和财政扶持等多种手段培育并组织认定"专精特新"中小企业，截至2022年6月，全省"专精特新"中小企业增至275家。

2. 建立高新技术企业梯次培育机制

2021年9月和2022年3月，海南先后出台《海南省科技型中小企业认定管理暂行办法》和《海南省高新技术企业培育库管理办法》，建立科技型中小企业和高新技术企业培育库，积极培育高新技术企业。2021年9月出台《海南省高新技术企业"精英行动"实施方案》，分层培育认定种子企业、瞪羚企业、领军企业，建立高新技术企业"精英梯队"，在平台、人才、金融等方面积极支持企业成长为行业领域领跑者和技术升级示范者。

3. 实施高新技术企业"科技特派员"制度

海南省科技厅积极推动高校、科研院所根据企业需求选派"科技特派员"，服务"精英行动"高新技术企业和规模以上工业企业，解决企业技术创新难题，促进产学研用深度融合。

从结果上看，海南高新技术企业培育取得显著效果。从数量上看，近几年海南高新技术企业的认定数量整体呈现上升的趋势，从2017年的140家上升到2020年的456家，虽然在2021年稍有回落，但也超过400家（见图2）。从质量上看，海南省高新技术企业盈利能力快速提升。2021年，海南省高新技术企业营业收入1088.37亿元，增长16.33%；实现营业利润107.04亿元，增长19.89%；从业人员11.26万人，增长28.93%。

（三）产业结构持续优化

按照《海南省高新技术产业"十四五"发展规划》的布局，海南将以

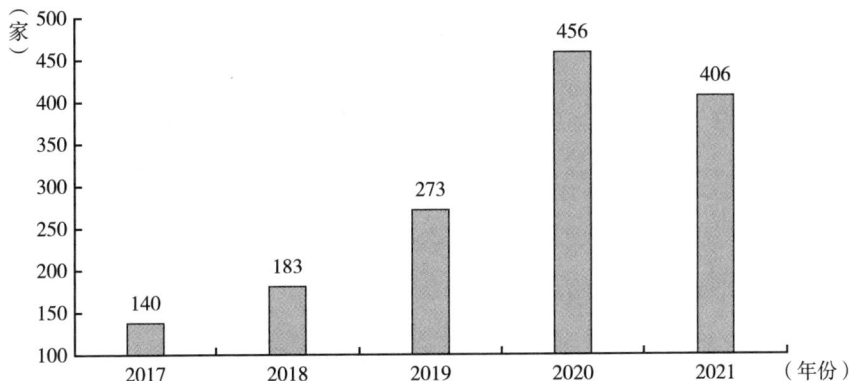

图2 2017~2021年海南年度认定高新技术企业数

数据来源：高新技术企业认定管理工作网（http://www.innocom.gov.cn/）。

三大战略性新兴产业（数字经济、现代生物医药、石油化工新材料）、三大未来产业（南繁种业、深海和航天）、三大特色产业（清洁能源、高端食品加工、节能环保）为抓手，重点打造"3+3+3"的高新技术产业体系。"十三五"期间，海南高新技术产业结构持续优化，尤其是三大战略性新兴产业（数字经济产业、石油化工新材料和现代生物医药）建设成效显著。2020年，规模以上油气产业实现产值7182亿元；规模以上医药产业实现产值2469亿元，比2015年增长70.2%；数字经济产业实现营业收入1257.6亿元，是2015年的52倍①。2021年，海南高新技术产业集群继续发展壮大。互联网产业规模超过1500亿元；数字经济产业营业收入增长30%以上；石油化工新材料全产业链实现营业收入1450亿元，增长15.8%；现代生物医药产业获批文号83个，通过一致性评价品种58个；均实现倍增，汽车制造业产值增长1.3倍②。

从技术领域看，海南高新技术产业发展迈入新阶段，已从2017年以前以电子信息、生物医药为主，发展至八大技术领域全覆盖，特别是实现航空

① 数据来源：《海南省高新技术产业"十四五"规划》。
② 数据来源：《聚焦2022年海南省两会·计划报告》，海口网，2022年1月23日，http://szb.hkwb.net/szb/html/2022-01/23/content_567427.htm。

117

航天领域零的突破。据海南省科学技术厅的统计数据，截至 2021 年底，海南高新技术企业的技术分布情况为电子信息类约占 42%，高技术服务类约占 19%，生物与新医药约占 18%，资源与环境类约占 7%，先进制造与自动化类约占 5%，新材料类约占 4%，新能源与节能类约占 3%，航空航天类不到 1%。

（四）空间聚集效应初步显现

产业园区是海南自由贸易港政策主要承接地和制度集成创新先行先试"孵化器"。近年来，海南高新技术产业的空间集聚效应初步显现，产业集群逐步向园区集中。

1. 高新技术企业市县分布集中度高

2021 年海南高新技术企业实现市县全覆盖，但分布不均。据海南省科学技术厅的统计数据，全省九成以上高新技术企业分布在海口（778 家，约占 64.6%）、三亚（153 家，约占 12.7%）、澄迈（117 家，约占 9.7%）、儋州—洋浦（53 家，约占 4.4%），陵水、文昌、定安、琼海、东方等市县高新技术企业数量在 10 家至 20 家之间，昌江、万宁、五指山、屯昌、临高、白沙、乐东、保亭、琼中、三沙等市县高新技术企业数量仅为个位数。

2. 高新技术产业集群向园区集中发展

海南省高新技术产业园区发展分为成长期、培育期和初创期 3 个阶段（见表 1）。

2020 年海南挂牌成立 11 个自由贸易港重点园区[①]，其中 9 个涉及高新技术产业发展；2021 年昌江清洁能源高新技术产业园升级为省级园区。

---

① 11 个重点园区包括洋浦经济开发区、博鳌乐城国际医疗旅游先行区、海口江东新区、海口国家高新技术产业开发区、海口综合保税区、三亚崖州湾科技城、三亚中央商务区、文昌国际航天城、陵水黎安国际教育创新试验区、海南生态软件园和海口复兴城互联网信息产业园。2021 年，11 个海南自贸港重点园区实现营业收入 13555.5 亿元，税收收入 585.63 亿元，以不到全省 2% 的土地面积贡献 40.1% 的税收。

截至 2022 年 6 月底，海南高新技术产业省级园区 10 个。2021 年洋浦经济开发区的营业收入超 5000 亿元，海南生态软件园、海口江东新区、海口综合保税区、海口复兴城互联网信息产业园等的营业收入也突破 1000 亿元①。海南生态软件园和海口复兴城的数字经济产业、洋浦经济开发区的石油化工新材料产业、东方临港产业园的精细化工产业、海口高新区药谷工业园的医药产业发展态势良好，已初步形成产业集群。博鳌乐城医疗康养、崖州湾科技城南繁和深海等产业发展已具雏形。截至 2021 年底，位于海口国家高新技术产业区的药谷工业园（"海口药谷"）共有医药企业 66 家、医疗器械类企业 19 家、医药文号 1590 个，医药工业总产值占全省 70% 以上②。海口、澄迈和三亚等市县的数字产业迅速发展，吸引了阿里巴巴、百度、迅雷、360、腾讯等头部企业在海南设立区域总部。

表 1　海南省高新技术产业园区发展阶段分类

序号	发展阶段	园区名称
1	成长期	洋浦经济开发区（含东方临港产业园、临高金牌港产业园）、海口国家高新技术产业开发区、海口复兴城互联网信息产业园、海口综合保税区、海南生态软件园、老城经济开发区、三亚互联网信息产业园
2	培育期	儋州工业园、定安塔岭工业园、昌江清洁能源高新技术产业园
3	初创期	海口江东新区、三亚崖州湾科技城、文昌国际航天城、博鳌乐城国际医疗旅游先行区、陵水清水湾信息产业园等

（五）科技创新支撑体系明显改善

海南高新技术产业起步晚、基础弱，要推动海南高新技术产业超常规发

---

① 资料来源：《海南多个重点园区 2021 年营收破千亿元》，中国经济导报-中国发展网，2022 年 2 月 17 日，http://www.chinadevelopment.com.cn/news/cj/2022/02/1765452.shtml。

② 数据来源：《"海口药谷"成海南医药产业集群高地》，中国经济网，2022 年 4 月 5 日，http://m.ce.cn/lv/jk/202204/05/t20220405_37461981.shtml。

展，关键在于打造适应区域和产业高质量发展的科技创新生态系统。近年来，海南通过制度创新和软硬件环境建设加快改善科技创新生态。

1. 创新驱动发展的顶层制度设计逐步完善

为实现创新驱动发展，海南加快制度建设，先后出台《智慧海南总体方案（2020—2025 年）》《海南省支持高新技术企业发展若干政策（试行）》《海南省以超常规手段打赢科技创新翻身仗三年行动方案（2021—2023 年）》《海南自由贸易港科技开放创新若干规定》《海南省创新型省份建设实施方案》等制度、法规，以及《海南省促进经济高质量发展若干财政措施》等 7 个配套实施细则。

2. 科研创新平台和信息基础设施巩固拓展

海南共拥有国家和省级重点实验室 64 家、院士创新平台（含院士工作站和创新中心）148 家[①]。国家耐盐碱水稻技术创新中心于 2021 年 3 月由科技部批复，是全国首批 19 个国家技术创新中心之一。在信息基础设施建设方面，海南积极推动互联网宽带和 5G 示范项目建设。2019 年，在全国率先实现 5G "县县通"，至 2020 年底，海南省累计建成 5G 逻辑基站 10823 个，宽带网速提升到全国第 9 名[②]。

3. 科研创新投入和产出不断提高

近年来，海南研发经费投入快速增长，2020、2021 年连续两年增速居全国首位，研发投入强度从 2019 年的 0.56%提升至 0.77%。随着投入增加，科研创新产出也显著增长。海南省政府工作报告数据显示，2021 年海南全省新获专利授权 13632 件，增长 58.9%；有效发明专利拥有量达到 5 件/万人，较 2019 年提高 1.7 件/万人。

4. 科技成果转化和市场主体服务体系日益完善

国家技术转移海南中心（全国第 12 个）获科技部批准建设，国家加大

[①] 数据来源：《当前经济运行亮点 | 海南："3+1"主导产业实现高质量发展》，光明网，2021 年 10 月 21 日，https://m.gmw.cn/baijia/2021-10/18/1302643713.html。

[②] 数据来源：《"十三五"以来海南五网基础设施提质升级成效显著》，南海网，2021 年 1 月 16 日，http://www.hinews.cn/news/system/2021/01/16/032493443.shtml。

对海南科技成果转换力度。海南省科技厅出台系列举措通过平台和制度创新加快科技成果转移转化，比如：以海南大学经验为基础，在全省推广科研人员职务科技成果赋权改革；依托海口高新区和乐城医疗先行区实施重大新药创制国家科技重大专项成果转移转化试点示范工作；推行企业科技特派员制度助力企业科技创新。2021年技术交易合同额达28.5亿元，近4年平均增速达60.1%；15个已投产新药品种实现产值25亿元；首批遴选的25名企业科技特派员已正式入驻企业[①]。

5. 金融创新助推科技型企业发展效果明显

2020年9月，在海南省科技厅和财政厅的积极推动下，海南首支科技成果转化投资基金——海南鲲腾科技成果转化投资基金合伙企业（有限合伙）成立[②]，开启海南以产业基金模式支持产业发展的创新，充分发挥财政资金对社会资本的引导作用，加大金融对海南省科技成果转化的投入，推动科技成果的转移转化和产业化，实现海南省科技成果、资本和产业的有效配置。2021年4月，海南省科技厅、财政厅、金融监管局和中国银行海南省分行积极探索融资模式创新，为高新技术企业量身设计的创新产品——"琼科贷"，备案企业LPR低至3.85%，为科技型企业加大研发投入解决融资难、融资贵问题。截至2021年底，已为44户医疗、互联网等领域高新技术企业提供1.82亿元低息贷款[③]。

6. 开放创新合作机制日益深化

为加快海南科技创新开放发展，科技部建立下辖司局对口支持海南，还

---

① 数据来源：《"陆海空"三大科技创新高地成效显著 海南科技创新提质增速》，海南省科技厅，2022年4月21日，http://dost.hainan.gov.cn/kjxw/mtjj/202204/t20220421_3178439.html。

② 海南省科技成果转化投资基金是经海南省政府批准设立的政府引导性基金，该基金由海南省科技厅发起，由鲲腾（海南）股权投资基金管理有限公司、银河源汇投资有限公司、广州简达网络技术有限公司、广州市久邦数码科技有限公司以及政府出资代表海南金融控股股份有限公司5家机构共同出资，基金总规模2亿元，其中，省财政出资4000万元，其他4家机构合计出资1.6亿元。

③ 数据来源：《信用体系建设 | 海南推出银担"总对总"批量担保、"琼科贷"等业务》，澎湃新闻，2022年2月19日，https://www.thepaper.cn/newsDetail_forward_16774593。

协调海南与北京、上海、浙江、广东、四川、湖南、深圳等重点地区建立包括科技园区对口帮扶、科技成果对接交流会等在内的多层次合作模式。在海口高新区、复兴城互联网产业园、江东新区建设了 3 个国际离岸创新创业试验区，并积极探索开展国际科技合作项目经费及设备和材料跨境使用试点工作，瞄准国际科技前沿，推动海南与海外创新成果、创新创业人才及团队等创新要素的合作。海南也加入了国家自然科学基金区域创新发展联合基金，通过国家自然科学基金委员会向全国发布并实施海南省科技计划联合项目，引入其他地区智力资源。

二　海南省高新技术产业发展中存在的问题

海南高新技术产业在"十三五"时期快速发展，基础不断夯实，但从在全国的占比或与其他地区横向比较看，海南高新技术产业企业数量少、规模小，产业创新活力不足，地区科技创新水平偏低的问题仍然比较明显。

（一）企业数量少、规模小

1. 高新技术企业数量偏少

海南高新技术企业数量逐年增长，但总数远落后于全国绝大部分省区。从表 2 可知，2019 年海南高新技术企业数量 566 家，在全国排名倒数第四，仅超宁夏、青海和西藏。2020~2021 年高新技术企业数量大幅增长，但因基数小，高新技术企业保有量也仅超新疆，全国排名倒数第五。按照海南高新技术产业"十四五"规划目标，到 2025 年高新技术企业数量将超 3000 家，即使假定其他省区高新技术企业数量保持不变，海南仍然处于全国低水平。

表2　中国高新技术企业数量各省区市分布情况

序号	省区市	数量（个）			序号	省区市	数量（个）		
		2019	2020	2021			2019	2020	2021
1	广东	49991	53776	预计6万	17	陕西	4357	6198	8397
2	江苏	23946	32572	认定超1.2万	18	重庆	3105	4222	5066
3	北京	23190	28795	36733	19	山西	2485	3188	—
4	浙江	16152	22158	28581	20	广西	2366	2806	超3200
5	上海	12619	16967	超2.2万	21	吉林	1699	2495	2903
6	山东	11358	14681	超2万	22	贵州	1620	1897	新增634
7	湖北	7689	10447	14560	23	云南	1454	1679	2055
8	河北	7611	9400	新增超1500	24	黑龙江	1230	1932	2738
9	安徽	6547	8566	11368	25	甘肃	1045	1229	1371
10	湖南	6209	8621	10800	26	内蒙古	896	1069	1220
11	天津	6013	7432	9198	27	新疆	644	792	954
12	四川	5594	8155	10247	28	海南	566	838	1202
13	辽宁	5147	7024	超8000	29	宁夏	201	288	356
14	江西	5145	5595	—	30	青海	176	218	234
15	福建	4811	6485	—	31	西藏	66	89	103
16	河南	4749	6324	超8300	—	—	—	—	—

注：各省区市按2019年高新技术企业数量排序。

数据来源：作者根据网络新闻资料整理。

2.高新技术企业规模小

　　根据海南省科技厅统计数据，海南省高新技术企业按营业收入规模分布情况为：2000万~5000万元（含）的企业约占11%，5000万~1亿元（含）的企业约占5%，1亿~2亿元（含）的企业约占4.3%，2亿~4亿元（含）的企业约占1.8%，4亿元以上的企业约占3.5%；绝大部分为2000万元（含）以下的企业，约占74.4%，规模在1亿元以上的企业只有117家，约占9.6%。另一方面，海南高新技术产业缺乏产业带动明显的领军企业，截至 2021 年底，海南获评工信部专精特新"小巨人"① 的企业只有 8 家（均为高新技术企业）②。

（二）产业创新活力不足

近年来，海南高新技术企业数量快速增长，但产业结构仍不完善，表现为有企业、少产业、缺产业链，产业创新活力不足、整体竞争力不强。

1. 地区技术市场交易额偏低

"十三五"以来，海南技术市场主体交易日益活跃，技术转移效率显著提升。据《中国统计年鉴（2021）》公布的数据，2020 年海南技术市场成交额 20.19 亿元，较 2015 年增加 8.24 倍，年均增长率高达 56.0%，增速是全国（23.5%）同期的 2 倍多。但是，海南技术市场成交额占全国比重仅为 0.07%，在全国省区市排名中也比较靠后，技术市场成交额仅高于宁夏、新疆、青海、西藏，处于倒数第五。

2. 工业企业新产品开发偏少

根据《中国统计年鉴（2021）》的数据，2020 年海南规模以上工业企业新产品开发项目数为 1018 项，新产品销售收入 134.73 亿元，在全国的占比分别为 0.13% 和 0.57%，在各省区市排名中仅高于青海和西藏。

3. 高新技术产品出口占比偏低

与全国平均水平相比，海南省高新技术产品出口规模小、占出口总额的比例偏低。《中国统计年鉴（2021）》的数据显示，2020 年海南省的高新技术产品出口总额为 21.61 亿元人民币，占总出口额的 7.8%，比重远低于全国同期水平（30.0%）。

---

① "专精特新"中小企业是指具备专业化、精细化、特色化、创新型四大优势的中小企业。"小巨人"则是"专精特新"中小企业中的佼佼者，是专注于细分市场、创新能力强、市场占有率高、掌握关键核心技术、质量效益优的排头兵企业。2021 年海南省"专精特新"企业库已滚动培育企业 247 家。

② 资料来源：《海南国家专精特新"小巨人"企业增至 8 家》，南海网，2021 年 8 月 27 日，http://a.hinews.cn/page-032604840.html。

（三）地区科技创新水平偏低

近年来，海南科技创新工作取得明显成效，研究与试验发展（R&D）投入强度大幅提高，高新技术企业数量增长迅速，招才引智水平不断提升，但一个不容忽视的现实是，海南仍然是科技小省、弱省，基础差、投入低、人才少、成果缺的总体现状并未发生根本性改变。截至 2021 年，海南已连续 8 年未获得国家科技进步奖二等奖以上奖项。万人发明专利拥有量是国际通用的反映一个国家或地区自主创新能力的指标。从表 3 可以看出，2020 年海南万人发明专利拥有量为 4.5 件（2021 年提高到 5 件），远低于全国平均水平，在全国各省区市排名相对靠后；此外，根据中国科学技术发展战略研究院《中国区域科技创新评价报告 2021》[①] 的评价结果，2019 年海南省综合科技创新水平指数达到 48.98%，位列全国第 26，与其余 6 个指数低于50% 的地区同属全国综合科技创新水平第三梯队。

表 3　2020 年各省区市专利保有量和科技创新能力情况

地区	万人发明专利拥有量(件)	综合科技创新水平		地区	万人发明专利拥有量(件)	综合科技创新水平	
		指数	排名			指数	排名
上海	60.21	86.36	1	吉林	6.41	60.90	17
北京	155.80	84.58	2	河北	4.50	58.26	18
广东	28.04	81.55	3	河南	4.52	57.58	19
天津	24.40	80.88	4	宁夏	5.31	56.83	20
江苏	36.14	79.69	5	黑龙江	7.25	56.32	21
浙江	34.10	76.76	6	山西	4.30	53.75	22
重庆	11.30	70.48	7	甘肃	3.14	53.71	23

[①] 报告从科技创新环境、科技活动投入、科技活动产出、高新技术产业化和科技促进经济社会发展等 5 个方面，选取 12 个二级指标和 39 个三级指标，对全国 31 个省区市综合科技创新水平进行评价，根据得分将全国 31 个省区市划分为三类。中国科学技术发展战略研究院是 2007 年 12 月 28 日经科技部党组研究，并报中编办批准，以中国科学技术促进发展研究中心（以下简称研究中心）为基础挂牌成立的科技部直属的综合性软科学研究机构。

地区	万人发明专利拥有量(件)	综合科技创新水平		地区	万人发明专利拥有量(件)	综合科技创新水平	
		指数	排名			指数	排名
湖北	12.41	69.33	8	广西	5.12	53.51	24
陕西	14.10	67.86	9	贵州	3.47	49.05	25
山东	12.40	66.98	10	海南	4.50	48.98	26
安徽	15.40	66.66	11	内蒙古	2.70	47.63	27
四川	8.40	66.43	12	云南	3.21	47.47	28
福建	12.78	66.38	13	青海	3.04	44.17	29
辽宁	10.98	66.32	14	新疆	2.19	37.61	30
湖南	8.14	65.35	15	西藏	2.11	32.89	31
江西	3.68	61.11	16	全国	15.8	72.44	—

资料来源：万人发明专利拥有量数据为作者根据网络公开资料整理；综合科技创新水平数据来自《中国区域科技创新评价报告2021》。

三 海南高新技术产业发展环境

任何产业的发展难免会受到地区整体环境的约束。通过SWOT分析框架对海南发展高新技术产业的优势、劣势及其面临的机遇、挑战进行分析，对于进一步规划部署海南高新技术产业发展战略时发挥有利因素、控制不利因素具有重要意义。

（一）优势分析

1.区位优势

海南地处中国南疆，长期以来都被定位为边陲岛屿、国防前哨，区位劣势明显。但是，在国家加快建设"21世纪海上丝绸之路"和中国特色自由贸易港的背景下，海南在地缘和经济两个层面都显示出独特的区位优势。

第一，地缘区位方面。海南扼守南海门户，是中国联结东盟和大洋洲、西出印度洋的战略枢纽，是21世纪海上丝绸之路的关键节点和桥头堡。海口、三亚是"一带一路"的重要节点城市,是西部陆海新通道的重要成员和出海口。海南海岸线总长1944.35千米,距离欧亚国际海运主航道仅111千米,拥有5个天然深水良港①,在自由贸易港建设框架下,有望发展成为中国与21世纪海上丝绸之路沿线国家的货物、资金、信息和人才的集散地。

第二,经济空间方面。海南是中国面向太平洋和印度洋的重要对外开放门户,是以国内大循环为主、国内国际双循环相互促进的新发展格局"8"字形的重要战略衔接点和中心交汇点,是内地唯一能循环贯通国内国际两个市场、两种资源,促进全球经济与大陆广阔腹地经济高效循环的商品和要素配置平台,这为海南超常规发展高新技术产业提供了有利区位条件。在经济空间上,海南是华南经济圈、北部湾经济圈、东盟经济圈、东南亚经济圈的几何交汇中心。从海南出发,4小时飞行经济圈间可抵达21个国家和地区,覆盖到全世界47%的人口和GDP占世界30%的经济体;8小时飞行经济圈可达59个国家和地区,覆盖到全世界67%的人口和GDP占世界41%的经济体②。

2. 政策优势

2018年习近平总书记"4·13"重要讲话和中央12号文件都提出,要支持海南全岛建设自由贸易试验区,探索建设中国特色自由贸易港,这是国家全面深化改革开放的重大举措和重大战略决策,明确了高新技术产业、旅游业、现代服务业和热带高效农业为海南四大主导产业,并提供了系列政策支持。

第一,制度创新方面。与其他20个自由贸易试验区在各自省份不同片区的极小区域实施不同,海南是全岛建设自由贸易试验区,拥有省级决策权限,有利于在更大范围和更高行政层级开展制度集成创新,破除高新技术产业发展过程中深层次的体制机制障碍。此外,作为国家深化改革开放试验区,海南在商品要素流动型开放和规则等制度型开放两方面发力,对接高标准国际

---

① 资料来源:《区位优势》,海南省商务厅海南自贸港招商引资两库网,2020年7月16日,https://dofcom.hainan.gov.cn/hnftp/map/zyk/hnzy/202007/t20200716_3284545.html。

② 数据来源:《海南自贸港:打造交通强国建设先行区》,中新网,2021年2月16日,http://www.hi.chinanews.com.cn/50/2021/0216/5867.html。

经贸规则，积极打造贸易和投资自由化便利化环境，实现贸易、投资、跨境资金流动、人员进出、运输来往自由便利和数据流动安全有序，有利于集聚国内外高端资源要素，推进海南高新技术产业链和供应链开放发展。

第二，自由贸易港政策红利方面。按《海南自由贸易港建设总体方案》的制度设计，高新技术产业纳入海南自由贸易港鼓励类产业目录，可享受企业所得税减按15%税率征收，企业生产不含进口料件或含进口料件在海南加工增值超过30%的货物进入内地免征关税，2025年前新增境外直接投资所得免征企业所得税等利好政策，有利于海南吸引国内外高新技术企业在海南落户；企业进口自用生产设备以及进口生产原辅料都免征进口关税、进口环节增值税和消费税，企业资本性支出可一次性税前扣除或加速折旧和摊销，有利于海南培育"专精特新"小巨人企业和高新技术产业；人才个人所得税最高15%，对外籍人员工作许可实行负面清单管理，允许境外理工农医大学及职业院校在海南独立办学等人才引进和培养的利好政策，有利于海南集聚全球高端人才在海南创新创业，助力海南高新技术产业发展。

3. 资源优势

海南海洋、热带资源丰富，生态环境质量持续保持全国领先水平，丰富、独特的自然资源和优良的生态环境为高新技术产业发展提供了充足的资源和环境基础。

第一，海洋资源方面。海南虽是陆地小省，却是海洋大省，管辖着全国两百多万平方公里海域，占全国海洋总面积的2/3。海南广阔海域有着丰富的渔业、能源、矿产等自然资源①，有着发展海洋资源勘探、开发与利用等

---

① 南海已知鱼类种数众多，仅南海北部大陆架的鱼类就有1027种，为东海的1.4倍，黄海、渤海的3.56倍；南海大陆斜坡和南海诸岛海域也分别记录了205种和523种鱼类。据资料显示，南海海域石油地质储量至少230亿~300亿吨，占我国油气总资源量的1/3，天然气居全国各海区之首，是世界海洋石油最丰富区域之一；南海的可燃冰地质储量约为700亿吨油当量，远景资源储量可达上千亿吨油当量；南海还有丰富的海洋能（潮汐能、波浪能、海洋温差能、海洋盐差能和海流能等）。海南岛附近有丰富的近海砂矿资源80多种，其中钛铁矿、锆英石储量分别为761.7万吨和129.6万吨，占全国同类矿产储量的1/4和1/3以上；海南已建有莺歌海、东方、榆亚等大型盐场，其中莺歌海盐场是全国大盐场之一，最高年产30万吨。

方面高新技术产业的先天优势。

第二，热带资源方面。海南占全国热带陆地面积的44%，且在日照时数、月均气温、降水量、相对湿度等热带气候指标上比广东、广西、云南等其他热带地区优势更为明显，且生物资源丰富，海南良好的热带气候有利于进行热带水果、反季节蔬菜种植以及品种选育推广，适宜引进和培育集农作物种业科研、育种、加代、植物鉴定等育繁一体化服务和推进国家南繁生物育种技术的高新技术企业。此外，海南热带地区纬度低，有利于利用地球自转赋予的向东的初速度，提高火箭发射运载能力，具备发展航天发射类高新技术产业链条件。

第三，生态环境方面。海南是全国唯一的热带岛屿省份，年均温22℃~27℃，碧海蓝天沙滩阳光环绕，森林覆盖率常年保持在60%以上；空气质量优良率接近100%，在全国各项环境监测中，连续9年排名第一；水质达标率100%，近海海域等生态环境质量始终处于全国领先水平。

（二）劣势分析

1.经济基础薄弱，地区研发投入偏少

海南经济体量小，发展水平不高，财政基础薄弱。根据各地统计公报提供的数据计算，2020年海南地区生产总值为5532.39亿元，占全国的比重仅为0.54%，经济总量与嘉兴（浙江排名第5）、泰州（江苏排名第9）等地级市相当，仅为同为经济特区且属于高新技术产业发达地区深圳的1/5；海南人均GDP为55131元，仅为全国平均水平的76.6%，与西部省份相当。从财政收入来看，2020年海南一般公共预算收入和支出分别为816.06亿元和1972.46亿元，占全国的比重为0.45%和0.8%。可见，受经济规模和发展水平的制约，海南财政实力非常有限，这直接导致海南研发投入偏少、投入强度极低。表4中数据显示，2020年R&D经费支出为36.62亿元，占全国的比重仅为0.14%；R&D经费支出占地

区生产总值的比重为 0.66%，远低于全国水平（2.4%），在各省区市排名中仅高于新疆和西藏①。

表 4   2020 年各地区研究与试验发展（R&D）发展情况

地区	R&D 经费（亿元）	R&D 投入强度（%）	地区	R&D 经费（亿元）	R&D 投入强度（%）
北京	2326.6	6.44	湖北	1005.3	2.31
天津	485.0	3.44	湖南	898.7	2.15
河北	634.4	1.75	广东	3479.9	3.14
山西	211.1	1.20	广西	173.2	0.78
内蒙古	161.1	0.93	海南	36.6	0.66
辽宁	549.0	2.19	重庆	526.8	2.11
吉林	159.5	1.30	四川	1055.3	2.17
黑龙江	173.2	1.26	贵州	161.7	0.91
上海	1615.7	4.17	云南	246.0	1.00
江苏	3005.9	2.93	西藏	4.4	0.23
浙江	1859.9	2.88	陕西	632.3	2.42
安徽	883.0	2.28	甘肃	109.6	1.22
福建	842.4	1.92	青海	21.3	0.71
江西	430.7	1.68	宁夏	59.6	1.52
山东	1681.9	2.30	新疆	61.6	0.45
河南	901.3	1.64	全国	24393.1	2.40

数据来源：《2020 年全国科技经费投入统计公报》。

2. 工业发展不充分，企业未能发挥研发主体作用

长期以来，受远离原材料和市场的双重制约，海南工业发展不足，工业企业数量偏少，且产业链不完善，严重制约了海南高新技术产业发展潜力，这可根据《中国统计年鉴 2021》发布的数据将海南相关指标与全国进行比较得以印证。从工业总量规模看，2020 年海南工业占地区生产总值的比重为

---

① 从 2021 年起，海南实施以超常规手段打赢科技创新翻身仗三年行动计划，明确提出到 2023 年，要实现主要科技创新指标"六翻番、六突破"，其中包含全社会研究与试验发展（R&D）经费投入占地区生产总值（GDP）比重翻番，达到 1.2%，全省规模以上工业企业设立研发机构覆盖率翻番，达到 50%。由于数据统计时滞，此处仍援用 2020 年数据进行分析。据最新统计数据，2021 年海南 R&D 上报数已突破 100 亿元。

9.7%，远低于全国 30.8% 的水平，工业发展严重不足；从企业数量看，海南规模以上工业企业 393 家，仅占全国的 0.1%，企业数量严重偏少；从工业结构看，海南工业企业以成品制造业居多，产值规模不大，难以带动配套产业集聚，原辅料主要依赖内地购买或境外进口，产业链发展不完善。海南工业基础弱、结构不合理，一方面使得知识密集型服务业和生产性服务业缺乏相应的产业支撑，一定程度上限制了海南高新技术服务企业的成长空间；另一方面也严重制约着海南企业在研发活动中的主体作用发挥。2020 年，海南规模以上工业企业中有 R&D 活动的企业仅 88 家，占比为 17.8%，远落后于全国 36.7% 的水平。企业研发投入不足，这也是海南科技创新投入偏低的重要原因。2020 年，海南 R&D 经费支出中，政府资金为 21.21 亿元，占比 57.9%，企业资金仅 14.25 亿元，占比 42.4%，但同期的全国 R&D 经费支出中，企业资金占比高达 77.5%，企业在海南研发投入中的主体作用未能充分体现。

3. 科教事业相对落后，创新平台支撑乏力

人才是高新技术产业发展的决定性因素，而平台是吸引和培养高新技术人才的摇篮。长期以来，海南高等教育和科技创新平台发展相对落后，对海南高新技术产业发展的支撑明显不足。从高等教育发展数量看，据《中国统计年鉴 2021》发布的数据，2020 年海南有普通高等学校（机构）21 所，在校学生 23 万余人，占全国的比重分别为 0.77% 和 0.70%，规模偏小，在省区市排名中仅略好于宁夏、青海和西藏；发展层次上，海南仅有海南大学一所综合性重点大学以及国家"双一流"建设高校。其他创新平台方面，海南拥有 2 个国家重点实验室（海南大学南海海洋资源利用国家重点实验室、海南中航特玻材料有限公司特种玻璃国家重点实验室）和 62 个省级重点实验室，另有海南师范大学和海南热带海洋大学（原琼州学院）2 个省级大学科技园和海口国家高新区创业孵化中心、海南生态软件园、复兴城互联网创新创业产业园、海南数据谷、海南西部创新创业产业园、江东电子商务产业园、"天涯创客"科技孵化器、海南省陵创科技创业孵化器等 8 家省级科技企业孵化器。而邻近的高新技术产业发展大省——广东拥有普通高校 154 所（18 个学科入选国家"双一流"建设名单），国家重点实验室 30 家、省实验室 10 家、省重点实验

室 430 家，建成国家大学科技园 6 家、省级大学科技园 10 家、科技企业孵化器（加速器）200 余家①。与邻省广东相比，海南还有很大差距。

（三）机遇分析

1. 数字经济为产业跨越式发展提供了历史契机

进入 21 世纪以来，以互联网和大数据为基础，以人工智能、云计算、区块链等为代表的新一代信息技术加速创新，深刻影响着经济和社会各领域，世界各国相继出台鼓励数字经济发展的战略和政策。数字经济在全球要素资源重组和经济结构重塑中的作用日益增强，成为改变全球竞争格局的重要力量。党的十八大以来，发展数字经济已逐渐成为国家战略，党的十九届五中全会明确提出，要发展数字经济，推进数字产业化和产业数字化，推动数字经济和实体经济深度融合，打造具有国际竞争力的数字产业集群。近年来，国家先后出台了《国家信息化发展战略纲要》（中办发〔2016〕48号）、《"十四五"数字经济发展规划》（国发〔2021〕29 号）等重大政策文件，持续推动数字经济新业态新模式健康发展。海南是岛屿经济，发展传统高新技术产业面临远离原材料和最终产品市场导致的运输成本高的问题，但在数字经济时代，知识、技术、管理、数据等新型生产要素的作用更加凸显，海南自贸港建设推动境内外商品要素自由便利和数据安全有序流动，有利于海南集聚数字经济发展所需的全部条件。"数字经济"作为一种新经济形态，与制度创新和经济开放密切相关，而海南自由贸易港以制度集成创新和全球最高开放形态为核心，为海南数字经济发展提供了良好平台。

近年来，海南为促进数字经济发展，出台了一系列政策文件（见表5），将"构筑开放型数字经济创新高地"明确为"智慧海南"建设四大战略定位和发展方向之一，数字经济作为海南三大战略性新兴产业之一被纳入海南"十四五"高新技术产业"3+3+3"产业体系布局中。

---

① 资料来源：《广东这五年：不断推进建设更高水平科创强省和全球科创高地》，澎湃新闻，2022 年 5 月 11 日，https：//www.thepaper.cn/newsDetail_ forward_ 18045530。

表5　海南主要数字经济相关政策

级别、时间	政策来源	核心政策内容
国家级、2020年	《海南自由贸易港建设总体方案》	培育发展数字经济,实现数据安全有序流动。
国家级、2021年	《中华人民共和国海南自由贸易港法》	促进以数据为关键要素的数字经济发展,支持探索实施区域性国际数据跨境流动制度。
省级、2020年	《智慧海南总体方案(2020—2025)》	主攻产业数字化和数字产业化,构筑开放型数字经济创新高地。
省级、2021年	《海南自由贸易港投资新政三年行动方案(2021—2023)》	将数字经济作为高新技术产业发展重点,依托核心园区做大做强。
省级、2021年	《海南省高新技术产业"十四五"发展规划》	加快发展数字经济、石油化工新材料和现代生物医药三大战略性新兴产业。到2025年,数字经济产业营业收入达到4000亿元。

资料来源：作者整理。

2. 自由贸易港建设为产业发展注入了制度红利

2020年6月1日,《海南自由贸易港建设总体方案》发布,明确了海南自由贸易港建设要符合海南定位,聚焦发展旅游业、现代服务业、高新技术产业、热带特色高效农业,加快培育具有海南特色的合作竞争新优势。这是国家首次明确将高新技术产业界定为海南自由贸易港建设的四大主导产业之一。海南自由贸易港以"5个自由便利和1个安全有序流动"为特征的贸易投资制度,以及以"零关税、低税率、简税制"为特征的税收制度,可有效弥补海南高新技术产业前期基础薄弱的缺陷以及企业、人才、创新体制机制等方面的短板,促进境内外各类生产要素自由、有序、安全、便捷地在海南集聚与扩散,降低海南高新技术产业发展面临的原料、市场两头在外所带来的高成本影响,再加上自由贸易港成本更低、效率更高的国内国际贸易环境,这些都为海南释放高新技术产业潜能带来巨大发展机遇。

同时,海南把打造国内一流营商环境作为自贸港建设的重要抓手,出台《海南自由贸易港公平竞争条例》《海南自由贸易港知识产权保护条例》《海南自由贸易港社会信用条例》等海南自由贸易港法配套法规,制定《海南自由贸易港制度集成创新行动方案（2020—2022年）》，推动重点领域制度集成创新，成立优化营商环境工作专班督促落实《海南省创一流营商环境行动计划（2020—2021年）》，为海南高新技术产业超常规、跨越式发展营造出良好的经营环境。

（四）挑战分析

1. 发展条件面临内部环境激烈竞争

以自由贸易园区（FTZ）为代表的单边开放和以自由贸易协定（FTA）为代表的双边开放是当前我国对外开放的两大驱动机制。自由贸易港作为全球最高开放形态的自由贸易园区，给海南高新技术产业跨越式发展带来了前所未有的机遇，但同时国家也在积极推动和其他国家签署双边和多边自由贸易协定，国内批准设立的自由贸易试验区（港）数量也达到了21个（含海南），再加之原有的致力于承接国际产业转移、联接国内国际两个市场的海关特殊监管区域，中国通过更高水平开放加快形成新发展格局的竞争态势日益激烈。截至2021年底，全国共有海关特殊监管区域168个（含海南洋浦保税港区、海口综合保税区和海口空港综合保税区）；19个自由贸易协定涉及亚洲、大洋洲、拉丁美洲、欧洲和非洲的26个国家和地区。因此，海南自贸港的政策红利窗口稍纵即逝，变化因素多，变量幅度大，海南的工业经济特别是制造业比较落后，且制造业发展周期长、见效慢，这对海南发展高新技术产业提出了更高的要求。海南一定要尽快适应新一轮开放型经济新体制发展趋势，以"一天当三天用"的干劲推动自贸港政策落地见效，把国内竞争压力转化为海南超常规发展高新技术产业的动力。

国家高新技术产业开发区（以下简称高新区）是发展高新技术产业和集聚创新要素的主阵地，贡献了全国约1/9的GDP，集聚培育了全国36.4%的高新技术企业，区内企业的研发投入占到我国企业研发投入的一半，是我国高新技术产业发展最主要的战略力量。目前，全国共有169个国家高新区，海南仅占1家，且发展实力比较靠后。近年来，全国各地政府都十分重视高新技术产业发展，都将科技创新列入政府年度工作重点，绝大部分省区都制定了推动高新技术产业发展"十四五"规划纲要，江苏、湖北、四川、重庆、陕西、云南和贵州等部分省份还针对推动高新区高质量发展进行了明确部署。因此，在国内各种开放型经济功能区和高新区竞相发展的复杂区域竞争环境中，海南高新技术产业发展面临的挑战增多，不确定性增强。

2. 发展空间受到外部环境挤压

近年来，世界经济疲弱，发展失衡问题更加突出，导致国际反全球化思潮涌动，保护主义和内顾倾向有所抬头，给世界经济贸易发展蒙上了阴影。当前，新冠肺炎疫情肆虐全球，疫情暴露了供应链全球配置所产生的脆弱性，加深了经济物资的国家安全属性，疫情之前的反全球化力量进一步强化。

在全球经济增长放缓、贸易保护主义、新冠肺炎疫情等日益严峻复杂的外部发展环境挑战中，世界经济发展不确定性明显增多，以美国为代表的西方国家对我国打压已经从经贸领域拓展至科技、金融以及意识形态领域，经贸摩擦可能走向常态化和极端化。未来西方国家仍可能通过管控对华出口、人员交流等方式进一步对我国进行技术封锁，限制中国从外国获得先进技术的可能性[①]，美国甚至在部分区域性贸易协定中嵌入针对中国的"毒丸"条款。因此，我国技术升级步伐可能因缺乏与外部的充分交流而进一步放缓，甚至存在被迫陷入"技术闭环"的风险。

新冠肺炎疫情对全球经济发展方式带来了颠覆性的转变，尤其是疫情后一些西方国家更加认识到产业链安全的重要性，产业链、供应链更加趋向于

---

① 华为遭受西方国家制裁就是典型例子。2018年，美国直接颁布出口禁令，禁止所有美国企业和个人以任何方式向我国高新技术企业中兴出售硬件、软件或技术服务，期限7年，立即执行，直到2025年。与此同时，英国国家网络安全中心也发出最新的建议，警告电信行业不要使用中兴的设备和服务。2019年5月，特朗普政府将华为列入实体清单，限制美国企业供货给华为。2020年5月，美国商务部禁止芯片代工厂利用美国设备为华为生产芯片，也禁止华为使用美国的软件和技术来设计芯片，给予供应商宽限期到9月中停止出货。2020年8月17日，美国商务部工业和安全局（BIS）进一步升级了对华为及其在"实体名单"上的非美国分支机构使用美国技术和软件在国内外生产的产品的限制。

本土化、区域化，促使全球供应链加速重构，我国企业被迫加快"走出去"步伐，产业链外迁压力增大。在此背景下，海南自由贸易港所带来的政策红利可能会被削弱，海南尚未完全获得竞争优势的高新技术产业将面临更多的挑战和不确定性，风险将进一步加大。

（五）小结

总体而言，海南高新技术产业发展优势多于劣势、机遇大于挑战，但仍急需各种有利因素克服内外部不足，以中央支持海南全面深化改革开放和建设自由贸易港的重大历史契机，把握国际新一轮科技革命发展趋势，以推动高质量发展为主题，以深化供给侧结构性改革为主线，以制度集成创新和技术协同创新为动力，以服务国家战略和增进人民福祉为出发点，统筹发展和安全，立足海南特色和优势打造融入国内国际双循环新发展格局的高新技术创新链和产业链，大力发展融合型、集约型、开放型经济，推动海南高新技术产业上规模、提质效，不断夯实基础，增强核心竞争力，走出一条具有海南特色的高新技术产业超常规、跨越式发展新路。

四 促进海南高新技术产业发展的建议

作为海南自由贸易港建设的四大主导产业之一，高新技术产业的跨越式发展既是海南建设中国特色自由贸易港的重要内容，也是海南经济社会实现高质量发展的重要支柱。海南高新技术产业必须把握好中国特色自由贸易港建设的重大历史机遇，依托区位、政策和资源优势，以主体培育和产业集聚为重点，以人才集聚、资金投入和环境优化为支撑，走出海南特色的创新发展之路。

（一）大力培育创新主体

创新主体是科技创新和高新技术产业发展的生力军和动力源，是创新驱动高质量发展的重要载体，海南要继续完善创新、创业、创投、创客"四创联动"机制，吸引更多创新主体集聚海南。

1. 加大对高新技术企业的培育力度

完善科技型中小企业梯次培育机制，加大对科技型种子企业的政策扶持力度，并且扩大高新技术企业培育库规模；积极开展科技型领军企业认定工作，树立标杆企业，鼓励科技型领军企业牵头承担国家重大科技任务，带动高新技术企业、科技型中小企业协同创新发展；选择部分园区围绕重点产业建设国有控股创新创业孵化平台，并且引进国内外知名运营机构管理，优化园区创新创业服务；开展创新创业载体建设工程，逐渐向海口、三亚、澄迈、洋浦经济开发区等有条件的市县和重点园区下放评审权限，引导其高标准落实高新技术企业培育和引进目标任务；建立或完善直接投入、财政补助、贷款贴息、税收扶持和金融保险等多种激励方式，发挥市场在配置科技资源中的决定性作用，激发企业创新的内在动力；广泛听取企业家在科技项目设置上的意见，发挥以市场为导向的创新机制；同时，进一步加大科技招商的广度和力度，依托北京科博会、上海浦东创新论坛、深圳高交会、海南消博会等平台开展科技招商。

2. 加快建设"陆海空"创新高地

海南应突出其优越的区位优势和政策优势，瞄准世界科技前沿，聚焦产业发展需求，鼓励国内外科研机构、大型高新技术企业将研发机构或总部落户海南自由贸易港，加快"陆海空"三大科创高地建设。推进全球动植物种质资源引进中转基地等重大科学设施建设，加快形成检验隔离、战略储备、产业应用、国际贸易交易等功能，打造种业创新策源地；将国家南繁科研育种基地建设成集科研、生产、销售、科技交流、成果转化为一体的"南繁硅谷"；完善深海科技城产、学、研深度融合的国际化产业生态体系，加快推动深海装备、海洋能源、海洋生命科学、海洋牧场、海洋公共服务等领域科技创新及产业化发展；促使中国科学院、中国航天科技集团有限公司、国家国防科技工业局和中国航天科工集团有限公司等与海南开展战略合作，推进航天科技创新资源集聚。

（二）全力打造产业集群

建设打造高新技术产业集群是有效整合区域创新主体和要素，推进区域创新，加快高新技术产业发展的重要途径。

1.根据区域特色定位产业集群方向，实施产业集群发展专项行动

按照"两区、三城、六园"的产业空间格局要求，把海口国家高新技术产业开发区和洋浦经济开发区打造成"十四五"时期海南高新技术产业发展的"主平台"，提升数字经济、石油化工新材料和现代生物医药等产业的核心竞争力和辐射影响力。其中，洋浦经济开发区重点发展海洋油气、高端食品加工、高端装备制造产业集群，逐步形成集科研、生产、贸易、结算于一体的全产业链体系，打造新型绿色石化新材料基地；海口国家高新技术产业开发区着力打造现代生物医药、节能环保、高端装备制造等产业集群，完善研发、检验检测等配套服务，打造美安新药创制转化基地、全生物降解材料产业集聚地；文昌国际航天城、博鳌乐城国际医疗旅游先行区、三亚崖州湾科技城重点以航天应用、高端医疗器械和南繁育种、深海科技应用等示范场景，促进创新链与产业链深度融合；海口江东新区、老城经济开发区、昌江清洁能源高新技术产业园三个综合性园区和海南生态软件园、海口复兴城互联网信息产业园、陵水清水湾信息产业园三个数字经济园区进一步完善生产生活配套，积极推进产城融合发展。

2.构建推动产业集群的创新和支撑体系

第一，抓住自由贸易港建设契机，宣传各项优惠政策，围绕"3+3+3"九大高新技术产业，吸引国内外科研机构、大型高新技术企业将研发机构或总部落户海南，促进国内外资本、技术、人才向海南聚集，延长产业链，提高全岛科技创新集群水平。第二，创新集群治理机制，加快建立新型、非政府、非营利性的集群发展促进机构，提升集群效率。探索建立海南国际技术交易市场，提供成果发布登记、竞价和成交公告以及技术交易、转化辅导等专业服务，吸引国内外中小型科创公司向重点产业园聚集，通过知识及技术外溢、产业链嵌入等传导机制，形成高新技术产业的规模效应。第三，推动海南四大主导产业深度融合，发展"高新技术+"产业集群，如"生物制药和医疗设备技术+高端医疗+康养旅游""未来科技（南繁、深海、航天）+科技教育+科技会展或旅游""大数据信息技术+贸易咨询+跨境电商"，形成完整产业链，打造一体化的运营模式，提升主导产业融合发展能力。第四，打造科技服务业产业集群，围绕集成公共服务建设产业创新服务综合体，提供创意设计、研究开发、检验检测、标准信息和成果推广等全链条公共服务，推进服务业数字化，向专业化和价值链高端延伸，以高端化、专业化的服务业支撑高新产业高质量发展。

（三）完善资金投入体系

研发经费投入和产业化投融资体系是一个地区高新技术产业发展的晴雨表，直接影响着技术进步和产业发展水平，进而影响地区竞争力。

1. 优化 R&D 投入体系

要建立以企业为主体、市场为导向、产学研深度融合的研发投入体系，充分发挥政府作用，聚焦重点领域，提高资金使用效率，撬动和吸引其他投入。

首先要加大财政 R&D 投入。第一，稳步增加财政对科技的投入，实现全省各级财政对科技投入的增长速度不低于经常性财政收入的年增长速度，重点市县增长速度应高于全省平均水平。比如可设立政府技术创新专项资金，加大财政对科技经费投入的倾斜力度。第二，应进一步优化经费投入结构，加大尤其是要侧重加大对基础研究在重点领域的 R&D 经费投入强度，为关键核心技术攻关和产业基础能力提升创造条件。

其次是要完善 R&D 多元化投入机制，形成政府投入引导、企业投入为主、银行贷款支撑、社会投入补充的 R&D 投入机制。第一，优化财政投入方式，实施企业研发财政后补助和高新技术企业奖补政策，拉动社会资本、企业主体投入科技研发的积极性。第二，通过引进外资、股票上市、股权出让、资产重组等多种方式，吸引社会资本参与科技开发（尤其是高新技术产业化）。第三，做好服务积极引导企业加大 R&D 和人员培训的投入积极性，促使企业成为科技开发投入的主体。比如政府通过开展线上培训、政策宣传、优化服务等方式，助力企业降低科研技术攻关和成果转化的成本；建立"统计联络员"制度，通过实地走访、微信、电话沟通等方式，动态监测各规模以上工业企业和高新技术企业的研发投入情况，指导企业做好研发经费统计上报工作。

2. 创新发展产业投融资体系

首先，在风险投资方面，海南应借鉴美国、英国、新加坡等发达国家的成功实践，结合本省实际制定鼓励高科技风险投资的优惠政策和法规，为高科技风险投资提供法律保障，并且通过完善风险投资机制，利用风险投资机构的资金和管理经验促进高新技术产业的发展。比如由省财政设立创业投资及信贷风险补偿资金，加大对省内科技企业孵化器的扶持力度。其次，在融资方面，应完善政府资金与社会资金、股权融资与债券融资、直接融资与间接融资有机结合的覆盖企业全生命周期的科技金融服务体系，鼓励天使基金、创投基金投资科技型中小微企业、创新创业团队。比如可试点设立省级科技企业贷款风险补偿资金池，解决科技型中小企业融资难问题。最后，在保险方面，拓展贷款、保险捆绑的专利权、商标权等质押融资业务，推广面向创新型企业提供知识产权融资保险、知识产权侵权责任保险、科研人员保障、研发中断、产品研发责任、新产品试用等保险品种。完善政策性融资担保体系，为科技型中小微企业服务。

（四）构筑人才集聚高地

高新技术产业的竞争归根结底是人才的竞争，要从引进、培育、留用等方面，全方位深化人才领域的制度集成创新，建设高层次人才栖息地。

1. 创新引进高层次人才

深入实施各类人才工程，围绕主导产业引进一批引领重大基础前沿研究、关键技术发展的领军人才、高层次科技人才。创新人才引进方式，推进市场化引才，通过引团队、引项目、引企业、引平台、引载体等多种方式引进高层次人才，支持重点企业和新型研发机构引进先进研发人才和创新团队。依托高校招才引智制度优势和编制优势，打通高校体制"围墙"，探索实施"引才在高校、用才在企业"的校企人才共享模式。完善以创新能力、成果质量、产出实效、经济贡献为导向的科技人才评价体系。

2.培育本土科技人才

建立"平台+项目+人才"的创新人才培养新机制，提升高端化产业、高科技园区、高层次平台、高能级企业主体的育才功能。加大教育开放合作力度，加速引进境外优质教育资源，大力举办高水平中外合作办学机构和项目，面向未来技术、产业需求、学科建设等培养一批高素质应用型、复合型、创新型人才。鼓励科研人员创新创业一体化发展，加快科技成果转化效率，落实允许科研人员兼职或离岗期间所取得的创新创业科技成果及其社会经济效益纳入原工作单位业绩考核的相关政策。

3.加大柔性人才引进和使用

完善创新"候鸟型"高层次人才引进和使用机制，通过项目合作、科技咨询、技术入股、合作经营等多种方式柔性使用国内外高端智力。利用国家允许岛外人才按规定在海南兼职兼薪、按劳取酬的优惠政策，吸引内地领军型高新技术国企、事业单位的专业技术和管理人才为海南高新技术企业发展提供智力支持。支持有条件的企业在海南省外设立研发机构，吸引当地优秀人才。

（五）优化产业发展环境

由于起步晚、基础差，海南高新技术产业超常规发展必须把握好自贸港建设的历史机遇，优化适应海南特色高新技术产业发展路径的内外部环境，将自贸港政策优惠转换为产业发展优势，通过区域合作实现高位嫁接、错位发展。

1.完善产业支持政策体系

积极对接国家部委，争取国家对海南高新技术产业税基折扣的政策支持，缓解海南高新技术企业所得税优惠与自贸港鼓励类企业所得税优惠政策一致（均按15%税率征收）导致对高新技术企业吸引力不足的问题。强化绩效考核，提高政府高质量考核指标体系中高新技术产业发展情况的分值，建立各级政府相关部门高度协作并通力合作机制，在财政税收、人才招引、品牌建设等方面给予高新技术产业发展更多扶持。做好高新技术企业项目申报和服务工作，支持符合条件的高新技术产业项目优先列入省重点项目名单，在土地、资金等优先保障，并给予专项减免，同时加大政策发布和宣传，确保高新技术主体及时享受政策红利。

2.加强国内外区域协同创新合作

深化与北京、上海、广东、深圳、浙江、江苏、四川和湖南等省市合作，特别是与粤港澳大湾区和北部湾城市群的协同创新发展。通过合力共建区域科技创新制度协同实施机制，促进科技资源开放共享与科技成果转移转化，共同打造世界级产业集群。积极利用海南自贸港政策优势，谋划建设支撑国际科技合作的大数据平台，为境内外科研人员提供安全、便捷的科技信息和跨境数据流动服务。围绕应对气候变化、生命健康、保护生物多样性等全球面临的共同科学问题，开展国际科技合作项目，打造海南科技开放创新高地。鼓励高校、科研机构、企业在海外创新高地和"一带一路"重要节点布局国际科技合作网络，新建海外创新孵化中心、研发中心、联合实验室等创新载体平台。

参考文献

[1] 陈波：《海南自贸港的区位优势与产业发展方向》，《人民论坛》2020年第27期，第30~33页。

[2] 陈建敏、李子和、夏亮辉：《世界大学科技园建设模式比较研究》，《中国科技产业》2001年第2期，第20~22页。

[3] 艳红、刘毅、周振江：《粤港澳大湾区高新技术产业演进路径分析——以深圳为例》，《商业经济》2021年第1期，第51~54页。

[4] 刘卫东：《世界高科技园区建设和发展的趋势》，《世界地理研究》2001年第1期，第36~40页。

[5] 谭勇：《海南高新技术产业发展的SWOT分析》，《企业科技与发展》2019年第

5 期，第 8~9 页。

［6］ 王晓君：《美国硅谷高新技术产业发展的经验借鉴》，《商业经济》2018 年第 3
　　 期，第 62~63 页。

［7］ 肖勇：《海南高新技术产业发展新路径研究——基于自贸港建设背景》，《当代
　　 经济》2021 年第 12 期，第 82~86 页。

［8］ 朱喜安、张秀、李浩：《中国高新技术产业集聚与城镇化发展》，《数量经济技
　　 术经济研究》2021 年第 3 期，第 84~102 页。

B.6
2021年海南热带高效农业高质量发展报告

张海东　王俊峰*

摘　要： 海南围绕"打造热带特色高效农业王牌"的总体要求，以"满足人民日益增长的美好生活需要"为根本宗旨，以"创新、协调、绿色、开放和共享"发展理念为基本遵循，以质量和效益为价值取向，以农业供给侧结构性改革为主线，促进农业新旧动能转换，推动热带高效农业高质量发展。2021年海南在新冠肺炎疫情持续反复的背景下顶住压力，围绕农业高质高效、农村宜居宜业、农民富裕富足的总目标，进一步发展壮大热带特色高效农业，夯实乡村振兴基层基础，千方百计促进农民增收，保持农业农村稳定发展良好势头。2022年，外部环境复杂动荡，不确定性因素明显增多，"零关税、低税率、简税制"和"五自由一便利"等政策叠加RCEP政策，农产品面临的竞争压力明显加大。人流、物流密度大幅增加，生物安全风险也随之加大。2022年，热带高效农业将继续发挥"压舱石"作用，稳中有进、提质升级，在主要农产品生产稳定供给、农业结构不断优化、农民收入持续增长等方面推进高质量发展。

关键词： 海南　热带高效农业　高质量发展

---

* 张海东，传播学硕士，中国热带农业科学院科技信息研究所副编审，主要研究方向为农业发展、农业科技传播研究；王俊峰，管理经济学硕士，研究实习员，主要研究方向为农业经济。

一 2021年海南热带高效农业发展现状

（一）热带农业生产稳中有升

2021年是海南高质量高标准建设中国特色自由贸易港的关键之年，面临复杂严峻的内外部环境，海南省统筹疫情防控和经济社会发展成效，加快自贸港建设。全省农林牧渔业总产值2014.79亿元，同比增长5.1%；农业增加值1254.44亿元，比上一年增长3.9%，占国民生产总值的19.4%；种植业产值1051.37亿元，同比增长5.8%，拉动农业产值增长2.8个百分点，是全年农业增长的主要支撑行业①。三次产业结构进一步优化，依次为19.4∶19.1∶61.5，实现"十四五"良好开局。

1.粮食生产实现三增

2021年，海南粮食种植面积、总产量、单位面积产量自2018年以来首次实现"三增"，其中粮食种植面积27.14万公顷、全年粮食产量146.03万吨、全年粮食作物每公顷单产5379.8公斤，分别同比增长0.3%、0.4%、0.1%。谷物全年种植面积22.66万公顷，占全年粮食种植面积的83.49%，虽然同比微降0.4%，但仍是粮食生产的主力军。豆类全年种植面积0.51万公顷，产量1.34万吨，同比下降4.1%。与粮食和豆类种植面积下降相反，全省薯类种植面积3.97万公顷，产量17.58万吨，同比增长4.9%，薯类种植效益较高，带动了农户的种植积极性。

2.蔬菜水果实现丰收

2021年，1月份的低温冷害和下半年"狮子山""圆规"台风对农业生产影响轻微，蔬菜水果全年实现丰收。上半年常年蔬菜和热带水果生长期间温度适宜、光照充足、降水充沛，加上病虫害防治技术日益成熟，全年蔬菜

---

① 《2021年海南省国民经济和社会发展统计公报》，海南省统计局，http：//stats.hainan.gov.cn/tjj/tjgb/fzgb/n_83486/202202/t20220222_3146080.html。

（含菜用瓜）收获面积 394.35 万亩，增长 1.5%；产量 588.92 万吨，增长 2.8%。其中，常年蔬菜种植面积 103 万亩，产量 79.8 万吨，分别同比增长 2.3%、2.1%。热带水果收获面积 310.98 万亩、产量 525.52 万吨，分别同比增长 4.4% 和 6.0%①。

3. 畜牧产能回升有力

2021 年，海南畜牧业产值 327.49 亿元，增长 8.4%，拉动农业产值增长 1.6 个百分点。随着生猪复产、猪肉保供稳价等系列政策效应加强，养殖企业从省外调入仔猪力度加大，生猪出栏量逐季递增，全年累计出栏生猪 382.28 万头，生产猪肉 30.52 万吨，同比增长 45.8%。全年牛、羊、禽类生产受疫情反复影响，均出现小幅下降，分别累计出栏 22.41 万头、79.61 万头、18147.58 万只，同比上一年下降 3.4%、10.9%、2.4%，维持动态平衡合理供应。

4. 渔业保持稳定增长

2021 年，海南渔业产值 435.40 亿元，增长 3.6%，拉动农业产值增长 0.7 个百分点，全年水产品总产量 166.96 万吨，同比增长 0.1%。农林牧渔专业及辅助性活动产值 84.17 亿元，增长 9.5%。海南积极推进渔业转型升级，坚持"渔业发展往岸上走、往深海走、往休闲渔业走"的发展方向。推动创建现代渔业产业园和渔港经济区建设，建立南繁水产种业体系。其中，文昌市国家现代农业产业园被纳入国家现代农业产业园创建名录，获得中央财政 7000 万元奖补资金支持，是海南第四家获批创建的国家现代农业产业园。而且海南海洋资源丰富、渔业生产形式多样、渔文化底蕴深厚，近年来，海钓、出海游玩、游艇婚拍、网箱垂钓等休闲渔业新业态逐步兴起。数据显示，2021 年海南休闲渔业总产值 13.67 亿元，全年接待人数 513.61 万人次②。

---

① 《2021 年海南粮食实现"三增"》，海南日报，http://hi.people.com.cn/BIG5/n2/2021/1219/c231190-35057331.html。

② 《海南探索加快发展休闲渔业新业态》，中国新闻网，https://mp.weixin.qq.com/s/Vnh4k__ZX8XvkEUJr6ya0g。

5. "三棵树"稳步发展

(1) 天然橡胶

天然橡胶是不可替代的国家重要战略物资，在国际胶价长期低迷的背景下，海南省高质量完成"保面积、保产能"任务，2021年累计产胶35.22万吨，比上年增长4.6%，有力保障了国家橡胶供应。当前，部分橡胶消费大国在橡胶出产区投资开发橡胶资源，我国天然橡胶安全供给的外部风险加大。海南为进一步巩固天然橡胶的生产能力，全面提升天然橡胶的产能、品质和效益，将840万亩天然橡胶生产保护区纳入《"十四五"天然橡胶生产能力建设规划》，确保胶园获得持续稳定维护，全年橡胶更新种植面积同比增长30%，肥料及防病农药投入同比增长66%，有效恢复胶园产胶能力。2021年6月，海南橡胶集团获得了"FSC认证"FM认证证书①，标志着海南天然橡胶正式取得了开展木材对外贸易的"通行证"，在对老残胶园和低质胶园进行改造的同时，拓展胶木下游利用渠道，完善橡胶全产业链，既保障国家重要战略物资供应安全，又提升多层次附加值外延。

(2) 槟榔

海南槟榔总产量占全国的95%，槟榔是海南农民增收、实现共同富裕的支柱产业，是海南农业中具有国际竞争力的优势特色产业。目前，全省槟榔种植面积187.03万亩，槟榔种植户70万户、230万人，鲜果产值200亿元。槟榔产业对海南乡村振兴及巩固脱贫成果起到了重要作用，全省种植槟榔脱贫人员约23万人，种植槟榔面积约26.19万亩，人均种植槟榔纯收入约5000元。近年来，"致癌论"一直困扰槟榔产业健康稳定发展。2021年国家广电总局办公厅发布《关于停止利用广播电视和网络视听节目宣传推销槟榔及其制品的通知》，给槟榔产业发展前景增添不确定性。针对槟榔产业面临的突出问题，海南主动进行产业调整，通过引导槟榔退出耕地，

---

① 《海南橡胶获得"FSC认证"FM认证证书：拿外贸"通行证"增品牌"含金量"》，云南网，http://society.yunnan.cn/system/2021/06/16/031515328.shtml。

调整黄化槟榔园改种椰子、油茶、新奇特水果等高效作物，加强槟榔药用产品开发等措施，逐步实现槟榔产业结构调整，推动槟榔产业稳定健康发展。

（3）椰子

海南椰子种植面积占全国的99%，是我国唯一的商品椰子产地。全省现有椰子林面积51.79万亩，其中本地高种椰子面积42.79万亩，水果型新优品种和杂交新品种椰子面积近9万亩，涉及种植户28万多户、114万人。椰子果年产量约2.023亿个，占亚洲的0.50%。目前每年省内消费鲜果近1.32亿个，出岛销售约1亿个。近年来，椰子市场需求旺盛，市场价格一路上涨，椰果市场和椰子原料市场供不应求，海南椰子以鲜食为主，加工主要依靠东南亚进口原料。随着国际旅游消费中心建设带来人流增加以及东南亚国家对椰子原料出口管控，椰子市场需求将进一步增加。目前，海南高种椰子、新植椰子亩均产值分别可达3000元和1万元，增收潜力巨大。为促进产业健康发展，海南省积极优化品种结构，围绕打造"百万亩椰林"的目标，推进椰子资源收集和品种培育、良种良苗繁育基地建设，加强标准化种植和立体种养，培育全链条发展椰子产业集群。

（二）农业产业发展呈现亮点

1. 农业基础设施建设成效明显

（1）高标准农田建设快速推进

高标准农田"旱能浇、涝能排"，是海南省重点农业建设项目。2021年，海南制定高标准农田建设40万亩（其中同步实施高效节水灌溉1万亩）的任务目标，分解实施128个项目，总投资9.59亿元。为保障高标准农田实现"田成方、渠相通、路相连"的标准，省财政明确要求亩均投入标准不低于2500元，较国家要求的亩均投入1500元提高了67%。同时配套下达管护资金4767万元，落实管护面积90余万亩，确保高标准农田建设量质齐增。海南积极创新高标准农田建设投融资模式，积极鼓励和引导受益农户或新型农业经营主体等投入项目建设。2021年实施的江东新田园项目亩均投资达 15000 元，其中企业资金亩均投入 12500 元、财政资金亩均投入 2500 元。目前，海南累计建成高标准农田 94.53 万亩（含高效节水灌溉 2.88 万亩），实施测土配方施肥和化肥减量增效面积 5 万亩。

（2）全方位打造"南繁硅谷"

南繁科研育种基地是我国唯一一个拥有独特热带气候、可实现农作物加代繁殖的育种基地，优良的光热条件可以使一个品种的育种周期缩短 1/3～1/2，是中国育种的"孵化器""催化剂"和"加速器"。目前，南繁育种基地已完成 26.8 万亩科研育种保护区，建成 18.75 万亩高标准农田①。全国已有 29 个省份 400 多家南繁单位在海南设立稳定的科研育种基地，包括数十名院士在内的 8000 多名科技人员在南繁基地工作生活，为种子研究提供了重要的人才支撑。其中，中国科学院海南种子创新研究院、三亚中国农业科学院国家南繁研究院、中国热带农业科学院三亚研究院等 10 余家涉农科研院校在崖州区建设实体机构，在生命健康、热带农业等领域开展合作。南繁单位的高度聚集，带动三亚崖州区产业快速发展，全年种业产值约 40 亿元，累计育成品种超过 2600 种。海南的种业规模决定了南繁产业必须面向岛外尤其是"一带一路"沿线国家，面向国际市场做强做大产业蛋糕，加速引进国外优质种子资源改良品种，依托海南优越的地理气候资源，选育良种，实现种质资源"走出去"。努力实现"种进品出""种进种出""种出粮进"的种业全产业链的国际合作②。

（3）着力推动国家热带农业科学中心建设

2021 年是海南奠定热带农业科技基础的关键一年，作为国家热带农业科学中心的依托建设单位，中国热科院成立国家热带农业科学中心总部规划建设领导小组，深入研究国家热带农业科学中心运行体制机制，积极联合相关单位编制《国家热带农业科学中心建设规划（2021—2035 年）》，扎实有序推进国家热带农业科学中心建设。目前，已先后获批 9 个国家级和部省

---

① 谭海清、王际娣：《三亚"南繁硅谷"建设进入快车道》，《小康》2021 年第 23 期，第 20～23 页。

② 王际娣、高睿：《基础：三亚优势得天独厚》，《小康》2021 年第 23 期，第 26～29 页。

级创新平台、7 个省级工程研究中心，设立 4 个新型研发机构①。其中，儋州市依托中国热科院等科研机构的人才技术优势，联合国家部委等多家单位共同发起成立 5 个科技创新联盟，组建院士工作站 8 个，科技创新与服务平台 42 家。

（4）完善国家种质资源数据库

种质资源是农业科技创新的源头，在保障粮食安全、农产品供给、促进社会经济发展等方面起到了重要作用。2021 年，海南全面完成全国第三次农作物种质资源普查，收集各类古老、珍稀、特有和名优的作物地方品种和野生近缘植物种质资源共计 1133 份，开展各类农作物种质资源鉴定评价 1120 份，编目繁种 1026 份，入库（圃）930 份。完成第三次畜禽遗传资源面上普查，摸清了五指山猪、海南猪、墩头猪、雷琼牛、兴隆水牛、雷州山羊（海南黑山羊）、文昌鸡、嘉积鸭、定安鹅 9 个列入《国家畜禽遗传资源品种名录》的畜禽品种以及海南中蜂的数量、分布情况。全省已建设 25 个省级农业种质资源圃（库、场），包含 16 个国家（部）级种质资源圃（库、场），基本建立种质资源保护体系。

2. 农业产业园区逐步完善

海南省委省政府把热带特色高效农业纳入海南自贸港"3+1"现代产业体系，重点园区承载着海南自贸港"早期安排"政策落实的重要任务。2021 年，文昌市国家现代农业产业园被纳入国家现代农业产业园创建名录，包括此前获批认定的三亚市崖州区现代农业产业园、儋州市现代农业产业园和陵水现代农业产业园，海南共有 4 家国家现代农业产业园。2015 年开始，海南省启动了百家省级现代农业产业园创建行动，已累计建成 101 家省级现代农业产业园，其中陵水润达现代农业产业园、琼中湾岭农产品加工产业园、文昌冯家湾渔业产业园等纳入全省 25 个重点园区分类统一管理，逐步转变农业发展方式，有效提升全省农业产业链现代化水平。

---

① 《中国热带农业科学院积极推进国家热带农业科学中心建设》，中国热带农业科学院，https：//mp.weixin.qq.com/s/3KlmP4i1AQBbLsNNxPp9Vg。

3. 农产品品牌创建稳步推进

"三品一标"农产品是海南农业高质量发展的重要内容，2021年，海南省以农产品品质提升为着力点，持续打造高品质、高质量的农业品牌。大力发展绿色食品、有机农产品、地理标志农产品，累计认证"三品一标"447个①，其中无公害农产品288个、绿色食品108个、有机农产品12个、农产品地理标志39个。选育和推广优质新品种124项，在11个中西部市县建立农业科技示范基地217个。农产品区域公用品牌是热带特色高效农业的"地域名片"，海南省设立品牌农业发展资金，支持"海南芒果""海南黑猪""海南好米""海南胡椒"等10个省级农产品区域品牌。市县结合地区优势产业，推出桥头地瓜、保亭红毛丹、海口火山荔枝等区域公用品牌。为实现海南农业品牌跨越式发展，促进海南农产品品牌更好地"走出去"，海南计划在"十四五"期间再打造20个公用品牌，未来将在政策、资金、技术等多方面加大力度支持海南品牌农业的发展。

（三）农业开放合作稳步推进

1. 中国（海南）国际热带农产品冬季交易会

2021年，海南成功举办了第24届中国（海南）国际热带农产品冬季交易会，冬交会是海南与"一带一路"沿线国家和地区农业交流合作的重要平台。2021年冬交会更加突出推动招商引资及农业产业转型升级，通过现代种业与数字农业馆、品牌农产品馆、乡村振兴馆、国际农产品馆等馆区汇聚世界500强企业、农业龙头企业和各省百强企业，共计21个省份近2000家企业参展，国际展区有15个国家和地区超50家国内代理商参展。展品涉及瓜果蔬菜、粮油、水产、畜牧、红酒、茶叶、咖啡、农副产品、农资农技农机、跨境电商、休闲农业等相关产品和业态，吸引15.4万人次进馆参观，

---

① 《海南"三品一标"农产品达447个，"十四五"期间将打造30个省级公用品牌》，海南省人民政府网，https：//www.hainan.gov.cn/hainan/tingju/202108/cea6f4b0f1f542eeb1138f820ae76a00.shtml。

交易额达 13.67 亿多元①。

2. 热带高效农业营商环境逐步改善

海南自贸港城乡营商环境的体制机制和政策体系初步形成，城乡营商环境走向法治化、国际化、便利化。海南在崖州湾科技城成立行政审批办公室，建立以园区自主审批为主、园区和省有关职能部门共抓共管机制，逐步赋予园区省级审批功能，推动承诺审批制向实落地，全方位下放审批权限，实现园区"一站审批"，为涉农产业集聚科技城提供便利。海南积极探索权责清单刚性约束机制，优化涉农项目服务营商环境，制定了海南农业农村市场准入负面清单制度，积极公开涉农企业经营服务性收费目录清单，建立失信惩戒、守信激励机制。海南立足全省，优化农业农村营商法治环境，通过规范农业农村领域执法工作，提升农资、农产品市场管理秩序，农产品质量安全监管得到进一步加强。

3. 琼海对外开放合作试验区

2021 年，海南省积极推进琼海对外合作试验区建设，通过先行先试，努力将其打造成为全国农业开放发展引领区、国家热带农业科技创新与国际交流中心、全球热带农业中心重要开放门户。2021 年是试验区政策创设与战略新兴产业培育期，试验区立足海南自贸港优惠政策，探索热带水果种质资源引进、全球热带农产品免进口关税等政策的落地与完善。为推进热带水果种业、农产品加工和休闲渔业高质量发展，建设了相应的基础设施，为农业转型升级与开放发展做好顶层设计。海南省积极打造琼海"世界热带水果之窗"，通过举办热带水果新品种现场推介会，展示手指柠檬、冰淇淋果、燕窝果等十大品种，推广配套种植技术，形成了"引进、培育、种植、推广"的全流程模式。目前"世界热带水果之窗"已从南美洲、东南亚、中美洲等地引进热带名优水果 400 余种，成功选育 150 多个特色品种，约50 个优选品种开始产业化推广②。

---

① 《2021 年海南冬交会落幕 现场交易额 13.67 亿元》，经济日报，http：//www.ce.cn/xwzx/gnsz/gdxw/202201/24/t20220124_ 37283318. shtml。

② 《热带特色高效农业看海南 ┃ 琼海世界热带水果之窗："新奇特"水果打造乡村振兴新业态》，琼海新闻网，http：//qionghai. hinews. cn/system/2022/02/22/032707404. shtml。

（四）农业绿色发展干在实处

2021年，海南以国家生态文明试验区、国家农业绿色发展先行区建设为契机，化肥施用量和化学农药使用量减少3.4%和3.6%。深入实施农膜回收行动，加强全生物降解地膜试验示范，全年共回收废旧农膜8380吨，回收率为88.35%，超额完成80%以上的回收目标；示范应用全生物降解地膜近1000亩。积极开展海洋捕捞渔船减船转产，全年共减船649艘，进一步减少捕捞产量在水产品产量中的占比，促进渔业高质量可持续发展。同时推进水产养殖清退，全年清退13.01万亩，清退率达89.3%。着力实施耕地生态保护补偿，全年共补贴350万亩耕地，促进耕地质量提升，农业绿色发展。

（五）海南共享农庄健康发展

2021年，海南省在三亚成功举办首届共享农庄大会，大会以"共建、共享、共富"为主题，时任省委副书记以"发展共享农庄是农民农村实现共同富裕的重要路径"为题进行了主旨演讲。会上共签约33个共享农庄投资项目，总金额达74.11亿元。其中，企业与企业签约8个项目，金额16.82亿元；政府与企业签约25个项目，金额57.29亿元。海南全省目前共创建共享农庄试点200家，其中正式认定共享农庄20家，颁布了第二批拟认定名单。据初步统计，投入经营的共享农庄已接待游客200多万人次，营业总收入8.5亿多元，推动了农民、农村、企业共同发展①。

（六）农业农村改革渐趋深入

2021年，通过清产核资，摸清家底，明晰产权，海南农村集体经营性资产股份合作制改革等阶段性任务如期完成，共涉及27620个集体经济组织，其中乡镇级集体经济组织10个，村级集体经济组织2807个，组级集体

---

① 《共享农庄瞄准年轻人的"诗和远方"》，人民咨询，https：//baijiahao. baidu. com/s？id＝1719527794092904540&wfr＝spider&for＝pc。

经济组织 24803 个。通过身份确认，各级集体经济组织依法依规共确认农村集体经济组织成员近 600 万人，完成率为 99%。通过折股量化，按户发放股权证 110 万余本，颁发集体经济组织登记证近 30000 套。有效落实农民的土地承包权、宅基地使用权、集体收益分配权和对集体经济活动的民主管理权利，夯实乡村振兴的产权基础，初步激活农村集体资源资产，丰富完善集体经济新的实现形式和运作机制。

（七）农民生活水平持续提升

2021 年，海南农村居民人均可支配收入 18076 元①，同比增长 11%，快于城镇增速 3.4 个百分点，城乡居民相对收入差距继续缩小，由 2020 年的 2.28 缩小至 2021 年的 2.22。其中，农村居民工资性收入增长 11.8%，农民务工时长基本恢复至疫情前水平；橡胶、椰子、槟榔产业有力带动农村居民增收，农村居民人均经营净收入 7072 元，同比增加 947 元，对农村居民收入增加额的贡献率达到 52.7%，"三棵树"成为农村居民增收的第一源泉。

二　海南热带高效农业发展存在的主要问题

2021 年，海南在复杂严峻的国内外形势下实现了农业农村工作的良好发展势头，但海南农业产值小而占比高，依然面临着粮食安全保障压力持续加大、热带农业科技支撑不强、农业农村营商环境有待提升、农村集体经济发展基础薄弱、农业产业链存在短板、农产品市场竞争力相对不足、农民增收压力增大等问题，这些问题不能得到有效解决将对海南热带特色高效农业的高质量发展形成阻碍。

（一）粮食、重要农产品安全保障压力持续加大

海南近年来粮食生产连年丰收，超额完成国家下达的任务目标。在国际

---

① 《2021 年海南农民人均可支配收入达 18076 元同比增长 11.0%》，北青网，https://t.ynet.cn/baijia/32132644.html。

局势激烈变化的背景下，稳住农业基本盘，确保粮食稳产稳供的要求越来越高。但是，海南各市县均存在不同程度的"非农化""非粮化"情况①，粮食、重要农产品安全问题面临挑战。种粮经济效益低是耕地"非农化""非粮化"的根本原因。一方面，部分农户选择种植经济作物以获得更高收入。另一方面，大量农村青壮劳力进入城市务工，导致农村部分土地出现撂荒情况。甚至有部分工商资本通过土地流转进行与农业生产无关的经营活动，对海南粮食安全生产和热带高效农业高质量发展造成不利影响。

（二）热带高效农业科技支撑不强

对热带农业的高质量发展而言，耕地是基础，科技是动力。海南瞄准最迫切需要发展的南繁育种等领域，集中发力，提升科技创新对高效农业生产的支撑能力。但热带农业科技研究起步晚，基础薄弱，除天然橡胶等少数热带作物外，农业科技研发整体水平不高，导致农业组织化程度低，农产品附加值低。一是热带农业领域知识产权保护体系不健全，导致农作物审定品种标准低，套牌侵权行为泛滥，对优良品种选育形成隐性阻碍。二是热带农业科技人才总量不足，结构不合理，受工作环境、待遇水平、成长预期等因素影响流失严重，严重制约热带农业科技能力提升。三是科技成果推广体系不健全，科研、产业融合不紧密，导致热带农业科技成果转化率低。

（三）高效农业营商环境有待提升

海南农业农村营商环境虽然不断优化，但仍存在不可忽视的问题。首先，制度集成创新程度不高，程序和环节仍显繁多，审批和监管流程界限不明，事中、事后监管不到位，造成审批困难，影响了企业发展的积极性。其次，金融政策支农机制有待健全。地方政府诚信体系建设相对滞后，缺乏信用信息整合，农业经营主体普遍反映贷款难。最后，跨部门营

---

① 《海南出台严格管控耕地"非粮化"稳定粮食生产十条措施，确保粮食种植面积在410万亩以上》，人民资讯，https：//baijiahao.baidu.com/s？id＝1709976953201660321&wfr＝spider&for＝pc。

商环境协调不够,效能较低。民营企业进入农业农村领域的"玻璃门""天花板"依然存在。

(四)农村集体经济发展基础薄弱

海南农村集体有效资源不足,经济规模小,资源禀赋不平衡,收入可持续性差,发展难度较大。一方面,部分村干部对市场经济模式不适应,发展村级集体经济的积极性不高、思路不广。另一方面,产业谋划不科学,无法统筹考虑交通、资金、生产、销售等环节,制约村集体经济健康发展。由于在乡镇、村组工作工资待遇低,农业人才不愿留在农村,导致农村集体经济发展主导人组织能力普遍较弱,缺乏科学管理措施,难以实现高质量发展。

(五)高效农业产业链存在短板

海南农业依托市场合理配置,逐步形成了从农业研发到生产、加工、储运、销售、品牌、体验、消费、服务一体化的产业链,建立了具有关联性的贸工农系统,提高了海南传统农产品经济效益,但农业产业链的发展仍存在短板和薄弱环节。首先,农业产业链条不长且缺乏衔接环节,主要生产销售初级农产品,各环节发展滞后,附加值低[1],上下游环节缺乏有效衔接,存在农业产业链断裂风险。其次,农业产业链组织化程度不高。农民合作经济组织化程度低,农业小生产和大市场的矛盾突出。同时,农户在产业链中作用不能得到有效发挥。在市场化的环境中缺乏定价能力,处于劣势地位,生产积极性受到一定影响。

(六)农产品市场竞争力相对不足

海南热带特色高效农业发展迅速,是全国的"菜篮子"和"果篮子",特色种养业逐步转型升级,但是在产品品质、生产成本方面竞争力

---

[1] 石建勋、徐玲:《新发展格局下海南自贸港建设与发展战略研究》,《海南大学学报(人文社会科学版)》2022年第2期,第84~91页。

相对较弱。一方面，相比于国内其他地区，海南瓜菜、水稻、果树等主要农作物病虫害发生种类较多，发生的频率高。同时，农民对化肥、农药、农膜等化学药剂的过度使用加重了土地面源污染，影响农产品品质。另一方面，相较于东南亚国家，海南农业生产成本明显偏高，而农产品同质化情况严重，农业产业面临"低价冲击"风险，海南农产品竞争优势不明显。

（七）农民增收压力增大

在疫情持续蔓延、宏观经济形势下行的背景下，农民就业的不确定性增加。2021 年海南农民收入增速为 5 年来最高。随着基数提高，农民增收速度逐步放缓，增收压力不断升高。槟榔价格近年屡创新高，继续保持高位运行的压力较大，市场波动对农民增收也提出一定挑战。生猪价格受集中出栏、进口冻猪肉增加和季节性需求偏弱等因素叠加影响，持续低于 7∶1 的盈亏平衡点。此外，国际海运价格上涨，对水产品收购和出口带来一定影响，不利于渔民增收。随着海南对外开放程度逐步加深，海南农产品市场份额极有可能被资源条件更好的东南亚各国挤占，海南种养殖业的优势将逐步弱化，农民收入可持续增长将受到制约。

三　2022年海南热带高效农业发展机遇与挑战

习近平总书记在视察海南时指出，要使热带特色农业真正成为优势产业和海南经济的一张王牌。而海南建设自贸港，最大的短板在农村，最薄弱的基础是"三农"，做优做强热带特色高效农业，不断提高农民的获得感和幸福感，是中国特色自由贸易港建设行稳致远的前提和基础。2022 年，自贸港政策效应仍处于释放初期，《区域全面经济伙伴关系协定》已有 12 个成员国批准，在自贸港和 RCEP 叠加政策背景下，海南农业将面临更高开放程度的机遇与挑战。

（一）面临的机遇

1. 扩大优势农产品出口

随着自贸港政策效应的逐步释放，农业发展营商环境将大幅优化，促进资金、人才、信息、科技向农村流动，有利于加快优势特色产业发展，延长和优化产业链，持续增强现代农业产业体系发展活力和竞争力。农产品国际贸易将得到较快发展，特色禽类、水产品等具有一定优势的农产品有望扩大出口。放宽海南种业市场准入，简化农作物、中药材等种子的质量检验机构资格认定、进出口许可等审批流程，种子贸易将呈"进出两旺"格局，包括杂交稻种子、南海鱼类种苗、热带水果种苗等产品在 RCEP 部分成员国份额有望进一步提高。

2. 加快要素集聚与农业转型升级

南繁硅谷汇聚了国内外大量种业科研、生产、销售、科技交流、成果转化等要素，《鼓励外商投资产业目录（2020 版）》[①]《海南自由贸易港鼓励类产业目录（2020 本）》[②] 将农作物、畜禽优良品种选育和种苗生产，种业国际贸易，种业检测检疫、种业生物技术开发监管体系建设与运营作为重点产业，为海南种业发展创造了良好环境。通过优化与规范从事农业生物技术研究与试验的审批程序，鼓励海南与境外机构、专家依法开展合作研究，进一步优化对海外引进农林业优异种质、苗木等繁殖材料的管理办法及推广应用，有助于引进一批种业科研机构与种业头部企业，促进南繁种业创新链、产业链、资金链深度融合。农产品物流、农业会展、农产品包装设计等农业服务业也将加快发展。

3. 促进农产品加工业和休闲农业发展

海南自由贸易港新增鼓励类产业包括水产品加工、进口食品深加工制

[①] 《中华人民共和国国家发展和改革委员会中华人民共和国商务部令第 38 号》，国家发改委，https：//www.ndrc.gov.cn/xxgk/zcfb/fzggwl/202012/t20201228_ 1260594_ ext.html。

[②] 《关于印发〈海南自由贸易港鼓励类产业目录（2020 年本）〉的通知》，国家发改委，https：//www.ndrc.gov.cn/xxgk/zcfb/ghxwj/202101/t20210129_ 1266472.html? code = &state = 123。

造、热带农林产品精深加工、农林渔产品仓储保鲜冷链物流集配中心、休闲渔业等，将有利于这些优势特色产业增强招商引资吸引力。企业进口自用生产设备"零关税"，企业生产的不含进口料件或者含进口料件在海南自由贸易港加工增值超过30%（含）的货物，经"二线"进入内地免征进口关税，加上航运、物流等配套设施的发展，将吸引加工企业入驻进口全球优质农产品原料资源，经加工增值后以零关税销往内地。发展旅游业、现代服务业，打造具有世界影响力国际旅游消费中心，为发展多功能性农业，促进农旅融合发展、休闲农（渔）业和乡村旅游发展创造了机会。

4. 推动区域产业链和价值链重构

海南背靠大陆、链接国际，又处于我国新发展格局中的枢纽位置，法治化、国际化、便利化的自贸港营商环境将极大地促进农业在更大范围、更高层次参与国际国内分工协作，构建与自贸港相匹配的更高水平开放型农业体系，提升热带农业全产业链在全球热区的配置能力。根据海南与东南亚在发展热带农业上的相似性和各自优势，协同开发中国与发达国家市场，设计"RCEP成员国农业生产基地—海南农产品加工与物流配送+中国市场和发达国家市场—实现产业链整链效益"的发展模式，构建热带农业空间产业链。鼓励外商投资产业目录中海南省优势产业目录涉及农业共8个方面，对于进一步促进外商投资海南现代农业建设将发挥积极作用。

（二）风险与挑战

1. 农产品国际竞争压力加大

扩大农产品贸易将导致海南农产品面临竞争压力明显加大、市场份额被挤占的结果。海南农业基础比较薄弱，RCEP成员国农产品关税消减取得一定突破，面对国外农产品低门槛进入，国际市场的波动性、不确定性和风险性将更加广泛和直接地传导到海南市场，给海南市场稳定和产业安全带来了挑战。生产供给、消费需求、知识产权保护、检验检疫认证等因素对海南农产品的价格波动风险影响增加。近几年农产品进口增长迅速，2020年农产品贸易首现逆差。2021年肉类（含杂碎）进口额4237.5万美元，同比增长 173.65%；粮食进口额 20639.98 万美元，同比增长 217.79%；牛肉进口额 3822.36 万美元，同比增长 176.31%①，对本土种养业造成一定冲击。

2. 农业受其他产业的冲击加大

自贸港发展以旅游业、现代服务业和高新技术产业为主导的现代产业体系，相对其他三类主导产业，热带农业的相对经济地位日渐下降。一些产业园区为农业企业供地的积极性不足，部分畜牧、水产养殖业和种植业因用地成本、环保成本高，竞争力被削弱。农村青壮年劳动力不断向城市和非农产业转移，农户兼业化、农业从业人口老龄化趋势日益明显。

3. 农民收入与就业不确定性增强

国际经验显示，自由贸易过快开放和大幅度降低关税等会对本国农业，特别是缺乏种养技术和市场化经验的农户的生产、就业和收入造成一定的冲击。自贸港建设有助于劳动力向二、三产业转移，但这一过程逐步发展且对转移就业劳动力的专业素质要求较高。而海南农业生产经营人员受教育程度总体较低，第三次全国农业普查数据显示，全省农业生产经营人员文化程度小学占 23%，初中占 60.6%，高中或中专占 11.3%，大专以上仅占 2%，转移就业的难度大②。

4. 生物生态安全风险更加突出

人流、物流密度大幅增加，农业面临的生物安全风险也随之加大。据不完全统计，海南有记载的外来有害生物达 200 多种，有 80 多种对农作物有较大危害。目前海南监管设施条件不足，尚未建立动植物隔离检疫场，国外重大病虫害检疫技术储备不足，无法有效进行相关检验检疫工作，市场主体自主防范生物安全的意识和能力也相对较弱，存在外来动植物疫病虫害引入、农业转基因安全监管、外来有害生物入侵等风险。此外，国外进口的优

---

① 海口海关：《2021 年 1~12 月海南外贸进出口统计表》，http://haikou.customs.gov.cn/haikou_customs/605737/fdzdgknr82/605745/4132821/index.html。

② 《论海南"美丽乡村"建设中的文明乡风培育》，参考网，https://www.fx361.com/page/2019/0214/6363436.shtml。

质种质资源会对地方特色种质资源形成挤压效应，南繁基地种质资源、育种材料也存在流失风险。

（三）具体产业分析

1. 可能受冲击的产业和单品

香蕉、荔枝等热带大宗水果，橡胶、胡椒等热带作物以及肉牛等畜产品可能受到冲击。中国—东盟贸易协定生效后，包括海南在内的国内热区的热带水果已受到严重冲击，种植面积大幅下降，从业人员收入减少，至今东盟热带水果上市期依然影响着中国热带水果的价格。在自贸港和RCEP政策叠加的背景下，海南农业的开放程度将越来越高，2021年全省农产品进口63.03亿元，同比增长45.42%，其中鲜干水果及干果进口12.25亿元，同比增长90.15%[①]，热带大宗水果同质产业可能进一步受到RCEP成员国热带水果的冲击。

2. 可能参与国际竞争的产业

热带新奇特水果、渔业、花卉、特色禽类、槟榔、椰子等产业可能受益。海南热带农业资源非常丰富，如红毛丹、手指柠檬等新奇特热带水果有望在开放条件下出口国外高端市场。海南水产品整体品质卓越，水产品加工企业在欧盟、美国、韩国等相关认证通过率高，远销全球70多个国家和地区。2021年全省水产品出口额34.03亿元，占农产品出口额的88.92%，产业发展已形成一定规模，具备进一步做优做强的条件[②]。海南拥有丰富的花卉资源和全国最好的冬季花卉生产环境，花卉也是国际贸易中唯一不受农产品配额限制的品种。目前海南热带鲜切枝（叶）种植面积和销售额分别占全国的70%和80%，具备大面积发展反季节鲜花产业的优势。文昌鸡在东南亚市场深受欢迎，每年出岛近2000万只，随着畜禽产品检疫检验结果国

---

① 海口海关：《2021年1~12月海南外贸进出口统计表》，http://haikou. customs. gov. cn/haikou _ customs/605737/fdzdgknr82/605745/4132821/index. html。

② 海口海关：《2021年1~12月海南外贸进出口统计表》，http://haikou. customs. gov. cn/haikou _ customs/605737/fdzdgknr82/605745/4132821/index. html。

际互认的深入推进，文昌鸡等特色禽类出口量有望进一步提升。全球槟榔消费人群超过 6 亿，中国约有 5000 万人，我国槟榔加工技术走在国际前列，开拓国际市场的空间较大；海南椰子加工技术及产业链较为成熟，利用国际原料做大做强椰子加工产业的潜力巨大，椰子初级品交易和深加工业向海南集聚，可以形成国际椰子产业和交易中心。

四　2022年海南热带高效农业发展建议

2022 年是党的二十大召开之年，海南正处于发展的黄金机遇期和重要窗口期。面对国际地缘政治环境变幻、RCEP 协定正式生效、农产品竞争压力明显增加、生物安全风险加大等形势，海南热带高效农业发展必须把解决好"三农"问题摆在更加突出位置，坚持以习近平新时代中国特色社会主义思想为指导，全面贯彻党的十九大和十九届历次全会精神，深入贯彻中央经济工作会议、中央农村工作会议精神，坚持稳中求进工作总基调，牢牢守住保障粮食安全和不发生规模性返贫两条底线，统筹推进乡村振兴重点工作，保持热带高效农业发展的良好势头。

（一）保障粮食和重要农产品有效供给

1. 牢牢守住耕地红线

耕地是粮食生产的命根子，是中华民族永续发展的根基。落实"长牙齿"的耕地保护硬措施，按照耕地和永久基本农田、生态保护红线、城镇开发边界的顺序，统筹划定落实三条控制线。《海南省国民经济和社会发展第十四个五年规划和二〇三五年远景规划纲要》要求，牢牢守住 1072 万亩耕地红线和 909 万亩永久基本农田保护任务[①]，农田必须是良田，始终立足自身抓好农业生产，以国内稳产保供的确定性来应对外部环境的不确定性。

---

① 《海南省国民经济和社会发展第十四个五年规划和二〇三五年远景规划纲要》，海南省人民政府网，https://www.hainan.gov.cn/hainan/5342/202104/2352a7d4909846799f13ba9e41235442.shtml。

全面推行耕地保护"田长制",开展"十三五"市县耕地保护责任目标考核。第十三届全国人民代表大会常务委员会通过了《全国人民代表大会常务委员会关于授权国务院在中国(海南)自由贸易试验区暂时调整适用有关法律规定的决定》,调整《中华人民共和国土地管理法》在海南的实施,要严格落实耕地"进出平衡",确保永久基本农田面积、质量不因一、二、三产业用地调整而减少、降低。严格管控耕地"非粮化",引导新发展林果业上山上坡,坚决遏制耕地"非农化",加大耕地执法监督力度,稳妥有序开展农村乱占耕地建房专项整治试点,巩固"大棚房"问题专项清理整治成果。

2. 加大种粮扶持力度

2022年《中共中央国务院关于做好2022年全面推进乡村振兴重点工作的意见》对全力抓好粮食生产和重要农产品供给,守住保障国家粮食安全底线做出全面部署。保障粮食安全,要全面落实粮食安全党政同责制度,把实施"藏粮于地、藏粮于技"战略落到实处,充分发挥耕地地力补贴、农机具购机补贴、农民种粮一次性补贴、种粮大户奖励等粮食生产优惠扶持政策的撬动作用,确保惠农政策足额兑现到种粮主体,确保种粮大户和企业生产有效益,不断提高企业和农民的种粮积极性。加大撂荒地复耕工作,优先发展粮食生产,从水利建设、扶持政策、资金投入、技术创新和农村集体产权制度改革等方面着手,加大在种苗、机耕、肥料和农药等方面给予补贴,多措并举解决撂荒地问题。因地制宜扩大一批节水抗旱稻、耐盐碱稻、香稻、山栏稻、糯稻、高系14、紫薯、三角宁等优良品种种植面积。大力推广测土配方施肥技术、秸秆腐熟还田增效技术、节水灌溉技术、水稻集约化育秧、种子包衣技术。做好病虫害预测预报,及时会商预测2022年早稻病虫害发生趋势,组织好各种防控物资和资金,指导农民开展有效防治,提高粮食生产能力和管理水平。

(二)推进南繁硅谷种业高地建设

农业科技创新作为主要动能贯穿于热带高效农业高质量发展的全过程。

种子是农作物生产的基础，一粒种子可以改变一个世界，一项技术能够创造一个奇迹。良种推广不仅能提高热带高效农业的经济效益，而且种源安全关系到国家安全，必须集中力量破难题、补短板、强优势、控风险，实现种业科技自立自强、种源自主可控。海南要加快推进南繁硅谷建设，强化种业顶层设计，推动南繁育种由单打独斗向协同创新转变，由碎片化向系统化转变，造就种业创新生态；吸引种业创新主体入驻南繁科技城，推进南繁高标准农田、育种专区等配套建设，强化种业制度创新，积极形成由国内顶级科研国家队领衔、以不同类型科研机构为支撑、以种业企业为主体的种业创新链、产业链发展格局。推进全球动植物种质资源引进中转基地、月亮岛国家（三亚）隔检中心、推动海南（文昌）渔业创新研究中心项目建设，搭建重点实验室、科研中试基地、成果转化基地、种质资源库等各级各类科研平台，实现对海南种业种苗转型升级全产业链支撑。

（三）优化海南热带高效农业营商环境

1. 推动海南自贸港涉农法规建设

在全面深化海南改革开放和自贸港建设的背景下，全省农业农村领域营商环境优化的空间还很大，要强化农业农村制度集成创新，解决海南三农问题，实现乡村振兴，推进自贸港建设。充分发挥《海南自由贸易港法》赋予的特殊立法权，加快涉农领域立法进程，推动自贸港涉农法规调修，加紧废除和修订全省农业、农村（含农垦系统）现行不适应乡村振兴要求的有关法律法规和政策规定。不断完善农业农村领域法治环境和制度体系建设，努力打造法治化、国际化、便利化营商环境。完善涉农公共服务委托招投标制度，加快完善涉农人才服务体系建设，加强对优秀专业人才的集聚，提高南海乡土人才待遇，让人才有更多获得感。

2. 创新财政金融服务高效农业体系

加快城乡供给侧结构性改革。优化财政投入机制，建立涉农资金整合长效机制，采取"大专项+任务清单"管理方式，加大金融对热带高效农业的支持力度。提升普惠金融"三农"综合服务能力，加快地方金融合作组织发展，用好国家支农再贷款政策，加大信贷投放力度，投向高效农业。创新担保方式，开展涉农贷款保证保险业务，加大信贷支持"三农"投放力度，加大对新型农业经营主体的支持力度，缓解涉农企业的融资难题。加快建立健全政策性融资担保体系，完善投贷保补机制。建立信贷风险补偿基金，完善农业保险政策，打通便民服务最后一公里。加快城乡供给侧结构性改革，推进城乡资源要素自由流动转移。促进资金、人才、技术、产品等资源要素城乡间自由流动，让市场在海南乡村资源配置中起决定性作用。

（四）夯实海南热带高效农业发展基础

1.大力培育新型经营主体

新型经营主体是热带高效农业的主力军，大力提升新型农业经营主体的规模化经营水平。提升社会化综合服务能力，鼓励和扶持家庭农场、高效农业企业、热带作物生产合作社、种植大户等新型经营主体，鼓励龙头企业与农民建立利益联结机制，由龙头企业建立高效作物生产专业化服务组织，为农民提供土地托管、代耕代种、资金扶持、全程机耕机收、病虫害统防统治和粮食收购等社会服务。

2.进一步壮大农村集体经济

热带特色高效农业的发展离不开乡村振兴，乡村振兴离不开农村集体经济高质量发展。按照海南省两办印发的《关于大力发展农村市场主体壮大农村集体经济的十八条措施》，实施更加开放的人才政策，盘活农村资源要素，创新发展壮大农村集体经济。通过建立健全农村集体资产监督管理体系，进一步整合盘活农村集体资源资产和资金，促进资源变资产、资金变股金、农民变股东。建立覆盖省、市县、乡镇的三级农村产权交易服务体系，提高农村集体资源资产管理信息化水平，更好规范农村产权流转交易行为，保障交易主体的合法权益，发挥市场配置农村资源的作用。以三亚农村综合改革试验区为新的突破点，探索农村综合改革新的突破点。在完成农村集体产权制度改革的基础上，以"三变"改革为切入点，建设综合信息管理系统及农村产权服务平台，构建"市、区、村"三级农村产权流转交易市场体系，探索农村集体所有权有效实现形式，为培育新型农村市场主体，加快农村集体经济发展步伐，促进产业提档升级，打造特色农业品牌。

（五）构建热带高效农业产业体系

1. 布局热带特色农产品优势区

海南坚持"全省一盘棋、全岛同城化"，综合考虑自然条件、资源禀赋、环境承载能力、产业基础等因素，统筹海陆资源、区域功能与农业农村协调发展，布局热带特色农产品优势区。海口、澄迈、文昌、定安等市县，增强优质农产品生产能力，建设高端优质稻米生产基地、常年瓜菜生产基地、精品水果基地，建设国家罗非鱼、对虾产业园，大力发展椰子生产。三亚、陵水、乐东、保亭等市县，加速种业科技成果转化和现代种业发展，推动农业与旅游深度融合。琼海、万宁、屯昌等市县建设精品乡村，做精热带特色产业，打造槟榔产业集群，推动冬季瓜菜和热带水果的提质增效，打造山柚（油茶）、胡椒、咖啡、金椰等热带经济作物品牌，发展文昌鸡、东山羊、和乐蟹、嘉积鸭、海南猪等特色养殖，石斑鱼等高档水产特色精品产业。儋州（含洋浦）、临高、昌江、东方等市县建设外向型产业集群、壮大海洋渔业，建设标准化热作基地。五指山、白沙、琼中等市县，着力打造五指山红茶、琼中山兰稻、白沙绿茶、五指山山柚（油茶）等产业基地，立足特色资源潜力，因地制宜发展中药材、食用菌、山野菜等林下种植业和林下特色养殖业，提升林特产品加工能力[①]。

2. 推进现代农业产业园升级提质

现代农业产业园是现代农业发展的重要载体和抓手，依托园区这一载体，推动农业生产要素向园区集中、优势产业向园区集聚，推进农业产业化、多功能化经营。全省获批创建国家现代农业产业园4个，在现有101家省级现代农业产业园的基础上，建立分级评价、动态调整、能进能出的竞争机制和分

---

① 《海南省国民经济和社会发展第十四个五年规划和二○三五年远景规划纲要》，海南省人民政府网，https://www.hainan.gov.cn/hainan/5342/202104/2352a7d4909846799f13ba9e41235442.shtml。

级评价机制；按照国家现代农业产业园创建标准，推动"特色+优势"产业有机整合，产业园升级提质，重新申报创建省级现代农业产业园，为申报国家现代农业产业园做准备。有针对性地指导具备条件的市县申报创建国家现代农业产业园，形成国家级、省级层次分明的产业园梯度。推进现有省级产业园加工、休闲等板块的融合，特别是农产品精深加工、数字农业、智慧农业等新业态加快发展，提升产业园整体竞争力。强化省级现代农业产业园高层次、高素质人才及管理运营团队引入，产业园现代化经营管理、品牌营销推广、产品市场开拓等方面。借鉴发达省份经验，加强对省级现代农业产业园建设的财政资金、用地保障等扶持力度，创新针对园区类的金融保险政策。

3. 拓展外向型农产品加工业

海南农产品加工业总体小、散、弱，全国加工业产值与农业总产值之比为 2.3∶1，而海南省只有 0.23∶1，导致天然橡胶、胡椒、咖啡等热作农产品产业链短，附加值低，缺乏定价权。海南自贸港鼓励类企业实施 15%企业所得税，企业进口自用生产设备"零关税"，企业生产的不含进口料件或者含进口料件岛内加工增值超过 30%（含）的货物，经"二线"进入内地免征进口关税，加上航运、物流等配套设施的发展、制度集成创新和营商环境提升，再加之我国主要热作农产品供求格局趋向"总量不足、品种分化"，发展现代加工业、热带农产品深加工和中转，拓展产业链、培育热带农业跨国空间产业链是海南热带高效农业的产业出路[1]。可可、咖啡等热带特色经济作物，在国际农产品生产贸易中享有重要地位，其生产潜力大，附加值高。2020 年，我国可可脂、可可油进口总量约 1.48 万吨，主要从科特迪瓦、加纳、尼日利亚等国家进口。以海南和内地设置同等规模，年进口5000 吨，8 条生产线（价格总计约 500 万元）做可可进口加工，主要成本对比，海南可以节省 0.47 亿元[2]。

---

[1] 傅国华、马恺阳、张德生：《构建现代产业体系背景下海南自贸港产业结构优化研究》，《海南大学学报》（人文社科版）2022 年第 2 期。

[2] 《在海南做可可进口加工，一年能省多少？》，海南自由贸易港官方公众号，2022 年 3 月12 日。

（六）找准优势稳妥构建农产品多元化进口格局

海南热带高效农业的真正优势在于构建跨国产业链中发挥地理区位优势而赢得产业位势。当前全球农产品安全是建立在各国基本自给和全球化供给基础上的安全，逆全球化的趋势加之新冠肺炎疫情在全球肆虐，一些国家采取了限制出口等措施。国际地缘政治格局的变化，导致农产品生产与贸易的均衡格局进一步被打破。中国谷物自给率超过95%，产需基本平衡不存在明显的产需缺口，但存在结构性矛盾①。从生产端来看，海南地域狭小，不少耕地被用于种植经济作物，加之二、三产业对土地的需求，导致土地资源供给受限，进而使得农产品种植面积的提升空间受限。保障好农产品安全供给是一个重大战略性问题。海南自贸港建设是统筹利用国内国际两个市场、两种资源，推动双循环高质量发展的关键一招，海南要利用好海南自贸港建设的相关政策优势和地理区位优势，在设计"RCEP成员国农业生产基地—海南农产品加工与物流配送+中国市场和发达国家市场—实现产业链整链效益"的发展模式中赢得产业位势。并建立从传统的欧美国家到区域全面经济伙伴关系协定成员国到"一带一路"沿线国家和地区农产品进口的多元化渠道，建立和培育多元化的伙伴关系，稳妥构建多元化农产品进口格局，满足消费者对有机、低碳、高品质农产品的需求。

（七）促进农业多种功能发展助力农民多元增收

特色高效农业的发展本身就依托于农业的多功能性，海南高效农业的发展，在土地利用、资源配置上要充分考虑新时代农业的多功能性及其变化。海南高效农业跟农业发达省份相比产值低而占比高，跟国外成功的自贸港（区）相比，具有农业基础薄弱的共同特点，但各地区都因地制宜，积极探索适合本地特点的自贸港农业发展道路。海南高效农业多种功能的发展，要

---

① 刘慧：《中国将面临缺粮？经济日报：供需并无缺口，有能力端牢饭碗》，《经济日报》2020年11月1日。

在严控耕地红线，保障粮食和重要农产品供给的前提下，实现农业生产过程
与其他产业的结合，利用自贸港建设具有的更加便利的进口条件、更有竞争
力的产品出口条件和贸易地理中心点优势，充分发挥热带高效农业特色，推
动农业产业化、规模化和品牌化建设，有效整合热带农业产业链，延伸农产
品加工产业价值链，增加农业规模化和一体化的效益，在产业结构升级中起
到基础性支撑作用。同时，热带高效农业是中国与东南亚、非洲、拉美等国
家开展农业合作交流的重要组成部分，强化海南高效农业科技和智力的引
进、消化、吸收，以及再创新示范作用和传播功能，打造海南高效农业的中
国农业发展模式、科技创新的实践区和展示舞台，服务中国农业走出去，帮
助热带贫困人口摆脱贫困①。实现农业与现代服务业融合不仅是海南热带高
效农业生产过程多功能性的突破口，也将拓展海南国际旅游消费中心的物理
空间，铸就海南自贸港农业多功能发展的品牌，促进农民多元化增收。

参考文献

［1］ 海南省人民政府：《中共海南省委 海南省人民政府关于做好 2022 年全面推进乡
村振兴重点工作的实施意见》，海南省人民政府，2022 年 3 月 14 日，https：//
www. hainan. gov. cn/hainan/swygwj/202203/13271b956bd54bad832044cece0353a2.
shtml。

［2］ 海南省人民政府：《中共海南省委 海南省人民政府关于全面推进乡村振兴加快
农业农村现代化的实施意见》，海南省人民政府，2021 年 4 月 21 日，https：//
www. hainan. gov. cn/hainan/xczxhnwj/202104/
e3bf7000409940e3843d2e8a7364107d. shtml。

［3］ 海南省人民政府：《2022 年海南省政府工作报告》，海南省人民政府，2022 年 1 月
26 日，https：//www. hainan. gov. cn/hainan/szfgzbg/202201/6da8f2ca08ce44079238939
8d9a78459. shtml。

［4］ 海南省人民政府：《2021 年海南省政府工作报告》，海南省人民政府，2021 年 2 月 1

---

① 张海东、王俊峰、尹峰：《海南热带特色高效农业的发展出路》，《当代农村财经》2022 年
第 1 期。

日，https：//www. hainan. gov. cn/hainan/szfgzbg/202102/40b0485136d642a7b9c5454bf
fe85fdb. shtml。

［5］海南省统计局：《2021 年海南省国民经济和社会发展统计公报》，海南省统计
局，2022 年 2 月 22 日，http：//stats. hainan. gov. cn/tjj/tjgb/fzgb/n＿ 83486/
202202/t20220222＿ 3146080. html。

［6］海南省统计局：《2020 年海南省国民经济和社会发展统计公报》，海南省统计
局，2021 年 2 月 20 日，http：//stats. hainan. gov. cn/tjj/tjgb/fzgb/n＿ 81550/
202102/t20210220＿ 2936215. html。

空间发展篇

Spatial Development

B.7

海南重点产业园高质量发展报告

李伟铭*

摘　要： 研究总结了海南重点产业园区的建设进展、发展成效、发展困境
和瓶颈，结合海南省自贸港建设阶段和产业园区发展要求，从产
业园区的人才获取、园区环境、产业集聚、产城融合、企业孵
化、园区管理机构和政策研究制定等多方面提出了海南产业园区
高质量发展的对策建议。

关键词： 自由贸易港　重点产业园　高质量发展

一　海南重点产业园区发展现状及评价

（一）产业园区概述

作为区域发展的重要经济力量，产业园区是国家高新技术资源、开

---

* 李伟铭，管理学博士后，海南大学教授，博导，主要研究方向为战略管理、创新管理、科技
产业与政策。

发项目和技术创新成果的密集区，是国民经济发展的主要驱动力，更是建设国家自由贸易试验区和自由贸易港最为关键的经济试验载体。自海南自由贸易港建设启动以来，海南省委、省政府一直高度重视产业园区建设，不断优化产业园区的规划布局，并制定了相应的优惠政策措施，从顶层设计入手，规划好、建设好、经营好园区，力争在我国改革开放建设中创造出夺目的成绩。为进一步推动自由贸易港建设总体方案落地，海南于2020年规划部署了11个重点产业园区作为自贸港建设的重点发展对象。

（二）重点产业园区概况

1. 发展历程

以2018年习近平总书记的"4·13"重要讲话和中央12号文件，以及总书记历次考察海南的指示批示为引领，海南省2019年公布《海南省重点产业园区高质量发展的若干意见》，提出了"三区一中心"的发展战略，将"旅游业、服务业、高新技术产业、热带特色高效农业"作为本地区的三大支柱产业，并在此基础之上精心规划了三类重点园区。海南省委、省政府于2020年以官方文件的形式将境内11个重点产业园区作为自贸港政策的首要承揽地和先行示范区，着力打造海南经济增长新极点，促进海南省自由贸易港基本建设高质量发展，这也标志着海南省自由贸易港正式步入建设元年。同时2021年7月推出的《海南省高新技术产业"十四五"发展规划》①，对重点产业园区名单进行了官方确认，并依据职能特点与发展规划对各重点产业园区的定位进行了准确的界定，具体见表1。

---

① 海南省人民政府办公厅关于印发《海南省高新技术产业"十四五"发展规划》的通知，海南省人民政府官网，https://www.hainan.gov.cn/hainan/qjcqhghqw/202107/a5322f50570c4b8dadcdbc88a13ac3a1.shtml。

表1　海南自由贸易港重点产业园区组成及定位

定位	园区名称	所在位置
两园	海口国家高新技术产业开发区	海口市工业走廊的中心地带
	洋浦经济开发区	海南省西北部洋浦半岛南端
三城	文昌国际航天城	文昌市
	博鳌乐城国际医疗旅游先行区	琼海市
	三亚崖州湾科技城	三亚市西部
六园	海口江东新区	海口市东海岸
	三亚中央商务区	三亚市天涯区
	海口综合保税区	海口市中心区南部
	海南生态软件园	澄迈县老城镇
	海口复兴城互联网信息产业园	海口核心滨海商业区
	陵水清水湾信息产业园	陵水黎族自治县

2.园区布局

海南自由贸易港11个重点园区于2020年6月3日同步举行了揭牌仪式。11个重点园区在政府的引导下对各自产业进行了精准定位，明确了规划范围和具体领域的责任单位，以企业发展、行业特征与产业链需求为导向，积极展开产业集聚工作，着力打造多元化、差异化的错位竞争发展格局。重点园区的布局主要可以从空间和产业两个视角展开。从空间视角来看，重点产业园区布局呈现东、西、南、北四方聚集现象。以海口为主体的北部产业园区以高新技术为导向，形成了集中发展新材料、新医药、新物流等高端制造业的产业集群，包括：以三亚为主体的南部产业园区，将建设的重点集中于总部经济、文化旅游、深海研究、生物育种等产业；以文昌、定安为主体的东部产业园区，将航空航天及其配套产业以及农副产品加工作为重点发展产业；以东方、昌江为核心的西部产业园区，聚焦港口物流、油气化工、能源贸易等。从产业视角来看，核心产业可以归为四大类，即高新技术及信息产业、工业、现代服务业以及教育业。海南重点产业园区布局见表2。

表 2　海南自由贸易港重点产业园区产业布局

园区名称	核心产业类型
海口国家高新技术产业开发区	高新技术及信息产业、工业
洋浦经济开发区	高新技术及信息产业、工业
文昌国际航天城	高新技术及信息产业
博鳌乐城国际医疗旅游先行区	现代服务业
三亚崖州湾科技城	高新技术及信息产业
海口江东新区	现代服务业
三亚中央商务区	现代服务业
海口综合保税区	现代服务业
海南生态软件园	高新技术及信息产业
海口复兴城互联网信息产业园	高新技术及信息产业
陵水清水湾信息产业园	教育业

海南在科学调查与精准判断的基础上，对产业园区在空间和产业上进行了规划，着力打造一批主导定位清晰、产业明确、密切配合的专业化、特色化、现代化园区，并在此基础上持续推进产业集聚进程，为产业的优化升级提供平台。同时，承接"一带一路"倡议，采用国际化、低碳化、绿色化、集约化的发展路径。

3. 总体情况

海南各重点产业园区在 2020 年实现了较快的发展，GDP 总量达到了845.58 亿元，较上年增长 20.3%，在海南 GDP 中占比为 15.3%[1]；实现营业收入合计 5067.82 亿元，较上年增长 49.8%[2]；创造税收 395.38 亿元，较2020 年增长 13.3%，占海南税收收入的 35.7%[3]；企业入驻数共计 38899家，增长率达 89.8%；进出口总量为 580.62 亿元，较上年增长 12.38%，占

---

① 《海南 11 个重点园区去年实现营收超 5067 亿元》，光明网，2021 年 6 月 3 日，https：// m. gmw. cn/2021-06/03/content_ 1302338167. htm。

② 《营收 5067.82 亿！来看海南 11 个重点园区"成绩单"》，人民网海南频道，2021 年 6 月 4 日，https：//baijiahao. baidu. com/s？ id=1701632430827811938&wfr=spider&for=pc。

③ 《海南自贸港重点园区经济规模效益逐步显现》，中国新闻网，2021 年 6 月 3 日，https： // m. yzwb. net/wap/news/1384360. html。

海南进出口总量的 51.9%[①]。2021 年，重点园区营业收入突破万亿元，同 2020 年相比增长 134%；税收收入同比增长 47.73%，达到 585.63 亿元，占全省总税收的 40.1%；固定资产投资额翻倍，增速达 73.6%[②]。同时，园区实际利用外资增加，由 2020 年的 16 亿元上升至 32.04 亿元，其进出口额同比增长迅速，达到 1037.51 亿元[③]。11 个重点产业园区自成立以来，在国家和省市顶层设计的引领下，积极融入海南自由贸易港的建设，通过园区自身的产业发展与技术升级等实际行动来支持相关政策的落地。在建设过程中，各园区经济规模继续扩大，投资结构持续优化，对外开放程度不断提升，在自贸港建设中的主体地位进一步夯实，整体上保持良好的发展态势。

4. 影响力

基于产业集聚载体的建设属性，产业园区规划、建设、发展的基础便是人才、资金、技术、信息、政策等资源的集聚，产业园区只有基于产业集聚才能创造出现实价值。在 11 个重点产业园区内一直秉承集约、融合、有效的基本原则，以创建自由贸易港的模范园区和试点先锋为总体设计工作目标，以产业发展建设为抓手，稳步推进基础设施工程进度，不断完善和优化营商环境，在宏观范围内形成市场主体的集聚，提升规模经济效益和产业集聚效应的释放力度，逐渐显现出对海南经济建设高质量发展的战略保障和决策支撑作用。重点产业园区的影响力具体体现在以下几个方面。

（1）拉动经济增长

园区紧抓外引投资和内聚产业两大主要任务，以此为基础实现经济规模与税收收入的扩大，打造直接拉动海南省经济增长的内驱力。2020 年，海南自由贸易港 11 个重点产业园区总产值达到了 845.58 亿元，在全省占比达 15.3%，实现营业收入 5067.8 亿元，创造税款 585.63 亿元，占全省经济总

①《眼看着，海南这里的产业在起飞！》，海居君，2022 年 3 月 16 日，https：//baijiahao. baidu. com/s？ id=1727437888404712716&wfr=spider&for=pc。

②《关注：海南 11 个重点园区过去一年做了这些事儿》，东南沿海消息通，2021 年 6 月 3 日，https：//www. sohu. com/a/470217074_ 121106994。

③《2021 年海南 11 个重点园区营业收入首次突破万亿元》，中国经济网，2022 年 2 月 24 日，https：//baijiahao. baidu. com/s？ id=1725636141639843136&wfr=spider&for=pc。

收入的 40.1%。2021 年营业收入较前年同比增长 134%，税收收入占全省的 40.1%，是海南省经济发展和海南自由贸易港建设过程中不容忽视的增长极。

另外，园区利用消费效应和溢出效应间接促进经济增长。首先，众多企业和从业人员集聚产业园区内，促进产业园区和周边地区餐饮、娱乐、住宿、医疗教育、金融服务、房产等服务业蓬勃发展；其次，周边地区企业通过接受园区内公司的管理技术外溢实现企业的高速发展；再次，园区及早展开产业导入工作，为今后产业提升夯实基础的同时，也预留下拓展空间；最后，产业园区所具备的城市化价值，推动了新型城市化建设，形成了区域经济可持续发展的不竭动力。

（2）促进产业转型升级

当前，我国正在逐步适应经济发展新常态，通过供给和需求两侧的结构性改革，推进和完善产业跨界融合的协调式发展，以实现在更高水平、更高层次上的经济均衡发展。在政策的引导和支持下，现代产业园区的产业集群通过知识溢出和典型指导，构建先行带动后进的帮扶机制，加快推动产业结构改造，提升了园区工业化水平。同时，依靠园区建设，积极推动传统产业的升级改造以及工业信息化和产业化的深度结合。在用心发展战略新兴产业的同时，通过数字技术、信息产业、尖端科技商用化等新型赋能，着力构建园区整体产业发展的新态势和新模式，逐步形成了协调、共创、融合的现代化产业发展新模式。在产业园区带领关键产业渡过新创期后，引入具备高附加值特点的科技研发和创新设计集团，完成园区在产业链上的攀升，实现了产业转型，也提高了产城融合绩效。

（3）促进社会进步

经济增长与社会进步具有辩证关系，从短期视角出发，具备二者兼顾的基础；从长期视角出发，具备二者统一的特征。因此，产业园区可以通过集聚发展的方式实现经济增长与社会进步的兼顾与统一。这主要体现在以下两个方面。

第一，促进社会和谐。园区通过吸纳大量的人才和劳动力资源来维持健康的日常运营，以园区为中心，释放了周边地区的就业压力，从而提高了就业比例，促进了社会和谐。此外，产业园区的发展进程对人才和劳动力的需求呈现多层次和多样化的特征，这将推动园区员工不断通过教育培训提高劳动技能和人力资本水平以实现收入的增加，进一步强化社会和谐。

第二，塑造产业文明。海南自由贸易港 11 个重点园区既是"试验田"，也是示范区。产业园区及企业在勇往直前的创新精神引领下，通过积极探索、成功实践，从而取得创新和发展成果的过程，将会吸引其他园区和企业不断学习和模仿。以此为契机，实现先进理念和价值观念等产业文明要素的外部输出，借助经验示范效应和模范引导作用，不断放大其正向积极影响。此外，园区在建设返站点过程中形成的独特品牌价值，可以作为海南省的地区名片向外推广，进一步夯实园区的产业文化。

二 海南重点产业园区建设进展及成效

（一）洋浦经济开发区建设进展及成效

1992 年 3 月，在国务院的指示下，洋浦经济开发区以国家级经济开发区的身份在海南省西北的洋浦半岛成立，开发区北接琼州海峡，西邻北部湾，总面积 29.865 平方千米，距海南省省会海口市 130 千米，距海口美兰机场 140 千米，距三亚凤凰机场 280 千米，有明显的区位优势。

一是优良的地理位置。首先，临近东南亚。站在我国与东盟国家自由贸易的最前沿，不仅使其成为经过马六甲海峡入境的第一个关键航运节点，更由于靠近北部湾国际主航道，水路交通便利，是连接广州港、海口港、湛江港，以及香港、越南、新加坡等地区的重要枢纽，港、区融合发展，对外交通便捷等核心发展优势得到充分的展现，是承载现行保税区政策唯一的国家级经济开发区。其次，临近南海油气资源工业开发区。以油气开采、化工制造一体化为园区发展的核心战略，沿洋浦半岛由西向东分布港航物流产业区、临港石化浆纸产业区、高新技术和物流产业区、环新英湾商住和公共服务发展区。

二是优良的深水特征。洋浦港的深水状况是全海南最优的，拥有防风、岸陡、水深等良好港口自然条件，且深水海岸线规划建设 28 千米，实际潜力 70 余千米，最多可修建 80 余座 30 万吨级的开放式大型码头，为其日后构建大型深水港提供了优良的潜力和基础①。

1. 建设进展

洋浦经济开发区的面积不断扩大。在国务院的批准下，从 2007 年最初规划建设总面积 9.206 平方千米的海南洋浦保税港区，再到 2012 年洋浦经济开发区四期工程，总面积扩展到 30.07 平方千米，并获得了国家级保税区和保税港区政策的支持。其主要建设进展如表 3。

表 3　洋浦经济开发区主要建设进展

产区名称	地理位置	主要职能
港航物流产业区	洋浦西部海岸线及其近海海域	石油化工、浆纸、油气储备、发电等产业服务的远洋运输物流产业
临港石化浆纸产业区	西部临近海岸线的带状区域	石油化工、浆纸、油气储备等主导产业和发电等配套能源产业
高新技术和物流产业区	保税港区以北的一、二类工业用地区域	充分利用和盘活土地资源，发展医疗装备、智能装备等高端制造和保税物流产业项目
环新英湾商住和公共服务发展区	东部环新英湾地区	重点布局商务配套、总部经济、居民生活，休闲娱乐，商业餐饮等产业，全力打造宜业宜居滨海新城

2. 发展成效

（1）经济指标

第一，洋浦经济开发区经济相对平稳，整体呈正向增长的态势。2019~2021 年地区生产总值分别为 259 亿元、279 亿元和 436 亿元，增速分别为 6.7%、10.5% 和 34.2%，近 3 年的年均增速达到了 25% 左右，保持较高增长；2019~2021 年工业总产值分别为 855.78 亿元、679.3 亿元和 880.12 亿

---

① 《洋浦经济开发区总体规划（空间类 2015—2030 年）》，洋浦经济开发区管理委员会，http://yangpu.hainan.gov.cn/yangpu/gghjh/201812/d06b38689aa3495c8ab802eaac0a10d1.shtml。

元，增速分别为-0.7%、-20.8%和29.1%，近3年平均增速1.41%，实现逆转①。

第二，园区实力依旧保持积累。地方一般公共预算收入保持增长势头，但增速逐渐降低，2019~2021年分别为30.9亿元、35.6亿元、40.55亿元，增速分别为17%、15.3%和13.8%，近3年的年均增速为14.56%左右；2019~2021年税收总额分别为194.23亿元、181.46亿元和211.49亿元，增速分别为15.6%、-6.6%和31.5%，近3年的年均增速维持在4.35%左右。

第三，对外贸易蓬勃发展，经历了短暂的低迷之后开始逐渐恢复。2019~2021年港口吞吐量分别为5015万吨、5664.4万吨和5568万吨，同比增长率分别为19.3%、13.0%和-1.7%，近3年的年均增速维持在5.54%左右；2019~2021年集装箱吞吐量分别为70.8万标箱、101.9万标箱和131.83万标箱，增长率分别为27.1%、44.0%和29.4%，近3年的年均增速达到了35.51%。

（2）产业特征

第一，主导产业蓬勃发力。全区主导产业已初具规模，为海南自由贸易港和国际旅游岛建设提供了强大的产业基础。"十二五"期间累计完成约400亿元的生产性投资，借助大型石油化工项目的投产运营，逐步打通了芳烃化工产业链节点项目，石油化工产业规模效应效果显著；通过对大型商业油气储备项目的建设投产，实现油气储备能力千万方级别的突破，成为我国目前规模最大的商业用油储备基地；通过整合油储贸易成功带动了商品贸易的持续快速增长。港口航运产业出现了新发展趋势，目前已开通运行5条国内外贸易航线，年集装箱吞吐量约45万标箱，同比增长约80%；保税港区发展成效显著，已成功入驻如中国—东盟椰子产业园、国际粮油物流加工产业园等大型项目。

第二，重点项目稳定进行。在建成千万方油气储运和千万吨炼油的基础

---

① 《2019年1~12月洋浦经济开发区主要经济指标运行情况》，洋浦经济开发区官方网站，http://yangpu.hainan.gov.cn/yangpu/1701/202002/57b3f3884b0a42d0b77e21be9dfc3189.shtml。

上，还形成了烯烃—芳烃—特种油品的石油化工产业总体格局①。

第三，招商引资热度不减。据统计，洋浦国际全年新增贸易结算企业46家，累计完成贸易结算额2013.8亿元，占全区的42.1%；贡献GDP约46.3亿元，占全区的10.6%；贡献全口径税收14.1亿元。全年实际引进如大庄园、圣庄科技等的产业项目23个，占全区的82.1%；协议投资额80.4亿元，占全区的92.5%。新引进8个世界500强项目，7个中国500强企业项目，3个行业单打冠军企业项目，其中大庄园、佐迪亚克等项目已开工建设，剩余部分项目也在积极筹备开工当中②。

（二）海口国家高新技术产业开发区

海口国家高新技术产业开发区（以下简称海口国家高新区）是1991年经国务院批复的海南省唯一的国家高新技术产业开发区，它位于海口工业走廊的中心，是面向东南亚的高新科技产业门户，也是海口实现新工业化的关键引擎，是海口今后一段时期经济增长的重要一极，是承载海南省和海口高新技术产业发展的重要基地，也是"21世纪海上丝绸之路"重要的工业支点。园区以医疗器械、低碳制造、信息技术等产业为重点，占地855.42平方千米。近年来，海口国家高新区坚持进行业务创新与产业升级，不断推出新政策、新制度，夯实人才基础，重视平台建设，深化体制改革，以创新作为园区发展活力③。

1. 建设进展

高新区积极连接国家"一带一路"倡议、国家服务外贸发展战略和海南全球旅游观光岛建设的发展机会，逐步建设国家战略性新兴产业集群、节能减排示范区和生态宜居新城。高新区的产业聚集促进海南省和海口市整体

---

① 《洋浦经济开发区招商方向》，洋浦经济开发区官方网站，http：//yangpu.hainan.gov.cn/yangpu/zsxm/202106/132c27ca328c40458b4e425c555eea76.shtml。

② 《精准施策　洋浦招商引资跑出加速度》，洋浦经济开发区官方网站，http：//yangpu.hainan.gov.cn/yangpu/zwdt/202202/93a3400e7ee4407a9a2dd1158ec967dd.shtml。

③ 《园区概况》，海口市国家高新区官方网站，http：//gxq.haikou.gov.cn/jgjs/yqgk/202204/t793072.shtml。

经济社会发展，为海南省和海口市产业结构调整和经济总量扩大作出应有贡献，为海南自贸港和国际旅游岛建设提供战略保障。

"一园七区"总体布局明确了各园区的发展方向，在推动高新区发展的基础上释放出新的活力与潜能。

（1）美安生态技术新城 距海南省海口市中心、美兰国际机场、海口火车站（货运站）粤海铁路南港码头等港口均不超过30千米，交通十分便利。该园区具有海口国家经济高新技术开发区未来主园区和生态经济发展文化旅游示范园区的双重身份。城市规划建设面积为39.34平方千米。注重工业生产建设与发展、创新、商业物流服务等功能，建设综合性生态科学新城，主要包括：高新技术产品聚集区、现代服务业、新兴旅游业、"海空"技术研究总部区，实现医院、金融服务、信息技术、"互联网+"、生态、制造业、新兴旅游业等领域的全方位覆盖。截至目前，美安生态技术新城已经形成了"美安互联网+总部经济区+创客产业园"发展新格局。美安生态科技新城积极融入海南自由贸易港建设的战略环境，以稀缺资源为产业发展核心，同时发挥临港的地理区位优势，以琼州海峡经济为依托，拓展东盟、印度洋、太平洋为发展触角，计划建设"一镇一地一区一功能一极一景区"的国际一流的、高度融合的高新技术产业特色小镇；建成国际一流的高新技术人才高地、海陆空高新技术产业研发总部；承担国家重大战略服务保障功能、现代化经济新的增长极；在实现财富创造和生产力提升两大职能的同时，强化对市民、游客的吸引力，建成国际化、开放型的景区式产业园区。

（2）海口观澜湖旅游园 该项目占地26.03公顷，是国际旅游消费、体育文化、体育文化旅游、体育健身等行业的重要载体；主要发展的是商业、娱乐和其他的第三产业。海口观澜湖旅游观光园的规划目标是：打造以产城融合、旅游职能完备、"旅游+"的旅游业态聚集为特色的创意园；教育和康养等项目、企业入驻，将其打造成一个工业集聚区，打造成一个国际化的、以满足国内外旅游者需求的"都市园林"，一个聚集旅游业产业链的工业集聚点，一个展示海南经济特区文化特色的标志性建筑。

（3）药谷工业园 园区规划面积 6.52 平方千米，既是医药产业、高新技术产业的集聚地，也是绿色医药产业，医疗卫生、器械、保健产品、生产服务的发展集中地。与此同时，园区也不断加大科技园区"退二进三"的建设力度，为实现现代化服务转变夯实基础。园区先后有齐鲁制药、康芝制药、海灵化工、双成药业等 60 多个生产和研究单位入驻。药谷工业园是中国唯一一所"国家黎药产业知名品牌示范区"，园区内含医药企业、事业单位占海南省医药企业的半数以上。

（4）狮子岭产业园区 规划面积为 5.82 平方千米。临近环城高速和中线高速，交通便利，分传统产业转型升级试验区和医疗生态修复特色小镇两期工程。着力推动新能源、新材料、节能环保产业发展。同时，狮子岭工业园建设领域不光涵盖新能源技术、新材料的开发和应用、电气设备、电子信息、大数据、信息安全等技术密集型产业，还包括优化食品、饮料、轻包装等传统产业。自海南自贸港建设以来，园区不断引进新项目，净投资超 100 亿元。

（5）云龙产业园 位于海南省海口市云龙镇，占地 3.35 平方千米，临近美兰国际机场，是临港经济与海上丝绸之路建设的枢纽，良好的区位优势与运输信息资源让省内中小型企业的发展迸发出新的生机与活力。是一座全面融合空港资源优势，着力发展飞行技术装备及运用高新技术的开发和制造、飞机指向性等现代制造业生产、现代物流服务及飞机服务业的综合性科技产业园区。

（6）海马产业园区 位于海口市中心城区南部，占地 1.82 平方千米。海马产业园在现有汽车制造业的基础上，重点发展环保新能源汽车、汽车零部件生产等高端制造产业。同时，推动商贸物流、新能源汽车设计、新能源汽车检测和维修、新能源汽车新产品发布和互联网应用服务等"退二进三"的转型发展。

（7）海口西海岸总部经济区 占地 2.51 平方千米，将互联网和信息产业作为园区发展的主导产业，重点发展互联网、AI、物联网、区块链技术、数字贸易等高新技术产业。未来，海南省将加大支持力度，将其发展为

"互联网+"创新创业示范基地与互联网产业集聚的重点建设区域。

2. 发展成效

(1) 经济指标

海口国家高新区自 2020 年 6 月 3 日成立起，处于稳步发展态势。高新区 2020 年新增注册企业 1935 户，营业收入达 423 亿元，同比增长 6.5%；产业总产值为 298 亿元，比上年下降 4.8%。2021 年，园区实现营业收入 430 亿元，工业产值从 298 亿元上升到 300 亿元。纳税额为 95 万元，远远超过了海南省的标准。2021 年新注册企业同比增长 117.62%，签约产业建设 38 个，资金额 78.3 亿元；新建项目平均建设期限缩短至 18 个月，新增产业建设项目 49 个，总投资 53.6 亿元；工业项目共实现土地交易 20 宗、面积 740 亩①。

(2) 招商引资成效显著

2021 年，海口国家高新区 38 个产业项目集中签约。新开工项目 49 个，其中有 11 个项目参加了 4 场全省集中开工活动，这 4 场集中开工主会场均设在高新区。园区组织大型招标活动 5 场，参加省、市招商推介活动 12 场，与广州开发区签署战略合作协议，与武汉东湖高新区合作谋划生物医药创新公共服务平台项目，充分利用自贸港的政策优势，寻求突破的途径。除在省内进行招商外，还不断向外省进军，鼓励全国各大企业响应国家号召，投身海南自由贸易港建设，支持产业园区建设。

园区通过完善招商接待流程，提升产业和企业分析水平。引进包括五大发电集团、华熙生物、修正药业集团、深圳裕同、上海平野、香港新科等知名企业，产品覆盖全球 500 强，细分领域国际头部企业、国内行业龙头、信息技术创新企业等。引进长江三江超市、深圳裕同、浙江海兴等 19 家上市企业。2021 年，园区共引进 8 家 500 强企业，7 家上市企业，赴省外开展承接投资促进工作 60 余批次，接待来访客商 550 余批次，新签多个优质项目，

---

① 《2021 海口国家高新区招商引资的"高新答卷"》，新浪网，2022 年 1 月 27 日，https://news.sina.com.cn/o/2022-01-27/doc-ikyakumy3014256.shtml。

再添发展新动能。

（3）医药医疗器械行业跑出"加速度"

到 2020 年，园区共计引入 7 家企业、4 个平台，与 25 个重大新药品种实现对接；新签约 14 个医药及医疗器械产业项目，投资净额达 16.32 亿元。通过全省人民的不懈奋斗，海口国家高新区在国家生物医药产业园区的排名直线上升，由第 40 位上升至第 33 位。

2021 年举办首届海南自由贸易港医疗器械产业高峰对话，以商招商，促成海南葫芦娃药业与北京盈科瑞签订创新医药战略协议，海南华益泰康与海翔药业共建国际化 CDMO 线上服务平台，中国药科大学和海南卓力制药有限公司联合成立海南黎药现代化技术研究中心。通过引进与建设并举的方法，建成海南国际医疗器械科技工业园，集聚了大量国内外一线医疗器械企业，积极推广重大新药创制成果试点经验。并与省药监局联合出台了《关于进一步提高优化服务支持生物医药产业高品质持续发展的通知》等项目文件，成立海南省首个药械创新社区服务站，为企业提供咨询、指导、精准化扶持、全链条协助项目开发落地宣传培训等服务。2021 年末，园区共争取到重大新药创制临时政策资金 7300 万元，支持实施 4 个重大新药创制项目，建设 2 个新药创制公共服务平台，开发和转化 8 个重大新药，单个品种年产值达 20.74 亿元。

（4）企业自主创新能力全面提高

海口国家高新区把科技创新作为园区发展的核心引擎，抓住生产服务和生活服务两大功能，大力打造创新型"聚集区"，打造可持续发展的海南特色产业园区品牌。

园区现有 30 多个重点实验室（包括国家级、省级、市级）及其他研发平台。2020 年，海口国家高新区创业孵化中心新增 630 多家企业注册登记，64 家企业响应园区号召，主动申报高新技术企业。2020 年，共有 28 家企业成功获批为高新技术企业。

园区企业坚持技术创新与产品升级，曾在多项创业比赛中取得不俗成绩，多次斩获国家级创业比赛金银奖。与此同时，高新区创业孵化中心培育的众创空间——阳光众创梦工厂被科技部火炬中心认定为国家级众创空间，高新区创业孵化中心入选第三届中国100家特色载体。

（三）海口综合保税区建设进展及成效

1992年10月21日，国务院批复设立海口综合保税区，面积为1.93平方千米，距海口市中心区和海口港约3千米。北临南海大道，西临丘海大道，南临货运大街，东临金牛路，属于海口市的"飞地"园区。作为海口市中心组团南部发展规划的重点部分，海口综合保税区是海南唯一的综合保税区和两个海关总署特别监管区之一，是海南目前对外开放水平较高、外向经济集聚力较强的重点工业园区，同时也是海南推进中国特色自由贸易港建设的重点园区[1]。

1.建设进展

海口综合保税区一直以来把科学发展作为园区活动的主基调，经过前期筹划，逐步实现了工业园区的科学化、智能化和生态化，以高新科技产业发展为龙头，促进了仓储运输行业的蓬勃发展，并通过系统、技术创新措施和优惠政策，实现了对周围经济社会的发展和城市功能开发建设的辐射带动效应，目前已经获得了令人满意的发展成绩。工业园区内已建立了以电子信息、生物制药、车辆制造为龙头的高新科技产业群，成为海南高新科技工业的重要发展基地和示范园[2]。

海口综合保税区位于中国海南澄迈县老城区经济开发区，地处泛珠三角洲经济带、环北部湾经济发展圈、大东盟自由贸易区最前沿，背靠大西南地区，便于要素的集中；而且地处太平洋和中国印度洋之间的海上经济廊道通道线上，向南向北分别与中国台湾、港澳和东南亚地区相连，有利于加工贸易发展。北靠我国一类开放港口的马村港，实现了区港互动；东依海南省会城市——海口市，带动经济发展。

---

① 《机构概况》，海口综合保税区官方网站，http://ftz.haikou.gov.cn/jgjs_0/jggk/。

② 《海口保税区》，经济带网，2017年5月5日，http://www.iic21.com/21sczl/index.php?m=Home&c=Articles&a=showart&artid=1788。

海口综合保税区的功能定位是着重开发外向型加工业、物流服务，以保税物流配送、保税生产和保税服务为三大职能，同时也把分销配送、售后服务、产品展览、国际贸易、保税仓储物流、技术开发、生产制造等作为园区的重点业务，在此基础上构建与海南产业服务相配套的专业园区。

海口综合保税区将以打造具备世界影响力和竞争力的生产加工、开发设计、物流配送、测试维护和销售服务中心为目标，充分运用国际国内两种资源、两个市场，大力发展保税加工制造、保税物流、跨境电商、汽车进口、现代金融服务以及保税文化、开发设计、测试维护等业务，积极扶持和引导新兴科技、新业态、新模式的发展。海口综合保税区的优势特点、国家优惠政策倾斜与澄迈老城经济开发区丰富的地域优势、完善的基础设施与产业链构成优势互补，成为国内外投资者发展物流业和出口加工业的良好机会。

2. 发展成效

（1）经济指标

2020年，在海南开设离岛免税店的企业均在园区内注册总部或海南运营中心，筹备开设岛内居民免税店的企业大部分在园区内注册并租用仓库，免税品集散分拨基地雏形初现。截至2020年底，园区企业建成仓库14.85万平方米，叠加海口综保区管委会自营的已建、在建和拟建仓库共16.4万平方米，形成总面积30多万平方米的免税品仓储、分拨、展销、集散基地。集聚形成的跨境电商企业已经拥有一定规模。园内共有跨境电商注册企业221家，全年实现了125万清单的申报，比上年增长6.35倍；货值5.26亿元，增长6.72倍。为承接原产地、原辅料免税政策，引进并鼓励企业开展含进口料件的加工制造，储备一批高附加值加工产业项目。利用离岛免税和岛内居民免税销售、国家级会展、金伯利口岸等政策叠加优势，推进海南国际钻石珠宝产业园的建设。

2020年，园区完成营业总收入772.32亿元，增长59.49%。外贸进出口总额达到了245.93亿元，上升165.04%（在中国纳统的97个综合保税区中，排名第22位），其中出口61.23亿元，增长501.47%；进口184.7亿元，增长123.58%。实际利用外资18374万美元，增长80.38%。实现税收收入 22.15 亿元，增长 4.48%，其中市级税收留成完成 7.97 亿元，增长 13.46%。固定资产投资完成 9.5 亿元，下降 9.35%。新增注册企业 744 家，增长 241%，共有注册企业 1804 家。

2021 年，海口综合保税区促进项目高质量、标准化建设，推动项目建设与落地，持续实施有效招商项目，全面推动经济高效增长。全年累计完成主营业务收入 1203.63 亿元，新增注册企业 1293 户，税收收入达 26 亿元，为园区经济持续积聚动力[1]。

（2）新业态蓬勃发展

海口综合保税区新业态蓬勃发展，园区以自身的发展特点和资源优势，进一步探寻实现更高层次国际贸易与投资开放的便捷化道路，在原有保税物流、保税加工和保税服务产业的基础上，积极探索发展新兴业态，打造辐射带动周边区域开放型经济发展的重要引擎。

（3）重点项目建设稳定进行

海口综合保税区拥有 19 个在建工程项目，总投入达 44.43 亿多元，累计实现各项投资 9.5 亿元。其中，新增建设项目 5 个，总投资达 8.82 亿元，2020 年实现续建项目 14 个，总投资达 35.61 亿元，全年实现项目投资 8.03 亿元。至 2020 年底，海南中和药业股份有限公司车间改造扩建项目、海南全星制药有限公司 GMP 升级技术改造项目、康宁 2019 年工厂生产功能完善项目、海口综合保税区（配套区）起步项目实现竣工，总投资 2.62 亿元，完成投资 0.17 亿元。

（4）招商引资数量持续上升

海口综保区具备政策的叠加优势，发挥自由贸易港和综合保税区的政策优势，充分利用国内国外两个市场资源，加大对自由贸易港建设和对自由贸易港产业投资的支持力度，打造多元化产业集群发展格局。园区以建设中国（海口）跨境电子商务综合试验区为契机，顺利完成跨境电子商务产业园建

---

① 《海口综合保税区政策叠加优势初显，去年园区营业收入超千亿元！》，海口综合保税区官方网站，2022 年 3 月 16 日，http://ftz.haikou.gov.cn/ywdt/mtbd/202203/t907677.shtml。

设工程，已经具备符合保税备货模式、B2B2C 和跨国直购业务模式发展需求的条件，已有福建陆地港集团、唯品会、E 码头、高培、坤牧等 50 多家电子商务企业落户跨国电子商务产业园，在此基础上，以创新试点的方式不断探索跨境电商线上（平台）和线下（展示）贸易的结合发展方式。除此之外，园区还大力吸纳总部企业，积极培育总部企业，中国旅游集团公司、中免集团（海南）运营总部等总部企业已迁入园区，国机集团、国投集团、国铁投资公司等 6 家央企已在园区投资了 10 家企业①。

（5）跨境电商产业快速增长

与菜鸟供应链、考拉海购、福建陆地港集团、百达公司、优选跨境、洋葱 OMALL、世蔓（海南）国际贸易公司、东森自然美公司达成了采购协议，与京东国际、顺丰国际、嘉里物流、普洛斯、华贸国际、嘉城国际等多家物流头部企业签署框架协议。

（6）引进境外知名品牌商入区开展高附加值业务

园区充分发挥海南国际钻石珠宝产业园展示交易功能，洽谈引进俄罗斯埃罗莎、印度 KGK、周大福、谢瑞麟、中国黄金等境内外知名品牌商，平台商入区开展高端钻石珠宝加工、定制、展销等高附加值业务。与近 30 家珠宝企业达成入驻意向，安基钻石珠宝等 10 多家珠宝加工、供应、零售企业入驻。与中宝协、缅宝协签署合作备忘录，推动中缅翡翠贸易便利化，将海口综保区打造成为国内最大的翡翠交易中心，推动海南翡翠相关产业发展。

（四）海南生态软件园建设进展及成效

海南省政府与中国电子信息产业集团在签订合作协议的基础上，于 2008 年 11 月 6 日成功完成了对海南生态软件园的规划与建设，园区管理层自成立之初便采用政府支持与市场运作相结合的策略，对园区业务开发、招

---

① 《与会嘉宾点赞海南建言椰城 海口应进一步纳才用才》，海口网，2019 年 5 月 23 日，http：//www.hkwb.net/news/content/2019-05/23/content_ 3720915.htm。

商引资、日常运营等工作展开管理。海南生态软件园是首批获得国家批准的以数字服务为特色的出口基地型园区，肩负着国家科技企业孵化器和国家新型工业化产业示范基地等使命。园区积极支持信息产业的发展，通过区块链技术研发与落地实现了数字赋能，先后吸纳了腾讯、百度等互联网企业在此规划、投入、建设百亿级生态村等产业项目，以着力构建规模千亿的产业集群。

1. 建设进展

经中央和海南省政府批准，海南自由贸易港生态软件园于 2009 年在海南岛西侧的澄迈县开始筹备建设，并决定由中国电子信息产业集团负责投资支持、规划建设、招商引资与日常管理，软件园占地 15.58 平方千米，为海南数字经济产业发展提供了重要的技术媒介与服务平台①。

在海南自由贸易港建设的大背景下，园区以大力发展数字经济为战略导向，通过"一区三业"的产业布局，凭借国家区块链试验区的优势，重点发展数字文创、数字健康、数字金融等现代化数字产业，力争打造数字贸易策源地、数字金融创新地、中高端人才聚集地。2020 年 4 月，海南生态软件园入选国家数字服务出口基地。2021 年 6 月，海南生态软件园党委入选海南省先进基层党组织拟表彰名单②。

2. 发展成效

（1）经济指标

海南生态软件园经济成果显著，整体上保持较高速度的增长。税收总额增长势头迅猛，2018～2021 年税收总额分别为 20.28 亿元、25.62 亿元、53.16 亿元和超 100 亿元，增长速度分别为 41.72%、26.33%、107.49% 和 164.6%，近 4 年的年均增速已超过了 70%。营业收入实现了里程碑式的跨越，2019～2021 年营业收入分别为 165.5 亿元、超 500 亿元和超 1000 亿元，

① 《海南自由贸易港生态软件园简介》，海南自由贸易港官方网站，https：//www. hnftp. gov. cn/yshj/yqzt/hnzymygstrjy/yqjj_ 82409/202004/t20200410_ 3025379. html。

② 《海南生态软件园》，海南人才工作网官方网站，http：//hainanrc. gov. cn/news/shownews/cid/46/id/219. html。

2020、2021年分别迈过了500亿元和1000亿元的大关，近3年年均增速已经超过了150%，实现了跨越式增长。招商引资成绩斐然，2018~2020年累计企业数量分别为3593家、4833家和7666家，这3年的年均增速达到了46.1%，截至2022年4月，园区企业已经突破了1.2万家。

（2）园区一批创新型企业快速成长

在专精区块链研究的战略导向下，园区为企业提供了精准的扶持，加速了园区企业的成长。例如，于2016年在软件园成立的众合天下由2020年的未进入海南民营企业百强，直接于2021年跃升至第4名；元游信息不仅一直是海南民营企业百强名单里的常客，更于2021年在中国互联网企业综合实力排名中居第37位；椰云网络成立仅3年便在2021年攀升至中国互联网成长型企业20强中的第8位，潜力巨大。

（3）拥有全球顶尖技术团队

海南生态软件园自成立以来，一直将区块链技术前沿作为主攻方向，并与相关科研单位不断开展合作与交流。如与牛津大学、麻省理工学院、中科院、清华大学、上海交通大学等一流高校和科研院所开展交流与合作，组建了一支由300多名国际知名专家组成的技术团队，并联合创办了与区块链技术相关的研究院、实验室等先进的科研平台，以强化对区块链技术的研究。

（4）区块链技术领域取得突破性成果

自成立以来，海南生态软件园便深耕区块链技术的创新研究，实现了对数字身份系统、可信执行环境、可监管区块链等关键领域的突破性进展，顺利达到了国际领先水平。截至目前，园区注册登记有关区块链的专利已有46项，包括10余项国际发明专利以及11项授权专利，获得了极具进展的研究成果。同时，园区也在积极推动产业链的完备，在政府的领导和支持下，以区块链技术的核心底蕴和数字健康的业界动态为基础，通过打造集数字、医疗为一体的创新基地，对目标企业进行定向吸引，并于2021年12月成功入选国家区块链创新应用试点名单。截至2022年2月，园区内的数字健康企业已经突破1000家。

（5）建设 Ishool 微城未来学校

生态软件园以充分发挥海南良好的自然生态环境为抓手，打造完全不同的城市物理空间，让大家在海南有不同的选择，将自然与城市结合，实现了"在公园里工作，在生活中创新"的初衷。同时，不断升级园区医疗、教育、文化配套设施。园区投资 20 亿元建设 Ischool 微城未来学校，力争打造一支全球性的师资团队。截至 2021 年 6 月，学校超 50% 的教师具有国际背景。学校全面创新了教育培训目标、教学理念和课程体系，目前，已成为吸引中高端人才到海南的一个关键点。据统计，2020 年 Ischool 来自北京、上海、广州、深圳一线城市以及浙江、江苏等发达地区的微城未来学校学生比例达到 18%，2021 年学生比例增加到 45%①。

（6）龙头企业以及专业机构落地

海南生态软件园以数字赋能产业需求为导向，以生物健康为标准，积极开展对数字化医学健康的龙头企业招商引资，目前已有千余家企业在园区落户注册。以 2021 年为例，龙头企业年营业收入超 200 亿元，为园区贡献了 23.84 亿元，较上年增长 491%。蓬勃的生命力吸引了包括阿里健康、阿斯利康、叮当快药等越来越多行业龙头企业和业界知名机构的加盟，海南生态软件园着力构建从电子医药商务、数字医疗服务到医药器械数字化生产的现代化数字健康产业生态链条。

（五）博鳌乐城国际医疗旅游先行区建设进展及成效

2013 年 2 月 28 日博鳌乐城国际医疗旅游先行区经国务院批准在海南博鳌正式成立，规划面积为 20.14 平方千米。博鳌乐城国际医疗旅游先行区将特需医疗、健康看护、康复管理、医学美容等医疗产业与旅游进行了结合，着重打造国际化医疗旅游关键示范点，是一个汇聚了国内外高端医疗旅游服务和国际尖端医疗技术成果的国际医疗技术服务产业聚集区，是中国第一个

---

① 《海南自贸港："样板间" → "开门红"》，海南自由贸易港官方微信公众号，2021 年 6 月 3 日，https：//mp. weixin. qq. com/s/V5i80urnLRoW2jxAdROcxg。

集国际医疗旅游服务项目、低碳环保生态社区、国际机构为一体的国家重点医疗开放园区，是海南自由贸易港唯一使用真实世界数据的试点区。使用国际优秀医疗器械服务国人健康，加速了健康产业发展，是推动医疗卫生事业改革创新的现实媒介。

1. 建设进展

琼海博鳌国际医疗旅游先行区已创立8年，在中央和省政府的部署支持下，取得了明显成就。2019年是发展的拐点，8月成立乐城先行区管理局，精准确定其法务定位，实现了乐城先行区管理机制向系统化、集约化方位的更新；9月，国家发改委、卫健委等四部门公布《关于支持建设博鳌乐城国际医疗旅游先行区的实施方案》，从制度建设的视角全面规划了乐城先行区发展，促进乐城先行区进入一个新的发展环节。

2. 发展成效

（1）制定产业园区规章制度综合性自主创新制度改革，全面推行医疗服务审核精简改革创新，完成自主创新医疗机械买卖、项目投资和跨境支付平台向自由经济、方便化方位发展，与标准化国际进出口贸易"单一窗口"合理连接。推动医疗服务规模经济跨境电商自由流动；与贝朗、罗氏、强生公司等4家全球500强医疗设备公司签订合作框架协议；引入亚洲美安医疗集团等诸多国际一流健康服务，打造出骨外科、康复医学科、脑外科、呼吸内科、耳鼻咽喉科、风湿科、骨科等国际知名品牌部门。

（2）制度集成创新取得较好成效，临床真实世界数据应用试点获得国家职能部门肯定，实现医疗和药品监管"二合一"。通过医疗和药品"二合一"监管体制创新，乐城先行区设立了全国首家医疗药品监督管理局，有效推进了卫健和药品两个监管体系的协调发展，实现综合监管，提高监管效率。

（3）医疗体系不断优化，初步形成了产学研协同发展格局，为国际健康旅游和高端医疗服务产业的高质量发展开创了良好局面。截至2021年1月，乐城先行区投资项目21个，16个项目开工建设，其中9家医疗机构已开业运营；共引进签约院士专家团队51个，已初步形成在肿瘤防治、辅助生殖、医美抗衰、干细胞研究等领域的产业集聚，并在应用国际医疗新药品、新设备和新技术等方面创造了十余例国内首例，初步实现医疗技术、设备、药品与国际先进水平"三同步"[1][2]。

（六）文昌国际航天城建设进展及成效

文昌国际航天城是我国第一个沿海发射基地。以八门湾西片区和航天超算产业片区为基础，以航天高新科技为导向，聚焦航天发射及配套服务、高档航天新产品开发、全球性航天交流合作等与"航天"密切相关行业这一关键发展趋势。

1. 建设进展

文昌国际航天城由起步区、航天发射及配套区组成。其中，起步区坐落于八门湾西侧，与航天发射及配套区仅有约 20 千米的距离，占地 12.08 平方千米，为航天城优先发展综合示范园区，以八门湾西片区和航天超算产业片区为核心。起步区在航天发射及配套区中扮演着后方服务的角色，主要表现在对产品开发、科技创新、高效交流、城市配套等领域的保障。航天发射及配套区占地 4.5 平方千米，承载着国际性航天发射的重要任务，通过对重型运载火箭发射、运载火箭升级、商务航天发射及有关配套产业合理布局，辅以航天度假旅游等民用消费领域实现较为完善的产业链建构。

以海南省委办公厅、省政府办公厅联合印发的《关于完善十一个重点园区管理体制的实施方案》（琼办发〔2020〕9 号）和《海南省人民代表大会常务委员会关于海南自由贸易港洋浦经济开发区等重点园区管理体制的决定》为依据，文昌国际航天城着力构建法定机构与平台公司二元并举的管理体制，并在此基础上依法成立了文昌国际航天城管理局，以机关法人的身

---

① 《海南博鳌乐城国际医疗旅游先行区简介》，海南博鳌乐城国际医疗旅游先行区官方网站，http：//www.lecityhn.com/#/list＿e48d178f7548460682aed23613ba1b86/article？categoryId＝e48d178f7548460682aed23613ba1b86&articleId＝a6983356dcd74d708da01c59c4227bb8。

② 《乐城管理局通报 2021 年工作情况和 2022 年工作计划》，人民网，2022 年 2 月 24 日，http：//hi.people.com.cn/n2/2022/0224/c231190-35147757.html。

份负责航天城规划建设、营运管理、产业发展、制度改革、全面协调等方面的工作。

在航天发射及配套设施区，文昌航天科普中心仍然处于建设进程之中，计划区域占地约 170 亩、建筑面积 6479.94 平方米。基本建设内容包含科普中心主体部分、配套设施、旅客集散广场、电动车中转站台、飞行器室外展示厅等核心项目，以此推动文昌航天发射场旅游业发展。现阶段对外开放经营的旅游景区以中国文昌航天发射场和航天科普展区为主。园区致力于贯彻落实我国军民融合发展战略，大力探索国防科技和商用属性一体化建设，发扬以爱国主义精神为核心的"两弹一星、载人航天"精神实质，能够更好地激起全社会喜爱、关注、服务航天项目的激情，以文昌航天发射场的发展战略和品牌知名度，推动文昌地方经济转型发展。除此之外，文昌市人民政府与西昌发射中心共创的航天科普和爱国主义教育基地成功当选为 2016 年海南省重点旅游发展项目。

2. 发展成效

（1）涉及航天领域的重大科技创新产业：商业小卫星总体设计、卫星总装与整星测试，新型载荷研发；大中型商业遥感、通信及导航卫星研发；布局商业小火箭产业，打造国内最大研发基地；发展航天地面设备研制，逐步打造从元器件到分系统和有效载荷再到航天器整体的研发产业链条。

（2）空间科技创新战略产业：小行星探测器和小型空间探测卫星研制；卫星通信、导航、遥感数据在农业、渔牧、交通、旅游、国土资源监测等领域的开发应用，以及综合应用研究。

（3）创新融合示范产业：以智能化为重点的航天电子信息产业，航天领域新材料在南海油气开发领域的应用，太阳能、氢能源技术研发及应用，机器人技术与无人机的研发、试验、验证。

（4）航天国际合作产业：举办世界宇航大会、中国商业航天进出口交易博览会、世界商业航天大会等国际级专业性会议和展览，建设国际航天城基金小镇，建立企业金融服务平台，打造国际航空航天大学，开展航天教育培训。

（5）航天大数据中心：依托文昌航天超算中心，开展航天大数据采集、预处理、存储、处理、交易、应用与分析全产业链条建设，面向环南海经济圈，服务"一带一路"沿线国家和地区，将文昌打造为环南海经济圈航天大数据资源高地、航天大数据应用示范基地和航天大数据产业创新基地①。

（七）三亚崖州湾科技城建设进展及成效

崖州湾科技城具备发展南繁产业和深海科技产业得天独厚的自然环境、区位优势和要素资源。首先是得天独厚的气候优势——温度，分布在三亚、陵水和乐东的南繁基地年平均气温23℃～24℃，光热充足，能满足农作物周年生长的温度需要，是育制种的天然大温室和加速器。其次是优质的海洋条件——深度，崖州湾是开展深海研发和试验的最佳天然场所，可实现从崖州湾到1000米水深海域和2000米水深海域的当天来回，为加快深海装备研发测试、深海资源开发、海洋现代服务等深海特色产业聚集，保障国家深海战略和海洋强国建设提供了重要服务支撑。

1. 建设进展

崖州湾科技城自2019年启动建设以来，围绕服务壮大国家战略科技力量，以自主创新和产业转型升级为关键，持续推动"产、学、研、城"紧密结合，提早完成重要高新科技设备和产业平台合理布局，持续培养差异化竞争优势。以高标准规范设施建设，进而保证高质量发展。截至2021年，全社会固定资产投资额346.62亿元，税收总额34.68亿元。管理范围之内的纳税企业由2019年的713家迅速增加到1966家；科技企业、服务业企业税收占比逐年提升，产业结构不断优化。在引进人才和养成层面，已成功吸引26名工程院院士到科技城进行科学研究、科技成果转化和应用示范。同时积极拓展伙伴关系，园区实验室与19家联席会成员单位建立合作关系，开展协同研究；园区内共有21个人才团队当选海南省双百人才团队、国际

---

① 《文昌国际航天城宣传片中文解说》，文昌国际航天城官方网站，2020年12月2日，http://www.wchtc.net/xinwen/2020/show-462.html。

国内高层次人才精英团队，另有 408 人获得海南自由贸易港高端人才称号。

规划布局上，崖州湾科技城依山达海、交通便利，通过 G98 环岛高速入地方式，实现了南繁、深海两大科技城在空间上的紧密布局和有机融合。其中，南繁科技板块重点布局"一城、一岛、一谷"三个区域。南繁科技城是国家"南繁硅谷"的核心载体，布局国际前沿产研区、南繁科技研发区、南繁国际商务带、高端产城配套区 4 个功能分区。生物谷是世界动植物种质资源的保护、繁育、研究及成果转化基地，以自然环境为基底，建设园艺作物、畜禽、水产种质资源和模式研发中心。深海科技板块，重点布局"一城、一港"两个区域。深海科技城加速深海科学研究、设备开发和应用平台的基本建设，努力构建开放共享的深海科学研究和试验专业能力。南山港，建设国内首座公共科考码头，不断完善港口服务基础设施，打造走向深海的科考母港。此外，立足种业科技、海洋科技、生物科技等高新技术领域，设立产业发展示范区，服务成果转化，强化创新链和产业链在横向与纵向上的融合，加快产业生态培育。

开发机制上，贯彻"政府主导、企业实施、市场化运作"原则，设立企业化运转的法定机构，由省、三亚市人民政府将行政管理权和社会服务职权进行授权委托，实行全部成员招聘模式，不定级别，形成上下融合、进出自由的人才管理机制。同时，引入中化集团、招商局集团分别与崖州湾科技城管理局合资成立开发运营平台公司，借力央地合作，充分运用国有集团公司产业链整合资源的优点与园区运营管理等优势，统筹推进南繁、深海两大科技城约定区域的招商、投资、建设、运维等工作，创新园区开发机制和运营模式。

2. 发展成效

自启动建设以来，崖州湾科技城贯彻维持生态、做好生活、服务生产的理念，着力构建环境宜居、产城融合、科技创新、绿色智慧的现代化科技新城，取得显著成效。

（1）经济指标快速增长，高质量发展迈入新阶段

截至 2021 年底，已累计完成固定资产投资 346.62 亿元，其中 2019 年

完成 59.48 亿元，2020 年跃升至 113.45 亿元，同比增长 91%；2021 年完成投资 173.69 亿元，实现年均增长逾 70%。累计完成税款 34.68 亿元，其中 2021 年财政收入 17.84 亿元，比 2020 年提高 91%。高新科技与服务企业税款比例逐渐提升，经济结构持续调优，发展前景看好。

（2）聚焦种业科技创新，重大平台建设成型起势

崖州湾种子实验室聚焦国家级实验室建设，借助核心科研平台与重大科学装置的双重身份，规划建设了 10 个具有公共性的对外开放科研平台，占地面积超出 24 万平方米，总投资超 30 亿元；正在谋划建设南繁育种技术服务中心等 17 个项目，总投资约 65 亿元。

以重大科研平台项目为支撑，在关键科技和共性技术的基础上加快促进科技成果转移转换平台的建设，在取得成功投入使用南繁种业科技众创中心的同时，还完成了国家南繁种业产业园区一期 3280 亩设备建设，并启动了生物育种等方面的研究。以中科院坡田洋 321 亩种子创新科研基地为载体，打造"智慧农田"示范样板工程。同时，开展农业大数据平台等南繁科研信息化应用建设，崖州湾先进计算中心建成投产，为智慧南繁和科研育种提供全方位服务。这些重大科研平台项目将为种源搜集、维护和使用等科研创新提供支撑，逐步完善种业科技创新管理体系，大幅度提高种业科技创新工作能力，强有力支撑国家"南繁硅谷"的高质量建设。

（3）搭建深海技术体系，整体规划关键设备落地

贯彻习近平总书记"在深海进入、深海探测、深海开发方面掌握关键技术"的重要指示精神，着力构建围绕"国家海洋综合试验场（深海）"展开的综合体系，加速深海科技创新管理平台、南海地质环境科技创新产业基地等重点高新科技设备建设，大力构建深海科研、设备开发和应用平台。建设深海化合物资源中心（国家化合物样品库分库），打造海洋药物原创策源地，积极推进南海海洋大数据中心等项目落地。建设智能化海洋牧场，为海洋生态环境提升、海洋生物资源可持续发展和"深蓝色粮库"建设提供示范。浙江大学（海南）运用先进技术，创新产业链和平台建设，推动军地战略协作，助力"军、政、产、学、研、用"全链路协同创新。

（4）推动创新要素汇聚，引进中转业务攻关破题

高度重视科技创新能力建设，大力引进科研院所和高校，汇聚创新主体和要素资源，推动科技成果转化。

一是聚集院士专家和大院大所。吸引了 26 名院士到高新区开展科研、科技成果转化和应用示范，其中，6 位院士已设立院士创新平台。围绕南繁、深海领域科技前沿理论和关键"卡脖子"难题，李家洋、万建民、钱前等 20 位院士已经着手院士创新团队的前期工作。已引入中国科学院、中国农业科学院、地调局、华大生命科学研究院等 24 家国字号和细分领域顶级机构院所。上海交通大学、浙江大学、中国农业大学等 11 所高等院校已为科技城培育硕士、博士研究生 1226 名，含教育部海南专项研究生 1069 人。加速高校科研群集建设，实现"产学研用"的紧密结合，塑造科技创新和产业发展的高端人才。

二是依托种子实验室引才聚才。协同 19 家伙伴单位，打造了由 800 余名研究人员组成的科研团队在海南进行种业创新研究；面向全球公开招聘全职人员 102 人，包括 72 名博士后，另有 9 人来自美国加州大学、美国布鲁克海文国家实验室、美国拜耳、孟山都等著名国外大学、机构和企业。预计 2022 年上半年，实验室将引进固定人员 200 人，确保全年实现 60 余个科研团队、1600 余名科研人员聚集。围绕服务国家粮食安全战略和种业科技自立自强，形成"揭榜挂帅"项目池；2021 年已签约启动 9 个研究方向共 76 个种业"卡脖子"重大联合攻关项目，其中优先资助 18 项，培育 58 项。

三是协同推动引种业务落地。聚焦种质资源引进中转诉求，在保证安全的情况下，积极与科技城各个创新单位开展紧密合作，协助两家外资种企分别从智利引进 20 公斤转基因大豆和 20 公斤非转基因大豆种质资源，从德国引进 50 个品种共 100 公斤玉米种质资源，借助我国三亚海关、农业和林业相关单位建立针对入境植物繁育材料专业隔离场所的考核认证机制，以及种子入关检测快速通道，两单业务均已于 2021 年 12 月在三亚落地，为"常规引种"业务常态化运作提供了可借鉴、可复制、可推广的成功案例。

四是加速知识产权特区建设。以"南繁种业""深海科技"等行业知识

产权维护为关键，打造出崖州湾知识产权综合服务公共枢纽，构建知识产权综合服务平台，打造园区知识产权全链条保障体系；中国（三亚）知识产权保护中心现已完工并通过验收，这是我国知识产权局在海南自由贸易港建设的第一个国家级知识产权功能平台，2021年顺利成为我国知识产权信息公共服务网点。与农业农村部在智能科技层面协作建设了"农业农村部科技发展中心—崖洲湾分子检测实验室"，创建动物与植物种源DNA指纹信息数据库系统，为种业知识产权维护提供关键数据支撑。成功促成了首单植物新品种权交易和首单果蔬深加工技术转让业务落地。

五是深化种业科研对外合作。设立崖州湾国际种业科创中心，强化国际开放和交流合作，推动植物新品种权和国际种质资源交易；启动ISTA（国际种子检验协会）会员实验室创建工作，初步计划用4年时间通过ISTA能力测试，获取实验室认证，为种质资源进出境和种子进出口贸易提供国际互认的检测服务；已分别与中国种子协会、中国种子贸易协会、中农促进会等农业顶尖协会、机构签署相关合作协议，将在研究平台建设、科研成果孵化、高层次人才引进等领域开展合作。

（5）筑牢持续发展基础，加速培育主导产业

充分发挥龙头企业、国字号科研机构和一流高校的影响力、号召力，扩大集聚效应，加速产业链引入。

一是着力构建"检测前端、田间服务、实验室管理、成果转化、经营创收"一体化的产业链条，逐步吸纳了包括中国种子集团和德国科沃施在内的607家国内外农业相关企业，并形成了完整的种业生态配套服务体系。作为国家种业产业链"链长企业"，中国种子集团有限公司已将总部迁至崖州湾科技城并开展实体化运营，为更多优质种业市场主体聚集树立旗帜。与先正达中国作物营养板块中化肥达成合作，在崖州湾科技城设立中化（海南）农业生态科技有限公司，已完成1.1639亿美元实缴，将落地新型肥料研发中心及进出口肥料贸易中心。促进以CRO业务流程为关键的当代种业服务项目聚集。引入山东舜丰生物、隆平生物、未米等龙头企业，提供基于基因编辑技术的委托育种服务、热带特色作物遗传改良服务、分子检测等

CRO 服务。积极搭建崖州湾科技城基因编辑技术公共平台，组建专业化南繁科技服务、技术转化平台，扩展"小核心+大网络"的协同创新体系。加快推动生物育种产业化落地和水产育种科研与成果转化，已有 7 家企业入驻国家南繁生物育种专区开展生物育种试验工作。

二是明确深海装备制造业、深海生物资源、清洁能源和新型材料开发设计等"深蓝"特色产业的主体地位。以高档推动、聚合发展、绿色优质为导向，深入推进深海资源开发、深海核心部件、深海设备测试等深海技术产业的生态文明建设，放大集聚效应，加速产业导入。协同中科院深海所搭建深海装备加工与装配中心，补齐科技城基础加工短板，满足深海科研工作对个性化加工件的需求；支持明阳智能、上海电气有限责任公司对于深海风力发电设备核心部件的产品研发，推动钻井平台配件生产和深海设备加工拼装服务等项目落地科技城。依托武汉理工大学、中国船舶集团，搭建海洋石墨烯电子信息器件与装备技术平台，开展光纤传感器新材料研发和市场化推广；引入山东东宝重工科技股份有限公司，提升载人潜水器载人舱设计、制造、测试和评估能力，填补国内民用载人潜水器空白。紧抓海洋通信发展及海缆新旧更迭过渡期机遇，引入中国电信集团谋划建设南海海缆保障基地。

三是聚焦高新技术领域，拓展南繁、深海支柱产业链。以非人灵长类种质资源与模型研发中心等关键平台为支撑，积极推进以深海和动物实验为核心的生命健康产业发展，推进新药创制、医用材料和新型医疗器械研发全产业链落地，推动科教研发、人才培养、产业孵化要素聚集，构建实验动物、生物医学和全健康产业融合发展的生命健康产业生态圈，先后引进康码生物、安达生物等十余家生物技术及生命健康领军企业。围绕南繁、深海两大主导产业的上下游重点领域，积极推动大数据中心、人工智能、商贸服务等高新技术企业及现代服务业企业招引。目前科技城已有国家高新技术企业 133 家，其中 2021 年新增 34 家[①]。

---

① 文中数据来源为《海南日报》报道及崖州湾科技城管理局提供。

三 海南重点产业园区发展困境和瓶颈

（一）我国经济发展呈现"新常态"，对经济发展的要求从速度转向了质量

在新冠肺炎疫情、人口红利下滑、出口增长放缓、国内消费乏力、产能严重过剩和产业结构调整等综合因素的共同作用下，中国经济发展转为中高速增长，进入经济发展"新常态"。在新常态下，我国发展出现了日渐突出的结构性问题，恩格尔定律显现，需求增长困乏，实体经济艰难，地区和行业分化加剧，经济下行压力较大。从海南的角度出发，经济运行中还存在许多突出矛盾，具体表现为产业布局不科学、自主创新能力不够、竞争力弱、转型升级任务艰巨等。尤其是工业投资和民营经济增长困乏，部分工业企业负债率高、经营困难、效率低、债务风险高，给工业园区的高质量发展带来了制约和压力。

（二）面临大量国家级开发区及周边省市各类开发区的竞争，园区压力较大

截至 2021 年，国内获批成立的各类国家级经济区域数量已经超过了400 个，国家级开发区大部分功能和政策趋同，各开发区之间的招商资源竞争非常激烈。相比周边省市的开发区，海南省产业园区的竞争优势并不突出。广东的自贸区和各类开发区对海南发展面向东南亚的产业形成了严峻挑战，广西—东盟经济技术开发区在抢占与东盟合作的机遇中占得了先机。海南企业的市场和原材料"两头在外"，生产要素成本较高，导致与内地企业相比受到一定削弱，招商引资不显优势。

（三）园区的工业集聚链式规模化发展，对海南的生态环境保护造成一定压力

近年来，海南的各大产业园区进一步扩大招商引资，使产业集聚呈链式

发展的状态。在此过程中，工业企业相对集中的海口国家高新技术产业开发区的企业数量和生产规模总量不断提升。作为国内独有的热带海岛省份，海南生态环境得天独厚，而今面临工业产业的快速发展，对日后的环境保护问题造成一定挑战。

（四）园区经济总量不高，发展面临着激烈的区域竞争

园区产业配套能力差，生活服务不完善，投资环境需要进一步改善，土地与岸线资源利用率需进一步提升，产业升级面临压力。

（五）多规矛盾突出

园区各部门规划之间在发展目标、技术标准、空间布局等方面存在明显矛盾，缺乏有效协同，导致用地紧张和土地闲置并存，空间资源紧张，已有项目落地难和无法落地，资源配置效率不高，尚存在同质化发展及重复建设等问题，亟待开展全区"多规合一"工作。

（六）人才供需不匹配

园区企业在人才招聘过程中存在院校专业设置和企业专业人才需求融合度不匹配问题，园区商业、住房、交通、医疗和教育等配套基础设施保障不完善，园区在公共服务能力和项目建设等方面也存在一些不足。

四　海南重点产业园区建设思路与建议

（一）人才队伍建设思路与建议

1. 制定人才吸引计划

（1）树立良好的园区形象

园区形象是园区对外部社会所表现出来的形象，建立起一个良好的园区形象，能够获得更多人的认同。唯才是举、举贤任能、以人为本的人才服务

环境有助于园区和企业组建高水平、多层次、宽领域的专业队伍。可从以下几个方面完善人才服务体制机制。

第一，充分使用互联网工具推广。以社交 App、官方论坛、新闻头条等现代新媒体，对园区建设成就、管理动态以及发展规划进行积极宣传，例如知名企业加入、重大项目完工、园区企业案例等，激发园区的外部正效应。

第二，通过积极参加或举办各类商业会展、出席会议等社会活动，让园区在社会上获得更多的曝光度，扩大引进人才的潜在数量。

第三，强化产业链与创新链的结合程度。通过发展数字经济对园区的产业链与创新链形成动态监控。根据核心产业链和创新链的发展情况，确定空缺、短板以及错位环节，与相关企业和科研机构接触，促进知识和业务上的交流。有针对性地开展人才吸引工作。

第四，扩大政府的中介作用。以信息、资源、人才共享等形式密切省内外企业、高校、科研院所的联系。建立长期合作关系，院校机构提供知识资源和人才市场，产业园区提供实际案例和第一手数据。构建从知识产出到实践证实再到落地推广的一条龙机制，加快产教融合实训基地等综合平台建设，推动"产学研"深度融合。

（2）构建人才信息综合平台

第一，建立"政企合一"人才数据库。建立人才信息数据库、重大项目数据库和人才需求数据库，提升相关服务的便捷性。利用数字化赋能实现人才信息、项目合作需求、人才需求的数字化。通过数据库后台终端获取动态需求信息。构建大数据人才服务机制，采用数字化人才管理模式，加以动态引流调配，实现人才供需两端的智能匹配，为园区智库建设提供强有力的支撑。

第二，打造便利、快捷、透明的人才引进通道。打造人才一站式服务平台，提供贴心的政策解读、匹配服务，以人才数据库的信息为基础，在人工智能与大数据分析的技术支持下，实现个人端相关政策的精准推送。同时增加已上报项目合作需求和人才简历的线上查询，通过需求分类筛选查询和意向登记等方式，优化人才对接服务。在政府授权的基础上，为园区人才提供人才登记、部门审批、工作辅导等一系列便捷通道，在整个人才引进的流程中实行"专人专岗"的一对一服务引导，为人才引进工作提供更为便捷的通道。

（3）推行产才融合策略

树立人才集聚与产业发展共生共荣的工作思路，通过产业集聚实现人才发展，通过人才集聚实现产业发展。在人才引进通道建立的基础上，完善招聘渠道。在生活、就业、教育、医疗等领域提供一系列有吸引力的政策，大量引进专业化人才，实现产才融合。

2.优化人才培养方案

（1）建立精准培训机制

探索建立企业反馈需求、园区信息中转、政府资源调配三位一体的人才培养机制，深入园区企业走访座谈，组建导师团队奔赴园区基层考察，进行专题调研，通过访谈、问卷、观察等方法获得企业在人才培育方面的需求，融合园区产业链发展战略，为企业制订针对性培训计划。授权委托有关部门和单位通过对接实际、量身打造等方法，对园区企业相关人员开展精准技能提升训练，实现对园区综合性技能人才队伍的优化。

（2）推动校企合作

第一，建立研究生工作站，联合培养研发人员。由园区管理局牵线，与高等院校、研发单位共建研究生培训中心，通过课题项目、论文写作、实习经验等方式，实现对研究生的联合培养，以强化校内理论知识与社会生产实践的双向融合进程。同时积极引领学生参与科研项目，在实践—认识—再实践的过程中，既可解决生产经营问题，又可培养相匹配的科研人才，实现能力与素质的并驾齐驱，打通学校与企业的人才输送路径，创造出多赢的良好局面。

第二，以双师教育促进校企间人才沟通。学校聘请园区龙头企业中的研发带头人、高层管理者等核心成员到学校任兼职教授，为学生传授产业实践经验。园区企业聘请学校教师到园区担任培训讲师，集中开展专题教育，为在实际工作中成长起来的研发人员补充理论知识和前沿知识。通过"双师型"教师队伍的建设，同时培养高校和企业中的人才，保证知识技术的及时更新，促进产学研合作的深入开展。

（二）园区环境建设的思路与建议

1. 加大基础设施建设

以创新引领和科技主导的发展模式不仅要求有一定规模的人才集聚，还要有与之相适应的基础设施作为物质载体。因此在园区产业发展以外，需要对电力线路、水利系统、交通枢纽等具有"人才锚定"效应的基础设施进行提早规划，以此提高对人才的吸引力与凝聚力。

（1）确立产城融合的发展战略。以产城融合的宗旨完成园区设施整体科学规划和建设，将园区设施加入新的城市整体规划管理体系。按照高质、超前、适度的原则，从生产制造、日常生活、服务项目、管理效率等层面对基本设施建设进行全方位、系统性的规划，为产城融合打好基础。

（2）引导园区与城市设施的对接。将城市公路交通、水利工程管路等设施提早拓宽到园区，比如，交通线路多元化对接、水电全覆盖等。

（3）依托园区科学布局和产业升级，从制造工艺、部门协同、产业领域等方面对现有产业体系进行优化。在错位竞争的指导下，弱化同质竞争，减少资源损耗，实现对相关零散企业的整合。依据集成降损发展路径，防止无用设施的出现。

（4）严格遵守《海南省"十四五"生态环境保护规划》相关规定。设定企业发展准入的生态门槛，不断提升生态环境建设与保护力度，坚决禁止将经济发展建立在生态破坏与环境污染之上。

2. 积极优化营商环境

营商环境是园区竞争的软实力，以数字赋能产业链为基础，着重在园区氛围、项目审批、资金融通等方面，建立精准服务机制。

（1）营造浓厚的工作氛围

强化宣传教育。以报刊发文、屏幕投影、定点座谈和网络互动等方式，大力宣传各级单位在营商环境优化工作中的工作任务部署和政策文件要求；

提升政务公开度，广泛搜集强化或破坏营商环境的典型案例，以案宣传；积极创新电视媒体的宣传方式，引导广大群众和社会各界知晓、参与和支持营商环境优化工作。

（2）打造高效的行政审批制度

第一，简化行政审批事项和流程，主要包括审批时限和材料精简化、公共审批服务标准化。实时向公众公开权责清单、收费清单等相关资料，充分发挥社会群体的监督职能。

第二，采用试点先行方式，对行政许可权进行集中化改革，成立行政审批服务局进行统一管理，并进一步加大园区政务服务中心硬件设施建设力度，推进"一站式审批"的真正实现。

第三，深入优化应用软件、小程序、社交平台等移动客户端政务服务平台的性能，使在线审批能够覆盖绝大多数审批办事服务事项，有效整合信息平台，强化政务服务信息间的互通和共享。

第四，持续落实行政审批、政务管理以及各单位服务部门的人员优化配备和素质提升工作，通过定期培训考核和日常管理监督的方式，使其具备一定的宣传培训能力，在服务中体现培训与宣传的成果。

（3）建设便捷的金融通道

以支持金融机构服务工作的相关文件出台创造政策激励，推动园区金融机构自我革新，真正落实银税贷、信用贷、到期换贷等企业贷款融资服务，简化办理贷款的手续，提高办理贷款的效率。以此为中心，建立政府风险兜底、机构安全服务的信贷补偿制度，分摊贷款风险。

（三）产业集聚战略思路与建议

掌握错位竞争和多元化发展战略规划，因时制宜培养园区关键产业，以行业龙头为关键，以精准招商合作发展战略推动产业要素集聚，以多样化集聚搭建产业生态链，以动态性协作途径加强产业扶持体制，灵活运用统筹规划，打造出产业集群，扩大集聚效应。

1. 明确区域产业定位

第一，在总体规划阶段，以产业分析和定位为方法，明确园区关键核心产业，明确产业发展前景、工作重点和关键投资方向。在产业精准定位的前提下，根据对产业要素、环境因素和内部资源能力匹配的分析，形成与园区具体情况和产业集群发展趋势相适应的产业发展思路。

第二，在已经明确了产业定位和关键发展要素的前提下，提前制定与园区营销招商和投资建设规划相适应的产业集群化发展计划。在实施过程中，要有针对性地识别、筛选出相对稀缺、重要的要素进行着重培养和累积。与此同时，园区产业集群的发展模式和途径应具有层次性，使用纵向的关键节点法对核心产业、发展目标、发展路径进行分段化处理，从而获取其中的关键信息。

2. 促进产业要素集聚

围绕核心产业构建价值链一体化的平台，通过对相关产业进行要素集聚和优化配置处理，以总部经济、科技研发、生产制造以及商业服务为载体，促进不同产业的匹配和互动，实现在业态、功能和资源等方面的聚合，从而产生集群规模和聚集效应，提升产业和园区价值。推动异类产业的配对、互动、交流。通过产业集群诱发规模效应，完成产业在功能与资源方面的整合。同时，通过优惠的投资政策和准确的招商措施，吸引具有产业优势的企业，促进园区社会产业要素的集中，进而通过市场驱动和政府领导共同加快园区产业的集聚。

3. 构建共生商业生态

园区在开展产业集聚工作时，要注意园区商业生态的构建，提升园区的企业吸引力、产业集聚力和园区开发建设水平。在园区打造数据化服务平台的基础上，呈现角色定位、竞争优势、商业模式的转变，加快从招商引资和提供土地的传统角色向生态运营和提供服务的新角色转变，使企业从商品的生产者向园区服务的消费者转变。借助园区产业生态系统与共同体空间的打造与构建，有效提升企业对园区的归属感和对园区管理服务的黏度，从而构建政府、园区、企业三方共融的新型共生体。

（四）产城融合战略思路与建议

1. 提早进行产业规划

结合所在城市的规划理念，综合考虑国际、国内和区域经济业态发展趋势，对地区的产业定位、生态结构、链条布局、空间架构、经济社会环境影响、执行方案等做出提早的科学计划，勾画出一个面向国际、设施智能、环境优美的新城区架构。

2. 力争实现产业多元化

制定产城融合、以人为本的发展战略，推动生产制造与生活服务的一体化。支持上中下游产业实现多元化发展，打造出产城融合的主要推动力。依托资源整合创造核心竞争力，进而避开产业瓶颈问题。重视生产性服务业的建设，通过产业链升级，提升生产附加值；园区内设施建设应同时具备生活服务与商务功能属性，以达到产业人口的长期居住要求，创造一个舒适、安心的环境，提高产业园区的凝聚力与活力。

3. 积极推进产城融合

以园区群体服务需求为导向，践行城市功能化服务升级。坚持产业发展与服务业发展双轮驱动，完成园区生态化转型，创造良好的生产运营自然环境，形成对高效益的品牌企业的吸引力。通过办公酒店规模集群，达到产业园区内企业的办公需求；通过商业及休闲娱乐场所，满足消费需求；通过宿舍、住宅、社区等居民区建设，满足居住需求。坚持可持续开发理念，为园区的长远发展打造持续、高质量发展的城市产业生态系统。

（五）企业孵化战略思路与建议

内孵企业经验获取便利，成长速度较快，节省招商成本，可以精准弥补园区内产业的空白和短板，贴合园区的实际情况，有利于未来形成良性发展。

1. 搭建创业孵化的资源对接平台

依托行政力量，综合园区自身的产业特点、服务需求、周边设施等，有重点、按次序建设创业孵化服务资源平台，开通创业微信、网站等网络平台，推进企业在财务、知识产权、技术支持、银行贷款、金融服务以及专利代理等多个方面的资源共享。服务相对于产业有一定的滞后性，应采取"服务驱动"发展模式，孵化公共服务，弥补服务滞后性的不足，以完善的服务推动园区企业孵化①。

2. 邀请各领域专家，提供专人孵化服务指导与咨询

邀请财务、知识产权、技术支持、银行贷款、金融服务和专利代理等各个方面的咨询专家，为创业者提供专人孵化服务指导与咨询。

3. 开展"一事一议"专项指导服务

收集创客对于企业孵化过程中存在的疑问，筛选出要求最强烈、范围最广的典型问题，采取"一事一议"的形式进行专项辅导②。

（六）园区管理思路与建议

1. 打造极简审批、相对独立的园区管理机构

在充分评估可以分权的前提下，将省市管理权限下放至管理局，采取权力授予的直接授权或者在园区内设立办事处的间接授权等方式，使园区管理局得到充分的赋权，实现"重要事务省市说了算，其余事务园区说了算"的权力分配格局，推进人才事务一站式服务进程。同时，采取动态化和差异化的信用评级监管体系，对园区管理局进行追踪监管，以确认获得管理权限后的表现是否符合上级要求，实现"承诺必守、失信必惩"的权力监管风气，实现"亲、清新型政商关系"③④。

---

① 《科技部关于印发〈科技企业孵化器管理办法〉的通知》，中国政府网，2018 年 12 月 14 日，http：//www. gov. cn/gongbao/content/2019/content_ 5380370. htm。

② 《海南印发科技计划体系优化改革方案》，海南省人民政府官方网站，2021 年 10 月 1 日，https：//www. hainan. gov. cn/hainan/tingju/202110/51138985857144f4b703ec3aad799a63. shtml。

③ 《关于推行"正面清单"和"负面清单"构建亲清新型政商关系的意见》，海南省大数据管理局官方网站，2021 年 3 月 24 日，http：//dsj. hainan. gov. cn/zwgk/tzgg/202104/t20210401_ 2956991. html。

④ 《中国（海南）自由贸易试验区重点园区极简审批条例》，海南省人民政府官方网站，2019 年 4 月 16 日，https：//www. hainan. gov. cn/hainan/zmghnwj/201906/8c7fbc81b696469f89694f8ae52cb121. shtml。

2. 建立简政放权、权责明确的行政审批系统

在园区管理局得到充分赋权的基础上，推动行政审批向集成化、简约化和信息化的方向发展，打造流程透明、审批迅速、协同监管的一体化行政审批模式，避免腐败问题的产生，并将审批时限纳入园区管理局年度考核项目，从而达到提升审批效率的目的①。

3. 建构精准专业、一站式的公共服务网络平台

第一，打造以一站式审批服务中心、行政服务大厅、规划展示中心为主的政务性服务平台。主要集成各类行政服务，减少政府服务的环节与流程，降低企业的交易和时间成本，推动政府部门的高效化、便利化、服务化建设，促进园区管委会向服务型机构转变。

第二，基础性服务平台。主要职能是为园区日常运营提供所必需的物业管理、交通管理能源应用、信息发布等服务，主要包括物业管理中心、能源调度中心、信息发布中心等，是保证园区正常运转的基础性机构和专业性服务平台②③。

（七）政策研究制定思路与建议

1. 保障园区政策的高质量和稳定性

对一些政策进行及时汇编，定期更新。在制定政策之前，要充分做好园区实地调研，全面了解和把握园区发展现状和基本实情，以问题为导向，深入分析原因，制定高质量的政策措施，努力避免出台有"硬伤"的政策举措。借助政策优势吸引高端制造业回流，在当前高端制造业回流发达经济体和低端制造业迁移低成本地区的"双向转移"情况下，市县一级可利用自

---

① 《重点园区行政审批"不找人""不见面""零接触"即审即批》，海口江东新区管理局官方网站，2021 年 12 月 2 日，http：//jdxq. haikou. gov. cn/xinwen/2021/show-2920. html。

② 《智慧海南总体方案（2020—2025 年）》，海南省大数据管理局官方网站，2020 年 8 月 15 日，http：//dsj. hainan. gov. cn/zwgk/zcfg/zcwj/202008/t20200827_ 2841243. html。

③ 《海南省人民政府办公厅关于印发〈海南省政务服务"零跑动"改革实施方案〉的通知》，海南省人民政府官方网站，2021 年 10 月 18 日，https：//www. hainan. gov. cn/hainan/szfbgtwj/202110/8ca9f6cbd8374f538b18a8d709948d56. shtml。

贸港窗口期的综合优势，抓住跨国公司、知名企业青睐和依赖中国市场的心理，不仅发展总部经济，更要承接高端制造业转移，逆势加快融入全球产业分工体系，完成现代产业发展中"补工业化"历程。例如，省级层面在编制培育产业集群实施方案的基础上，多指导市县在挖掘潜力、对接市场、做优特色产业上找到切合实际的细分领域，以市县在细分领域的集聚支撑全省产业链的整合，培植海南"树状产业"体系。

2. 强化政策落地运用成效

加强顶层设计，强化组织领导，自上而下推动政策落地落实，目前已发布实施的产业政策涉及多个领域、多个方面、多个环节、多个部门。因此，需要构建具有较强协同性、整体性及系统性的多元化机制，形成强大的合力，以保障政策的落地落实。

3. 加大政策宣讲和解读力度

如果园区对于政策的理解不够深刻，就不能充分地使用政策释放园区政策红利。因此建议由相关机构或单位对政策进行统一宣讲和阐释，各级各部门发挥细化、宣传、解读、督导以及考核政策落实等配套工作，促进园区充分理解并利用好相关政策。

参考文献

［1］豆丁网：《文昌卫星发射基地的利弊》。

［2］傅人意：《去年我省 11 个重点园区实现营收逾 4665 亿元》，《海南日报》2021年 3 月 11 日。

［3］海口国家高新技术产业开发区：《海南自由贸易港海口国家高新技术产业开发区》2020 年第 1 期，第 20 页。

［4］海口市地方史志办公室：《海口年鉴（2021）》，南海出版公司，2021，第169～170 页。

［5］海口市地方史志办公室：《海口年鉴（2021）》，南海出版公司，2021，第165～168 页。

［6］侯小健：《海南新航天发射场将建成绿色环保航天城》，《海南日报》2007 年

10 月 10 日。

［7］罗智：《山圩产业园招商引资策略及启示》，《现代商贸工业》2019 年第 18 期，第 38~39 页。

［8］陆圣杰：《双向并重：海南自贸港建设中的人才引进与人才培养》，《中国商论》2022 年第 7 期，第 149~151 页。

［9］李玲、忻海然：《产学研合作与战略性新兴产业人才开发路径探究》，《福州大学学报（哲学社会科学版）》2013 年第 1 期，第 60~65 页。

［10］李梦瑶：《推进产城融合构建现代产业体系》，《海南日报》2022 年 1 月 24 日。

［11］李佳飞、文昌：《逐梦星辰大海新征程》，《海南日报》2022 年 4 月 26 日。

［12］上海东滩投资管理顾问有限公司：《中国产业园区：使命与实务》，中国经济出版社，2014，第 9~10 页。

［13］邵良：《海南生态软件园：产业谋新局、转型向未来》，《海南日报》2022 年 1 月 20 日。

［14］邵良：《海南生态软件园：孵化数字医疗健康"独角兽"》，《海南日报》2022 年 2 月 22 日。

［15］邵长春：《"区块链+"赋能智慧医疗》，《海南日报》2022 年 1 月 15 日。

［16］王胤凯：《打造产业集群提升区域集聚力》，《中国企业报》2016 年 9 月 30 日。

［17］徐璐：《海口综合保税区发展离岸金融业务的设想》，《时代经贸》2012 年第 2 期，第 158~159 页。

［18］余小艳：《点燃数字引擎、赋能经济发展》，《海南日报》2022 年 1 月 20 日。

［19］袁宇：《从"一粒药"看"乐城效"》，《海南日报》2022 年 4 月 8 日。

［20］袁宇：《希望之城正崛起》，《海南日报》2022 年 4 月 21 日。

［21］张熙宇：《海口综合保税区奏响高质量发展奋进曲——产业项目忙"落子"，企业园区享"双赢"》，《海南日报》2022 年 3 月 14 日。

［22］张熙宇：《完善人才服务机制，强化"产学研"融合》，《海南日报》2022 年 3 月 14 日。

［23］张桂英：《文昌航天城失地农民可持续性生计研究》，海南大学，2015。

［24］《海南文昌国际航天城概念性规划》。

［25］《海南文昌国际航天城起步区概念性规划》。

B.8
"海澄文定"一体化经济圈发展报告

康兴涛[*]

摘　要：　"海澄文定"区域位于海南岛北部区域，四个市县民俗相通，位置相邻，有着良好的共同发展基础。该区域处于"一带一路"的前沿地带，临近"珠三角"区域，联结东盟，是南海开发与服务保障的重要基地，琼粤两省合作的重要连接区，是海南省三个增长极中 GDP 占比最大的区域。该区域基本形成了以海口市为龙头，各市县共同发展的格局，在产业发展、基础设施、社会服务方面形成了协同发展局势。本报告从"海澄文定"一体化发展情况、面临问题、"珠三角"区域一体化发展经验、"海澄文定"一体化发展策略等 4 个方面对"海澄文定"的发展进行了总结。

关键词：　海澄文定　区域经济　一体化

　　"海澄文定"一体化经济圈是以海南省海口市为增长极，以海口、澄迈、文昌、定安为主要区域的区域发展规划，是落实"全省一盘棋、全岛同城化"战略的重要抓手。自 2016 年以来，在海南省政府与各市县政府积极推动下，"海澄文定"一体化发展取得了较大成效，但也面临一些问题。

---

　　* 康兴涛，中共海南省委党校副教授，主要研究方向为区域经济发展、经济管理。

一 "海澄文定"经济圈一体化发展情况

（一）"海澄文定"区域总体情况

"海澄文定"区域位于海南岛北部区域，四个市县民俗相通，位置相邻，有着良好的共同发展基础。该区域处于"一带一路"的前沿地带，临近"珠三角"区域，联结东盟，是南海开发与服务保障的重要基地，琼粤两省合作的重要连接区，是海南省三个增长极中 GDP 占比最大的区域；基本形成了以海口市为龙头，各市县共同发展的格局，在产业发展、基础设施、社会服务方面形成了协同发展局势。

其中，海口市位于海南岛的北端，是海南省的政治、经济和文化中心。向北经过琼州海峡经徐闻海安镇与大陆最南端相连，是海南岛的锁喉之地、"一带一路"的重要节点城市和海南自由贸易港建设的核心城市，在地理位置上，南接定安，东联文昌，西邻澄迈，成为"海澄文定"区域发展的枢纽点与增长极。海口市的历史悠久，因境内南渡江流过，是南渡江入海的地方，故称海口。

澄迈处于海南岛北部，北部与湛江徐闻隔琼州海峡相望，东与海口相邻，南与临高、定安相邻，是海南品牌农业种植与加工的区域，是"长寿之乡"，农产品以富含硒元素而闻名。

文昌市位于海南岛东北部，东、北、南三面环海，西面与海口、定安相邻，属于海南岛东部沿线核心城市，有家喻户晓的"文昌鸡"，著名的景点有月亮湾、宋庆龄故居、孔庙等，文昌与海口通过东线高速直接相连，海文高速建成后，海口、文昌实现了"同城化"，加入了海口"一小时交通圈"。

定安县处于"海澄文定"区域的南部，距离海口仅 28 千米，属于海口郊区区域、海南岛东北部区域，是区域内唯一不临海的区域，也是区域内的增长腹地，人口 35 万人。定安县内有南渡江、文笔峰和美丽的南丽湖。

2021 年，海南省全省 GDP6.48 千亿元，其中，海口市 GDP2.06 千亿元，澄迈县 GDP400.81 亿元，文昌市 GDP308.73 亿元，定安县 GDP117.64亿元，海澄文定区域 GDP2887.18 亿元，占全省 GDP 的 44.6%。2021 年，海南省人口总数为 1008.12 万人，海口人口为 287.3 万人，澄迈人口为 49.8万人，文昌人口为 56.09 万人，定安为 28.47 万人，"海澄文定"区域占全省人口的 41.8%。海南省陆地面积为 3.54 万平方公里，"海澄文定"区域占海南整体的 25.04%，其中海口有 3126.83 平方公里，澄迈有 2045 平方公里，文昌有 2488 平方公里，定安有 1178 平方公里。

（二）基础设施建设进一步完善

截至 2021 年底，海秀快速路建成通车，海口新港、马村港建成运营，美安新城、老城工业园实现道路互通互联，秀英港搬迁基本完成，新海港开始通车运营，美兰机场 TA2 航站楼开始运营。南渡江饮水工程完工缓解了海口饮水问题，椰海大道地下综合管廊建设并运营，江东基础设施建设初见成效，铺前大桥通车，"海澄文定"互联互通水平进一步提升。海口东站零换乘交通枢纽建设完成，海秀快速路西海岸段修建完成，"海澄文定"互通公交海口澄迈段完成通车。区域内实现 5G 信号主城区室外连续覆盖，供电可靠性及电网防风抗灾能力不断增强。琼州海峡客滚运输实现班轮化运营，港航一体化完成平台组建。区域内开通全国首辆高铁公交化市域列车，从海口东到海口站、老城站。海秀快速路、江东大道、白驹大道、文明东越江通道等建成通车。

海口是"海澄文定"交通圈内的枢纽城市，它立足海南、面向全国、联通世界的功能越来越强大。海口美兰机场航班可联通世界，秀英港与新港可以联通广东、广西，以及国内、世界主要港口。海口公路总里程达到4600 公里，各乡镇实现 15 分钟可以上高速；海口是省内重要交通门户，基本建立了"海澄文定"1 小时交通圈、国内主要城市 1 小时交通圈、东南亚2 小时交通圈、世界主要城市 3 小时交通圈。

琼州海峡港航一体化实施平台组建完成，海口正加快建设新海港客运综合枢纽项目。

澄迈率先开通海口至澄迈公交线路 8 条，至海口市域公交化列车正式运营。海口西海岸景观大道延线、南海大道、绕城高速公路均与澄迈连通，文临公路、椰海大道连接线工程建设加快推进。

（三）产业合作初见成效

区域内逐步形成以"海口"为中心的产业协同发展机制。海口是省会城市，作为区域内的增长极，主要聚焦离岸金融、服务贸易、总部经济、临空经济、南药等产业，利用江东新区、国家高新区等推动产业做强做优做大。澄迈、文昌与定安的定位是承接海口产业转移与制造加工产业发展，与海口形成协同发展的态势。

海口着力打造现代产业体系，在旅游业发展方面，建设高水平旅游景区，探索海南文化产业化的转化形式，培育邮轮游艇、水上运动、文化表演等旅游新业态，构建观光、研学与健康等多层次旅游体系，2021 年旅游产业产值突破 380 亿元。在以海口为旅游目的地的发展中，积极向澄迈、文昌与定安的健康旅游、乡村旅游发展，提供旅游引导，延长旅游产业链与价值链，形成琼北旅游经济圈。

将江东新区打造成连接海口、文昌与定安的现代服务业聚集区，在总部经济、临空经济基础上，成为琼北区域的物流转运与总部服务中心。文昌铺前镇与海口江东新区协同发展，铺前主动承担江东新区生活服务与消费服务功能，成为江东新区的"后花园"。

国家高新区、美安科技园与老城软件园在信息技术、新型装备制造、新材料等产业发展上，基本形成既有产业区分又能协同发展的局面。定安作为新加入"海澄文定"经济发展圈的区域，可以定位于海口教育转移发展的辐射区。定安现有海南交通职业技术学院和海南省工业学校，而且正在筹备建立国际教育中心，拟形成数字经济、旅游烹饪、商务商贸、护理营养等按照海南自由贸易港"3+3+3"的产业发展体系来设置的专业结构。

（四）生态文明建设协同发展

区域内，中央环保督察与海洋督察问题整改成效显著，生态环境"六大专项"整治取得显著成效。南渡江流经 3 个市县，上下游治理协调与补偿机制正在积极探索；海口东寨港与文昌红树林的保护与种植问题、沿海生态的一体化管理问题等是区域生态文明改造的重要问题。澄迈老城马村垃圾焚烧站为海口提供了垃圾处理基地，澄迈、定安与文昌负责海口的厨余垃圾处理工作。澄迈与定安积极探索成为海口装配式建筑提供原件生产与配送基地，为海口生态文明建设打好基础。

在"海澄文定"区域，政府积极划定生态红线与环境底线，进行"黑臭水体"改造，创建凤翔公园、五源河等湿地公园，推行垃圾分类，"禁塑"、新能源汽车得到广泛推广，节能减排提前完成，生态环境继续保持全国领先水平。澄迈花场湾红树林改造成为国家"整改"正面典型。

克服冬季北风输入污染与秸秆焚烧的困难，区域内空气质量优良天数占 98% 以上，城市集中饮水达标率占 99% 以上。蓝天、碧水、净土成为"海澄文定"经济圈的标配。

（五）公共服务一体化发展

在"海澄文定"区域内，因地理位置较近，澄迈、文昌、定安的一些家庭将孩子上学地点选在海口，看病就医也选择海口，这就使区域内教育与医疗一体化发展的动力较强。

在教育方面，人大附中、北师大附中、北京外国语大学附属中学、哈罗公学相继落户区域内，海南中学美伦校区开始招生，增加了中小学学位 2.6 万个、幼儿园学位 1.7 万个。在学前教育方面，海口公办幼儿园占比超过 55%，普惠性幼儿园占比超过 86%。文昌积极寻求与清华大学附属中学联合创办文昌中学，海口境内学校中文昌、澄迈、定安籍学生占比在 47% 左右。

在医疗方面，海南肿瘤医院开业，知名医院与海南本土医院联合初见成效；复旦大学附属儿科医院与海南儿童医院联合建院，提升了海南儿科医疗水平；华山医院与海口市人民医院的联合解决了海南巨多疑难杂症诊疗问题；海口市人民医院国际医疗部、市国际中医中心、市妇幼保健院江东新区分院开工建设。

区域内，为保障市民"菜篮子"与"米袋子""菜篮子"工程协同推进，海口率先成立菜篮子公司，利用公司运营来改善群众买菜贵的问题，保障15种蔬菜的供应，均价从4.2元以上稳定下降到3.9元以下。这种模式也在澄迈、文昌与定安积极推进。区域内各市县联合从外地集采蔬菜，采购价格可以更低。

（六）区域内各市县联席沟通协调工作不断推进

区域内各市县党政负责人多次就共同发展问题进行深入交流，举办多次联席会，共同解决在一体化过程中存在的问题。同时，省委省政府高度重视区域内各市县沟通协调机制的建立。2022年2月22日，省委书记沈晓明在定安调研时指出，定安应该凭借濒临海口的交通优势，按照高标准"五网建设"高质量融入"海澄文定"经济圈。3月18日，省委书记沈晓明在文昌调研时指出，文昌铺前要与海口江东新区共同形成统一规划，提高与文昌的互联互通水平，融入海口经济圈。

二 "海澄文定"经济圈一体化发展面临的主要问题

（一）"海澄文定"经济圈整体辐射力与带动力不足

海口是经济圈内的增长极，2021年的GDP是2.06千亿元[1]，与"珠三角"区域内的双核中的广州（2.82万亿元）、深圳（3.07万亿元）[2] 相差甚远，不是一个量级。增长极的实力不足就会造成其对周围区域的辐射与带

---

[1] 数据来源于《2021年海南省统计年鉴》。
[2] 数据来源于《2021年广东省统计年鉴》。

动力不足。

按照增长极发展理论，任何一个区域的经济不可能同时获得均衡增长，总是那些交通便利、资源丰富的区域经济率先发展。率先发展的区域会将区域内别的地方的人才与资源吸引到增长极区域，使增长极区域获得较快发展。当增长极发展到一定阶段，会将增长极富余的人才与资源分配到别的区域。现在海口作为增长极，因本身的辐射能力有限，较难实现区域总体发展。"海澄文定"区域内产业与公共服务发展不均衡，主要表现在以下3个方面。

1. 区域产业布局不均衡

产业集中在海口较多，澄迈、文昌与定安产业相对比较分散。区域目前的主导产业中，现代服务业、高新技术产业与制造业主要分布在海口北部与澄迈老城区域，定安与文昌分布的较少，这种分布难以形成优势互补的产业链。

海口城镇化率高于澄迈、文昌、定安，海口是区域内就业人口聚集的区域，很多户口在文昌或澄迈的人口都在海口工作，这就容易造成海口交通较为拥挤，社会服务压力较大，区域发展不平衡。

2. 区域公共服务资源不均衡

"海澄文定"区域内的8家三级甲级医院目前都在海口。而且海口拥有海南最集中的教育资源，高等教育资源占全省的80%以上，中小学与学前教育资源也是最密集的。区域之间的公共服务资源不均衡。

3. 基础设施建设不均衡

区域内各市县的水网未能实现并网运营，收费标准与服务标准不统一。区域内未设置基础建设基金，因各市县财力的不同，基础设施的建设水平参差不齐。

（二）"海澄文定"区域交通一体化需要进一步统筹规划

1. "海澄文定"交通缺乏总体规划与统筹

第一，区域总体交通规划缺乏。区域内关于专门针对"海澄文定"区域交通协调发展的相关规划尚在制定中，只在海南省交通厅公布的"十四五"规划中有相关描述。海口秀英高速路只修到了海口西海岸，往前延伸20公里就能解决海口到老城的高速通道问题，但目前尚未修建。海口火车站到澄迈老城站的城际高铁已经开行，但是，海口东站到文昌站的城际高铁尚未开行，这些都需要区域总体规划的制定与完善。第二，区域内交通资源分布不均衡。海口处于区域内交通枢纽，有港口和机场与国内外重要城市连接，区域内其余城市交通基础设施较为落后，产业分工的优势不能充分发挥，不能适应经济一体化发展的需要。第三，区域内的公路不断"街道化"，澄迈到文昌需要经过海口，海口境内南海大道、丘海大道等道路"街道化"情况较为严重，文昌、澄迈老城境内也是如此。

2. 区域内交通运输方式未形成体系

第一，区域内的交通运输方式，都是各市县各运输方式自我管理，无日常协调沟通机制，不能形成体系，这就造成了海口到澄迈的高铁、海口到澄迈的公交车与澄迈本地公交车之间存在重复投入。第二，各城市之间的交通已经较为通畅，但是各村镇通行不便利。到各村镇的交通主要靠民营车辆，而民营车辆为了获得更高收益，经常通过超长时间等人，以及人货同时运输的方式来获得更高收益，这就让旅客感到很不舒服和不便利。第三，区域内各市县各种交通方式之间的接口少，标准与规则不统一。旅客从机场、高铁转经公路到定安、文昌、澄迈各市县中的各村镇存在交通不便。

3. 交通运输管理总体脱节，缺乏整体协调性

"海澄文定"区域交通缺乏信息交流平台和战略上的总体规划，制约交通运输效率的提高与运输能力提升。从海口到文昌、澄迈有高铁、汽车可以到达，在高铁开通后，作为海南公路交通主要力量的海汽汽车仍然每日有多个班次通行，造成了资源浪费。

在"海澄文定"交通圈内，从文昌到澄迈需要路经海口，没有直达道路。海口到定安的高速路接线支线需要优化。因此，在交通圈建设中，要加快定安融入"海澄文定"1小时交通圈的进程，从海口至母瑞山高速路要加快建设，延长从海口到澄迈的高速路，尽快开始建设从海口到定安的轨道交通。

（三）区域协调缺乏常态长效机制

"海澄文定"区域内政府层面尚未建立常态化的协调机制，这就会让联席会议形成的决议无法形成具体细化可执行落地的方案。

区域内根据《海澄文一体化发展规划》已经有固定的功能区划划分，但是在具体实践中，各市县仍按照自己的功能区划来具体设置，与区域一体化发展的规划相违背。

三　推进"海澄文定"经济圈一体化发展策略

（一）建立"海澄文定"区域协调发展机制

1.成立日常协调机构

在"海澄文定"协调机制的组织建设方面上，定期召开联席会议，在联席会议下设立办公室常态化执行联席会议决定事宜，同时，设置决策咨询委员会保障决策的正确性。将区域规划运用自由贸易港立法的形式形成法规具体执行，用超前战略来促进当地经济的持续性发展。在区域一体化过程中，要让社会组织、企业一起参与管理，形成社会共建局面。在整个规划实施层面有政府的推动，完全按照政府的区域功能规划执行，不能重复竞争，不能破坏环境。在具体执行层面，社会机构、研究机构与社会团体组成决策咨询机构，作为政府智囊，为政府具体执行提供建议。

2.建立区域一体化整合机制

尽可能用市场来进行整合，同时配合政府的规划与整合。在协调机制上，跨区域的交通设施与公共服务体系的建设由双方政府协调，保证不出现断头路。在财税体系上尝试实现区域之间的分税制，鼓励企业进行跨区域投资；在利益补偿机制上，对于保护环境不能发展经济的区域进行补偿；在利益共享机制上，建立区域合作发展基金，实现区域联建项目的共建共治；在约束机制上，建立法律约束与绩效考核约束2种手段；在立法方面，通过建立规划进行法律约束,在省级层面设置"海澄文定一体化政策委员会",对区域项目立项进行评估;在司法层面,建立"海澄文定区域司法协调委员会",对区域经济单元的司法纠纷进行协调;在绩效考核方面,建立完善的绩效指标,包含社会、经济、文化与生态等内容;在评价主体上,包含政府、社会组织与非营利性组织等多层面多角度评价。

3. 利用多元主体形成区域产业合作机制

在"海澄文定"内部建立产业协调发展机制。在区域内部,建议建立产业梯度专业规划,将海口作为增长极的专业产业向增长腹地进行转移,研究产业转移编制,按照规划进行产业转移,形成产业有区分,增长极与腹地之间有效合作。在园区横向合作上,鼓励区域内产业园区与发达地区产业园区合作建立"飞地"园区。

建立产业创新体制。在区域内部要鼓励各产业园之间加强合作,建立合作机制,共同使用人才、大型实验平台、数据等,共同组建科研攻关小组,在重点领域联合攻关。在海南重点高校、科研机构建立技术转化小组,将先进技术转化为产业,需要金融、企业等共同合作成立产业转化平台,在海口目前产权交易所基础上试行知识产权资产化与资本化。

促进海洋产业的发展。"海澄文定"区域濒临海洋,区域内有祥泰、勤正等热带鱼类养殖与加工制造企业,进行深加工能提升企业的增加值。发展海洋药品产业,重点开发抗病毒、抗肿瘤等药品,开发深海面膜、深海鱼油等健康药品。区域内的协作管理机构可在海洋人才培养、海洋专业设置方面与科研机构、高校之间展开合作,将已经成熟的专利转化为企业能够直接生产的产品。

促进"海澄文定"农业产业集群。"海澄文定"区域可以利用农业产业园的发展优势将目前品牌农业发展起来。"文昌鸡""白莲鹅""福橙"与定安"会跳动的牛肉"等都是知名品牌,可以以农业产业园为载体,发展热带农产品加工工业,实现一二三产业融合发展,依托老城加工园与桂林洋加工园形成农产品加工的产业集群。农业产业园要积极与高校、科研机构合作,在新产品研发、农产品加工、食品加工标准化建设等方面展开双赢合作。

"海澄文定"区域内的农业产业可以通过加强信息交流、物流建设的方式完成"菜篮子"工程与品牌建设,这是一条较为适合海南的农业产业发展之路。在"海澄文定"一体化合作组织下,成立区域热带农产品合作组织,在品牌营销、加工制造、冷链运输等方面形成规模化优势。

"海澄文定"工业产业集群体现在两个区域,一个在老城工业园区、美安新城与国家高新科技产业园,以互联网、大数据、通信产业为主,与之前各产业园都无产业区分进行招商不同,三个产业园在省委省政府的要求下,只能集中于一个产业,较大产业园允许集中在两个产业上。另一个工业产业集群区域在文昌航天城,要建成中国"奥兰多",形成行业工业产业集群。

"海澄文定"服务业体现在金融、工业设计、会展、旅游等产业。金融是产业发展的发动机,而海口是海南金融业发展的中心,以促进实体经济发展为方向的金融业,可以在公司上市、境外发债等方面实现新的突破。"海澄文定"区域是海南工业聚集的区域,工业设计的发展是工业发展中增值较大的环节,是微笑曲线的增值较多部分。会展业是区域内迅速崛起的产业,海南具有特殊的区位优势,北方天寒地冻时,海南已经温暖如春,有利于海南会展业的发展。这需要海南境内现有的酒店根据会展业发展要求,增加会议功能。处于琼北旅游经济圈的"海澄文定"区域在民族风情上具有相似性,海洋旅游资源、火山旅游资源、地质资源丰富,可在区域内制定酒店、餐饮发展标准,与国际标准接轨。

4. 科学设定区域规划

区域一体化的发展要防止重复竞争,要在一体化规划的基础上形成有序有效竞争,政府要以"超前"的战略眼光关注区域内的功能定位、产业布局、基础设施等,及时遏制一体化过程中产生的"负效应"。

按照国家功能区规划,"海澄文定"区域要设置功能区规划,分为重点开发区、限制开发区与禁止开发区。重点开发区域主要是工业开发、商业聚集与服务业发展的聚集区,是"海澄文定"区域的重要发展载体,包括海口全域，澄迈老城、金江，文昌主城区、木兰湾、文楼、铺前，定安主城区等；限制开发区域为文昌、澄迈、定安重点开发区域以外的区域；禁止开发区是指生态修复区，是国家层面与省级层面的生态修复区。

（二）"海澄文定"区域交通一体化发展对策

1.加强区域内交通的总体规划与统筹

制定针对"海澄文定"区域的交通规划，设立区域基础设施建设基金建设区域交通。加强路网建设，形成功能协调、统筹一致的交通运输圈。在轨道交通上，实现东线高铁、西线高铁、西线城际高铁形成的放射状轨道交通体系，尽快将定安融入轨道交通辐射范围内，推进海口—澄迈—屯昌—定安—文昌轻轨建设；加快文昌到铜鼓岭旅游铁路、澄迈旅游铁路建设。在公路交通运输上，对"田"字形高速主干道建设和"三横四纵"省道主干线进行调整，修完断头路，修通海秀高速至老城段，加强支线交通建设，真正实现"四通八达"。

2.建立空港联合的交通体系

整合利用区域内的秀英港、新港、马村港、木兰湾与清澜港，建立港口与机场的联通机制，在江东新区建立国际物流港。尽快将秀英港的货运功能向新港与马村港转移，把秀英港打造成国际邮轮与帆船基地；发挥新港与马村港的深水港优势，打造国际物流港，将木兰湾与清澜港打造成三沙的补给基地，成为南海重要的救援与保障基地。

3.加快交通运输市场一体化

充分发挥市场在区域交通运输中的资源配置作用，形成"海澄文定"一体化交通运输市场。加强区域内各种运输方式的合作，降低整体运输成本，提高运输效率与运输服务水平。克服区域内各市县交通运输管理部门与各种运输方式的行政管理壁垒，充分发挥各种运输方式的优势，促进各种生产要素在区域内自由流动，形成规模经济与范围经济。

4.形成区域内各市县运输管理部门规范与标准的统一

利用区域内交通运输管理部门的磋商机制，形成对各种运输方式的统一标准与规范，打破固有的多头管理与重复管理的弊端，形成统一、公开与透明的管理规范与标准。

5. 整合区域内交通运输信息

建立区域信息平台，实现信息标准与服务的统一标准，让信息在区域内共享、共建、共联。实现"海澄文定"区域交通的"无缝衔接"，减少周转次数，提高运输效率。

（三）"海澄文定"区域公共服务一体化建设

1. 推进医疗、教育资源区域内完全共享机制

制定相关政策规定，只要是在"海澄文定"区域内落户，就能完全享受海口丰富的教育与医疗资源，促使相关人才来区域内就业。同时，适当将海口教育与医疗资源向区域内别的市县转移，构建"一小时三级医院服务圈"。

2. 逐步实现区域内公共服务待遇互认制度

规定在澄迈、文昌、定安和海口居住均享受同样的公共服务。在区域内实现居民基本养老保险制度一体化。

3. 设立"海澄文定"区域基础设施建设投资基金

基金在建设路网、电网等基础设施上实现一体化，"海澄文定"一体化招商，形成产业一体化发展格局。

（四）建立"海澄文定"区域内生态文明共建共治格局

牢固树立"绿水青山就是金山银山"的理念，做好生态补偿和生态修复，创建绿色低碳发展模式，实现人与自然的和谐发展。

海南是国家生态文明试验区，"海澄文定"区域在历次巡视中存在着红树林保护与修护、沿海生态保护、创建绿色低碳循环发展产业体系等问题。区域内一条南渡江从定安穿过境内多个乡镇，到海口流入大海，河流上下游的生态修复与补偿机制的建立将为全国提供经验借鉴。

作为国家生态文明试验区，"海澄文定"区域承担着探索生态文明体制

改革创新的责任。区域内已经全面实现湖长制、河长制、湾长制与林长制，建立绩效考核与评价体系，实现河长定期巡河制度，遇到问题及时整改。在监管体制上，区域内要建立一体化的国有自然资源监管机构，运用离任审计、日常监管、绩效考核等手段加强对区域内自然资源的保护。在环境执法队伍方面，目前尚未建立一体化的执法队伍，可以在区域横向协商的基础上建立定期协商机制，最终达成区域内综合执法的协议。

在南渡江建立"六水共治"的格局，推进联合水质检测，实现上下游水源问题信息共享，推进建设水生态联防联控机制，形成上下游生态补偿机制。探索建立空气质量联合治理机制，进行联防联控联治。

B.9
"大三亚"旅游经济圈发展报告

康霖 陈敦茂 符秀梅*

摘　要： "大三亚"旅游经济圈主要包括三亚市、陵水黎族自治县、乐东黎族自治县、保亭黎族苗族自治县等"一市三县"。目前，"大三亚"旅游经济圈已经正式建立联席会议制度，并下设七个一体化工作小组，审议"大三亚"旅游经济圈建设重点工作计划等相关议题，"大三亚"旅游经济圈区域一体化建设初见成效。然而，受推动机制不够完善、区域内经济社会发展水平不均衡等因素影响，"大三亚"旅游经济圈在区域整体协同方面仍然面临一系列挑战。为此，要充分借鉴国内外成功经验，进一步解放思想，形成合力，以项目建设为抓手，对"大三亚"旅游经济圈建设相关事项进行统筹协调。

关键词： 大三亚　经济圈　区域一体化

一　"大三亚"旅游经济圈发展情况

"大三亚"旅游经济圈主要包括三亚市、陵水黎族自治县、乐东黎族自治县、保亭黎族苗族自治县等"一市三县"。形成以三亚市为中心，以陵水黎族自治县（以下简称陵水）、乐东黎族自治县（以下简称乐东）、保亭黎

---

* 康霖，海南职业技术学院副校长，副研究员、特聘研究员，主要研究方向为区域经济发展；陈敦茂，海南职业技术学院自由贸易港综合研究院院长助理，主要研究方向为海南地方经济社会发展；符秀梅，海南科技职业大学讲师，主要研究方向为热带特色高效农业。

族苗族自治县（以下简称保亭）为辐射带，以旅游业为重点，城乡统筹协调发展的特殊经济合作区域。近年来，"大三亚"旅游经济圈在经济社会发展、政策一体化、产业一体化等方面持续发力，区域一体化建设初见成效。

（一）经济社会发展初具规模

2021年，"大三亚"经济圈经济社会发展情况见图1。"大三亚"地区生产总值1296.17亿元，其中三亚835.37亿元，陵水、乐东、保亭分别为223.39亿元、174.25亿元和63.16亿元。

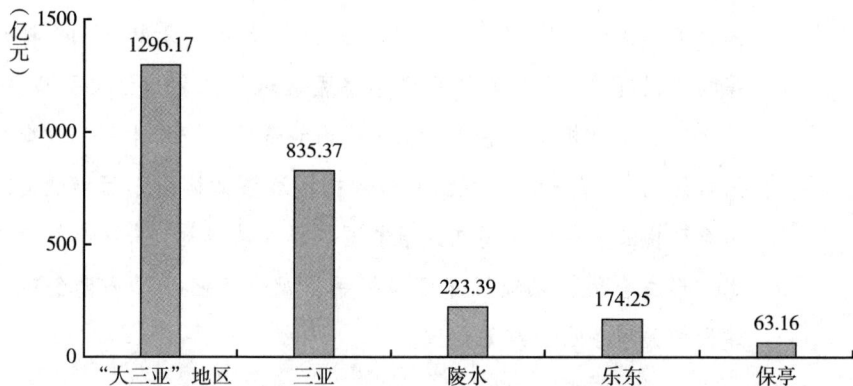

图1 "大三亚"旅游经济圈经济社会发展情况

数据来源：三亚市、陵水黎族自治县、乐东黎族自治县、保亭黎族苗族自治县2021年国民经济和社会发展统计公报。

1.三亚市经济社会发展有关情况

2021年，三亚市地区生产总值835.37亿元，同比增长12.1%，三次产业结构优化调整为11.2∶14.9∶73.9[①]。为更好地推动"大三亚"旅游经济圈建设，三亚市加快谋划启动"大三亚"经济圈城市轨道交通和G98环岛高速公路大三亚段扩容工程，加快推进海南西环铁路三亚至乐东（岭头）

[①] 三亚市统计局：《2021年三亚市国民经济和社会发展统计公报》，三亚市统计局网站，2022年2月22日，http://tjj.sanya.gov.cn/tjjsite/zjgbxx/202202/41023b7c438343d6bfd9d36cf3527c2a.shtml。

段公交化旅游化改造、三亚绕城高速凤凰机场及连接线工程、三横路、亚龙湾第二通道（二期）等项目；谋划推进城区大三亚湾整体提升重点示范项目；推进"健康三亚"建设，加快"大三亚"120急救体系等项目，全面完成基层医疗卫生机构标准化建设；加强与岛外重要生产基地的联系和直采，推动农商农超对接、直供直销，不断完善"大三亚"地区农业产销联合体机制。

2. 陵水经济社会发展有关情况

2021年，陵水地区生产总值223.39亿元，同比增长9%，三次产业结构优化调整为25.8：15.3：58.9[①]。为更好地融入"大三亚"旅游经济圈建设，陵水加快推动旅游等重点产业发展速度，清水湾旅游度假区成为国家4A级景区，清水湾游艇码头获批国家级开放口岸，成功创建国家全域旅游示范区。陵水圣女果、陵水荔枝获得国家农产品地理标志认定，全县热带水果和瓜菜年种植面积24万亩，产值达35亿元，国家现代农业产业园通过国家部委认定，获评"全国农产品质量安全县"。黎安国际教育创新试验区项目全面开工，已签约中外大学逾20余所，开启陵水高等教育新篇章，为建设"海南国际教育创新岛"奠定了坚实的基础。

3. 乐东经济社会发展有关情况

2021年，乐东地区生产总值174.25亿元。推动固定资产投资完成60.44亿元，同比增长64.6%，增速排名全省第二[②]。为更好地融入"大三亚"旅游经济圈建设，乐东不断壮大旅游产业，高标准建设"三湾"，主动融入"大三亚"经济圈。其中，龙腾湾旅游产业园区跨入全省23个重点产业园区行列，一批高端酒店项目加速建设，一批商业综合体项目建成使用。创建毛公山2A级景区、尖峰岭3A级景区和14家椰级乡村旅游点，莺歌海

---

① 陵水黎族自治县人民政府：《陵水黎族自治县2021年国民经济和社会发展统计公报》，陵水黎族自治县人民政府网站，2022年6月23日，http://lingshui.hainan.gov.cn/xxgkzl/tongjiju/xxxgkml/202206/t20220623_3217155.html。

② 乐东黎族自治县人民政府：《2021年乐东黎族自治县国民经济和社会发展统计公报》，乐东黎族自治县人民政府网站，2022年4月4日，http://ledong.hainan.gov.cn/ledong/3100/202204/bc8bde4321e64280921f5690253b7ca3.shtml。

盐场文旅景点建成运营。举办第七届海南乡村旅游文化节、毛公山旅游文化节、昌化江"音乐水舞秀"、金钱树产业发展论坛等活动，尖峰岭"云观日出"、龙沐湾"海上夕阳"等成为最美海南外景胜地、"网红"打卡地。加快乐东港建设，打造临港产业园区，将莺歌海港区打造成开放口岸，主动承接"大三亚"外溢产业。深化产业合作开放，规划建设九所低碳制造产业园区，加强与三亚崖州湾科技城的产业合作，促进产业联动发展。围绕南繁"研育制销"一体化发展，组建南繁科技人才智库，搭建南繁种业交流平台，探索开展种子、种苗、知识产权等贸易交易，推动种业贸易大幅提升。

4. 保亭经济社会发展有关情况

2021 年，保亭地区生产总值 63.16 亿元，三次产业结构优化调整为 35.5：10.1：54.4，经济总体平稳健康，发展质量持续提升①。为更好地融入"大三亚"旅游经济圈建设，保亭提出全面对接"大三亚"经济圈优势资源，推动科创企业和项目在"大三亚"经济圈的协同发展。重点聚焦生物科技、智能制造等一批关键技术领域，积极谋划科技产业园区。将民族特色文化元素融入现代产业设计与制造，谋划建设国际设计小镇。加快配合推动环岛高速 G98 大三亚段扩容工程和海三中线高速铁路项目规划建设，陵水至保亭高速公路纳入建设计划，推进"四好农村路"高质量发展，构建城乡交通一体化，提升路网服务水平。

（二）政策协同一体化初步构建

为更好地推动"大三亚"旅游经济圈所涉及的"一市三县"更加紧密联合协作，从 2019 年开始，"大三亚"旅游经济圈正式建立联席会议制度，并在该联席会议制度下成立七个一体化工作小组，审议"大三亚"旅游经济圈建设重点工作计划等相关议题。该联席会议的相关制度设计和工作机制已经基本明确，即以《"大三亚"旅游经济圈联席会议及工作协调机制》为

---

① 保亭黎族苗族自治县人民政府：《2021 年保亭县国民经济和社会发展统计公报》，保亭黎族苗族自治县人民政府网站，2022 年 4 月 15 日，https：//baoting. hainan. gov. cn/zfxxgk/xgbmgk/tjj/gkml/202204/t20220415_ 3175321. html。

基本制度，下设"大三亚"旅游经济圈专项工作小组和"大三亚"旅游经济圈市县推进领导小组。其中，"大三亚"旅游经济圈专项工作小组由产业布局一体化、旅游发展一体化、农业发展一体化、交通一体化、民生发展一体化、环境保护一体化、招商协作一体化等7个专项工作小组组成，分别负责相关一体化具体工作（见图2）。比如，旅游发展一体化工作小组致力于建立"大三亚"旅游经济圈一体化旅游合作机制，对"大三亚"地区不同旅游产业要素进行分类梳理、合理规划，使得各旅游要素既相互独立又彼此联系，形成一个完整精细的旅游产业链条，并通过旅游产业的发展为本地区经济社会建设带来价值提升效应，共同打造"大三亚"旅游品牌，逐步实现"大三亚"旅游经济圈各相关市县资源共同分享、信息共同传递、客源共同吸引、市场共同监管、品牌共同建设的目标，高水平培育发展旅游新业态，将其打造成为全域旅游和国际旅游消费中心示范区。在"大三亚"旅游经济圈联席会议制度和各专项工作组的推动下，"大三亚"旅游经济圈各市县的发展定位和职责分工日益明确，政策协同效应日渐显现。三亚市明确重点发展邮轮游艇、健康医疗、海洋度假、免税购物等产业，努力建成生态环境优美、设施和服务功能一流、旅游业协调发展的世界级旅游城市；陵水明确依托清水湾、国际旅游岛先行试验区、吊罗山等旅游景区和度假区，提升滨海旅游资源利用水平，构建以旅游度假、雨林养生为特色的旅游产品体系；乐东明确依托龙栖湾、龙腾湾、龙沐湾、莺歌海、尖峰岭等旅游区，突出以国际化娱乐旅游为特色的旅游产品体系，推动海洋旅游发展；保亭明确依托千古温泉、热带雨林、乡村风光、南药等自然生态资源和呀诺达、槟榔谷等旅游景区，构建以健康养生为核心，以旅游温泉、医疗文化为特色的旅游产品体系[①]。通过政策协同一体化，"大三亚"旅游经济圈已经基本确定构建"世界滨海旅游+度假湾区+特色产业小镇+美丽乡村"的空间一体化布局发展目标。

[①]　康霖：《浅析大三亚旅游经济圈一体化建设》，《今日海南》2017年第10期，第50~52页。

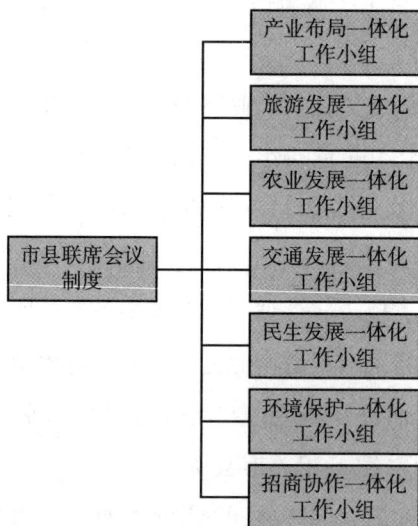

图2 "大三亚"旅游经济圈一体化协同机制

（三）产业布局一体化发展逐渐清晰

目前，"大三亚"旅游经济圈已经基本确定区域内未来产业发展布局规划，将建设形成"一心两翼、山海联动"的发展格局。即：以三亚市中心城区为核心；以海棠湾、陵水黎安国际教育创新岛为东翼，重点发展旅游业和国际教育；以崖州湾、乐东莺歌海地区为西翼，重点发展战略性新兴产业和高科技热带特色高效农业；以保亭、乐东尖峰岭地区为山海联动区，重点发展热带山地森林旅游①。以高科技热带特色高效农业为例，三亚依托崖州湾种子实验室、中国农业科学院南繁育种研究中心、国际种业科学家联合体、国家南繁生物育种专区、南繁种业科技众创中心、海南种子创新研究院、国家耐盐碱水稻技术创新中心、中国种子大会暨南繁硅谷论坛等专业研究机构和高端论坛落户三亚的契机，正在全力开展与热带特色高效农业相关

---

① 国家发改委国际合作中心：《大三亚旅游经济圈发展规划（2016—2030年）》，海口，2016。

的"卡脖子"技术攻关，不断壮大热带农业高新技术企业规模。与此同时，崖州湾高科技研发机构群有效协同带动了乐东国家南繁科研育种基地（抱孔洋）、陵水国家南繁科研育种基地（安马洋）两个基地建设，形成南繁"一体两翼"发展格局。特别是乐东国家南繁科研育种基地（抱孔洋），正在加快基地配套服务区和周边配套建设进度，围绕南繁育种"研育制销"一体化发展，加强与三亚崖州湾科技城产业合作，建立"乐东制销"优质品牌，搭建南繁种业贸易交流平台，探索开展种子、种苗、知识产权等热带特色高效农业贸易交易，推动种业贸易规模提升。

（四）旅游业一体化发展效应逐步显现

"大三亚"旅游经济圈明确提出，要实现域内各相关市县旅游资源共同分享、信息共同传递、客源共同吸引、市场共同监管、品牌共同建设。比如，在客源共同吸引方面，目前"大三亚"旅游经济圈已经初步形成了一体化开发"大三亚"旅游产品，通过征集意见、专家评审、政府统筹的方式，筛选出康养度假、家庭亲子、婚庆蜜月和历史文化等数十个主题系列自驾游旅游产品（见表1）。同时，"大三亚"旅游经济圈内各市县旅文部门及旅文企业，还通过定期举办"大三亚"旅游文创产品设计大赛，以宣传发动、定向组织、线下考察及线上评选等多种形式进行，激发旅游企业及人民群众参与"大三亚"旅游文创产品创作热情，深度挖掘和推广"大三亚"旅游产品。在品牌共同建设方面，"大三亚"旅游经济圈通过运营维护"大三亚"旅游圈微信公众号和微博，在五一劳动节、中秋节、国庆节等节假日提前整合"大三亚"旅游企业产品信息，定期推出主题宣传内容，推动"大三亚"整体旅游品牌塑造及形象宣传，明确提出于2022年内实现平均每天不低于1篇图文，年更不低于365篇图文，新浪微博年更不低于1865条推文的发展目标，并在微信公众号底部菜单栏进行规划分类，划分景区、酒店、旅文等版块，将"大三亚"旅游企业日常推广咨询按市县进行梳理，供广大外地游客和本地居民随时随地便捷查询"大三亚"最新产品动态。在市场共同监管方面，"大三亚"旅游经济圈内其他3个县以三亚市旅游警察队伍建设经验为标杆，持续开展区域内旅游管理联合执法，并在游客投诉处理、旅游跨市区监管、旅游执法经验借鉴与模拟比武、旅游诚信市场建设等方面开展区域内一体化整合，推动"大三亚"旅游经济圈旅游业市场秩序法治化、标准化、规范化，提升中外游客的旅游体验满意度。

表1　部分"大三亚"旅游经济圈一体化自驾旅游产品

旅游线路主题	旅游线路名称	第一天	第二天	第三天	第四天	第五天
康养度假	"大三亚"山海养生休闲之旅	三亚凤凰机场——三亚南山迎宾馆	三亚南山文化旅游区——西岛海洋文化旅游区	三亚湾——三亚国际友好中医疗养院——三亚红色娘子军演艺公园	乐东白沙谷本土文化园——乐东尖峰岭国家森林公园	乐东尖峰岭国家森林公园——三亚凤凰机场
家庭亲子	"大三亚"缤纷童趣之旅	三亚凤凰机场——三亚海棠湾亲子主题酒店	三亚海棠湾亲子主题酒店——三亚特兰蒂斯	三亚青塘村——三亚水稻国家公园	陵水椰田古寨——陵水南湾猴岛——陵水清水湾	陵水清水湾——三亚凤凰机场
婚庆蜜月	"大三亚"执子之手，共赴山海之旅	三亚凤凰机场——三亚亚龙湾海边度假酒店	三亚亚龙湾爱立方滨海乐园——三亚免税城	三亚亚龙湾热带天堂森林公园——三亚亚龙湾国际玫瑰谷	三亚亚龙湾——保亭七仙岭温泉国家森林公园	保亭七仙岭——三亚凤凰机场

资料来源：三亚市旅游行业协会提供。

（五）交通基础设施一体化建设稳步推进

交通运输部《"十四五"现代综合交通运输体系发展规划》中明确提出，要构建海南岛内畅通、陆岛连通、全球通达的现代综合交通运输体系，建设现代化综合交通枢纽，稳步推进自由贸易港建设。目前，"大三亚"旅游经济圈内交通区域一体化进程正稳步推进，区域综合交通体系已具雏形，形成了以"五路互通"（空港、海港、高快速路线、海上交通路线、低空飞行路线）为骨架、多层次交通枢纽紧密联系、多元交通方式一体化运作的综合交通运输体系。其中，公路以东线高速、西线高速等高速公路构成骨架路网，海榆东线、海榆中线、海榆西线为主干线网络；铁路以东环高铁、西环高铁为主，基本覆盖了岛内主要对外联系方向；水运以三亚港为重要港口枢纽；航空以凤凰机场为主，极大便利了区域城市对外交通联系。特别是G98环岛高速公路"大三亚"段扩容工程，该工程被列入交通运输部《公路"十四五"发展规划》，是推动"大三亚"经济圈一体化纵深拓展，率先实现互联互通的重点项目。该扩容工程将打通"三亚—陵水—乐东—保亭"4个市县之间的快速联络通道，主要途经陵水隆广镇，保亭三道镇、南林乡，三亚高峰乡、崖州区北，乐东九所镇北、冲坡镇北等地，全长120多公里，也将与现有G98环岛高速公路（G9811）海口至三亚段相连接。与此同时，海南环岛旅游公路三亚市海棠湾至陵水土福湾通道工程、海南西环高铁三亚市至乐东段公交化旅游列车改造工程、三亚市海棠区至陵水英州镇公交线路项目均积极推进，未来将有效提升区域旅游服务一体化水平，探索实行"大三亚"旅游经济圈联合审批和区域内运营监管机制，区域内"1小时出行圈"稳步推进。

（六）其他方面一体化建设积极推进

在教育领域，三亚市在"大三亚"旅游经济圈的教育资源配备上都拥有较大优势。目前三亚全市共有各类学校412所，在校学生总数230421人，专职教师14485人。三亚计划继续新增公办学校学前教育和义务教育学位4694个，持续扩大崖州湾科技城高校入驻规模，争取科技城内的研究生总规模达到2500人以上。陵水已经通过国家义务教育发展基本均衡县评估，创建了17所省级规范学校，省级规范学校占义务教育阶段学校比例达到18.9%，并率先在全省范围内取消中小学校行政级别。黎安国际教育创新试验区被明确列为海南省教育系统2022年重点工作任务（海南国际教育创新岛），目前已累计签约入驻国内外高等院校20余所。陵水未来计划重点做好教育回流这篇文章，致力打造"留学陵水"品牌，实现"学在海南＝留学海外"发展目标，与三亚崖州湾科技城形成"一内一外"的高等教育发展格局。

在医疗领域，"大三亚"旅游经济圈依托解放军总医院海南医院优质医疗资源，开展"大三亚"旅游经济圈医疗急救体系建设。三亚市根据各大企业技能型人才岗位较为紧缺的现状，与乐东开展合作，帮扶开展"订单式、订向式"医疗卫生职业技能培训；依托三亚市中心养老院，探索建设跨行政区的养老示范项目，引入优质的养老服务企业，实行公建民营运营管理模式，将其打造成为可承接养护一体的高端型养老服务机构，通过委托、协议等方式提供区域性的养老服务。

在生态环境领域，三亚市联合保亭开展跨市县河流交界断面上下游横向生态保护补偿先期试点，多措并举解决三道农场对赤田水库上游饮用水水源地的污染问题。"大三亚"旅游经济圈整合"尖峰岭—猕猴岭—佳西岭、七仙岭—吊罗山—五指山"等相邻的国家级自然保护区，加强自然保护区建设，新建一批生态走廊带，消除不同区域的保护能力差别。

二　"大三亚"旅游经济圈建设面临的挑战

客观而言，虽然近年来"大三亚"旅游经济圈在政策协同一体化、产业布局一体化、旅游发展一体化、农业发展一体化、交通一体化、民生发展一体化、环境保护一体化和招商协作一体化等方面取得了长足的进步，但在区域发展整体协同方面依旧存在不少问题，面临不小挑战。

（一）联席会议制度和工作协调机制难以实质性推动区域一体化项目建设

时至今日，"大三亚"旅游经济圈仅仅建立了联席会议制度和工作协调机制，区域内重大项目的推进主要依靠协调会议的方式进行，且协调会议的召开具有一定的随机性，导致区域一体化建设进程偏慢。从行政管理职权角度来看，由于三亚市与陵水、乐东和保亭在行政上属于平级关系，不存在上下级管理关系，因此协调会议的事项也就不具备强制性。虽然《"大三亚"

旅游经济圈发展规划（2016—2030年）》已经印发实施多年，且区域内已经建立联席会议制度，但由于该机制仅限于市县层面，未能形成一体化的领导体系，在一些重大问题上缺少相应的执行、反馈、督查、通报、考核等常态化工作机制，导致"大三亚"旅游经济圈相关工作长期以来各自为政、步调不一。比如，在对外宣传推广方面，区域内各市县合作目前仅停留在品牌形象塑造、旅游促销、市场信息整合等方面，一些需要"抱团出海"的重大事项难以得到协调解决，甚至区域内各市县还存在彼此"内卷竞争、互抢市场"的情况；在投资规划方面，如何遏制旅游项目重复建设，如何避免旅游开发盲目竞争，联席会议也难以协商解决；在交通基础设施建设方面，连接各市县的公路改扩建设，不可避免涉及占用水田、林地等问题，联席会议制度更是难以解决，需要通过规划调整方式和省直相关职能部门直接协商。例如，从三亚市到保亭的老旧公路翻修，如何确定投资建设方和运营管理方，这些问题仅仅依靠市县层面的联席会议制度显然难以解决。为此，三亚市已经明确建议，对"大三亚"旅游经济圈实行一体化管理，强化省级层面统筹协调和指导推动，按照项目类别明确省级具体牵头部门，形成高效务实的工作推动机制。

（二）区域内经济社会发展水平不平衡不充分

《海南省国民经济和社会发展第十三个五年规划纲要》（以下科称《"十三五"规划纲要》）中明确提出，到2020年，"大三亚"旅游经济圈GDP要达到全省25%左右。然而，直到2021年，"大三亚"旅游经济圈地区生产总值仅为1296.17亿元，只占海南全省地区生产总值（6475.2亿元）的20%，远远低于《"十三五"规划纲要》提出的25%的目标，表现出发展不充分现象（见图3）。与此同时，"大三亚"旅游经济圈内各市县经济社会发展水平差距较大，发展不平衡。以2021年为例，三亚市地区生产总值为835.37亿元，占"大三亚"旅游经济圈地区生产总值的64.45%；陵水地区生产总值223.39亿元，占比为17.23%；乐东地区生产总值174.25亿元，占比为13.44%；保亭地区生产总值63.16亿元，占比为4.87%。也就是说，在"大三亚"旅游经济圈区域内，三亚市和其他3个县经济总量之和的比值为1.81∶1（见图4）。三亚市一枝独秀，其他3个县则远远落后于三亚。

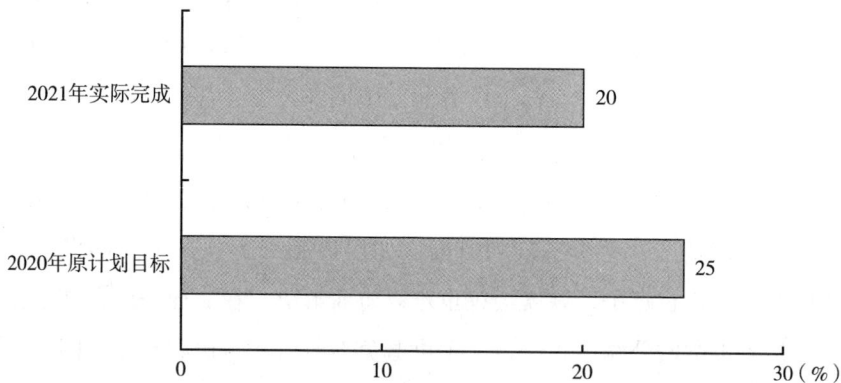

图3 "大三亚"旅游经济圈经济总量占全省经济总量比重

数据来源：三亚市、陵水黎族自治县、乐东黎族自治县、保亭黎族苗族自治县2021年国民经济和社会发展统计公报。

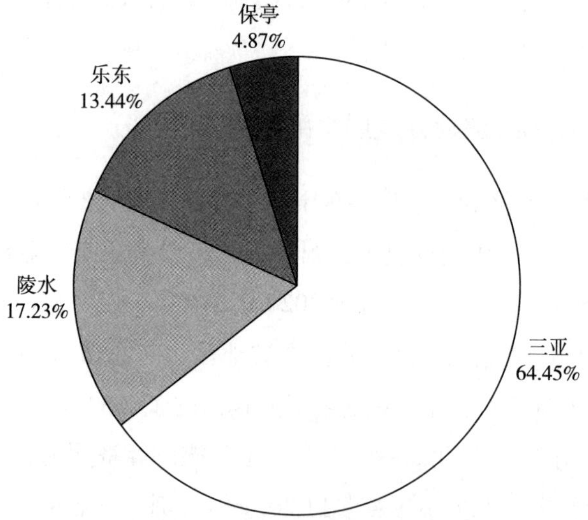

图4 "大三亚"旅游经济圈区域内经济总量占比

数据来源：三亚市、陵水黎族自治县、乐东黎族自治县、保亭黎族苗族自治县2021年国民经济和社会发展统计公报。

（三）旅游业发展"一强三弱"虹吸现象明显

1. 旅游业发展严重失衡

三亚是国内外知名的热带滨海旅游目的地，其旅游业发展不仅在海南各市县中处于领跑地位，在国内外也具有较高的知名度和影响力。而陵水、乐东、保亭等地还属于相对落后地区，旅游产业发展处于起步阶段，在旅游业收入、游客过夜人数等主要指标上在全省处于中下水平。"一市三县"旅游产业发展水平的悬殊，也直接导致三亚市旅游一枝独秀，其他三个县旅游"吃不饱"的虹吸极化现象。疫情前的 2019 年，"大三亚"地区总共接待过夜游客 2911.65 万人次，入境过夜游客 99.21 万人次，其中仅三亚市就分别占据了 2396.81 万人次和 91.91 万人次，占比高达 82.32% 和 92.64%（见表 2）。疫情发生后的 2021 年，"大三亚"旅游经济圈实现旅游总收入 855.84 亿元（见图 5），累计接待游客总数逾 4000 万人次。其中，三亚市旅游总收入 747.03 亿元，同比增长 65.2%，接待过夜游客总人数 2162.04 万人次，同比增长 19.7%；陵水旅游总收入 75.9 亿元，同比增长 90.5%，旅游接待总人数 870 万人次，同比增长 124.2%；乐东旅游总收入 15.59 亿元，同比增长 126.92%，接待游客总人数 296.81 万人次，同比增长 130.08%；保亭旅游总收入 17.32 亿元，同比增长 50.6%，旅游接待人数 307.2 万人，同比增长 119.2%。也就是说，虽然"大三亚"旅游经济圈整体占全省旅游总收入的 61.8%，但三亚一个市的旅游总收入就占全省旅游总收入的 54%，而其他三个县仅占 7.86%，三亚与其他三个县的旅游总收入比值为 6.87∶1。三亚市占据"大三亚"旅游经济圈旅游总收入的 87%，而其他三个县仅占 13%，"大三亚"旅游经济圈内的旅游业发展不平衡不充分现象愈加突出。

表 2　疫情前（2019 年）"大三亚"旅游经济圈接待过夜游客人数

单位：万人次

	"大三亚"地区	三亚	陵水	乐东	保亭
过夜游客	2911.65	2396.81	299.96	107.66	107.72
入境过夜游客	99.21	91.91	7.19	0.11	1.29

数据来源：三亚市旅游行业协会提供资料。

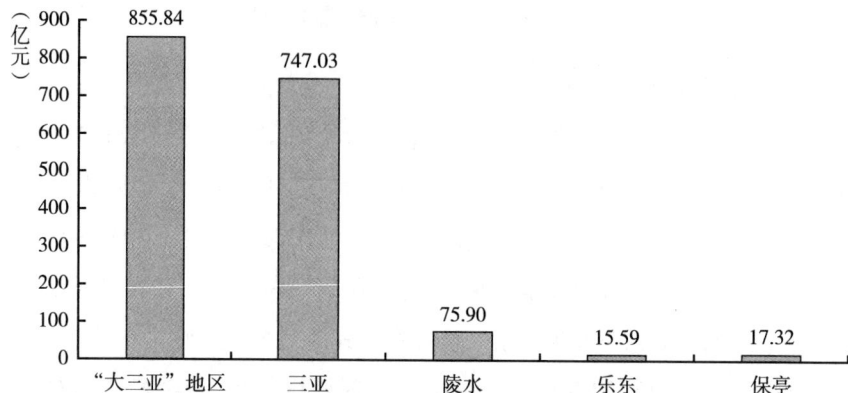

图5 "大三亚"旅游经济圈旅游收入情况

数据来源：三亚市、陵水黎族自治县、乐东黎族自治县、保亭黎族苗族自治县2021年国民经济和社会发展统计公报。

2.旅游业发展"同质化"现象严重

由于长期条块分割，缺乏有效的区域协调机制，"大三亚"旅游经济圈区域内的滨海地区、重点区域的开发统筹程度不高，旅游产品的差异化特征不明显。如"大三亚"旅游经济圈地区从东到西有多个海湾，所有湾区都以热带滨海旅游度假区为建设目标，开发模式多采取酒店+沙滩+滨海观光。清水湾、香水湾、海棠湾均以度假+酒店+游艇+主题公园为发展目标，与亚龙湾高度重合。龙沐湾、龙栖湾均以滨海居住+酒店+游艇为主，与三亚湾高度重合。个别湾区因种种原因开发多年连"三通一平"也未实现。旅游产品开发缺少个性、多元和特色，比如，陵水曾提出要建设清水湾游轮母港，三亚则提出要推动乡村旅游，乐东提出要学习三亚开发滨海旅游度假产业，发展海上旅游观光、水上项目等。再以温泉资源开发为例，三亚市曾经提出要以温泉旅游为核心，建成集温泉疗养、休闲娱乐度假于一体的天涯温泉旅游小镇；陵水提出要投资数百亿元，高起点、高标准规划建设吸引国内高端游客和国外游客的高峰温泉旅游度假区；保亭提出在已有温泉资源基础上，投资续建雨林温泉度假酒店。这些都表明，"大三亚"地区现有旅游产品"我有你也有，他有我也有"的同质化现象严重[1]。

3. 旅游市场监督执法难以协同

在旅游市场管理方面，三亚市率先探索出"四位一体"的旅游市场监管模式，成立了全国第一个专门性旅游警察支队，为"大三亚"地区旅游市场监管树立了示范标杆。然而，由于编制和经费等方面限制，其他3个县无法按照三亚模式配齐专业旅游执法队伍，实行的还是"一套人马两块牌子"的传统运作方式。2018年机构改革调整后，就连三亚市执法队伍也重新进行了整合，合并后的旅游执法队伍失去了原有的活力，旅游管理部门基本丧失实际执法权力，导致旅游行业监管面临很大阻力，"124"旅游市场综合治理体系不复存在。

4. 旅游公共服务体系建设滞后

"大三亚"地区没有建立统一的信息化平台和旅游公共服务体系，三亚和其他3个县未能完全实现旅游资源数据共享，彼此之间至今还存在"信息盲区"，导致在客源吸引、景区景点建设、交通出行等方面无法实现有效协同。

（四）区域交通基础设施一体化建设存在各种障碍

由于三亚市与其他3个县没有行政隶属关系、长期行政区划的条块分割导致"大三亚"旅游经济圈的运输企业之间和不同交通方式之间缺乏合理分工和协作，阻碍了区域交通运输一体化发展进程。比如，区域城际公路是按省县乡道的行政等级体系进行规划、建设与管养，行政区划的不同造成城际部分节点衔接不畅，特别是部分跨区域的路段技术等级、安保工程落后，影响跨区线路的开行。行政壁垒成为运输业市场一体化的瓶颈，各市县到机场班线审批和协作缺乏统筹管理，导致各县到机场巴士线路审批缓慢等。

1. G98环岛高速公路"大三亚"段扩容工程进度需加快

虽然《2022年海南省政府工作报告》提出要尽快启动G98环岛高速公

---

[1] 政协海南省委员会调研组：《关于加快推进大三亚旅游经济圈建设调研情况的报告》，海口，2017。

路"大三亚"段扩容项目，但该项目目前仍处于设计完善和前期施工阶段，尚未明确具体完成时间。且受制于行政区划、规划统一、环境保护问题，G98 环岛高速公路"大三亚"段扩容项目尤其需要加快"陵水—保亭"境内的路段建设，亟须打通隆广镇—三道镇和南林乡路段。

2. 区域内各市县、各景点一体化交通基础设施联通不畅

时至今日，"大三亚"旅游经济圈区域内尚未形成可以连接各市县、各景区景点的一体化交通网络。比如，从三亚到保亭的公路是解放初修建的公路，长期以来路面老化，年久失修，一旦遇到台风等极端天气，道路通行能力较弱；从乐东尖峰岭到龙栖湾的公路 2013 年已开工，但到目前为止还尚未完全建设好；从陵水动车站到陵水境内主要景区景点没有开通便捷的公共交通，支线交通的不顺畅降低了旅客的旅游体验①。

3. 机场班线路线设计缺失

目前，三亚凤凰机场到市区主要有两条线路，机场巴士 1 线（三亚凤凰机场—亚龙湾），机场巴士 2 线（三亚凤凰机场—海棠湾）。从实际需求来看，三亚机场巴士线路明显偏少，特别是到陵水、乐东、保亭等区域内其他县均没有直接机场巴士线路，而这些地方对三亚凤凰机场班线需求比较迫切，需要进一步完善。

4. 公共交通（公交客运）路线覆盖面不足

目前，"大三亚"旅游经济圈区域内公共客运联系以城市班线为主，而各市县的城市公交、城际客运较为独立，尚未制定联合发展的都市圈客运发展规划。比如，三亚市公交线路主要覆盖三亚市辖区，尚未完成向陵水、乐东、保亭等周边地区辐射。而其他 3 个县则普遍存在"进三亚难"问题。

5. 出租客运"异地回程带客难"问题突出

"大三亚"旅游经济圈地区出租客运发展水平和体量差距较大。三亚市经济社会发展水平较高，对出租客运需求量较大，现有出租车逾 2000 辆。

---

① 三亚市交通运输局、中设设计集团股份有限公司：《大三亚旅游经济圈道路运输区域一体化试点研究报告》，三亚，2018。

其他 3 个县经济社会发展水平较低，出租客运发展处于初级阶段，合计仅有 200 多辆出租车。"大三亚"地区异地出租汽车回程带客问题长期存在，异地出租汽车回程不能搭载去往该地的乘客，非三亚籍出租汽车送客到三亚凤凰机场后，无法从机场带客返回所在地，导致回程空驶率较高，影响其他 3 个县出租客运发展[①]。

三 推动"大三亚"旅游经济圈建设的政策建议

在海南建设中国特色自由贸易港的大背景下，要把"大三亚"旅游经济圈的美好蓝图变为现实，就需要进一步统一思想，形成合力，以更大的视野、更宽广的胸怀、更长远的眼光，勇于冲破思想观念的束缚和利益固化的藩篱。推进"大三亚"旅游经济圈建设，既要深入挖掘区域内不同地方特有的"比较优势"，更要充分发挥"一市三县"所形成的"整体优势"，争取早日形成陆海统筹、山海互动、蓝绿并进的一体化发展格局，将其建设成为全省经济新的重要增长极。

（一）建立"省级（统筹）—市县（协调）—委员会（决策咨询）—监督考核"四级联动机制。

顶层设计上，争取建立省级"大三亚"旅游经济圈建设推进机制，负责统筹"大三亚"旅游经济圈一体化建设进程。

（1）建立"大三亚"旅游经济圈"重点推进建设项目库"，明确各个项目的时间表、路线图、跨市县需要协调事项以及相关责任部门。

（2）根据 2018 年习近平总书记"4·13"讲话的系列决策部署，重新修订《"大三亚"旅游经济圈发展规划（2016—2030 年）》，出台产业布局、旅游发展、农业发展、交通运输、民生发展、环境保护以及招商协作等

---

① 三亚市交通运输局、中设设计集团股份有限公司：《大三亚旅游经济圈道路运输区域一体化试点研究报告》，三亚，2018。

7个专项工作规划。

协调机制上，完善现有"大三亚"旅游经济圈联席会议制度，建立健全联席会议定期会晤机制。赋予三亚市在协调机制中的主导地位，在三亚设立联席会议专门办公室，负责区域内日常事务协调工作和会议精神落实追踪。

决策咨询上，组建由专家学者、企业代表、业界人士等共同组成的"大三亚"旅游经济圈决策咨询委员会。发挥智库决策咨询作用，对"大三亚"旅游经济圈区域一体化建设重要议题提供意见建议。

督查考核上，将"大三亚"旅游经济圈一体化建设纳入"一市三县"年度考核指标。强化监督考核指挥棒作用，压实市县的主体责任，推动形成层层抓落实、事事有反馈的工作局面。通过强制性监督考核推动"大三亚"旅游经济圈建设取得实质性进展。

（二）推动旅游业一体化发展

"大三亚"旅游经济圈旅游产业一体化发展应当重点围绕信息化平台建设、标志性旅游产品打造、服务品质内涵提升、常态化协同推进机制构建等方面开展工作，逐步实现"大三亚"旅游经济圈服务建设国际旅游消费中心的目标。

1.建设数字化信息化平台

一是开发旅游业同业预订系统，便于"大三亚"旅游经济圈各市县景区酒店之间互相预订产品，主动为客户实现一站式服务；二是接待信息共享系统开发，便于"大三亚"旅游经济圈内旅游资源数据信息统计和专报共享，为旅游类企业发展提供实时数据参考；三是推动节事日历系统的开发和运维，构建主客共享平台，以节事活动带动旅游经济增长；四是开发自驾游公共服务系统，通过小程序对接各汽车租赁企业，给予自驾游游客经典自驾线路推荐。

2.打造标志性旅游产品

通过举办"大三亚"旅游线路产品设计大赛，开发并评选出"大三亚"旅游经济圈十大经典旅游线路、十大自驾游线路、十大研学旅行产品、十大美食之旅、十大网红打卡地、十条"飞跃大三亚"低空旅游线路等"大三亚"标志性旅游产品，进一步提升"大三亚"旅游经济圈国内外知名度和美誉度。筹划举办"大三亚"旅游经济圈文创设计大赛，开发高档次文创旅游产品，并在酒店、景区、机场、车站及旅游咨询中心等地设立"大三亚"旅游经济圈十大经典旅游纪念品和文创大赛获奖产品展销专柜，培育"大三亚"旅游经济圈可带走的"有形旅游记忆"。

3. 建立统一的"大三亚"服务质量标准

三亚市已经依托"制度建设年"成功发布三亚市海鲜餐饮、婚纱摄影、游艇旅游等3项高质量服务标准，获得了市场的高度关注和广泛认可。通过"大三亚"旅游一体化工作小组，将三亚市高质量旅游服务标准在陵水、乐东、保亭等其他域内地区复制推广，形成统一的"大三亚"旅游经济圈服务质量标准。在"大三亚"区域内轮流举办各类涉旅游类专业岗位服务技能培训，开展技能大赛，评选"大三亚"旅游服务技能大师。借助三亚市旅游先发优势，组织"大三亚"域内旅游从业人员到三亚开展优秀旅游服务质量标准见习和交流，全面提升"大三亚"旅游经济圈旅游服务品质[1]。

4. 构建常态化旅游业协同推进组织架构

一是以"大三亚"旅游发展一体化工作组为载体，组建"大三亚"旅游业发展专家委员会，定期邀请专家学者、行业代表举办旅游沙龙，对"大三亚"旅游业融合发展建言献策。二是发挥"大三亚"旅游营销联盟作用，主动对接媒体进行考察采风和赛事会奖联动，运营新媒体展开联合营销。三是建立旅游服务品质提升办公室，依托三亚市现有旅游标准化建设经验，向陵水、乐东、保亭等其他域内地区推广，推动"大三亚"旅游经济圈内旅游服务水平均衡。四是积极开展品牌认证工作，对"大三亚"旅游业从业人员和旅游设施进行官方认证，赋予资格认证人员在"大三亚"旅游经济圈内从业便利，提升旅游业高质量发展的积极性。五是进一步加强旅

---

① 周志斌、王斌斌：《全域旅游背景下大三亚旅游公共服务发展研究》，《现代商贸工业》2018 年第 20 期，第 9~10 页。

游市场协同监管。建立以三亚市为主的区域内旅游警察协调制度，建设跨区域统一执法机制，打造示范性标杆旅游警察队伍。进一步推动旅游监督监管简政放权，推动旅游行业监管重心从"事前审批"向"事中监督"和"事后问责"转变，实现旅游咨询和旅游投诉一体化管理，建立旅游行政执法与司法惩治相配合和相衔接的机制。实施旅游企业"红黑名单"制度，完善违法信用共享机制，加大违规违法企业和个人的曝光力度。

（三）构建一体化交通运输网络

1. 完善"大三亚"旅游经济圈的交通基础设施网络

一是完善"大三亚"旅游经济圈的公路网络建设。加快 G98 环岛高速公路"大三亚"段扩容工程进度，尽快完成项目详细设计规划，明确项目完成时限。优先建设扩容工程途经三亚段公路，尽早打通由保亭三道镇、南林乡到三亚高峰乡段路线。全面清查消除乡镇"断头路"，提升重要景点交通通达水平，修通从三亚、陵水、乐东、保亭等市县到各旅游景区、景点的公路，在公路沿线设置用于散客旅游的专用驿站设施。

二是优化提升现有交通基础设施网络。全面改造 G361 路面状况，扩容改造保亭—乐东公路上的自行车盘山专用赛道，满足海南国际自行车赛事需要。优化既有普通干线公路城镇过境条件，提升毛九线、长本线、响凤线、雅崖线等道路技术等级，满足交通出行基本需要，强化区域市县节点对其下辖乡镇的覆盖及周边乡镇的衔接。针对海榆东线亚龙湾—海棠湾段、海榆西线佛罗镇—天涯互通段开展扩建改造，提升既有干线公路城镇段的通行能力，实现城镇区域过境交通与对外交通的快速离境。

三是补齐区域内机场巴士班线缺失短板。新增三亚凤凰机场到陵水汽车站、乐东汽车站、保亭汽车站机场巴士专线，形成"大三亚"地区机场到市（县）区交通运输闭环。

四是推动"大三亚"地区交通运输联运体建设。利用海汽集团所属汽车客运站联网售票系统，进一步拓展"大三亚"旅游经济圈客运联网售票系统功能和范围，打造"大三亚"旅游经济圈客运联网售票平台，推进跨运输方式客运联网售票系统对接。推广"大三亚"旅游经济圈"公交一卡通"业务，实现区域内市县间公交 IC 卡互联、互通、互刷。统一面向公众提供出行信息服务，通过移动 App 等新型载体，提供涵盖公共交通、城际客运、客运站场等实时信息的出行服务。推广移动支付、电子客票在"大三亚"旅游经济圈的应用。

2. 完善现有城际旅游公交线路

着重解决三亚市主要交通枢纽至"大三亚"旅游经济圈重要旅游景点的旅游客运需求，满足"大三亚"旅游经济圈城际旅游客流出行需求，进一步优化现有"跨市县"城际旅游公交线路（如下 3 条线路）。

（1）三亚火车站→三亚湾→三亚大东海广场→陵水清水湾→陵水椰田古寨→陵水香水湾→陵水分界洲岛→陵水南湾猴岛；

（2）三亚火车站→三亚湾→三亚大东海广场→乐东龙栖湾风景区→乐东龙沐湾风景区→乐东尖峰岭国家森林公园；

（3）三亚火车站→三亚湾→三亚大东海广场→保亭槟榔谷黎苗文化旅游区→保亭呀诺达雨林文化旅游区→保亭七仙岭温泉国家森林公园。

3. 打造"大三亚"旅游经济圈区域旅游集散中心

一是在三亚市高铁站附近规划建设"大三亚"地区旅游集散中心枢纽站。逐步提升枢纽站综合性、专业型的服务功能，赋予旅游集散、旅游咨询、旅游换乘、综合服务和应急救援等相关功能，为游客及市民出行提供便利的旅游公共服务。

二是在陵水、乐东、保亭火车站和汽车站设立游客集散分中心，允许游客在分中心就地换乘后通过旅游专线到达旅游目的地，推动公路、铁路、公共交通等出行方式无缝衔接转换。

4. 建立统一交通运输标准体系

推动"大三亚"区域内现有各城市交通智能系统资源整合，研究制定相关技术标准，推进市县间交通标准互相认证。建立"大三亚"地区统一规范的公共交通出行信息平台，实行统一结算，逐步拓展到城际轨道、泊车电子计时表和停车场等服务领域。

（四）形成农业一体化发展格局

"大三亚"旅游经济圈相关市县应该用好"热带""南繁"等品牌优势，合理分工，各司其职，协同发展热带特色高效农业、休闲观光农业，打造"大三亚"旅游经济圈农业"硅谷"（见表3）。

三亚要发挥自身在区域内所特有的南繁育种科技优势，打造"科技+"热带特色高效农业和南繁育种产业发展格局，建立"三亚热带农业科技"金字招牌。依托崖州湾种子实验室、国家耐盐碱水稻技术创新中心、海南种子创新研究院等专业研究机构，开展热带特色高效农业相关"卡脖子"技术攻关。发挥"火车头"作用，协同带动乐东国家南繁科研育种基地（抱孔洋）、陵水国家南繁科研育种基地（安马洋）两个基地建设。

陵水要依托国家南繁科研育种基地（安马洋）配套服务区，打造"水产种苗+"热带特色高效农业和南繁育种产业发展格局，建立"陵水育种"优质品牌，全力推动700亩水产种业规范化南繁种苗繁育基地建设，加快农产品加工业布局，延长农产品产业链。

乐东要依托国家南繁科研育种基地（抱孔洋），加快基地配套服务区和周边配套建设进度，加强与三亚崖州湾科技城合作，打造"乐东制销"优质品牌，搭建南繁种业贸易交流平台，探索开展种子、种苗、知识产权等热带特色高效农业贸易交易，推动种业贸易规模提升。

保亭要加快推动红毛丹、黄秋葵等本土特色农业品牌向规模化和产业化方向发展，放大万亩黄秋葵产销供一体化基地、红毛丹产业基地等品牌效应，建立"黄秋葵+红毛丹"优质品牌。

表3 "大三亚"旅游经济圈农业发展一体化定位

	农业发展一体化定位	优质特色农产品
三亚	"科技+"热带特色高效农业；"三亚热带农业科技"金字招牌	水稻、芒果
陵水	"水产种苗+"热带特色高效农业；"陵水育种"优质品牌	圣女果

	农业发展一体化定位	优质特色农产品
乐东	"研育制销"一体化发展； "乐东制销"优质品牌	香蕉、芒果
保亭	"两品一标"认证； "保亭黄秋葵+红毛丹"优质品牌	黄秋葵、红毛丹

（五）完善民生一体化服务

1. 推动教育一体化合理布局

三亚要通过"研究院+研究生院"发展模式，持续扩大崖州湾科技城国内高校入驻规模，争取科技城内的研究生总规模达到 2500 人以上。陵水要利用黎安国际教育创新试验区制度创新优势，做好教育回流文章，打造"留学陵水"品牌，争取 2022 年底正式面向国内外全面招生，实现"学在海南=留学海外"发展目标，与三亚崖州湾科技城形成"一内一外"的区域高等教育发展格局。其他地区要复制推广实施陵水黎族自治县教育重点改革"十二条"措施，推动"大三亚"旅游经济圈率先在全省范围内试点中小学校去行政化（见表4）。

表4 "大三亚"旅游经济圈教育一体化布局和发展目标

高等教育	"一内+一外"： "一内"：持续扩大三亚崖州湾科技城国内高校入驻规模，争取科技城内的研究生总规模达到 2500 人以上； "一外"：利用黎安国际教育创新试验区，做好教育回流文章，打造"留学陵水"品牌，争取 2022 年正式面向国内外全面招生
义务教育	中小学校去行政 复制推广陵水黎族自治县教育重点改革"十二条"措施，推动"大三亚"旅游经济圈率先在全省范围内试点取消中小学校行政级别

2. 推动医疗卫生一体化合理布局

完善三亚市"基本医保+大额医疗费用补助+商业健康保险+医疗救助"的

多层次医疗保障体系，将三亚市现行的基本医疗保险区域点数法总额预算和按病种分值付费（DIP 付费）试点工作向"大三亚"旅游经济圈其他地区复制推广，创建"大三亚"旅游经济圈医联体。继续深化各市县"三医联动改革（医保体制改革、卫生体制改革、药品流通体制改革联动）"和"前医后养"联动改革。建设"大三亚"公共健康管理信息平台，统筹集约区域内医疗机构，实行按照病种付费和总额预算管理，提升"大三亚"地区整体医疗卫生健康水平。以"大三亚"整体抱团出海形式，加大高层次医疗卫生专业人才和优秀团队引进力度，引导三亚市优质医疗资源逐步向其他 3 个县辐射（见表 5）。

表 5　"大三亚"旅游经济圈医疗卫生一体化布局和发展目标

"三医联动改革"+医联体建设	通过"三医联动改革"，将三亚市现行的基本医疗保险区域点数法总额预算和按病种分值付费（DIP 付费）试点工作向"大三亚"旅游经济圈其他地区复制推广。推动建设"大三亚"旅游经济圈医联体
"前医后养"医疗康养联动模式	1. 保亭黎族苗族自治县对接三亚市优质医疗资源，承接三亚市康复客源，形成"大三亚"旅游经济圈"前医后养"医疗康养联动模式； 2. "大三亚"旅游经济圈作为整体（特别是保亭黎族苗族自治县）承接博鳌乐城国际医疗先行区康复客源，形成"前医后养"医疗康养联动模式

（六）设计行政区划一体化调整

根据海南省确定的加快推进行政区划调整和党政机构改革有关要求，进一步明确三亚市在"大三亚"旅游经济圈经济社会发展中的核心地位。推动"大三亚"旅游经济圈率先在全省范围内开展行政区划调整改革创新，优化行政区划设置和行政区划结构体系，打破原有的"一亩三分地"利益藩篱，消除不利于区域一体化发展的行政壁垒。按照"省直管市县—有限市代管县—市直管县"的"三步走"战略，分阶段、分步骤逐步实现行政区划调整目标。赋予三亚市对"大三亚"旅游经济圈相关重要事项的更大决策权，统筹区域内自然资源、基础设施、产业布局、公共服务、环境保护等相关工作①。

---

① 康霖：《大三亚旅游经济圈 从区域一体化到国际旅游消费中心》，海南出版社，2019。

参考文献

[1] 康霖：《浅析大三亚旅游经济圈一体化建设》，《今日海南》2017年第10期，第50~52页。

[2] 康霖：《大三亚旅游经济圈 从区域一体化到国际旅游消费中心》，海南出版社，2019。

[3] 周志斌、王斌斌：《全域旅游背景下大三亚旅游公共服务发展研究》，《现代商贸工业》2018年第20期，第9~10页。

[4] 于淑艳：《基于大三亚旅游经济圈的区域旅游发展研究》，《农村经济与科技》2018年第8期，第60~61页。

[5] 康拜英：《理清思路 多措并举 加快提升海南国际化水平》，《今日海南》2017年第8期，第16~18页。

[6] 张琳：《国外国际旅游岛建设对海南发展的启示》，《改革与发展》2011年第2期，第172~175页。

[7] 刘芳君、徐有钢、赵群毅：《海南国际旅游岛建设的国际经验借鉴——佛罗里达案例剖析》，《城市经济》2011年第6期，第77~83页。

[8] 国家发改委国际合作中心：《大三亚旅游经济圈发展规划（2016—2030年）》，海口，2016。

[9] 政协海南省委员会调研组：《关于加快推进大三亚旅游经济圈建设调研情况的报告》，海口，2017。

[10] 三亚市交通运输局、中设设计集团股份有限公司：《大三亚旅游经济圈道路运输区域一体化试点研究报告》，三亚，2018。

[11] 三亚市统计局：《2021年三亚市国民经济和社会发展统计公报》，三亚市统计局网站，2022年2月22日，http://tjj.sanya.gov.cn/tjjsite/zjgbxx/202202/41023b7c438343d6bfd9d36cf3527c2a.shtml。

[12] 陵水黎族自治县人民政府：《陵水黎族自治县2021年国民经济和社会发展统计公报》，陵水黎族自治县人民政府网站，2022年6月23日，http://lingshui.hainan.gov.cn/0xxgkzl/tongjiju/xxxgkml/202206/t20220623_3217155.html。

[13] 乐东黎族自治县人民政府：《2021年乐东黎族自治县国民经济和社会发展统计公报》，乐东黎族自治县人民政府网站，2022年4月4日，http://ledong.hainan.gov.cn/ledong/3100/202204/bc8bde4321e64280921f5690253b7ca3.shtml。

[14] 保亭黎族苗族自治县人民政府：《2021年保亭县国民经济和社会发展统计公报》，保亭黎族苗族自治县人民政府网站，2022年4月15日，https://baoting.hainan.gov.cn/zfxxgk/xgbmgk/tjj/gkml/202204/t20220415_3175321.html。

公共基础篇
Public Foundation

B.10
2021年海南教育高质量发展报告

刘晓惠*

摘　要： 本文以海南国际教育创新岛建设为重点，对海南办好人民满意和自贸港建设需要的教育展开分析。首先分析了海南教育高质量发展的环境，介绍了新加坡、迪拜等国际成熟自由贸易港办好国际教育的经验，分析当前海南教育发展存在的问题，并提出推进海南国际教育创新岛建设的思路。

关键词： 海南教育　国际教育创新岛　教育对外开放

2018年4月13日，一个注定被载入海南史册的日子。习近平总书记出席庆祝海南建省办经济特区30周年大会并发表重要讲话，郑重宣布党中央支持海南全岛建设自由贸易试验区，逐步探索、稳步推进中国特色自由贸易

---

* 刘晓惠，《海南日报》记者，主要研究方向为海南国际教育的发展路径。

港建设。此后，海南深入推进制度集成创新，陆续释放一系列政策红利，在教育医疗、实体经济等各方面效益频现。

2019 年 6 月，教育部与海南省人民政府共同印发《关于支持海南深化教育改革开放实施方案》，布局建设海南国际教育创新岛，进一步扩大教育对外开放，把海南打造成为中国特色社会主义教育开放发展、创新发展的生态范例。11 月，教育部联合海南省召开新闻发布会，宣布全面启动海南国际教育创新岛建设。海南开始规划建设重点教育园区，以陵水黎安国际教育创新试验区、三亚崖州湾科技城等为代表，聚焦旅游业、现代服务业、高新技术产业以及热带高效农业等主导产业的发展需求，开始引进境外理工农医类高水平大学、职业院校等，允许其在海南独立办学。

随着海南国际教育创新岛建设的积极推进，教育逐渐成为海南自贸港建设的重要组成部分和基础支撑力量。本文以海南国际教育创新岛建设为重点，对海南办好人民满意和自贸港建设需要的教育展开分析。

一 我国教育对外开放总体情况

党的十八大以来，党中央反复强调要统筹国际国内两个大局和两种资源，积极稳妥推进教育对外开放。从应邀在联合国"教育第一"全球倡议行动周年纪念活动上发表贺词、出席欧美同学会成立 100 周年庆祝大会、对全国留学工作会议作批示、向首届清华大学苏世民学院开学典礼致贺信，到主持召开中央政治局会议、中央深改领导小组会议、全国教育大会研究部署教育对外开放战略，习近平总书记关于我国教育对外开放的一系列重要论述，为推进我国教育的高质量发展提供了根本遵循和行动指南。

（一）我国教育对外开放发展历程

党的十八大以来，随着世界格局日趋多元化与"一带一路"倡议的提出，教育对外开放的基础和条件发生深刻变化，迎来转型升级、提质增效的新时期。近年来，我国积极主动参与全球教育治理，为全球教育事业提供中国方案和中国智慧。2017年至今，我国已和美国、欧盟、俄罗斯等国家和地区形成10个高级别人文交流机制，意味着中国教育不断走向世界舞台中央。2019年《高等学校境外办学指南》发布，有效促进高校境外办学工作取得突破性进展。2020年，教育部等八部门联合发文，对加快和扩大新时代教育对外开放提出意见，为新一轮教育对外开放指明方向、注入新动力。在这一阶段，我国通过健全教育对外开放政策体系、完善人文交流机制、深化国际交流合作等，不断开创新时代教育对外开放新局面，我国教育对外开放也逐渐从"跟跑"到"并行"再到某些方面"领跑"，交流合作领域不断扩大，活动半径不断延伸，规模层次不断丰富，总体质量不断提升。

（二）新发展阶段海南教育对外开放的新目标和新挑战

党的十八大以来，我国教育对外开放在新时代中奋进，在大变局中前行，取得了历史性成就，支撑着我国教育对外开放持续向好的态势——顶层设计逐步完善，全方位、多层次、宽领域的教育对外开放局面进一步形成；国际化人才培养取得积极进展，2010～2019年我国出国留学人员总数达到493.99万人，呈现逐年递增的态势；中外合作办学规模不断扩大，中外人文交流持续深化，我国已分别与美国、俄罗斯、英国等国家建立高级别人文交流机制，开展各领域的交流与合作。这些都为海南教育对外开放提供了良好的基础和保障。

"十四五"时期是我国由全面建成小康社会向基本实现社会主义现代化迈进的关键时期，也是"两个一百年"的历史交汇期，是党和国家进入整体抓高质量的工作重心转折期，是国内外环境深刻复杂变化带来的重大战略机遇期。党的十九届六中全会明确了在这一时期"加快建设教育强国""推进高水平教育对外开放"的目标任务。

站在新的历史起点上，我国教育对外开放工作还存在一些短板。首先，中外合作办学发展结构不均衡、层次偏低，研究生教育层次中外合作办学的项目及机构偏少，合作办学领域经贸类、管理类项目比比皆是，但人工智能、量子信息、集成电路、生命科学、生物育种、空天科技、深海深地等国家急需的学科和专业远远不够。资源引进优质度不高，国外一流高校参与合作办学的数量较少，国外资源引进目标国集中于美国、英国、澳大利亚等英语国家，对其他国家特色优质资源引进不足。其次，政策制度体系不够健全，一些领域立法进程缓慢。《海南自由贸易港建设总体方案》明确提出，允许境外理工农医类大学和职业院校在海南独立办学，但实际需要支持调整《教育法》和《中外合作办学条例》及其实施办法中相关条款在海南的实施。此外，国际化高层次人才培养数量、质量有限，在国际组织中"发声"明显不足，如中国和印度是全球 GDP 前十强国家中的国际学生净流出国，而且低龄留学、流出量等呈增长趋势。国际学生选择来华留学，主要还是看中地缘优势、学费低，而非学科专业、教学质量等因素。

二　海南国际教育创新岛的发展定位

2019 年 6 月，教育部、海南省人民政府印发方案，支持海南建设国际教育创新岛。2020 年 6 月，《海南自由贸易港建设总体方案》赋予海南教育新的历史使命，对海南国际教育创新岛建设提出了新要求。

（一）建设高质量教育体系的试验田

"十四五"期间，我国已转向高质量发展阶段，必然对教育也提出高质量发展的要求。海南教育的发展把"高质量"放在优先位置，并转变为行动自觉和内在追求，以高质量作为检验标准，在改革创新中推动教育迈向高质量发展。

（二）构建践行新发展理念的先行地

海南国际教育创新岛的建设要有敢为天下先的勇气，探索高水平改革开放的实现路径和实现形式，在实践中求真知，在探索中寻规律，为全国教育改革创新探索开出一条道路。要把制度集成创新摆在突出位置，大胆冲破思想观念的障碍、突破利益固化的藩篱、打破不合理的工作格局和运行机制，使海南成为新发展理念的践行者、实干家。

（三）打造教育服务区域经济社会发展的示范区

推进区域创新实践的根本路径是提高教育服务区域经济社会发展的能力水平。海南教育发展立足海南经济社会发展实际，聚焦于产业转型升级的关键领域和重要环节，特别是面向海南新经济、新产业、新业态发展的需求，从"独奏"到与产业唱"二人转"甚至"大合唱"。海南教育系统发挥人才优势和学科优势，加快"双一流"建设，以新时代教育评价改革为契机，加强对高校创新的支持，推动产学研用一体化发展，助力科技自立自强，推动教育在服务中发展、在贡献中壮大，培育海南发展新动能、新优势。

三 海南国际教育创新岛建设基本原则

（一）服务国家发展战略，突出改革创新

紧密依托陵水黎安国际教育创新试验区、三亚崖州湾科教城、海口江东新区国际教育园区以及博鳌乐城国际医疗先行区和洋浦经济开发区等"三面两点、辐射全岛"的教育对外开放平台，海南国际教育创新岛充分聚焦旅游业、现代服务业、高新技术产业等，优先布局教育事业，为自贸港建设培育高素质、国际化、创新型人才，实现教育服务海南经济社会发展、服务国家战略的目标。同时，《海南自由贸易港建设总体方案》赋予海南更大改革自主权，支持海南全方位大力度推进深化教育改革开放。

（二）扩大教育对外开放，坚持统筹协调布局

依托海南独特的区位优势，海南国际教育创新岛鼓励国内外知名高校和科研机构在海南设立分支机构，利用国内外优质教育资源，加强教育合作，提高海南教育对自由贸易港建设的支撑能力。推进"1+2+X"高等教育总

体布局，举全省之力办好海南大学，实施海南师范大学、海南医学院提升工程，推动其他高校特色发展。深化职业技术教育改革，深化产教融合、加强校企合作。实施"一市（县）两校一园"引进工程，实现优质资源全省各市县全覆盖，有效满足群众对优质多元教育资源的需求。

四　建设海南国际教育创新岛的基础优势

在我国新时代改革开放和社会主义现代化建设大局中，海南具有实施全面深化改革和试验最高水平开放政策的独特优势，这些独特优势，奠定了建设海南国际教育创新岛的坚实基础。

（一）区位优势

南临印度洋，东面太平洋，作为中国最南端的省份，海南是重要开放门户，是"一带一路"的重要战略支点，地理位置和生态环境十分优越，有利于吸引、汇聚、培育一批全球一流教育资源，链接国际与国内教育的互动、交流、发展。从全球视野来看，海南正好是连接中国和东南亚两个最活跃地区的中间节点，也正好处于RCEP（《区域全面经济伙伴关系协定》）区域的中心。从新发展格局来看，将国内国际双循环比作一个"8"字形，海南自贸港则在中间交汇处，连接国内市场和国际市场。[①] 从物理条件来看，海南四面环海，有利于统筹发展与安全，有效抓好教育对外开放的风险防控；拥有热带的"纬度"、南繁的"温度"以及南海的"深度"，具备开展南繁育种、深海科技、航天科技等重点领域教育科研的优越条件，有利于扩大科技领域开放合作，促进高层次科技自立自强。

（二）政策优势

海南拥有支持建设国际教育创新岛的特殊政策安排。一是海南自贸港政

---

① 《海南省委书记：打造国内国际双循环的重要交汇点》，中国新闻网，2021年6月21日，https：//baijiahao.baidu.com/s？id=1703141237234829445&wfr=spider&for=pc。

策红利。"党中央、国务院印发的《海南自由贸易港建设总体方案》，支持海南自贸港与国际高水平经贸规则对标，在各类生产要素跨境自由流动、税收制度安排等方面享受特殊开放政策"①，特别是"允许境外理工农医类高水平大学、职业院校独立办学，设立国际学校""推动国内重点高校引进国外知名院校举办具有独立法人资格的中外合作办学机构"等独有政策，十分利于打造引领我国新时代教育对外开放的重要门户。二是国家部委的政策支持。除了教育部给予的一系列政策支持外，国家发改委、商务部、财政部、国家税务总局等部门也发布了《海南省服务业扩大开放综合试点总体方案》（商资发〔2021〕64 号）、《海南自由贸易港鼓励类产业目录（2020年本）》（发改地区规〔2021〕120 号）等一系列文件，从多个方面支持海南国际教育创新岛建设。三是海南省的政策支持。海南省委省政府坚持把教育放在自贸港建设的核心位置，结合"多规合一"改革，统筹各级各类教育规划和项目建设，真正做到"拿出最好的资源建学校，创造最优的环境办教育"②。同时，提出"聚全省之力办好海南大学"，支持海南大学围绕服务地方经济发展和产业转型不断推进世界一流学科建设。

（三）发展优势

建设海南国际教育创新岛，是一项前无古人的开创性工作，需要海南扛起主体责任，全面深化教育改革创新。海南因改革开放而生，也因改革开放而兴，改革开放就是推进海南国际教育创新岛蓬勃展开的重要"法宝"。新冠肺炎疫情对教育对外开放、国际教育影响深远，在"后疫情时代"，经济社会的变化和教育的变革，再加上海南是"有 390 多万华侨华人分布在 50

---

① 中共中央 国务院：《海南自由贸易港建设总体方案》（2020 年 6 月 1 日），http：//www.gov.cn/gongbao/content/2020/content_ 5519942.htm。
② 刘晓惠：《下好先手棋 打造新标杆——海南国际教育创新岛建设扫描》，《中国教育报》2021 年 3 月 30 日。

多个国家和地区"的中国知名侨乡①，教育对外开放有利于海南吸引教育消费回流。

五　海南国际教育创新岛建设概况

近年来，特别是 2018 年以来，海南教育发展以"办好人民满意和自贸港建设需要的教育为目标，以建设国际教育创新岛为引领"②，全面推动各级各类教育驶入高质量发展快车道，推动海南教育实现了全方位、开创性、格局性的变化，实现了国际教育创新岛建设顺利开局和蓬勃展开。

（一）海南教育基本情况

截至 2020 年底，全省共有各级各类学校（含技工学校）4723 所，教职工 18.8 万人，专任教师 13.9 万人，在校生 222.9 万人。其中，幼儿园 2699 所，在园幼儿 39.8 万人，专任教师 2.6 万人；小学 1379 所（不含教学点），在校生 86.2 万人，专任教师 5.4 万人；初中 410 所，在校生 38.1 万人，专任教师 2.8 万人；普通高中 127 所，在校生 18.2 万人，专任教师 1.4 万人；中职学校 47 所，在校生 14.2 万人，专任教师 0.5 万人；高校 22 所，在校生 26.1 万人（含非全日制），专任教师 1.2 万人。

（二）海南国际教育创新岛建设亮点

1. 教育对外开放持续深化

"教育部和海南省委省政府联合印发《关于支持海南深化教育改革开放实施方案》《支持海南全面深化教育改革开放部省会商工作机制方案》，签

---

① 张茜翼：《海南省政协委员：借力多平台吸引琼籍华侨华人子女来华留学》，中国侨网，2021 年 1 月 24 日，https://baijiahao.baidu.com/s? id = 1689749938843463197&wfr = spider&for = pc。

② 陈蔚林、刘晓惠：《努力办好人民满意的教育》，《海南日报》2022 年 4 月 25 日。

署《部省共同加快海南国际教育创新岛建设合作协议》"①，并先后召开 4 次专题推进会，凝聚起加快推进国际教育创新岛建设的强大合力。在海南省人民政府编制的《海南省"十四五"教育现代化规划》中，系统设计了九大重点任务、十项重点工程和 100 个具体项目，计划到 2025 年基本建成符合自贸港建设需要的高质量教育体系，为国际教育创新岛的建设进一步指明了方向。

截至 2022 年 6 月，海南国际教育创新岛已陆续建成一批教育对外开放重点园区。其中，陵水黎安国际教育创新试验区是我国第一个以教育对外开放为核心使命的园区。目前，该园区已引进签约入驻的高校共 22 所，包括北京大学、中国传媒大学、电子科技大学、北京体育大学等 10 所国内知名高校，以及英国格拉斯哥大学、加拿大阿尔伯塔大学、英国考文垂大学等 12 所外方合作院校。2021 年 9 月，陵水黎安国际教育创新试验区迎来了首批学生，"北京体育大学与加拿大阿尔伯塔大学国际联合培养项目、电子科技大学与英国格拉斯哥大学中外合作办学项目共 86 名学生入住该试验区，以中西互鉴、文理互通、学科互融、课程互选、学分互认、管理共商的'五互一共'教学模式，破局国际教育创新之路"②。

在三亚崖州湾科技城，园区已引进上海交通大学、浙江大学、中国海洋大学、中国农业大学、武汉理工大学等 12 所高水平科研机构和高等院校，逐步形成产学研一体化服务平台和创新创业与成果转化平台，办学规模快速提升。

此外，"海南国际教育创新岛一批标志性、先导性项目先后落地"③。海南省人民政府签约引进德国比勒费尔德应用科技大学，这是中国大陆第一个境外高水平大学独立办学项目，酒店管理专业世界排名第一的瑞士洛桑酒店

① 《海南加快国际教育创新岛建设 打造教育开放发展新标杆》，南海网，2020 年 6 月 14 日，http：//www. hinews. cn/news/system/2020/06/14/032368160. shtml。

② 《海南教育系统实现"十三五"圆满收官和国际教育创新岛建设顺利开局》，南海网，2021 年 1 月 7 日，http：//www. hinews. cn/news/system/2021/01/07/032488336. shtml。

③ 《省教育厅厅长曹献坤：加快建设国际教育创新岛》，椰网，2020 年 5 月 19 日，https：//www. hndnews. com/p/359853. html。

管理学院，也将在海南独立办学，德威公学、哈罗公学等一批知名国际学校相继在琼落地办学。

教育对外开放持续深化的同时，海南国际教育创新岛的系列创新制度也有效释放了发展活力。"中外合作办学机构部省联合审批"、"冬季小学期"、"旺工淡学"旅游业人才培养新模式、"五位一体"园区成片开发流程再造等 4 个教育领域案例作为自贸港制度创新案例公开发布[①]。在陵水黎安国际教育创新试验区、三亚崖州湾科技城等重点教育园区探索实行"大共享+小学院"办学新模式，多学科融合、多元文化交融、中西方模式互鉴的国际教育一流体系逐渐成型。教育对外开放引来的优质教育资源，让海南本地学生也能享受到教育的惠民成果，一系列平台和名校让海南学生在"家门口"就可以"上好学"，同时，也形成了中国学生乃至东南亚学生"学在海南＝留学国外"的品牌。

2. 教育惠民水平持续提升

随着海南国际教育创新岛建设的推进，全省教育惠民水平也不断攀升。在学前教育方面，海南教育系统举全省之力促进"两个比例"，即公办园就读幼儿比例、普惠性幼儿园覆盖率，从 2016 年的 13%、34% 大幅提升到 2020 年的 53%、86%。2020 年全年新增公办园在园幼儿 12.07 万人，超过过去十年的总和，实现历史性跨越[②]。2021 年全省普惠性幼园覆盖率提高至 91.9%，极大缓解了"入公办园难、入民办园贵"问题。在义务教育方面，2021 年海南义务教育大班额从全国倒数第一（17.24%）下降到 3.06%，低于全国平均水平 4%，义务教育正朝优质均衡方向发展，同时实现义务教育落实公办民办同步招生。2020 年，海南"新高考"平稳落地，当年全省 5.7 万多名考生参加考试，本科录取率 60.66%，创历史新高。2021 年，海南本科录取率 60.68%。海南中小学（含教学点）互联网接入率达到 100%，网络出口带宽达到 100M 及以上的占比 100%，配备多媒体教学设备教室比

---

① 《海南教育系统实现"十三五"圆满收官和国际教育创新岛建设顺利开局》，南海网，2021 年 1 月 7 日，http://www.hinews.cn/news/system/2021/01/07/032488336.shtml。

② 《熠熠生辉　数据闪亮　2020 年海南教育十大亮点》，《海南日报》2020 年 12 月 31 日。

例达 100%，全国排名第一。

在职业教育和高等教育方面，围绕自贸港建设需要，海南建设了一批直接服务于重点产业的特色优势学科和专业。创新职业教育人才培养"立交桥"，继续推进中高职"3+2"连读等 6 个改革项目，累计招生 5 万人，职业教育覆盖 32 类 452 个专业。2021 年，全省中职毕业生就业率 96.8%，就业率连续十年保持在 95% 以上。高等教育获批 5 个教育部重点实验室，新增 6 个博士点和 33 个硕士点，新增涉及大旅游、大健康等自贸港建设急需专业 60 个。

在"双减"工作推进方面，2021 年以来，海南把"双减"工作纳入省委省政府督查事项，纳入县（市、区）政府履行教育职责督导评价指标。截至 2021 年底，全省义务教育学校 100% 开展课后服务、建立作业管理制度，查处违规办学校外培训机构 588 家，学科类校外培训机构压减率 70% 以上。

3. 引入大量优质教育资源

近年来，海南坚持把发展公平优质的基础教育作为培养本土人才、吸引人才来琼和打造良好营商环境的先导性、基础性工作。为了快速破解海南本土优质教育资源短缺难题，海南不断创新优质教育资源引进方式：2015 年实施 1.0 版的"好校长好教师引进工程"，即面向全国招聘引进好校长、好教师；2016 年，为解决引进人才单打独斗、团队力量不足的问题，海南开始实施 2.0 版的引进"校长+骨干"的管理团队，并同时启动了 3.0 版的"一市（县）两校一园"优质教育资源引进工程——在"十三五"期间，海南省各个市县办成 1 所优质普通高中（或完全中学、九年一贯制学校）、1 所优质完全小学和 1 所优质幼儿园。在"一市（县）两校一园"工程的推动下，海南将国内外名校整体引进办学，实现了从"引进好校长、好教师"到"引进好团队"再到"引进好学校"的"三好"迭代升级，通过引进"优质基因"，"高位嫁接"国内外优质教育资源[①]，"换道超车"、快速

---

① 《引进好学校、好校长、好教师！海南省两年新增引进教育人才 5000 余人》，搜狐网，2020 年 9 月 16 日，https://www.sohu.com/a/418915973_387135。

提高海南基础教育质量,为海南老百姓和引进人才提供更多更好的教育选择,打造良好营商环境,助力海南自由贸易港建设。

"一市(县)两校一园"优质教育资源引进工程实施以来,海南省委省政府连续5年将其列入为民办实事和重点工作事项。海南创新引进方式、办学机制、人事管理体制和人才培养模式,采取三种模式引进优质教育资源,一是名校办分校,引进国内外高水平学校在海南独立办学,如人大附中三亚学校、北大附中海口学校、清华大学附中文昌学校等;二是学校整体托管,将海南学校或新建学校整体委托名校管理,如北京师范大学万宁附属中学、华东师大二附中乐东黄流中学、南开大学附中儋州第一中学等;三是对口帮扶,省外优质学校与海南省学校建立"一对一"帮扶关系,如华东师大对口帮扶三沙市永兴学校、上海浦东新区高桥中学帮扶琼海市嘉积二中、厦门市海沧区实验中学帮扶昌江中学等。

2021年11月,海南省"一市(县)两校一园"优质教育资源引进工程任务全面完成,全省共计引进中小学(含幼儿园)达83所,覆盖全省各市县,让优质教育资源在海南岛上"开枝散叶"。优质教育资源的大量引进为海南基础教育带来了巨大变化。一是一大批名校扎根海南办学,快速提升了海南优质教育资源的总量,提供超过16万个优质学位,占全省基础教育总量的近10%。二是带来了先进的办学理念,引进学校将优良办学传统、丰富的课程内容、优质的师资队伍、先进的学校管理方式快速"植入"海南,极大提升了海南基础教育的整体质量水平。三是引进学校成为当地校长、教师培养孵化器,带动了当地中小学校办学水平提升。如北师大万宁附中的办学带动了区域内学校整体发展,该校3名骨干被选派提拔到当地其他学校担任领导职务,全市2所中学被评为省一级学校,7所学校被评为省级规范化学校,全市5000多名学生从外地回流就读。四是为海南引进人才、吸引投资、改善营商环境提供了坚强保障,如海南生态软件园的微城未来学校、华东师大澄迈实验中学等已经成为园区招商引才的"金字招牌"和"制胜法宝",解决了各类人才到海南工作的后顾之忧。

4. 强化立德树人根本任务

"为谁培养人、培养什么人、怎样培养人"是教育的根本问题。海南国际教育创新岛行稳致远的重要前提是坚持和加强党对教育的全面领导，全面贯彻党的教育方针，把党的建设和思想政治工作贯穿教育教学、科研管理全过程和各方面。

近年来，海南教育系统不断健全完善省领导联系高校工作和讲思政课制度，各地各校"三全育人"大格局加快形成，常态化培育、建设 10 大高校党建和思政工作项目，支持建设 39 个思政研学基地。支持海南大学成功获得马克思主义理论一级学科博士学位授权点。通过引进、培养、转任等方式，海南各高校很快补齐了思政队伍建设的短板，辅导员按照国家标准配备，思政课专任教师师生比持续改善，实现数量和质量的双向增长。

从 2017 年起，海南提出要打造海南学生"特色印记"——"健康阳光、好学上进、勤劳诚信、文明朴实"，进而研究制定全省打造中小学生"特色印记"行动方案，系统规划海南自贸港"五育并举"工作路线图。各地各校以"红色人文、绿色生态、蓝色文化"为主题，建立各学段德育目标体系，一校一案落实学校德育评价工作。

在深化体卫教育方面，海南稳步实施初中体育科目学业水平考试，学生体育考试合格率达到 94.3%。支持琼中女足面向全省招生 78 人，与华中师范大学共建海南琼中特色足球学校。强力普及中小学游泳教育，全省建成学校游泳池 320 个，实现乡镇学校游泳池全覆盖，全省四年级以上中小学生基本学会游泳。

5. 提升教师教书育人能力素质

教师是教育发展的第一资源，是海南国际教育创新岛稳步建设的重要基石。海南教育系统坚持引育并举，加快推进教师队伍建设，全面提升教师教书育人的能力素质。

为了进一步加强师德师风建设，海南常态长效组织开展师德专题教育、师德师风专项整治，完善教师职业行为负面清单，并制定《海南省基础教育教师队伍建设"十四五"规划》《关于推进中小学教师队伍提质增效的若干措施》，印发《海南省中小学"好校长好教师"培养工程（2021—2025）实施方案》，修订《海南省中小学骨干教师评选和管理办法》，为教育事业健康发展提供坚强的顶层保障。

2018年4月13日以来，海南省级层面向全国引进300名好校长、好教师，市县层面引进229名中小学优秀校长、学科骨干教师，全省公办中小学幼儿园共引进5506名教师。重点建设109个中小学特级教师工作站和省级卓越校长、卓越班主任工作室，培训农村基层教师3万多人次，示范性培训校长教师5000多人次，辐射带动全省教师队伍素质整体提升。

在激发教师队伍活力方面，海南出台《海南省中小学教师减负措施清单》，从6个方面提出17项减负举措，优化教师安心舒心教书育人的良好环境；出台《海南省中小学教职工编制标准》，建立中小学教师周转编制管理和使用机制。此外，通过下放高校教师职称评审权、调整提高乡村学校高级岗位结构比例、增设中小学阶段正高级职称等举措，海南各地各校落实师德第一标准，突出教学实绩，破除"五唯"，促进教师岗位聘任"能上能下"，全省全面推行中小学教师资格定期注册制度，实现教师资格"能进能出"。

表1 "十四五"时期专任教师规模、新补充教师数量

单位：人

学段	2020年	2025年	新补充
高中	14306	16400	3400
初中	27973	29500	4700
小学	54328	61200	19300
幼儿园	29508	32100	13200
合计	126115	139200	40600

资料来源：《海南省基础教育教师队伍建设"十四五"规划》。

（三）海南国际教育创新岛发展形势

在全球疫情仍在继续，百年变局加速演进的背景下，海南国际教育创新

岛担当着教育改革先锋的时代使命，既迎来有利的新机遇，也面临严峻的新挑战。

1. 担当教育改革发展的时代使命

在"两个大局"背景下，教育的基础性、先导性、全局性地位和作用更加突出。海南教育必须自觉融入党和国家事业发展全局，打造新时代中国教育开放发展新标杆。一是要培养更多高层次人才，要德智体美劳全面发展，要有中国情怀、国际视野，更要具有全球竞争力。二是要进一步增强教育国际合作和人文交流，凸显竞争新优势，要积极主动为全球教育治理提出海南智慧，助力构建人类命运共同体，在发展中充分发挥教育更大的作用、作出教育更突出的贡献。

2. 把握教育改革发展的前进方向

在国内外发展环境更趋复杂严峻和不确定的背景下，海南结构性素质性问题依然突出，自由贸易港政策效应仍处于释放初期，困难不容低估。面对新形势新任务，海南对高端创新型人才、高技能人才以及高层次、复合型、国际化人才的需求，比以往更加迫切。因此，必须牢牢把握好机遇，依托国际教育创新岛建设的契机，把海南建设成高质量教育体系试验田，为区域经济社会发展出谋划策。不断优化学科专业布局、人才培养路径以及教育治理方案同自贸港建设相适应，多方发力创新推进教育制度，让教育的国际化水平得到全面提升。后疫情时代，海南要发挥政策红利、先行先试的优势，多措并举让国际教育消费回流。此外，提升教育质量也是优化营商环境的重要手段，海南国际教育创新岛要为自贸港引进的各类高层次人才子女提供优质、多样化的教育服务，让人才链、教育链、产业链、创新链相连相通、融合发展。

3. 加快构建高质量教育体系的目标任务

经过多年不懈努力，当前海南各级教育普及程度显著提高，但由于起步晚、底子薄、基础弱，海南教育整体发展水平与高质量发展的要求相比，还存在许多亟待解决的问题，挑战更为艰巨。例如，教育发展不平衡的矛盾仍然突出，学校之间、城乡之间、群体之间的教育质量差距还较大；随着城镇化进程和计划生育政策调整，学生"城区挤、农村空"，教师"城市缺编、农村超编"现象凸显；部分农村学校音体美、思政、外语等学科专任教师紧缺。社会发展与竞争压力层层传导到学校，特别是在基础教育阶段，超前教育、过度教育现象和"短视化、功利化"的教育理念还没得到根本消除，不仅影响了学生的身心健康和全面发展，也影响海南教育高质量发展。高等教育整体质量还不够高，职业教育的社会吸引力还不够强。海南教育在国家教育现代化"四点一线一面"战略布局中的特色优势还不够显著。

当前，"十四五"教育发展规划实施进入第二年，全国都在加快推进构建高质量教育体系，结合现阶段海南教育发展实际，海南要牢牢抓住国际教育创新岛建设的宝贵时机，搭建高质量教育体系，也就是人民满意的教育体系和自贸港建设需要的教育体系。人民满意，主要是要办好优质均衡的教育，持续引进国内外优质教育资源，通过名校办分校、帮扶结对、组成教育集团、整体托管等方式，加快构建优质均衡的基本公共教育服务体系，提供更高质量、更多样化、更有国际化水准的优质教育选择。要办好阳光快乐的教育，坚持"五育并举"擦亮海南学生"特色印记"，推动教育回归"阳光快乐"育人本色，坚决捍卫海南基础教育的良好生态。自贸港建设需要，就是要办好高水平、高质量的教育开放和教育供给，拿出最好的资源、创造最优的环境办教育，全面提升职业教育和高等教育提供高层次国际化人才和高水平科技的能力。同时，全面提升教育国际化水平，做强"学在海南＝留学国外"品牌，打造全球留学目的地，促进教育改革的持续深化和发展质量的不断提升。

（四）当前海南教育发展存在的主要问题

虽然海南教育实现了跨越式发展，但受历史条件、原有基础和发展水平等因素制约，与自贸港建设和国际教育创新岛建设需求相比，海南教育还有较大差距。突出表现在：一是总量小，底子薄，发展不充分不平衡的问题依然存在。"有学上"的问题已经基本解决，"上好学"的挑战更加凸显，特别是基础教育教师队伍存在结构性缺编，年龄结构老化、能力素质不高。二是人才培养质量亟待提升，教育服务区域经济社会发展的能力还不够强。职教高教人才培养与海南自贸港现代产业体系对接还不够紧密；教师队伍国际教育素养不足，拔尖领军人才匮乏。三是对外开放层次水平还不够高，教育服务新发展格局的作用还未充分发挥。教育体制机制创新不足，风险防控意识和能力有待提高，此外，受新冠肺炎疫情冲击，"去不成、来不了"影响国际教育消费回流。

六　推进海南国际教育创新岛建设的思路

（一）部省合力落实前沿开放政策

教育部和海南省委省政府赋予了海南含金量很高的十项重大政策和十项重大项目，在国家层面为海南国际教育创新岛建设开好题、谋好篇。特别是"明确支持海南试点引进境外工科大学和职业院校独立办学，探索境外高水平企业独资办学，试点设立国际高中和国际幼儿园"等，这些措施力度很大，都是全国首创。

下一步，海南将充分发挥部省会商机制的作用，与教育部合力推进《教育部　海南省人民政府共同加快海南国际教育创新岛建设合作协议》事项的落地落实，充分利用好中央给予海南教育发展最为前沿的开放政策，促进海南在抓好风险防控的前提下，不断扩大教育开放，全面提升教育国际化水平。

（二）结合区域资源要素发展教育集群化

教育集群化发展是指"在一定区域里，通过资源共享、课程共建、升学互通等机制形成区域教育共同体"，实现区域教育共赢共生和优质发展，促进区域教育治理现代化。海南国际教育创新岛按照教育集群化发展理念，紧密结合区域资源要素和自贸港产业发展需要，科学规划国际教育创新岛区划功能布局和学科专业布局，致力于提升海南教育的特色与质效、社会贡献度和国际影响力。

在功能布局集群方面，依托教育园区平台以及重点产业园区，培育打造产学研深度融合，具有地理集聚性、智力密集性、协同创新性特征的教育对外开放综合生态体系。

在学科专业集群方面，海南以支持海南大学创建世界一流学科、遴选建设"海南省特色重点学科"为引领，引导省内高校和职业院校适应自贸港建设需要，结合学校发展定位，凝练学科方向，调整学科专业，建设一批直接服务于重点产业的特色优势学科和专业，为海南自贸港建设培养更多高素质适用人才。全省已遴选法学、作物学、信息与通信工程、海洋科学、生态学等28个学科作为省级特色重点学科，计划遴选一批与深海、深空、南繁、生物制药等战略性新兴产业相关的学科重点建设。

下一步，海南将在教育部的支持下，创新境内外教育资源引进机制，协调国内重点院校对口支持海南高校发展，推动更多境外实体性合作办学机构落地，加快陵水黎安国际教育创新试验区等教育对外开放重大平台建设，重点引进世界一流大学和特色学科，积极稳妥开展中外合作办学和理工农医类独立办学，与世界一流教育资源进行高质量合作，打造一批科技前沿且国内紧缺的强势学科专业，促进海南乃至我国教育体系、科技体系、产业体系的重塑与对接，实现更高层次的产学研用融合发展，培养更多面向未来的具有国际竞争力的高水平国际化人才，并借此促进这些园区、平台成为促进区域经济社会发展的核心引擎和重要增长极。此外，大力借鉴世界名校先进的教育教学理念、体制机制和管理经验，探索建设向国际先进水平看齐的现代教育治理体系。

（三）教育在地国际化实现"留学海南＝留学国外"

海南国际教育创新岛在落实好已有中外合作办学项目、发挥好"中国政府奖学金"引领作用的基础上，通过引进海外理工农医类高水平大学、职业院校在海南独立办学，支持设立独立法人的医学健康类中外合作办学机构，以及持续引进国内外高水平院校在海南设立分支机构、重点实验室或科技成果孵化转化中心，利用海南科研资源，联合开展高层次人才培养等，开创"留学海南＝留学国外"的教育在地国际化新模式，为推动实现教育国际化和教育现代化探索新的路径。

（四）深化教育国际合作交流

近年来，海南教育系统积极参加教育部组织的"中俄青年友好交流年"活动、中加高层教育官员磋商会议以及"中美千校携手"等项目，同时，引进联合国教科文组织联系学校项目网络国际中心落户三亚，搭建"中柬农业科技创新中心""热带医学联盟热带医学高峰论坛"等 8 大对外交流平台，成功举办世界顶尖农业高校 A5 联盟学术竞赛、"一带一路"与东盟国家教育合作论坛等 10 多项国际论坛或会议，促进以"一带一路"为重点的教育国际交流合作。此外，注重加强与港澳台地区的教育交流合作，全省共有 12 所高校与台湾 40 所院校签订校际友好交流合作协议，10 所中小学校与港澳学校建立姊妹校关系，建立了"琼台青年领袖论坛"等系列交流平台。

深化教育国际交流合作，是建设海南国际教育创新岛的题中应有之义。下一步，海南国际教育创新岛要继续本着"以我为主、兼收并蓄"的原则，加强中外人文交流，充分发挥教育在促进民心相通方面的独特作用，同时，要立足"两个大局"，及时调整教育国际交流合作的工作重心，从传统的促进友好交往转向推动务实合作，更好地服务于国家改革开放战略。要积极深化与联合国教科文组织的战略合作，主动参与全球和地区教育公约的制定和实施工作；要充分利用好已有的 8 大对外交流平台，加强与"一带一路"国家教育交流合作的频度与深度，推动与更多共建国家实现教育标准互通、学历学位互认；要积极搭建新的平台、综合运用双多边平台，通过教育国际交流合作，想方设法吸纳世界优质教育资源和前沿科研力量，增强服务国家创新驱动发展和教育改革发展能力。

（五）引领教育高质量发展

要深入贯彻"以人民为中心"的发展思想，坚持以国际教育创新岛建设为目标，坚持补短板、强弱项，构建和完善具有海南特色的高质量教育体系。迭代升级"一市（县）两校一园"优质教育资源引进工程，通过引进"优质基因"，"高位嫁接"国内外优质教育资源，"换道超车"、快速提高海南基础教育质量，为海南人民和引进的人才提供国际化、多样化的优质教育选择。

教育对外开放是有效满足人民群众对优质多元教育资源需求、链接和畅通国内国际双循环的重要战略举措。海南要切实发挥好国际教育创新岛的新时代教育对外开放重要支点作用，把国际教育创新岛建设作为构建高质量教育体系的动力引擎，努力提供更加公平、优质、包容的教育，同时，推动海南教育更好地融入新发展格局，使海南教育更好把握发展主动权。要充分发挥高校创新资源集聚和国际交流活跃优势，提升原始创新能力，奋力破解"卡脖子"问题，打造服务科技自立自强的海南战略科技力量；要大力发展现代职业教育，大规模培养技术技能人才，有力支持海南区域经济社会发展，有力支持"一带一路"建设和国际产能合作；要在基础教育领域深入开展国际理解教育，引导海南学生更好理解世界的多元性，增强跨文化交流能力；要大力吸引国际教育消费回流，为打造千亿级的海南自贸港现代教育服务业作出贡献。

（六）开展教育制度集成创新

建设国际教育创新岛极具探索性、挑战性和专业性，要坚持把制度集成创新摆在突出位置，充分运用国家赋予的政策优势，在风险可控的基础上，重点围绕境外高校独立办学制度体系、人才培养模式、教育消费回流承接机制、教育园区办学模式、"一园多区"涉外办学党建思政工作模式等进行创新改革，为推进中国特色教育对外开放制度改革创新贡献海南智慧，为推进全球教育治理体系和治理能力现代化提供中国方案。

参考文献

［1］杨威：《海南国际教育创新岛的发展优势与潜能》，《神州学人》2022年第6期，第13~16页。

［2］邹庆华、雷浩泽：《推动海南国际教育创新岛高质量发展的路径思考》，《神州学人》2022年第6期，第17~19页。

［3］曹献坤：《推进海南国际教育创新岛高质量发展 努力办好人民满意和自贸港建设需要的教育》，《新教育》2022年第11期，第1页。

［4］曹献坤：《以高水平教育对外开放推动海南国际教育创新岛高质量发展》，《新教育》2022年第1期，第1页。

［5］本刊综合编辑：《留学海南！海南教育真正迎来大开放大发展时代》，《现代青年》2020年第9期，第4~6页。

［6］曹献坤：《加快建设国际教育创新岛 打造新时代我国教育开放发展新标杆》，《今日海南》2020年第4期，第19~20页。

B.11

2021年海南卫生健康事业高质量发展报告

马 东 龚衍花 段玉柳 冯 文*

摘 要： 2021年，海南卫生健康事业以党的政治建设为纲领，推动党建与卫生健康事业融合，取得常态化新冠肺炎疫情防控新成果，在自由贸易港的政策和"一带一路"的引领下，医疗健康服务质量和能力进一步提升。但卫生健康事业发展短板和问题也比较突出，今后需在公共卫生治理体系、标准化医疗服务、重点健康项目、卫生健康供给要素等领域，秉持改革创新思维并持续发力，保障海南卫生健康事业高质量发展。

关键词： 海南省 卫生健康事业 高质量发展

自海南自由贸易港建设以来，卫生健康事业高速发展。2021年是海南卫生健康事业"十四五"发展的新起点，在新冠肺炎疫情常态化防控基础上，海南省委省政府始终把维护人民生命健康放在首位，坚持制度先行，先后制定和完善一系列政策，并坚持制度集成创新，卫生健康事业取得很大的成效，医疗卫生服务能力和水平进一步提升，重点健康项目进一步发展。但卫生健康领域的问题和短板依然突出。在"健康海南"和"建设具有世界影响力的中国特色自由贸易港"背景下，海南迫切需要完善和加强卫生健康治理体系和治理能力，加快推进重点健康项目发

---

* 马东，海南医学院管理学院教授，硕士生导师，主要研究方向为卫生经济学、社会保障。

展和提升要素供给质量，以标准化特色化建设引领医疗卫生事业高质量发展。

一　海南卫生健康事业的制度集成创新

自海南自由贸易港建设以来，海南省委省政府在卫生健康领域始终坚持以制度集成创新为重要抓手，注重创新引领，大胆先行先试，围绕高质量高标准建设健康海南目标，先后出台一系列推动卫生健康发展政策，保障人民群众健康，提供全方位全周期健康服务，不断提高海南人民健康水平。2018年出台《海南省推进县域创新驱动发展实施方案》，2019年出台《海南省人民政府推进制度创新十一条措施》和《制度创新成果考核评估办法》，2020年出台《海南自由贸易港制度集成创新行动方案（2020—2022年）》《健康海南行动实施方案》，2021年出台《海南省"十四五"卫生健康规划》。海南自由贸易港一直在制度集成创新和高质量发展的道路上笃定前行。

（一）坚持目标导向和问题导向，构建与海南自由贸易港相匹配的公共卫生服务制度体系

1. 持续完善重大疫情防控机制

为进一步提高重大疫情应对能力和突发公共卫生事件处置能力，提升疾病预防控制"关口前移"水平，海南省委省政府制定了《关于完善重大疫情防控体制机制健全海南自由贸易港公共卫生体系的若干意见》，配套出台了一系列加强公共卫生法制体系、应急体系建设，改革完善公共卫生疾病控制体系、重大疫情防控救治体系，完善医疗保险和救助体系、应急物资储备体系的顶层设计，加快构建与海南自由贸易港公共卫生体系建设、重大疫情防控相匹配的外部环境、内生动力和制度保障，为打好疫情防控战奠定了坚实基础。

2. 创新防治专项工作制度

持续整治环境卫生，提升污染防治水平。海南省先后印发《海南省深

化生态环境六大专项整治行动计划（2018—2020年）》《海南省全面加强生态环境保护坚决打好污染防治攻坚战行动方案》，持续采取高压态势，加大环境整治力度，确保生态环境得到根本改善，印发《海南省"十四五"生态环境保护规划》，确定了海南生态文明和生态环境保护高质量发展的"路线图"，提出《海南省人民政府办公厅关于加快建立健全绿色低碳循环发展经济体系的实施意见》，打造海南版的应对全球气候变化和生态文明建设名片。

为巩固专项防治成果，先后出台《海南省碘缺乏病防治专项两年攻坚行动方案（2019—2020年）》《海南省地中海贫血综合防治十条措施》。结合新时代爱国卫生内涵，提出《海南省人民政府关于深入开展爱国卫生运动的实施意见》。为做好扶贫工作，巩固扶贫成果，制定《海南省健康扶贫三年攻坚行动计划》。为科学系统推进国民营养健康工作，提高海南居民营养健康水平，印发《海南省国民营养计划（2018—2030年）实施方案》。

（二）以落实政策和坚持特色为着力点，持续健全医疗卫生服务制度体系

1. 深化医疗卫生服务制度

第一，推动医疗卫生公共服务均等化标准化建设。为提升卫生领域公共服务均等化，筑牢海南自由贸易港健康基础，实施《海南省基层医疗卫生机构标准化建设行动计划》；印发《海南省"十三五"深化医药卫生体制改革规划暨实施方案》，为实现"小病不进城、大病不出岛"奠定基础；印发《中共海南省委　海南省人民政府关于促进中医药在海南自由贸易港传承创新发展的实施意见》，推动海南中医药事业的振兴、传承、创新和发展。第二，以医联体网格化全覆盖为工作抓手，构建有序就医秩序。制定《海南省医疗联合体建设规划（2019—2020年）》《海南省人民政府办公厅关于海南省构建网格化紧密型医疗卫生服务体系的实施意见》，进一步夯实基层首诊、双向转诊、急慢分治、上下联动的分级诊疗模式。第三，印发《海南省促进"互联网+医疗健康"发展实施方案》，加快医疗卫生领域互联网

建设，促进医疗健康服务与互联网信息技术融合，创新医疗健康服务模式。第四，进一步发挥卫生监督作用。海南自由贸易港建设以来，先后印发《海南省改革完善医疗卫生行业综合监管制度实施方案》《海南省远程医疗中心医疗服务事前监管指南（第一版）》和《海南省互联网医院医疗服务事前监管指南（第一版）》，并在2021年制定《海南省医院评审办法》，多手段强化卫生监督。

2.完善重点人群保障制度

为做好残疾人保障和促进工作，改善残疾人的康复状况，减轻残疾人的家庭负担，出台了《海南省残疾儿童康复救助实施办法》《海南省"十四五"残疾人保障和发展规划》。为提高海南婴幼儿照护服务能力，满足人民群众相关需求，推动残疾人（残疾婴幼儿）、家庭和社会多层面健康发展，体会社会温暖，共享进步成果。印发了《海南省人民政府办公厅关于促进3岁以下婴幼儿照护服务发展的实施意见》。还印发了《海南省人民政府办公厅关于建立健全养老服务综合监管制度促进养老服务高质量发展的实施意见》，实施了《促进养老托育服务健康发展实施方案》，以推动海南自由贸易港老有所依、幼有所养高质量发展，助力与海南自由贸易港建设相适应的养老托育服务体系。

3.创新重点项目保障制度

制定《海南省健康产业发展规划（2019—2025年）》，为高质量发展健康产业确定路线图和实施路径。印发《关于深化审评审批制度改革鼓励药品医疗器械创新的实施意见》《海南博鳌乐城国际医疗旅游先行区临床急需进口药品管理暂行规定》和《海南博鳌乐城国际医疗旅游先行区临床急需进口医疗器械管理暂行规定》，促进海南药品、药械的调整和创新，提高竞争能力，满足医药临床需要，增强博鳌乐城国际医疗旅游先行区进口医疗器械、进口药品在高端医疗的竞争能力。围绕"医学治疗""医学美容""康复疗养""养生保健"领域，出台《海南省健康医疗旅游实施方案》，推动海南自由贸易港医疗旅游建设。历经海南博鳌乐城国际医疗旅游先行区实践，形成《海南自由贸易港博鳌乐城国际医疗旅游先行区制度集成创新改革方案》《公立医院在博鳌乐城国际医疗旅游先行区特许经营管理暂行办法》，进一步深化改革，在药械贸易、投资便利、资金流动、风险防控、市场准入和"极简审批"等领域进一步进行制度创新。

（三）坚持创新性和规范性，完善保障制度和促进支撑要素治理现代化

1. 深化医疗卫生保障制度改革

海南省委省政府印发了《中共海南省委　海南省人民政府关于深化医疗保障制度改革的实施意见》，旨在进一步发挥医疗保障战略作用，为发挥医保价值奠定基础，增强海南医保医疗联动协同，助力健康海南建设。为进一步做好海南省职工基本医疗保险门诊共济保障工作，落实细化中央决策，制定了《海南省建立城镇从业人员基本医疗保险门诊共济保障机制实施方案》《海南省基本医疗保险基金统收统支管理暂行办法》，进一步夯实基本医疗保险基金的互助共济功能，提高海南自贸港医保基金统筹层次，增强参保人群医疗服务需求的获得感。制定《海南省改革完善社会救助制度实施方案》，打造具有海南自由贸易港特色的社会救助服务模式，建立健全与海南自由贸易港建设相适应的社会救助制度体系。

2. 促进支撑要素治理现代化

除前文所述出台优惠政策大力引进医疗器械、新增或共建医疗机构外，还印发了《海南省人民政府关于进一步深化预算管理制度改革的实施意见》，旨在建立与海南自由贸易港相适应的现代财政管理制度，提高卫生资金使用管理效能。为筑牢卫生健康人才要素支撑体系，实施了《海南省引进"好院长""好医生"工作方案（2021—2025年）》《海南省改革完善全科医生培养与使用激励机制实施方案》，落实人才强卫战略，培育、引进和激励高层次卫生人才夯实海南自由贸易港卫生健康发展基础，以更优厚的待遇吸引高素质医疗卫生人才投身海南卫生健康事业，加强队伍建设，提升基层人才（尤其是全科医生）卫生健康服务能力。争取国家相关部门确立《关于支持海南深化教育改革开放实施方案》，稳定引进人才队伍来源渠道，

构建产学研用一体化的大健康教育发展格局。海南将医疗领域技能技术骨干和管理人才纳入《海南自由贸易港享受个人所得税优惠政策高端紧缺人才清单管理暂行办法》，提供税收优惠。为规范和推动各部门信息互通共享，制定《海南省公共信息资源管理办法》，提升卫生健康信息资源公共服务的管理水平。

二　海南卫生健康事业的发展现状

2021年是"十四五"规划开局之年，海南省在党的正确领导下，"以人民健康为中心"，全力推进卫生健康事业的发展。在疫情防控、医疗卫生服务、重点和特色健康事业等方面取得了来之不易的成绩。

（一）以常态化新冠肺炎疫情防控为主线，全面激发公共卫生新发展动能

1. 常态化疫情精准防控能力提升

（1）高质量落实疫情防控"全省一盘棋"工作原则。海南通过加强组织领导，严格落实各项防控政策，坚持"管住关口、人物并防、进出同管"的联防联控原则，筑牢"外防输入、内防反弹"防线，强化"14+7+7"健康管理执行力度，确保实现对境外来琼人员从国门到家门的全链条闭环管理。建立疫情现场应急处置工作专班，由突发疫情应急指挥长全面负责现场的统筹调度，高效运转信息平台，健全例会通报制度，完善多部门多领域专家参与的会商、评估、决策、联动等机制，化解组织层级多、决策速度慢、信息易扭曲等机制问题。自贸港风险发现和协同处置机制初步建立。

（2）充分统筹和调动资源，织密疫情防控"一张网"。2021年海南印发了《海南省新冠肺炎定点救治医院分级启动预案》，成立了由200余名专家组成的医疗救治组。在当年各例疫情发生时，省指挥部均第一时间启动响应机制，统筹调动全省优质医疗卫生资源防控疫情，未造成本土疫情聚集和

扩散，有力保障了社会经济发展正常运转。持续提升检测能力，全省共建核酸检测实验室 76 家（含扩增仪 357 台），保证了应对疫情时能高速运转大规模人群核酸检测，实现应检尽检；储备隔离点 194 个（含隔离房 20895 间），可实现国家标准要求的应隔尽隔。外防输入做细做实，截至 2021 年 12 月底，共检疫出入境船舶 4698 艘次，出入境船员 73546 人次；检疫出入境邮轮 2 艘次，出入境船员 367 人次。严格执行"三专、三证、四不"规定，细化进口冷链食品疫情防控监管措施。累计赋码进口冷链食品近 300 万件，全岛区域销售终端连续 44 周实施 100%"亮码"销售，实现了冷链食品供应链从源头到零售终端全程覆盖和可追溯。

（3）有效推进疫苗接种，有力巩固防控成果。统一部署启动针对 12 ~ 17 岁人群、重点人群加强免疫和 3 ~ 11 岁人群的新冠疫苗接种工作。截至 2021 年 12 月底，全省已累计接种疫苗超过 957 万人次、2183 万剂次，重点人群第 3 剂新冠疫苗加强针累计接种 311 万剂。全人群疫苗接种率（95.3%）和全程接种率（91.8%）居全国前列，各年龄段人群接种率和全程接种率均超额完成国家任务。

2. 公共卫生应急管理体系不断完善

（1）健全疫情应急应对机制。建立风险预警机制，重点加强应急培训、应急演练、应急协调及现场处置等。建立专家研判机制，编制疫情简讯 223 期，专家研判报告 127 期，助力全省疫情防控工作部署。完善防控政策动态调整机制，实时跟踪全国疫情形势变化。

（2）公共卫生应急处置能力得到提升。2021 年成立了由中国疾控中心与海南省卫生健康委共建共管的国家热带病研究中心海南分中心，通过搭建平台，培育传染病防控科研和提高应急处置能力，推动海南公共卫生应急体系建设，完善重大疫情防控体制机制，防范化解公共卫生风险。2021 年通过海南省一线人员现场流行病学培训项目，先后成立流调小分队 490 个，为全省培训了 3 批技术骨干，开展线上线下应急处置训练 87 次，培训 4000 余人次，进一步提高应急队伍的实战能力。在信息化技术的协助下，突发公共卫生事件网络直报率达到 100%，及时率达到 95% 以上。

（3）各方协同联动加强。按"全岛同城化"的理念建立具有海南特色的省级、区域中心级、市县级、乡镇级四级卫生应急管理体系，突出省疾病预防控制中心的龙头作用和 5 个重点区域疾控中心的辐射作用。建立了"5G 智慧医疗点亮海南健康岛"，提升了公共卫生应急处置的关联性，推动应对能力下沉和智慧提升。强化智能监测，利用大数据提升传染病早期筛查和临床鉴别诊断能力；加强全省公共卫生数据信息平台建设，着力打通疾控中心和医疗机构的信息壁垒。

3. 传染病防控工作进一步加强

（1）完善预诊分诊制度，设立预检分诊台和传染病专道。以预防传染病和突发公共卫生事件为工作重点，加强传染病报告和管理，在新冠肺炎、登革热、结核病、艾滋病等重点传染病防控工作上着力。传染病防控工作越来越规范，更加精细化和专业化，安排专人负责传染病的浏览、确认和上报工作。防控安全意识和防控质量得到提升，总体发病率和死亡率均有所下降。

（2）建立和完善了防控应急物资储备体系。为更好地做好传染病防控工作，海南健全了全省公共卫生防控应急物资储备体系，制订了省级、区域中心级、市县级疾控中心卫生应急物资储备目录，并建立实物与协议储备机制、全省统筹调拨机制和紧缺物资快速运输专用通道，提高了全省卫生应急物资的同舟共济和协同处置能力。

（3）完善监督体系和加强访视工作。在制定措施、执行措施和监督落实上做到无缝连接。政府领导定期做好访视工作，给重点传染病患者送去政府和医疗机构的关怀，追踪他们的生活质量，并提供心理咨询和开展传染病防治的相关讲座，帮助他们坚定意志，重拾信心，积极乐观对待。

4. 推动党建与卫生健康事业融合促进

（1）强化党建引领业务，全面推动卫生健康事业新发展。在各级党委领导下，在工作中贯穿开展"党建示范点""党建宣传"等活动。2021 年，海南省卫生健康委员会在门户网站主动发布信息 1324 条，内容涵盖新冠肺炎疫情防控、健康宣传、时政热点、政务动态、政策文件、公共服务、政府采购、资金使用和人事安排等各类信息。

（2）积极利用政务新媒体促进政府信息公开工作和宣传工作。2021年，在"健康新海南"新浪微博上发布信息84条，在"健康新海南"微信公众号上发布信息1380条。各主流新闻媒体和网络新媒体编发的海南卫生健康发展主题新闻稿件1000多篇，全年共组织新闻发布会15场、媒体通气会6场、专家访谈16次，有效促进了信息公开与信息宣传工作。

（3）巩固脱贫攻坚与助力乡村振兴取得显著成效。截至2021年底，在26754户因病致贫返贫家庭全部脱贫基础上，出台巩固拓展医疗保障脱贫攻坚成果同乡村振兴有效衔接相关文件，进一步落实贫困人员医疗兜底保障政策，持续提高资助参保标准，为海南全省范围困难群体兜底，完成了56.27万脱贫人口的城乡居民医疗保险参保登记，使贫困人口的卫生健康得到进一步保障；实施县级医院能力服务提升项目，大力提升贫困县的医疗服务能力和水平，为乡镇卫生院建立远程诊疗平台。

（二）以推动"健康海南"发展为基础，提升医疗卫生服务质量和能力

1. 医疗健康服务能力显著增强

（1）卫生资源总量不断增加，服务不断完善。海南自由贸易港建设以来，医疗卫生机构增长显著，2018~2020年，海南省医疗卫生机构、床位数和人员数不断增加（见图1）。医疗卫生机构增加802个，其中医院增加62个，基层医疗卫生机构增加752个，专业公共卫生机构减少13个（其中计划生育技术服务机构由24个裁撤为0，疾病预防控制中心由24个增加至28个），其他卫生机构增加11个。总床位数增加了14750张。卫生技术人员增加10715人。各类别卫生技术人员数增长迅速（如图2）。其中，执业（助理）医师增加了4885人，注册护士增加5232人，药师（士）增加327人，技师（士）增加475人。医疗服务水平提升明显。2020年与2018年相比较，孕产妇死亡率15.01/10万，降低了1.52个点；五岁以下儿童死亡率5.72‰，降低了0.47个点。医疗卫生机构门诊服务53166300人次，增加

2380803 人次；健康检查增加 195591 人；住院服务 1024426 人次，增加 2311 人次，医疗健康保障获得重大发展。

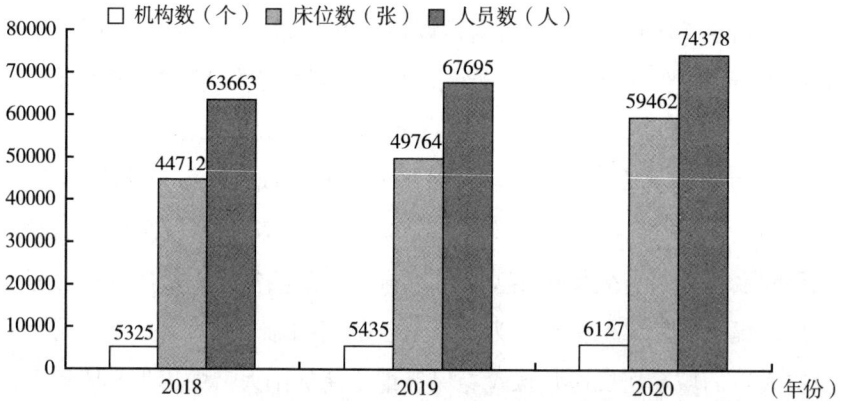

图1　2018~2020 年海南医疗卫生机构数、床位数和人员数

数据来源：2019~2021 年海南统计年鉴。

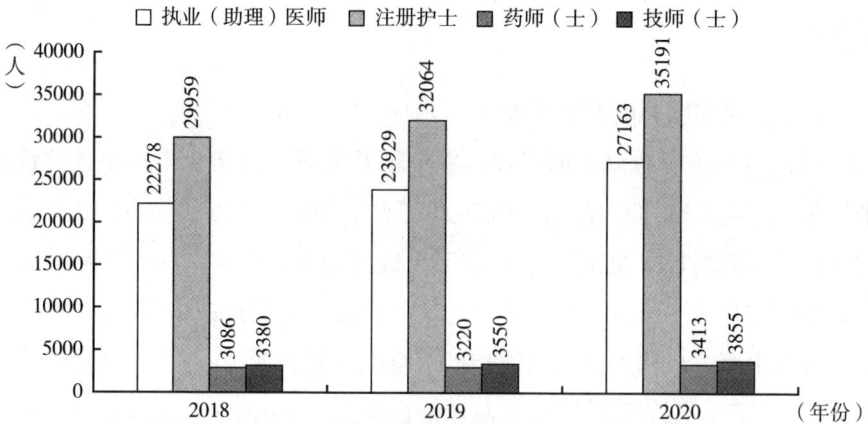

图2　2018~2020 年海南卫生技术人员情况（人）

数据来源：2019~2021 年海南统计年鉴。

（2）重点人群医疗健康服务水平明显提升。省、市县二级的危重孕产妇和儿童救治中心、救治平台基本建立，新生儿疾病、学生眼疾、妇女常见病及"两癌"筛查项目在全省范围内开展顺利。三级出生缺陷防控体系初步构建,重大疾病出生缺陷防控取得成效。2018～2020年共投入7058万元为170.6万名学生开展眼疾筛查,跟踪干预43.6万例异常。安宁疗护、老年人心理关爱等工作稳步推进,全省共有养老机构206家,78%的养老机构能够以不同形式为入住老年人提供卫生医疗服务,未发生重大职业病事故。

(3)基层医疗服务能力显著提高。根据中央相关文件精神,海南省持续强化全科医生、家庭病床等要素(含制度)供给,推动社区健康服务、老年护理等相关工作规范化管理,提升基层医疗服务能力。2018～2020年,海南基层医疗卫生的机构数、床位数和人员数总体均呈增长态势(如图3)。机构数、床位数和卫生技术人员分别增加了709个、2492张和4854人;同期诊疗人次从2759.11万人次提高至3106.83万人次,其中,非政府办基层医疗机构诊疗人次占比由55.79%(1539.24万人次)提高至69.17%(2148.88万人次),非政府办基层服务能力凸显,社会办医服务能力显著提升,营商环境改善。高血压、糖尿病患者在社区健康服务机构的诊疗人数不断提高。同时,在全国率先实现5G远程诊疗体系覆盖所有村(居)卫生机构。实现基层医疗机构患者与名医"面对面"诊疗。

(4)医疗卫生人才治理能力持续增强。海南在人才引进、培养、使用、激励与评价方面取得显著进展。持续开展"好院长""好医生""妇幼双百""京医老专家百人团""银发精英""万泉工程"等人才项目。截至2020年底,累计引进专家人才659人。2021年海南医学院新增申报一级学科博士学位授权点1个,一级学科硕士学位授权点2个,硕士专业学位授权点4个,为吸引和培养高层次人才提供优质平台;海南医学院3140名学生顺利毕业,其中,硕士生196名,本科生2043名,专科生921名。研究生在海南省就业率为62.42%,有力补充了卫生系统高层次人才队伍,助推海南自由贸易港卫生健康事业的高质量发展。

培养全省乡村医生学历教育(中专)近1422人,全科医生、住院医师规范化培训规模扩大。评定中医确有专长人员261人。海南省政府创新基层

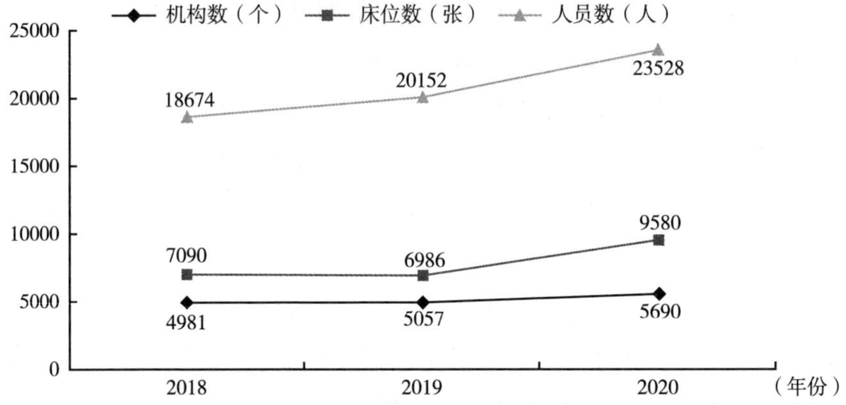

图3 2018~2020年海南省基层医疗卫生机构数、床位数和人员数变化趋势

数据来源：2019~2021年海南统计年鉴。

卫生人才评价制度，降低基层卫生系列高级专业技术资格条件，解决基层卫生人才职称晋升难问题。实施村医岗位固定补助政策，为村医购买保险。实施基层卫生人才激励创新机制，以"县属乡用""乡属村用"提高人力资源调配能力。印发《卫生健康人才分类评价机制》，推进卫生人才分类评价。建立与上海、天津、广州等地的协同培养人才机制，与上海健康医学院合作共建海南卫生健康职业学院。

2. 医疗卫生服务体系不断完善

（1）医联体网格化建设加强，推动资源合理分配。围绕"小病不进城、常见病多发病不出县、大病不出岛"目标，截至2021年底，海南基本形成海口、三亚、儋州、琼海、五指山"五大区域医疗卫生中心"，实现全省"1小时三级医院服务圈"全覆盖。1651个基层医疗卫生机构中，对1274个机构完成了标准化建设，全省范围初步建成"15分钟城市健康圈、30分钟乡村健康圈"。2021年，在现有基础上，海南确立了未来五年建设具有海南特色的网格化紧密型医疗卫生服务体系，实现"小病不进城、常见病多发病不出县、大病不出岛"和人均预期寿命达到81岁的目标。

（2）重点专科得到进一步发展。"一市（县）一院"工程累计引进全国知名医院 53 家，海南成为全国优质医疗资源进入最多的省份之一。截至 2021 年底，培育国家级区域诊疗中心 2 个，省级临床医学研究中心 6 个，筹建省部共建先进技术临床医学研究中心 1 个，全省范围内，共建设国家级临床重点专科 22 个、省级临床重点专科 217 个、达标胸痛中心 13 个、省级质控中心 49 个，形成了技术水平较高、布局合理、特色鲜明的专科群。

（3）不断完善基层医疗卫生体系。为全面推动基层卫生体系的完善，实施"加快推进基层医疗卫生机构综合改革""海南省基层医疗卫生机构技术、诊疗、药品及人才配置 4 个评价标准（试行）""基层卫生健康工作绩效管理办法（试行）"和《鼓励二三级医院及医师到基层医疗卫生机构开设特色门诊、科室》等管理办法。截至 2021 年底，海南全省的 247 家基层医疗卫生机构标准化建设样板工程已建成投入运营，全省参加"优质服务基层行"活动基层医疗卫生机构 335 家，达到基本标准 108 家、推荐标准 19 家，达标率分别同比增长 18.54 和 3.97 个百分点。

（4）"互联网+医疗健康"体系深入发展。截至 2021 年，海南有 46 家二级以上医院接入智慧医院，互联网医院发展至 58 家。"互联网+医疗健康"通过以慢性病、常见病和多发病为主的医疗服务，满足患者就医、复诊、结算、药品配送等在线服务，延伸了医疗服务半径，简化了医疗服务流程，互联网在健康教育、健康宣传、预诊就医等方面改善就医体验，为人民群众提供便利。

3. 中医药事业取得进一步发展

（1）中医药服务能力进一步提升。高质量落实国家促进中医药发展各项政策，加大基层中医药工作力度，推动人民群众获得中医药服务的可及性、便利性和公平性。截至 2021 年，全省中医院达标二甲及以上等级的医院占 70%，全省基层医疗机构能提供中医药服务的社区卫生服务中心、乡镇卫生院、社区卫生服务站和村卫生室分别占 98%、94%、75% 和 55%。

（2）中医药产业进一步发展。高质量落实国家《推进中医药高质量融入共建"一带一路"发展规划（2021—2025 年）》等文件精神，为提升海南自由贸易港中医药领域参与共建"一带一路"的质量与水平，省政府与国家中医药管理局签署《促进中医药在海南自由贸易港传承创新发展合作协议》。中医药产业取得新进展，海口、三亚、琼海3城市中医院均被列为中医药健康旅游示范基地，海南制定的地方标准《中医药健康旅游服务贸易示范基地建设规范》和《中医药服务贸易规范》推动中医药健康旅游标准化，三亚市中医院创新"中医药+旅游"服务，促成该院成为国家中医药服务出口基地。

（3）海南省高层次中医药人才建设取得新进展。自贸港建设以来，截至2021年，海南评定中医确有专长人员261人。在全省中医药工作者共同努力下，海南省产生1名国医大师候选人、2名全国名中医候选人，并入围国家表彰人选，实现了海南省高层次中医药人才零的突破。

4. 医改持续推进深化效果明显

（1）"三医联动一张网"初现成效。2021年，海南省实施全域化医改，致力于打造海南新经验，通过"三医联动一张网"，建成全国首个省级三医联动信息化项目，实现海南人人一份电子健康档案、一份电子病历，实现医疗行为全记录、重大疾病及传染病数据全监管。实施智慧健康赋能，通过"健康海南"App、"码上办事"等项目，实现市民健康档案、核酸网点、AED网点等自主查询功能，推动便民惠民。运行无偿献血者用血费用直接减免管理信息系统，为患者提供5分钟内一站式减免服务。

（2）推动公立医院综合改革得力。海南积极推广三明分级诊疗和医联体改革经验，以降低药价为突破口，同步实施医疗服务价格、薪酬、医保支付等多项改革。促进各医疗机构基本药物目录配比利用占比提高，公立医院财政补偿机制不断完善。开展现代医院管理制度试点，继续推进海南省第五人民医院、省安宁医院和海南医学院第二附属医院等公立医院综合改革。海南严格落实"两个允许"，深化薪酬制度改革，推行院长年薪制。

（3）社区医院创建成效显著。海南积极推进社区医院建设。针对基层医疗机构开展省级复评活动，推动医疗机构规范便民业务。截至2021年，共有 16 家基层医疗机构通过社区医院复评实现挂牌。推动了参评机构业务和综合管理进一步规范，促使中医康复、医养结合等特色服务明显提升，推动实现远程医疗、自动挂号等便民服务。

（三）以建设海南自由贸易港为抓手，推进卫生健康重点项目与特色发展

1. "全健康"理念初步发展

（1）建立全健康研究合作机构。海南确立全域全健康发展理念。海南大学全健康研究院、海南医学院全健康研究中心先后成立，海南省政府与北京大学，博鳌乐城国际医疗旅游先行区管理局与上海交通大学、英国爱丁堡大学、"全健康"（One Health）研究中心等四方，先后签署战略合作协议与合作备忘录，在科学研究、合作交流、治理体系、产业发展等领域积极探索。

（2）生态环境得到重大改善。海南省积极治理城乡环境，持续推动生态环境改善，2021 年，6 个市县创建国家卫生城市（县城），城镇污水日处理能力提升 8.7%，行政村生活污水处理设施覆盖率提高 14.3 个百分点，卫生厕所覆盖率达 98.8%，城乡生活垃圾无害化处理率超 95%。开展农村裸露土地种草绿化专项治理行动，完成率达 95.8%。化肥施用量同比减少 3.4%，化学农药使用量同比减少 3.6%，实现全年空气质量优良天数占比 99.4%，细颗粒物（PM2.5）浓度、臭氧浓度处于近几年的低值，生态环境质量保持全国一流。海南热带雨林国家公园进入国家公园行列，整改效果快速显现。海南积极推进"双碳"工作"1+N"政策体系编制，试点开展规划和建设项目碳排放环境影响评价。促进人—动物—环境的良性发展，体现"全健康"发展理念。

2. 博鳌乐城先行区加快推进发展内涵

（1）园区建设步伐加快。2021 年，海南设立我国首个真实世界数据研究和评价重点实验室，高效开展真实世界研究；推动华西医院落地建设，上海交通大学医学院签约入驻，瑞金医院开业试运行；加快推进特许药械

引进，园区联合多部门发布《进一步优化监管服务支持海南博鳌乐城国际医疗旅游先行区高质量发展若干措施》优化审批模式，实施药械"批量审批"，进口特许药械品种首例突破200例，特许药械进口增长58.5%，除美国本土之外，海南开出普拉替尼的全球首张处方，成为利用乐城真实世界数据支持注册的首个药品。乐城先行区加快形成产业集聚和品牌效应，实现园区从"政策高地"迈向"平台高地"，逐步步入高质量发展新阶段。

（2）服务能力、服务范围持续提高加大。乐城先行区持续改善服务，放大资源优势，吸引了越来越多的境内外患者前来就医，为肿瘤和慢性病患者提供更优康养条件。2021年，特许进口药械使用患者数量同比增长454%，提升了国际药械厂商和园区医疗机构积极性，吸引了境外医疗消费回流；100种乐城特药第一次走出海南，北京、山西、湖南等省市推出的当地惠民保也将乐城特药纳入保险范围，持续外溢自贸港政策红利；园区推出的特药险参保超800万人，医疗旅游人数增长90.6%。

3. 康养产业进一步推进

（1）康养产业发展再上台阶。以落实《海南自由贸易港法》为基准，推动健康医疗与文化、体育、旅游、养老等深度融合，助力国际旅游消费中心深度融合发展，明晰康养医疗旅游在《海南省"十四五"旅游文化广电体育发展规划》"路线图"中的项目与内容，成立海南康养旅游智库。克服疫情影响，开展"健康游欢乐购·冬日暖阳享康养——2021年海南康养旅游推广活动""医旅协同智慧康养"和2021第二届海南康养医疗旅游发展高峰论坛等，推介海南康养旅游5大主题精品线路上线各大网络平台等举措，进一步为海南康养产业做大做强奠定基础。

（2）市县康养特色建设持续推进。2021年，省气象局、省卫生和健康委员会联合开展海南气候康养市（县）评价工作，保亭黎族苗族自治县政府凭借气候条件、生态环境、康养资源及完善的配套设施优势，获评海南省首个"气候康养市（县）"，五指山康养产业建设成果在第五届海南国际健康产业博览会上赢得各界人士的肯定。

三　卫生健康事业的问题与短板

2021 年，海南卫生健康事业虽然取得了明显进步，但对标人民群众日益增长的健康服务需求、经济社会高质量发展的要求以及海南自由贸易港建设目标，海南的卫生健康事业发展水平仍有较大差距。主要表现为公共卫生治理体系和能力依旧薄弱、医疗服务体系不完善、医疗质量不高、重点健康项目推进缓慢、要素供给体系不完善等，实现卫生健康治理体系和治理能力现代化任务还很艰巨。

（一）公共卫生治理体系及治理能力不强

1. 公共卫生法治建设不健全

（1）立法层面，公共卫生应急条例和方案欠缺，更新速度较慢且缺少围绕自贸港建设的特色性立法。自贸港立法权、经济特区立法权和地方立法权未得到充分发挥和有力推进。

（2）执法层面，执法不严，卫生执法标准化、智能化和规范化不够，综合执法、联合执法、协作执法的工作机制不健全。

（3）守法层面，公民知法、公共卫生守法意识依然薄弱，普法教育深度不足，不配合卫生执法工作的事件依然时有发生。

2. 公共卫生服务体系不完善

（1）疾病预防控制体系运行速度有待提高。自贸港风险发现和协同处置机制还在初步建设阶段。县级控制中心专业程度和发展程度跟不上。基础设施薄弱，科技化程度较低。公共卫生人才队伍建设缓慢，高精尖人才缺乏且人才流失严重。公卫资源分配不均，基层公共卫生服务难以开展，"重医轻防"思想仍根深蒂固。

（2）健康教育体系缺乏常态化、有序性。健康教育的开展流于形式，开展次数少、覆盖范围小，人群参与度低。癌症筛查中，农村居民筛查项目少且覆盖人群低，降低了居民对公共卫生服务的体验度和好感度。全健康体系未建立，全健康教育理念普及面小，未得到广泛的推广宣传。

（3）精神卫生服务能力欠缺。海南至今尚未构建覆盖全人群生命健康的心理健康服务网络，健康咨询机制不健全，人们对疾病及社会突发事件的承受能力较弱，对自身和他人出现的焦虑、抑郁、恐慌等心理认识不足。精神障碍救助政策宣讲不到位，严重精神疾病患者得不到及时救助，进而给他人带来恐慌，危及社会健康。

（4）妇幼健康服务能力较弱。海南支撑高龄产妇的服务能力有待加强，婚前检查宣传力度和执行力度不够，妇幼常见病筛查力度和质量有待加强和提升。

（5）爱国卫生运动面临新挑战。新时代赋予爱国卫生运动的"全健康"治理理念未深入人心。仍以政府动员、政治任务为主，人民群众的自主性较差，协同治理意识薄弱，未注重建设针对人口老龄化的精准化服务管理体系。

3. 公共卫生应急管理能力较弱

（1）法治建设不完善。适应时代发展的新的应急条例暂未出台，缺乏"吹哨人"保护制度。在公共卫生事件应对中，存在专业化程度、协同治理能力依靠行政命令运转等机制短板，依然有涉及隐私保护程度不高、流行病调查约束性不强等现象发生，法律效力急需提升，尤其是针对海南自贸港建设所需的涉外风险防控法律效力。

（2）应急指挥系统不健全。应急响应不够迅速，前期流调、病原学鉴定等环节的应急响应时间较长；存在基层医疗卫生机构医生的敏感度不高，基层医疗卫生机构与基层疾病预防控制机构之间的衔接机制存在薄弱环节；资源统筹能力有待向"快、准、狠"提升；信息化程度低，5G 智慧医疗未充分发挥作用。

（3）常态化应急演练和业务培训未形成。应急演练次数不足，业务培训开展方式多样性、灵活性和开放性仍不够；演练和培训内容的合理性、针对性和实用性有待提高；涉外公共卫生应急演练和培训与海南自贸港建设的匹配度不够。

（4）协同治理能力有待提升。海南与相关省份应急协同的频度、广度和深度还有待提升；跨区域协议达成复杂，协同执行力度不够，造成协同效度不高；缺乏有效的跨区域公共性权威，多区域主体协同信度不高，协同限度不强。原因主要来自跨区域的制度规范差异、惯性思维阻滞、主体成分欠缺、资源保障差异等因素。尤其是面对即将到来的全岛封关运作，医疗、公共卫生与海关、环保、市场监管、农业等部门紧密协同的运行机制亟待强化。

（二）医疗服务体系运行质量有待提升

1. 医疗资源配置失衡及服务能力不高

（1）医疗资源配置不足，产出欠佳。第一，资源配置不足，截至2020年底，海南千人口的床位数（5.9张）、执业（助理）医师数（2.69人）、注册护士数（3.49人）均低于全国平均水平。第二，海南三级综合医院与国内其他医院相比，综合实力较弱。顶尖医疗中心尚未落地建设，区域协同发展不强，缺少与国内外高端医疗机构的合作交流。第三，医疗资源布局失衡，服务能力有待提高。大部分医疗资源集中在海口和三亚，二级综合医院的医疗服务能力多数未达到国家规定能力标准，五大救治中心建设进度较慢，其诊疗人次仅占全省医院诊疗人次的25.70%。重点专科发展缓慢，基层医疗在激励政策、资金、技术、人员等方面的资源紧缺。第四，服务产出质量有待提升。2020年，医师日均担负诊疗人次数（5.4人）和担负住院床日数（1.2天）低于全国平均水平，平均住院日（9.3天）和居民年住院率（11.52%）高于全国平均水平。

（2）网格化紧密型医疗服务体系不健全。多年积累下的支付政策、机构间责权不清、诊疗信息不畅通，资源下沉难等问题依然突出。信息数据库内涵建设速度还是偏慢，且网络资源利用率较低。医疗机构5G应用体系硬件虽建立，但软件不完善，面向医疗资源短缺地区的远程医疗协作网也发展缓慢。

（3）接续性医疗健康服务发展缓慢。整体上社会参与度不高，医疗协作服务全生命周期的诊疗记录尚未健全。老人、儿童、妇女的接续性服务功能开展较缓，长期护理保险仍在探索期。

2. 医疗服务供给模式推进缓慢

（1）分级诊疗制度尚未建立完善。基层检验设备运行质量不高，先进化程度低，基层人才少，全科医生待遇差且流失严重。医保支付方式有待改革完善，医保改革三亚 DIP 试点、儋州 DRG 付费软硬件设施较弱，对分级诊疗的推进支持力度不够，基层医疗没有充分发挥基层首诊服务应有的作用。

（2）公立医院改革步履艰难。公立医院医疗服务评价体系、管理机制、费用控制和监管机制不完善，现有公立医院的逐利性、医疗资源的不合理布局、医务人员的薪酬制度等都影响着公立医院的改革和治理。医疗联合体、医院集团等多种分工协作模式不健全，团结意识不强，协作能力弱，健康功能定位不明确，效果不明显。

（3）家庭医生签约没有做到全覆盖，在执行中"签而不约"的现象普遍存在。制度保障不健全，家庭医生队伍建设、宣传力度不强，居民对家庭签约医生的信任度和体验度低。

3. 医疗服务水平和质量有待提高

（1）医疗服务质量安全管理制度不健全。住院服务质量和诊疗水平不高。互联网医院问题突出，参与度低，缺少传统医疗服务面对面的"望闻问切"，做出准确合理的诊疗建议难度相对较大，一定程度上增加了医疗安全风险，信息化有待进一步完善和提升。由于目前信息共享平台主要支持病人信息的获取，不能实现不同医疗机构病人诊断和治疗信息的集成，所以医疗协作服务全生命周期的诊疗记录尚未形成。另外监管比较困难，很难实现现场检查，而且线上医疗服务纳入医保支付也有待完善。

（2）多层次多样化的医疗保障体系不健全。医疗保险基金安全有待提升，基金监测评价机制有待完善和提升。医保异地就医即时结算推进困难，单一医疗保险无法提供更优质的医疗服务。

（3）中医药发展体系不健全，中医药服务质量不高。基层中医馆等机构虽有建立，但密度不足。中医重点专科发展缓慢，针对重点人群的中医药服务能力有待提高，黎药理论研究缺乏系统性，黎药未能列入"中国民族药"范畴，黎药传承存在断代危险。

（三）重点项目推进亟待提速

1. 全球"全健康"海南示范项目未真正落地实施

（1）"全健康"体系尚未建立。目前海南对"全健康"的准确理念科研边界还没有完全清晰，相关的政策法规还不完善，具体实施方案尚未落地，专门的执行部门、监督管理部门也尚未建立。

（2）"全健康"尚未深入到治理层面，海南的"全健康"未建立常态化治理模式，虽"全健康"理念在疫情期有所体现，全社会都以"人的健康"为中心抗击疫情，但是在日常治理中仍未有所体现。部门间、学科间的信息共享性、畅通性差，治理范围狭隘。"全健康"不仅是公共卫生治理，也不仅仅是传染病的治理，而且还有着更加广泛的范围，可以是国家安全、人权、法制、经济、文化等方面的"全健康"治理。

（3）国内外交流不深入。在国内交流上与上海的交流合作较多；国际交流的地域主要局限在东南亚地区，而且仅停留在学术交流层面，交流的深度广度不足。

2. 博鳌乐城国际医疗旅游先行区内涵建设还需提速

（1）法律法规亟待进一步完善，优惠政策落地实施效果有待提高。由于缺乏配套的医疗引进政策与法规，还存在国际医疗旅游审批不通畅、医疗行业外资投入占比限制、国际医疗旅游免签政策不明晰等缺陷，且在疫情叠加背景下，招商引资也存在困难。

（2）医疗体系国际化程度低，软硬件设施不完善。硬件上，医疗设备优势不明显，海南省公立医院的医疗设备多是常规设备，先行区的医疗设备也是在放开医疗器械管制的优惠政策下进口少许世界一流设备，国际化程度低，信息化建设也不够，远远满足不了国际医疗旅游的目标。软件上，人才缺乏，医疗技术水平低，缺少专科的高精尖人才和复合型人才，科研深度广度不够，多在政策动态研究上，落地成效少。

（3）产业定位不清晰。医疗旅游不等同于健康服务产业，清晰的产业定位是快速高质量发展的关键。目前，海南医疗产业定位不清晰，发展定位的阶段性任务缺乏连续性，缺乏海南自由贸易港乃至中国热带地区的典型特色。

3.康养产业仍在起步探索阶段

（1）整合资源的能力有待提高。海南虽然在旅游资源发展上已取得较好的知名度和一定成果，但旅游产业和路线还是比较传统，欠缺特色。康养理念和传统旅游资源的整合能力还需提高，康养旅游产业尚处于起步探索阶段，还不成熟。康养医疗特色暂未体现，缺乏医疗旅游资源高度整合的服务公司。

（2）配套设施不完善。海南康养产业相关的法律法规不完善，政策执行力度不够，宣传力度不足。人们传统的康养理念尚未转变，而且政策支持力度较小，专业人员不足。

（四）要素供给体系不完善

1.管理制度和监测评价机制不健全

（1）管理制度不完善，管理水平不高。在医疗质量管理、人才管理、患者管理等方面还有待提升。由于管理制度不完善，管理职责不清，基层医疗卫生机构的管理能力和治理能力不强，缺乏自觉性和积极性。

（2）监测评估机制不完善。行政机制作用发挥不充分，缺乏强有力的制度保障和及时有效的反馈机制，统筹和监督管理能力较弱，考核指标量化难，监督评价制度未得到进一步有力落实，没有更好地发挥调动市场机制的作用。

2.资金保障不足

（1）卫生经费构成有待优化。2020年海南全省卫生总费用529.79亿元中，政府卫生支出占45.24%，社会卫生支出占33.01%，个人卫生支出占21.75%。医疗卫生机构总收入348.11亿元中，财政拨款占34.10%，事业收入占 61.90%。筹资结构和资金分配合理程度有待提高。资金几乎由政府支出,其中对中央资金的依赖程度较高,地方投入占比不足,因此对基层医疗卫生、临床医学中心和重点专科的投入来源渠道狭窄。

(2)资金利用效率较低,产出不佳。目前,海南"医防融合"的健康管理模式落地和推广难。资金的管理和使用相对独立导致资金绩效不够理想。在互联网+医疗中投入较大,但产出少。基本医疗卫生服务项目补助资金提高缓慢。

3. 人才短板依然突出

(1)医疗卫生人员总量不足且分布不合理。截至 2020 年底,海南每千人拥有执业(助理)医师数为 2.69 人,每千人拥有注册护士数 3.49 人,低于全国平均水平。地区分布不合理,占全省人口 38.76% 的海口和三亚两个城市,拥有全省卫生技术人员的 51%。在海南自由贸易港建设与老龄化步伐均加快的背景下,医疗卫生人员总量更显不足,满足不了人民群众的需求。特别是博鳌乐城国际医疗旅游先行区发展所需高尖人才不足,导致技术质量受限,影响海南自由贸易港整体建设水平。

(2)基层人才队伍建设薄弱。"招不进人,留不住人"现象突出。人员学历较低,专业素质较差,技术水平有限,基本上以大专为主,其次是本科,高层次人才甚少。医务人员业务提升和学习深造机会少,发展空间受限。门诊人次数逐年攀升导致业务量增加,基层人员也没有时间参加培训或进修。由于缺乏完善的激励机制,卫生人员工作积极性差,待遇、晋升和对口岗位等方面没有优势,人才流失严重。此外,基层医疗卫生人员还存在年龄结构老化问题,大多数乡村医生的年龄偏大,很多已超 60 岁,很多村卫生室面临无人接班的困境。

(3)中医药人才缺乏。海南老中医退出医疗队伍速度加快,年轻人成长接力不足,基层医疗机构中医药人才短缺严重。一方面,海南职称评价标准西医化,严重制约中医药人才发展;另一方面,海南缺少地方性中医人才激励政策,导致中医药人才陷入引进和培育两难境地。

四 卫生健康事业高质量发展的对策

随着海南自由贸易港的建设，打造"特色健康海南"，助力"健康中国"的责任越来越重。海南虽然在卫生健康事业方面已经取得一定的成绩，但是仍然面临许多困难和挑战。持续深入推进海南特色卫生健康事业全面高质量发展，更好地提升群众卫生健康获得感，满足人民群众对于卫生健康的美好需要是海南医疗产业的努力目标。针对目前存在的问题和短板，在总结经验的基础上，除了持续稳步地推进目前所开展的各项工作，还需在完善和加强公共卫生治理体系及治理能力，以标准化特色化建设引领医疗卫生事业高质量发展，加快推进重点健康项目，提升要素供给质量等多个方面持续发力，打造更高水平的健康岛、长寿岛。

（一）进一步推进公共卫生治理体系及治理能力现代化建设

1. 健全海南自由贸易港公共卫生法治体系

（1）完善海南自由贸易港公共卫生立法。着眼于海南自由贸易港风险防控体系下的公共卫生安全，推进地方立法建设。充分发挥海南自由贸易港立法事权，改进立法技术，加快基层公共卫生法制委员会建设；兼顾海南公共卫生全健康治理特色，突出立法创新。

（2）提高公共卫生执法能力。一方面充分利用疫情后社会公众对公共卫生的了解和认知，严格执法；另一方面警惕执法者犯法，严防参与公共卫生尤其是参与应急防控的单位和个人随意执法、差别化执法和对人不对己等损害法律权威行为的发生。持续增强卫生执法协同治理，尤其是全健康治理背景下的协调治理能力。

（3）做好公共卫生普法宣传。一方面培育社会公众守法意识，引导社会民众支持配合公共卫生事件的防控和处置，减少、避免公共卫生违法事件发生；另一方面突出海南全健康普法宣传。

2. 推进公共卫生服务体系建设

（1）推动疾病预防控制体系高质量发展。要筑牢海南各市县疾病控制中心标准化建设内涵，完善硬件设备配置，满足现场检验检测、流行病学调查和应急处置等需要；加快疾控人才队伍建设，提速公共卫生医师规范化培训；在疾控机构探索实施"公益一类财政保障、公益二类绩效管理"的绩效考核制度和优秀人才协议工资内部分配制度，提升医疗机构绩效考核评价中疾病预防构成的权重，完善基层公共卫生绩效考核分配制度；对部分人口导出较大的市县，探索市县人民医院托管疾控中心或实施"医健联"一体化管理体制，筑牢预防为主、关口前移、协同高效的疾病预防体系。

（2）夯实健康教育体系。加大科普教育在健康教育中的比重，推动以高血压、糖尿病、脑卒中、慢阻肺等疾病为重点的医防融合服务治理体系建设。在癌症防治行动中，发展精准化健康管理服务，加大筛查力度，提升海南城乡居民对公共卫生服务的参与度。搭建人—动物—环境全健康再教育体系，实现个体—群体—生态健康链理念深入人心。

（3）提升精神卫生服务能力。构建覆盖全人群全生命周期的心理健康服务网络，普及精神障碍防治常识，提高人群对焦虑、抑郁等心理行为的认知能力，健全精神疾病综合防治服务网络，细化严重精神障碍患者救助政策，规范心理健康服务发展，持续健全心理危机干预的工作机制。

（4）进一步筑牢妇幼健康服务能力。围绕国家相关部署，高质量抓落实，细化海南版的优化生育政策，增强支持生育的服务能力，强化产前筛查机构、产前诊断机构内涵建设，进一步提高妇女常见病筛查项目工作质量，织密产前诊断（筛查）和新生儿疾病筛查网，放大"海南产科重症"和"海南新生儿重症"救治工作平台工作效能，持续鼓励婚前检查。

（5）深化爱国卫生运动。将全生命周期健康管理、人—动物—环境全健康管理贯穿在海南自由贸易港全域的城乡规划、建设、管理全过程中。

3. 提升公共卫生应急管理能力

（1）推进法治建设。加快修订《海南省突发公共卫生事件应急条例》，提升公共卫生应急处置在《海南省人民政府突发公共事件总体应急预案》

中的法律效力，更好发挥应急专家委员会职责，保护"吹哨人"和病例个人信息，进一步细化疾控机构开展流行病学调查的法律权限。

（2）完善应急指挥系统。夯实公共卫生安全在城乡治理内涵，提升监测预警与快速响应能力，推动应急指挥系统以预防为主，坚持平战结合，提高其系统应对能力，强化指挥系统在应急医疗救治床位、科室、人员、物资上的储备统筹能力；增强"5G智慧医疗点亮海南健康岛"项目在公共卫生应急指挥上的关联作用，推动公共卫生应急"能力下沉"和"智慧提升"。

（3）持续做好应急演练和培训工作。可借鉴比利时传染病防控应急体系工作模式，丰富理论演练，增加野外演练，定期组织演习测试紧急计划，提高关联人员工作例行程序熟练度。建立海南自由贸易港涉外公共卫生应急演练项目合作机制，提高突发公共卫生事件国际应对能力。

（4）完善公共卫生应急协同治理。重视公共卫生危机治理具有多学科交叉、多领域融合、多主体参与、理论与实践高效互融特征，构建跨主体的科学共同体，强化跨主体协同，推动跨领域跨部门的科学协同治理网络建设；提升与广东广西等活动交流密切省份的协同治理水平，尝试通过区域规划、行政协议、组织机制、项目落实等，提升海南与相关区域防控预案对接、信息互联互通和防控措施协同能力。

（二）以标准化特色化引领医疗服务高质量发展

1. 优化医疗资源配置及提升医疗服务能力

（1）进一步整合推进医疗资源共享，促进优质医疗卫生资源均衡配置。第一，加快建设高质量医疗中心，加强区域协同发展。加快建设国家医学中心海南分中心、国家和省级区域医疗中心。引进国内外一流医疗机构和研究中心，共建共治共享，为海南自由贸易港服务。与具有国际一流医疗服务水平的国家加强合作，在海南建立健康合作区，可优先建立中日、中德、中新（新加坡）医疗健康合作区，与日本、德国、新加坡开展医疗健康产业下的自由贸易，实现海南与日本、德国、新加坡在人员、设备、技术、药品等方面的自由流动，也可与来琼海外游客流量大的国家和地区，如俄罗斯、韩国、马来西亚建立类似机构。第二，加快医疗资源均衡布局，推动重点专科的发展。进一步注重医疗资源均衡布局，提升医疗资源和人口变化的匹配度。突出省级医疗中心"学科集群化、专科精细化"的引导作用，加大重点专科群建设力度，以外转率高、死亡率高的疾病和热带病为突破点，提升省域诊疗水平。地市级医院（含中医和部队医院）牵头的公益性城市医疗集团注重成员间资源分配和利益关系，需要特别协调牵头医院与专业公共卫生机构的关系，其中，海口市还需留意与省级医疗中心的平衡关系，三亚市需协调处理多家三级医院与一家二级公立医院关系。县域医共体在发挥县级医院龙头作用基础上，不断夯实基层医疗机构技术、诊疗、药品和人员配置的标准化，加强基本医疗卫生服务项目资金的统筹运作能力，加快探索过程性和结果性绩效的平衡机制，尝试激励倾斜措施，切实做好医疗卫生服务。

（2）夯实网格化紧密型医疗服务体系发展基础。2025 年要实现海南确立的特色的网格化紧密型医疗卫生服务体系效果初显目标，早期需要行政发力，后期依靠内生动力运转。第一，行政化治理过程中规避负面效应。围绕切实做到医疗服务业务下沉，需杜绝城市医疗集团对所属医院、公共卫生机构、基层医疗机构等成员造成的"虹吸效应"，可在医保政策地方事权中完善补偿政策，筑牢二级医院的医疗能力[1]，同时遵循"市场主导+政府引导"的原则，进一步加快推进卫生资源配置向二级医院和基层医疗机构倾斜。第二，发挥海南 5G 远程诊疗体系的技术化作用。在网格化管理标准化方面，健全标准化管理运行的人财物保障，在盘活已有资源基础上，完善运行平台的内涵，在标准化网格化方面，注重问题导向和结果导向的有机结合，协同公共服务标准化行动，出台海南标准，同时强化医疗卫生服务考核结果的应用，实现高效率、高质量网格化医疗卫生服务。

（3）加快接续性医疗健康服务体系建设。鼓励和推动社会力量举办护理机构，做实医疗资源丰富地区的二级医院转型为康复和长期护理机构的激

---

[1] 申梦晗、李亚青：《医疗保险干预能否缓解三级医院的"虹吸效应"？——基于某大城市的实证研究》，《公共行政评论》2021 年第 2 期，第 61~84+229~230 页。

励机制，激发市场活力。丰富适合海南接续医疗特色的针对性政策，提升基层医疗机构开展老年医疗照护、慢性病管理、家庭病床、残疾人护理、居家护理、母婴护理、安宁疗护等接续性服务能力建设。在宣传知晓、干预治疗、医保医药等环节加强管理，高质量落实省"2+3"健康服务包①实施方案。

2.加快推动医疗服务供给模式的优化升级

（1）优化海南分级诊疗制度建设，构建有序就医格局。高质量贯彻落实习近平总书记关于构建分级诊疗体系的重要指示，继续深化和完善基层硬件建设，赋予基层用人选择、收入分配权限，用好考核评价，发挥评价"指挥棒"作用，重点加快海南医保支付方式改革（尤其是DRGs付费改革），夯实医保数据分级分类，增强评价指标、医保支付与分级诊疗关联度。加大对基层医疗机构资源分配倾斜力度，在稳步提高基层全科医生薪资待遇的基础上，增加外出培训、攻读学位、交流进修等学习机会，促进有序就医格局的形成，提高基层首诊能力和守护居民第一道健康防线的能力。

（2）构建海南特色公立医院治理机制。依托海南省政府颁布的《海南省构建网格化紧密型医疗卫生服务体系的实施意见》（琼府办〔2021〕73号），持续完善公立医院建立健全现代医院管理制度。各级公立医院均要强化坚持党委领导下的院长负责制，协同集成推进内部和外部两个方面构建公立医院治理机制，内部的决策、运营管理、激励约束、监督评价、文化建设等机制和外部的所有权（指发展建设、干部任免、补偿与考核等）、市场调节、利益协调等机制要剔除壁垒，突出工作抓手，如在考核评价方面，对国家区域医疗中心和省级临床医学中心（含中医），强化运营管理中教学科研核心业务考核。夯实公益性医疗集团健康促进功能，因地制宜结合医疗集团成员实际，统筹健康服务资源，形成错位发展、有序竞争格局。强化对3个地级市公益性城市医疗集团利益协同有序竞争的考核。对紧密型县域医共体，突出织牢织密、快速反应等细化落实指标的考核，使医院逐步回归

①　"2+3"健康服务包指高血压、糖尿病和结核病、肝炎、严重精神障碍患者健康管理。

"公益性"服务。

（3）完善家庭签约制度，提高家庭医生签约率（包括签率和约率）。建设专业性强和技术性尖的家庭医生队伍，从制度层面确保政策顺利执行。财政部门要确保专项资金足额下发，激发基层医疗人员及其家庭医生的活力；人社部门要适当增加基层医疗卫生机构编制，减少家庭医生的流失；医保部门要严格落实优惠政策，通过提高基层医疗卫生机构的报销比例，引导居民就近就医。加强宣传，提高政策执行人员和目标群体的政策认同感。通过报纸、广播、电视、互联网、移动网络等多媒体多渠道宣传家庭医生签约服务，细化家庭医生及其团队服务内容，鼓励个性化创新服务，支持家庭医生深入基层社区以多形式增强与服务对象的沟通，提高社区居民对家庭医生签约服务政策的知晓度和预约率，大力宣扬家庭医生优秀事迹，提高家庭医生的社会认同感。

3. 着力提升医疗服务水平和质量

（1）完善医疗质量安全管理制度和规范。改善住院部环境卫生，通过加大资源投入、引进人才和先进的设备，提高治疗水平，重视医疗质量，规范医疗行为，改变服务态度，建立完善的管理体系，加强住院部医疗质量管理，规范诊疗流程，例如严格做好术前、术中和术后的知情同意程序。加快智慧化赋能。夯实医院信息标准化建设内涵，推进电子病历、智慧服务、智慧管理"三位一体"的智慧医疗。加强互联网医院建设，提升"互联网+"医疗服务质量。线上质控标准应高于线下，在基本规定上增加内容，如明确互联网医院准入、医生准入、软硬件设备等方面的门槛，完善在线处方管理制度，明确监督底线和责任分担机制。强化隐私保护，建立个人健康医疗信息转码储存库，对信息进行加密保护，通过运用人脸识别技术识别医患身份。加快人工智能落地，通过人工智能技术对病案进行管理。全面推广医保电子凭证，促进线上看病与医保系统的联通。建立完善"互联网+"医疗责任保险制度，降低医疗责任风险。对医生诊断的准确率、药品质量和配送时效提高责任保障。还需要对互联网医院进行宣传指导，提高病患的信任度和参与度，在一定程度上缓解"看病难"的问题。

（2）促进基本医疗保险和商业健康保险的协同发展。进一步健全以基本医疗保险为主体、多种形式补充保险和商业健康保险为补充的多层次多样化的医疗保障体系，提高保障水平。进一步理顺医保和医保经办机构的管理职责。严格落实医疗保险基金预算、审核、执行及全流程信息管理。建立动态监测和反馈机制，对不合理的医疗费用及时预警，保障医保基金运行安全。探索建立药品、医用耗材、诊疗项目的基本医保准入和退出第三方评估机制。探索多元复合式医保支付方式。提升异地就医即时结算质量。落地与国际接轨的医疗保险运行体系，为境内外游客提供及时的医疗、救援、赔付等保险服务，鼓励参加多种形式的补充保险和商业健康保险。促进商业保险公司与医疗、护理、旅游等机构的合作，创新发展健康管理组织形式。

（3）充分发挥中医药服务独特优势。坚持中西医结合，健全中医药医疗服务体系，提高中医药服务质量。以南药和特色热带作物种植业为重点，推动中医药服务贸易发展。推进中医药健康服务向基层下沉。进一步鼓励社区卫生服务机构、乡镇卫生院、村卫生室提供中医药特色康复服务，振兴中医药在基层治未病、康复、公共卫生、健康宣教等领域的服务能力。强化中医药与养老服务融合，针对老年性疾病，如心血管、呼吸系统疾病等在海南具有地域康复优势，制定和推广相应的康复方案，吸引省外患者来琼，打造康养结合的海南中医药特色优势品牌。提高家庭医生签约服务中中医药服务比重。

（三）加快推进重点健康项目的发展

1.加快推动全球"全健康"海南示范项目的实施

（1）尽早出台"全健康"实施方案，加快"全健康"体系建设。设立专门的执行部门和监督管理部门，促使方案落地实施。准确界定和解读"全健康"的理念，加快全人群的普及，在大、中、小各学校设立"全健康"课程，邀请专家队伍来海南省举办讲座，通过电视、抖音短视频等扩大宣传，普及相关知识和经验，自主培育"全健康"讲师团，开展进机关、进企业、进学校、进社区宣传。

（2）建立常态化"全健康"治理模式。不仅仅是应对突发公共卫生事件要发挥"全健康"治理模式，还需建立常态化"全健康"治理模式，可以依靠信息化网络化构建"全健康"治理网格化。在全健康实践中，由于健康问题涉及的范围广，往往需要收集大量的数据或信息并加以分析，因此，需要使用高通量、数字化、自动化、智能化的技术。目前"全健康"的重点是在公共卫生治理上，在构建"全健康"治理体系的时候，应纳入国家安全、人权、法制、经济、文化等方面内容。对不同部门、领域之间的政策乃至法律条例都应进行融汇整合，实现"一同健康，一体健康"。

（3）推动国内外交流合作和全球健康治理的发展。促进多学科、跨领域国内外合作交流，同时构建全健康国际交流中心，以全健康问题为导向，邀请世界卫生组织、联合国粮食及农业组织、世界动物卫生组织以及多个国际全健康组织共同开展深度合作。进一步推动海南与粤港澳大湾区的深度合作，增强协同治理与合作共赢发展能力，推进全健康产业园建设。

2. 推进博鳌乐城国际医疗旅游先行区进程

（1）完善法律法规和相应配套措施，丰富博鳌国际医疗先行试验区内涵。锚定乐城先行区与国际先进水平在医疗技术、装备、药品上"三同步"目标，注重医院、医生、患者、先进药械和监管"五要素"均衡配置，继续丰富政府部门服务内涵，补齐制度集成短板，进一步扩大招商力度，由上海、广州、北京为主的点状招商，向长三角、珠三角、京津冀面上扩展，用好用活"四个特许①"，推动市场主体活跃发展。

（2）着力提高医疗体系国际化程度。加大政策开放程度，加快引进国际一流设备。充分发挥5G效应，推动信息化建立，利用粤港澳大湾区的优质资源，依托大湾区先进的医疗系统，推动发展"互联网+"国际医疗诊断模式。采取更加开放的人才政策，本土育才和外地引才相结合。加强与粤港澳大湾区、美国、日本、新加坡等地的沟通交流与合作。

（3）明确产业定位，推动中西医融合。制定阶段性发展定位，发展本

---

① 四个特许：特许医疗、特许研究、特殊经营、特许国际交流。

省乃至本国特色。充分挖掘中医医药资源和中医文化，大力发展以中医药为主题的医疗旅游，融汇中医"天人合一"的传统文化理念，助力疾病预防和控制，进一步推动中西医结合，加大技术研发力度，促进传统中医诊疗和现代医学相结合，形成海南特色的中西医结合诊疗手段。利用先行区的技术，打造中西医结合的智能诊疗系统，推进数字化。充分利用粤港澳大湾区的医疗系统优势，推动"互联网+"国际医疗诊断模式的发展。

3. 发展独特的康养产业

（1）有效整合资源。整合医疗资源，形成集团化、规模化，开展医疗旅游展示通道；加快建设专业化康养机构，推动康养与旅游紧密结合。推进"产学研"医疗发展模式。开展气候医学研究。出台海南特色康养政策，鼓励医疗旅游服务公司进入市场，进一步整合医疗旅游资源，做到有针对性提供相应的服务，同时规范服务公司的管理。

（2）完善相应的配套制度，加强宣传。完善相关的法律法规，建立有力的保障机制，确保政策执行。通过各种方式加大宣传力度，让康养理念深入人心，吸引更多的人前来体验和消费。大力引进康养专业人员，提高服务水平。

（四）提升卫生事业的要素供给质量

1. 健全管理制度和监督评价机制

（1）建立国际化的管理体系，学习先进的管理方法，发挥委员会作用，推动健康海南加快实施。建立党政主导、多元参与、共建共享的大健康格局。全面落实"国九条"政策，高标准推进重点健康产业的发展。出台激励和约束政策，激发活力，杜绝不良风气。

（2）建立完善监测评估机制、保障机制和反馈机制。高质量落实国家和省级层面推动医疗服务相关工作部署。国家层面对医疗卫生服务的战略部署清晰明确，省级层面高质量践行医疗卫生健康服务战略主题，完善管理体制机制运行，创新资金投入模式，完善人事薪酬和医保支付等领域的改革举措。要进一步发挥行政机制作用，提升统筹能力，强化考核指标，均衡工作压力与工作动力，提高执行能力，推动执行动力；用活市场机制，鼓励社会兴办医疗机构，参与竞争，进一步明晰奖惩办法；用好社群机制，发挥监管考核作用，实现监管精细透明。细化监督保障机制。按照执法事项清单，进一步细化分解执法职责，确定执法责任。建立日常检查监督机制，特别是公共卫生风险控制的监督机制，推动内外监督、上下监督和同级监督体系的建设。大力推行"互联网+监管"，探索综合行政执法与卫生监督协同融合发展工作机制。加快完善"双随机、一公开"①监督抽查、飞行检查等精准监管机制，强化监管结果公开和责任追究。

2.健全资金多元投入机制及提高资金使用质量

（1）完善政府主导的多元卫生健康筹资机制。加大对医疗卫生的投入力度，特别是公共卫生体系的建设，重在提高预防效果和医疗质量。制定向公共卫生建设倾斜的卫生政策，完善公共卫生基础设施，提高硬件水平。不断优化卫生资源区域规划配置，精准扶持贫困地区的医疗卫生建设。加大对临床医学中心和重点专科的资金投入，对医疗健康等相关产业项下的生产要素实行"零关税"。积极探索多渠道融资，动员社会力量参与，鼓励社会捐赠或资助，强化驻琼国有企业社会责任。

（2）提高资金利用效率，保障资金投入质量。建立卫生健康资金专库，专项专用，建立"绿色通道"，应对特发卫生事件。加强资金统筹使用，积极总结"医联体"医共体建设经验，推动建立财政补助、医保支付、公卫资金协同发力，强化资金补偿机制，放大资金使用效力。加强信息化内涵质量建设，推动信息系统互联互通，方便资金协同管理。加强预算和确保资金使用安全。合理规划使用资金，罗列资金使用清单和预期效果，细化绩效指标，提高资金使用效率。

3.加快培育和引进各类人才

（1）扩大总量，提高质量。第一，放宽条件，出台更加优厚的人才政

---

① "双随机、一公开"，即在监管过程中随机抽取检查对象，随机选派执法检查人员，抽查情况及查处结果及时向社会公开。

策，补短板，加大执业医师和护理人员的培养和引进力度。第二，提高人员质量。依托粤港澳大湾区丰富且优质的高校资源，引进医疗卫生高端人才和复合型人才。在全省高层次人才统一引进政策基础上，各级政府可进一步分类细化卫生健康人才引进策略，实施一人一策、一事一议策略。同时，加快国内外研究院、高校和医疗中心落地海南，共同培育高端人才。第三，加大政策与资金支持。各医疗机构人才引进由同级财政先给予卫生机构奖励性补助，待人才被省级认定后，由省财政按照全省标准后付补贴。

（2）加强基层人才队伍建设。第一，优化职称评审制度，更加侧重评价临床诊疗能力、服务质量和职业道德，弱化论文、外语、计算机应用在评审中的限制性条件。第二，在职称资格年限上向到基层医疗卫生机构工作的普通高校毕业生倾斜，中级职称可视基层区域及专业特性缩短1~2年；连续工作10年的紧缺专业技术人员可直接认定副高级卫生专业技术职称；女性50岁，男性55岁，并在基层连续服务30年，可直接聘任高级卫生专业技术职称，并可视情况动态调整，扩大执行范围至县级医疗机构。通过优惠政策引导医学专业学生返乡到基层就业。第三，深入开展"县属乡用""乡属村用"和基层卫生人才激励机制改革，加大基层医疗卫生人员的医疗和养老保障，并加强监督，保障政策真正落实到基层，激发人员积极性，减少人才流失。第四，重视和落实基层医疗机构继续教育工作，并将其纳入绩效考核工作中。加大人员培训资金投入力度，为他们提供进修机会，通过培训、讲座和实践指导等方式提高基层服务水平和能力。

（3）强化中医药人才培育和引进。第一，落实人才培育模式，加快本省中医院医生和中医学生的培育，利用独特的中医药资源，推动与省外中医人才的联合培养和中医院校的落地落实。第二，建立符合本省中医药发展的管理模式。要在中医药的管理中弱化西方医药学的标准，形成符合中医药的自我评价标准，保护中医药人才，促进规范化的中草药种植、销售与使用。第三，实施中医药文化传播行动。根据国务院办公厅印发的《关于加快中医药特色发展若干政策措施的通知》的要求，加大中小学教育中的中医药文化比重，开设中医药课程和中医活动，普及和弘扬中医药文化，为中医药拔尖人才的培养奠定坚实基础。

参考文献

［1］江蒙喜、甘戈：《公立医院高质量发展的要素研究》，《卫生经济研究》2021年第7期，第8~11页。

［2］高传胜、雷针：《高质量发展阶段分级诊疗政策的效果与走向》，《中州学刊》2019年第11期，第65~72页。

［3］张军扩、侯永志、刘培林、何建武、卓贤：《高质量发展的目标要求和战略路径》，《管理世界》2019年第7期，第1~7页。

［4］蔡媛青、张红文、王文娟：《我国医疗卫生服务模式的变迁及优化路径》，《行政管理改革》2018年第12期，第100~107页。

［5］任保平、文丰安：《新时代中国高质量发展的判断标准、决定因素与实现途径》，《改革》2018年第4期，第5~16页。

［6］《2022年海南省政府工作报告》，https：//www.hainan.gov.cn/hainan/szfgzbg/202201/6da8f2ca08ce440792389398d9a78459.shtml。

［7］海南省人民政府办公厅关于印发《海南省"十四五"卫生健康规划》的通知，http：//www.hainan.gov.cn/hainan/flfgxzgfxwj/202106/c9ea465a69c14097b70ec3fef8737ccb.shtml。

B.12

2021年海南就业和社会保障
高质量发展报告

陈 林　靳秀芬　秦 燕　刘国君　黄佳佳*

摘　要： 就业是民生之本，是经济社会发展的原动力。社会保障是一个国家和地区社会文明的标志。海南省持续实施就业优先战略，近年来就业总量持续增长、就业局势总体稳定；社会保险覆盖面不断扩大，社会保险基金安全稳定运行，社会保险水平持续提高，更加公平可持续的社会保障制度不断健全。海南自由贸易港建设为就业和社会保障高质量发展创造了新的机遇，人民群众的获得感、幸福感、安全感进一步增强。但从业人员的产业结构分布不均、就业结构性矛盾突出、劳动者素质偏低等使得就业高质量发展面临巨大压力，新冠肺炎疫情加剧了失业风险，社会保障高质量发展也同样面临巨大挑战。本报告在研究海南自由贸易港就业和社会保障现状的基础上，分析存在的问题，提出高质量发展的对策建议。

关键词： 就业　社会保障　高质量发展　海南自由贸易港

1988年海南建省办经济特区，掀起了"十万人才下海南"建设海南经

---

* 陈林，经济学博士，海南医学院管理学院教授，主要研究方向为劳动经济、社会保障；靳秀芬，海南省技师学院高级讲师，主要研究方向为职业教育；秦燕，海南医学院人事处师资科科长，讲师，主要研究方向为人力资源管理；刘国君，海南医学院第一临床学院副教授，高级职业指导师，主要研究方向为就业；黄佳佳，海南医学院第一附属医院医保科，中级经济师，主要研究方向为医疗保险。

济特区的热潮；1989 年国务院把海南列为全国社会保障制度综合改革试点省份，从此海南社会保障制度开始走向"为民谋福祉"之路；2018 年党中央决定支持海南建设自由贸易试验区，支持海南逐步探索稳步推进中国特色自由贸易港建设，开启了"百万人才进海南"局面。按照民生为本的主题和社会政策托底的工作思路，海南不断实施就业优先战略、建立更加公平可持续的社会保障制度，为海南自由贸易港建设注入了新动能。

一 海南就业和社会保障现状

（一）就业方面

就业乃民生之本，是经济社会发展的原动力。据统计，2020 年海南省从业人口数为 540.97 万人，第三产业从业人口占比为 56.96%，技工院校和民办职业培训机构累计培训 27.8 万人，劳动争议处理结案率 92.63%，职业指导和创业服务累计 4.23 万人，城镇登记失业率控制在 3% 以内。近年来，海南持续实施就业优先政策，市场主体数量迅速增长，为扩大就业总量提供了广阔的空间，就业结构进一步优化，就业总量持续增长，就业质量不断提高，就业形势持续向好。

1. 市场主体不断增加，就业容量迅速扩大

根据海南省市场监管局的统计，2018 年以来，政策红利迅速释放，新增市场主体增长。2018~2021 年 3 月，全省新增市场主体 76.3 万户，超过建省以来前 30 年（1988~2017 年）的总和①。2016 年以来，全省城镇新增就业人数逐步增长，2017 年全省城镇新增就业人数 12 万人，2018 年新增 12.84 万人，即使在疫情发生的 2020 年，海南新增就业人数也超过 14 万人。在疫情得到有效控制、经济社会逐步走向正轨后，海南自由贸易港建设步入

---

① 苏庆明、周晓梦：《海南省一年新增市场主体 37.5 万户》，中华人民共和国中央人民政府网，2021 年 6 月 3 日，http://www.gov.cn/xinwen/2021-06/03/content_5615123.htm。

快车道，2021年全年城镇新增就业17.74万人，农村劳动力转移就业11.70万人①。由此可见，海南自由贸易港政策不断完善，制度集成创新效果明显，市场主体增加引起就业岗位扩容，就业人数持续创新高。《中国劳动统计年鉴（2021）》显示，2020年海南省用人单位登记招聘人数在30万人以上。

2. 就业总量持续增加，就业结构不断优化

2020年底，海南省从业人员数为540.97万人，比2016年增加了27.83万人，增长率为5.42%。在就业人口中，第一产业人口数占总从业人口数的31.57%，第二产业人口数占11.48%，第三产业人口数占56.95%。从2016~2020年从业人口数来看，第一产业从业人口数持续下降，2020年较2016年减少16.66万人；第二产业从业人口数相对稳定，2020年较2016年仅减少0.88万人；第三产业从业人口数持续增加，2020年较2016年增加了45.37万，增长了17.27%。由此可见，海南第三产业已成为吸纳人口就业最多的产业（见表1）。

表1 2016~2020年海南省从业人员各产业分布情况

单位：万人，%

年度	从业人口数	第一产业人口	第二产业人口	第三产业人口	第一产业占比	第二产业占比	第三产业占比
2016	513.14	187.45	62.96	262.73	36.53	12.27	51.20
2017	525.87	183.53	61.84	280.50	34.90	11.76	53.34
2018	535.50	177.09	62.60	295.81	33.07	11.69	55.24
2019	536.11	175.15	62.08	298.88	32.67	11.58	55.75
2020	540.97	170.79	62.08	308.10	31.57	11.48	56.95

数据来源：《海南省统计年鉴（2021）》。

2020年末，海南省从业人员在20个行业中的农、林、牧、渔业分布最多，占比31.57%；其次是批发和零售业，占比14.53%；第三是住宿和餐

① 海南省统计局：《2021年海南省国民经济和社会发展统计公报》，海南省统计局网，2022年2月22日，http://stats.hainan.gov.cn/tjj/tjgb/fzgb/n_83486/202202/t20220222_3146080.html。

饮业，占比 8.19%；靠后的依次是采矿业，电力、热力、煤气及水的生产和供应业，文化、体育、娱乐业。与 2016 年相比，从业人员增幅靠前的依次是金融业，水利、环境和公共设施管理业，其他；降幅靠前的依次是农、林、牧、渔业，采矿业，制造业；从业人员净流入人数最多的依次是其他，住宿和餐饮业，批发和零售业，净流出人数最多的依次是农、林、牧、渔业，制造业和采矿业（见表 2）。

表 2 2016~2020 年海南省从业人员各行业占比

单位：%，万人

行业	2016 年	2017 年	2018 年	2019 年	2020 年	2020 年净增加从业人口数*
农、林、牧、渔业	41.11	40.31	38.30	38.56	31.57	-40.16
采矿业	0.17	0.15	0.16	0.18	0.14	-0.11
制造业	5.15	4.86	4.68	4.76	4.71	-0.96
电力、热力、煤气及水的生产和供应业	0.48	0.44	0.43	0.44	0.46	0.01
建筑业	6.47	6.32	6.42	6.60	6.17	0.17
批发和零售业	13.88	11.74	14.23	13.75	14.53	7.36
交通运输、仓储和邮政业	3.47	2.93	3.34	3.29	4.09	4.33
住宿和餐饮业	6.38	6.92	7.26	6.85	8.19	11.56
信息传输、软件和信息技术服务业	1.46	3.79	1.85	1.75	1.89	2.74
金融业	0.81	0.86	0.90	0.94	1.79	5.55
房地产业	3.01	3.28	3.16	2.99	3.01	0.86
租赁和商务服务业	3.23	3.28	3.53	3.43	3.13	0.36
科学研究和技术服务业	0.86	0.91	1.05	1.01	1.02	1.13
水利、环境和公共设施管理业	0.65	0.67	0.87	0.85	1.12	2.75
居民服务、修理和其他服务业	1.94	2.09	2.26	2.17	2.32	2.59
教育业	2.42	2.36	2.31	2.58	3.36	5.75
卫生和社会工作	1.22	1.26	1.28	1.37	1.76	3.26
文化、体育、娱乐业	0.63	0.66	0.84	0.78	0.80	1.12
公共管理、社会保障和社会组织	2.56	2.56	2.62	2.85	3.19	4.14
其他	4.10	4.61	4.52	4.84	6.73	15.39

*净增加从业人口数，是指 2020 年末从业人口数与 2016 年末从业人口数相减的结果。

数据来源：根据历年《海南省统计年鉴》数据整理。

2020 年末，农村家庭从业人员 329.96 万人，其中第一产业从业人口数
220.35 万，占农村家庭从业人员总数的 66.78%；第二产业从业人口数
34.05 万，占比 10.32%；第三产业从业人口数 75.56 万人，占比 22.9%。
从 2016~2020 年海南省农村家庭从业人员产业结构从业人数来看，五年间
第一、二、三产业从业人口数分别增加了 0.57 万人、1.17 万人和 10.53 万
人。2020 年末，农村家庭从业人口 66.78% 从事农业，10.05% 从事商业、
饮食、物资供销、仓储业，5.93% 从事建筑业，4.39% 从事工业，2.58% 从
事交通运输和邮电业，9.38% 从事其他行业；相比 2016 年，农业、工业、
交通运输业和邮电业均小幅下降，建筑业、商业、饮食、物资供销、仓储
业、信息传输、计算机服务和软件业、其他则出现小幅上升。但仍然可见农
村家庭从业人员主要在农业，即便出现了向二、三产业转移，但是转移不太
明显（见表 3、表 4）。

表 3　2016~2020 年海南农村家庭从业人员分产业占比

单位：万人，%

年度	农村家庭从业人口	第一产业人口	第二产业人口	第三产业人口	第一产业占比	第二产业占比	第三产业占比
2016	317.69	219.78	32.88	65.03	69.18	10.35	20.47
2017	327.07	223.68	33.69	69.67	68.39	10.30	21.30
2018	323.96	219.26	33.61	71.09	67.68	10.37	21.94
2019	324.13	216.16	34.53	73.44	66.69	10.65	22.66
2020	329.96	220.35	34.05	75.56	66.78	10.32	22.90

数据来源：根据历年《海南省统计年鉴》整理。

表 4　2016~2020 年海南农村劳动力各行业结构占比

单位：万人，%

年度	农村家庭从业人口	农业	工业	建筑业	交通运输业和邮电业	信息传输、计算机服务和软件业	商业、饮食、物资供销、仓储业	其他
2016	317.69	69.18	4.84	5.51	2.66	0.76	9.94	7.11
2017	327.07	68.39	4.72	5.59	2.68	0.79	10.00	7.82

续表

年度	农村家庭从业人口	农业	工业	建筑业	交通运输业和邮电业	信息传输、计算机服务和软件业	商业、饮食、物资供销、仓储业	其他
2018	323.96	67.68	4.65	5.73	2.65	0.87	10.22	8.20
2019	324.13	66.69	4.65	6.01	2.59	0.87	10.59	8.60
2020	329.96	66.78	4.39	5.93	2.58	0.89	10.05	9.38

数据来源：根据历年《海南省统计年鉴》数据整理。

3. 城镇从业人员工资不断增长，收入差距逐步缩小

2020年末，海南城镇非私单位从业人员年平均工资为86609元，城镇私营单位从业人员年平均工资为51388元。与2016年相比，2020年城镇非私单位从业人员年平均工资增长了40.46%，城镇私营单位从业人员年平均工资增长了26.34%；从两者的工资差距来看，2016年城镇私营单位从业人员年平均工资为城镇非私营单位的65.96%，到2020年数据缩小至59.33%（见图1）。

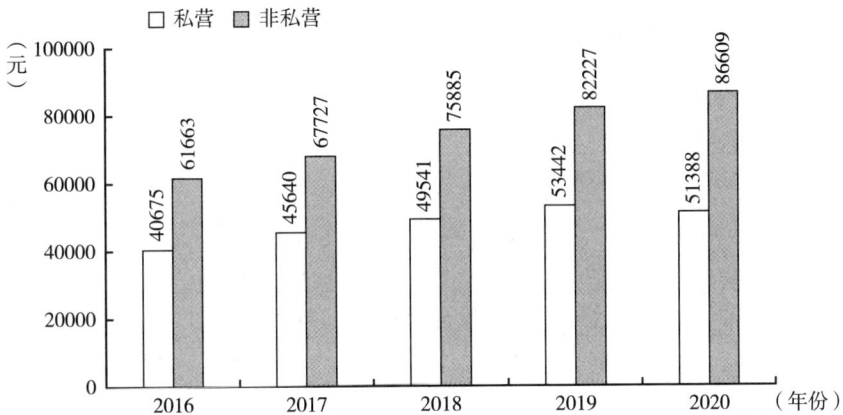

图1 2016~2020年海南省非私营、私营单位从业人员年平均工资

2020年海南城镇私营单位从业人员年平均工资较全国低了6339元，城镇非私营单位从业人员年平均工资较全国低了13903元。从城镇私营单位分

行业从业人员年平均工资来看，海南的农、林、牧、渔业，房地产业，居民服务、修理和其他服务业要高于全国平均水平，其他行业均低于全国平均水平；从城镇非私营单位分行业从业人员年平均工资来看，海南的农、林、牧、渔业，住宿和餐饮业略高于全国水平，其他行业均低于全国平均水平（见表5）。

表5　2020年海南城镇分行业从业人员年平均工资与全国水平对比

单位：元

行业	城镇私营			城镇非私营		
	海南	全国	全国-海南	海南	全国	全国-海南
平均水平	51388	57727	-6339	86609	100512	-13903
农、林、牧、渔业	49312	38956	10356	51403	50900	503
采矿业	47913	54563	-6650	78171	97875	-19704
制造业	47313	57910	-10597	77316	82784	-5468
电力、热力、燃气及水生产和供应业	45147	54268	-9121	109178	118341	-9163
建筑业	50709	57309	-6600	51147	71390	-20243
批发和零售业	49843	53018	-3175	77804	96862	-19058
交通运输、仓储和邮政业	53618	57313	-3695	89890	101684	-11794
住宿和餐饮业	39649	42258	-2609	54977	53057	1920
信息传输、软件和信息技术服务业	82909	101281	-18372	146342	180062	-33720
金融业	64560	82930	-18370	116626	189694	-73068
房地产业	57169	55759	1410	75415	85413	-9998
租赁和商务服务业	51167	58155	-6988	75692	94241	-18549
科学研究和技术服务业	60630	72233	-11603	101088	141935	-40847
水利、环境和公共设施管理业	38865	43287	-4422	49981	68425	-18444

续表

行业	城镇私营			城镇非私营		
	海南	全国	全国-海南	海南	全国	全国-海南
居民服务、修理和其他服务业	55584	44536	11048	41211	61816	−20605
教育	36259	48443	−12184	101164	109209	−8045
卫生和社会工作	50318	60689	−10371	105694	118104	−12410
文化、体育和娱乐业	48242	51300	−3058	80492	112909	−32417
公共管理、社会保障和社会组织				93913	108053	−14140

数据来源：根据《海南省统计年鉴（2021）》《中国劳动统计年鉴（2021）》整理。

4. 职业培训人数不断增加，职业技能水平持续提升

2020 年，海南省技工院校培训社会人员 32722 人次，民办职业培训机构培训 240172 人次，二类累计为社会培训 272894 人次（见图 2）。与 2016 相比，技工院校培训社会人员增长了 30.72%，民办职业培训机构培训人数增长了 347.89%。2016~2020 年，海南省技工院校毕业生人数相对稳定，毕业生就业率较高。2020 年毕业生就业率为 96.83%，海南连续 5 年技工院校毕业生就业率均维持在 94% 以上。

2016~2020 年，海南各级各类职业技能培训机构累计培训 55.27 万人次，共有 18.22 万人次获得不同等级的职业技能证书，获得职业技能证书的培训对象占总培训对象的 32.97%。具体来看，技工院校培训对象以在职职工、农村劳动者为主，民办职业培训机构在培训对象上没有明显的差异；技工院校、培训机构对劳动预备制学员培训较少。从培训人员获得的职业技能资格证书来看，获得初、中级资格的有 17.17 万人次，占总人次的 94.24%；获得高级资格、技师和高级技师的仅有 1.05 万人，占总人次的 6.76%（见表 6、表 7）。

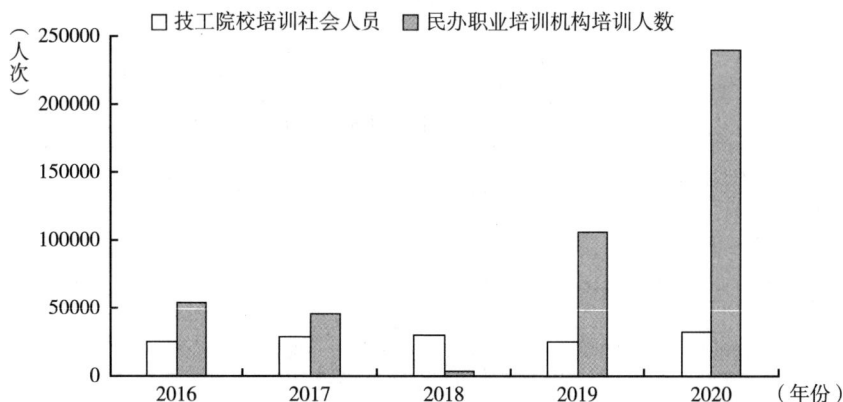

图 2   2016~2020 年海南省职业培训情况

表 6   2016~2020 年海南职业技能培训情况

单位：人次

培训机构	培训对象	2016 年	2017 年	2018 年	2019 年	2020 年
技工院校	失业人员	252	290	1413	883	433
	劳动预备制人员	1419	1086	662	812	411
	在职职工	19847	11127	22948	11638	12288
	农村劳动者	995	997	4324	4616	8375
民办职业培训机构	劳动预备制学员	2002	1701	76	25	283
	失业人员	3164	2690	580	10247	7456
	农村劳动者	31449	26731	410	89189	205369
	在职职工	210	240	1952	2618	14562
	其他人员	16798	14217	319	4217	11362
合计		76136	59079	32684	124245	260539

数据来源：根据历年《中国劳动统计年鉴》整理。

表 7   2016~2020 年海南培训机构培训人员获得职业技能证书情况

单位：人次

资格	2016 年	2017 年	2018 年	2019 年	2020 年
初级资格	10526	5252	885	12609	107342
中级资格	13732	7176	2136	2384	9626
高级资格	5186	2189	140	112	2434

资格	2016 年	2017 年	2018 年	2019 年	2020 年
技师和高级技师	266	126	2	3	25
合计	29710	14743	3163	15108	119427

数据来源：根据历年《中国劳动统计年鉴》整理。

5. 劳动争议处理机制不断健全，劳动关系更加和谐

截至 2020 年末，海南劳动争议处理的组织体系不断健全，省、市（区）、县劳动争议仲裁委员会建设取得明显进展，乡镇、街道、园区等劳动争议调解组织得到加强，劳动者权益得到进一步保障，劳动关系更加和谐，仲裁方式解决劳动争议案件数占结案总数的 87.38%。2016~2020 年，海南劳动争议处理当期结案率均在 95%以上，平均结案率为 93.34%；劳动报酬和劳动合同仍然是当前劳动争议处理的主要案件，2020 年占争议原因的 68.61%；劳动者胜诉案件占比逐步减少，2020 年仅为 20.75%，较 2016年的 29.42%下降了 8.67 个百分点。见表 8。

表 8　2016~2020 年海南劳动争议处理情况

单位：件

内容		2020 年	2019 年	2018 年	2017 年	2016 年
上期未结案数		708	530	186	77	108
当期案件受理数		7079	6381	5294	4367	4885
结案数		7213	6196	4948	4252	4916
处理方式	仲裁调解	2333	2388	1967	1485	1250
	仲裁裁决	3973	3326	2634	2398	2801
	其他方式	907	482	347	369	865
处理结果	用人单位胜诉	928	851	448	602	550
	劳动者胜诉	1616	1447	1563	1172	1469
	双方都胜诉及其他	4669	3898	2937	2478	2897

续表

内容		2020 年	2019 年	2018 年	2017 年	2016 年
争议原因*	劳动报酬	1901	1527	1604	2464	2187
	社会保险	217	152	98	248	118
	解除、终止劳动合同	844	968	886	974	1275
	其他	NA	NA	389	765	1466

*NA 代表没有数据。

数据来源：根据历年《中国劳动统计年鉴》整理；"争议原因"数据来自《海南统计年鉴（2021）》。

6. 公共就业服务持续发力，失业率低于全国水平

近年来，海南非常重视公共就业服务能力提升工作，助力全省实现较充分的就业。2020 年全省各级各类公共就业服务机构接受单位登记招聘人数 30.10 万人，登记求职人数 7.26 万人，职业指导人数 30617 人，创业服务人数 11710 人；全省城镇登记失业率为 2.8%，远低于全国 4.24% 的平均值。2021 年海南城镇登记失业率为 3.06%，仍低于全国 3.96% 的平均值。

在省委省政府"就业优先"政策指导下，2016～2020 年全省各级各类公共就业服务机构累计接受单位登记招聘人数 215.50 万人，登记求职人数 79.06 万人，接受职业指导人数 22.37 万人，接受创业服务人数 7.08 万人，为海南劳动者充分且高质量就业提供服务支撑；海南省城镇登记失业率均低于全国同期平均水平（见表 9、图 3）。

表 9 2016～2020 年海南公共就业服务情况

单位：人

内容	2016 年	2017 年	2018 年	2019 年	2020 年
本期单位登记招聘人数	588098	483545	460545	321753	301049
本期登记求职人数	215399	142816	262067	97717	72646
本期接受职业指导人数	35322	45013	75765	36957	30617
本期接受创业服务人数	23080	13702	12728	9564	11710

数据来源：根据历年《中国劳动统计年鉴》整理。

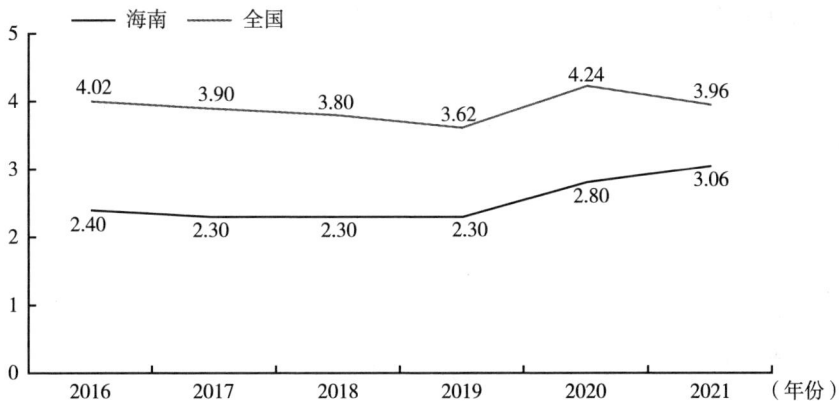

图3　2016~2021年海南与全国城镇登记失业率比较

（二）社会保障方面

社会保障是一个国家和地区社会文明进步的标志，是保障和改善民生、维护社会公平、增进人民福祉的基本制度保障，是促进经济社会发展，实现广大人民群众共享改革发展成果的重要制度安排，是治国安邦的大问题①。1989年，国务院把海南列为全国社会保障制度综合改革试点省份，从此海南社会保障制度开始走向"为民谋福祉"之路。近年来，海南社会保障体系建设取得积极进展，社会保险覆盖面不断扩大，社会保险基金安全稳定运行，社会保险水平持续提高，人民群众的获得感、幸福感、安全感得到进一步加强。

1. 应保尽保，社会保险覆盖面不断扩大

2020年末，海南参加基本养老保险人数为6301624人，参加基本医疗保险人数为9340420人，工伤保险人数为1700574人，生育保险人数为1832132人，失业保险人数为1946598人。与2016年相比，基本养老保险参

---

① 新华社：《习近平在中共中央政治局第二十八次集体学习时强调完善覆盖全民的社会保障体系　促进社会保障事业高质量发展可持续发展》，新华网，2021年2月27日，http://www.xinhuanet.com/politics/2021-02/27/c_1127147247.htm。

保人增加 121.25 万人，增长 23.82%；基本医疗保险参保人增加 45.03 万人，增长 5.07%；工伤保险参保人增加 32.68 万人，增长 23.79%；生育保险参保人增加 46.73 万人，增长 34.24%；生育保险参保人增加 25.71 万人，增长 15.22%（见图 4）。

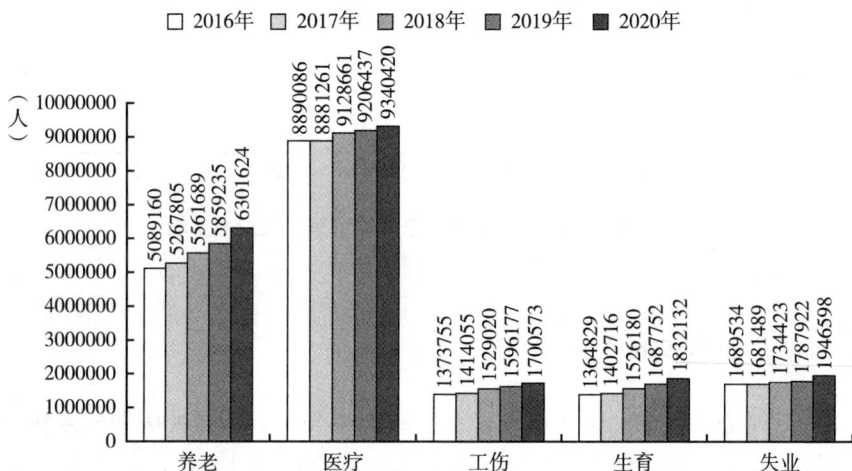

图 4　2016~2020 年海南社会保险参保情况

数据来源：根据历年《海南年鉴》整理。

（1）基本养老保险发展情况。海南城镇从业人员基本养老保险制度自从 1991 年颁布以来，历经数次修订、完善，目前制度发展良好、运行稳定。海南城乡居民基本养老保险制度按制度形成、参保人群则经历城镇个人参加养老保险、农村社会养老保险、新型农村社会养老保险、城镇居民社会养老保险制度、城乡居民基本养老保险制度时期。2014 年 5 月 13 日，海南省人民政府通过《海南省城乡居民基本养老保险暂行办法》（琼府〔2014〕33 号），标志着海南城乡居民基本养老保险制度形成，参保人群也结束了分类参保的时代，最终形成缴费标准、待遇水平统一的城乡居民基本养老保险制度。

2020 年末，海南参加基本养老保险 6301624 人，其中参加城镇职工基本养老保险 3053303 人，城乡居民基本养老保险 3248321 人。与 2016 年相比，城镇职工基本养老保险参保人增加80.40万人，增长35.74%；城乡居民基本养老保险参保人增加40.85万人，增长14.38%；从参保人类型来看，增幅较大的是城镇职工，五年净增加72.58万人，较2016年增长45.81%（见表10）。

表10　2016~2020年参加基本养老保险人员情况

单位：人

年度	城镇职工			城乡居民养老
	职工	离退休人员	合计	
2016	1584622	664683	2249305	2839855
2017	1720064	688821	2408885	2858920
2018	1874678	704850	2579528	2982161
2019	2082906	726615	2809521	3049714
2020	2310568	742735	3053303	3248321

数据来源：根据历年《海南统计年鉴》《海南社会保险统计年鉴》整理。

（2）基本医疗保险发展情况。1991年11月16日海南省人民政府发布《海南省职工医疗保险暂行规定》（琼府办〔1991〕285号），成为海南建省办经济特区以来第一个职工医保的规范性法律文件，参保人群仅限于在本省范围内的全民所有制企业、城镇集体所有制企业、内联企业、外商投资企业和私营企业管理人员、技术人员、固定工、合同工、临时工以及离退休人员。经过多年的制度建设，职工医保覆盖范围扩大到企业、机关、事业单位、社会团体、民办非企业单位、基金会、律师事务所、会计师事务所等组织及其从业人员，部队所属用人单位中无军籍的从业人员，有雇工的个体工商户及其从业人员，无雇工的个体工商户、未在用人单位参加基本医疗保险的非全日制从业人员，以及其他灵活就业人员。

2007年之前，海南城乡居民同全国的城乡居民一样经历过"半价劳保医疗和公费医疗""制度空档期"等。即便2003年海南省人民政府颁布的《海南省城镇个人参加医疗保险办法》（琼府〔2003〕61号）被视为海南最早对城镇居民开展医疗保险的立法，但由于享受门槛比较高，城镇居民参加职工医保的人数极为有限。2007 年 5 月 31 日，海南省人民政府下发《关于做好城镇居民基本医疗保险试点工作意见的通知》（琼府〔2007〕35 号），才标志着城镇居民基本医疗保险制度的落地。2003 年海南启动新型农村合作医疗制度的试点，2016 年海南省人民政府办公厅印发《海南省整合城乡居民基本医疗保险制度实施方案的通知》（琼府办〔2016〕318 号），要求城乡居民基本医疗保险政策执行实现"六统一"。2019 年 11 月 15 日《海南省城乡居民基本医疗保险暂行办法》（琼医保规〔2019〕1 号）发布，实现了城镇居民基本医疗保险、新型农村合作医疗在"保费征收、基金账户整合"上的统一，城乡居民的基本医疗保险制度落地。

2020 年末，海南基本医疗保险参保 9340420 人，其中城镇职工基本医疗保险参保 2500923 人，城乡居民基本医疗保险参保 6839497 人。与 2016 年相比，参保总人数增加 45.03 万，增长 5.07%。其中，城镇职工基本医疗保险参保人增加 49.06 万人，增长 24.40%；城乡居民基本医疗保险参保人减少 4.02 万人，减少 5.07%。从参保对象来看，职工增加 39.68 万人，增长 27.57%，退休人员增加 9.37 万人，增长 16.41%（见表 11）。

表 11   2016~2020 年海南省参加基本医疗保险人员情况

单位：人

年度	城镇职工			城乡居民	
	职工	离退休人员	合计	城镇居民	新农合
2016	1439141	571228	2010369	1862117	5017600
2017	1491357	604213	2095570	2098991	4686700
2018	1628512	628653	2257165	2147196	4724300
2019	1714528	646555	2361083	6845354	
2020	1835953	664970	2500923	6839497	

数据来源：根据历年《海南统计年鉴》《海南社会保险统计年鉴》整理。

（3）工伤保险发展情况。1989 年海口市先行工伤保险制度改革试点，市劳动局出台了《海口市企业职工工伤保险暂行规定》。在总结海口市工伤保险经验的基础上，1991 年 11 月 15 日海南省人民政府颁布了《海南省职工工伤保险暂行规定》。1993 年 12 月 30 日在总结工伤保险经验的基础上，海南省人民代表大会常务委员会通过了《海南经济特区城镇从业人员工伤保险条例》（海南省人民代表大会常务委员会公告第 9 号），此后经多次修订和完善，逐步调整工伤保险参保人群。

2020 年末，海南城镇职工参加工伤保险 1700574 人，较 2016 年增加 32.68 万人，增长 23.79%。2016~2020 年城镇职工参加工伤保险人数逐年增加，增速呈起伏波动状（见图 5）。

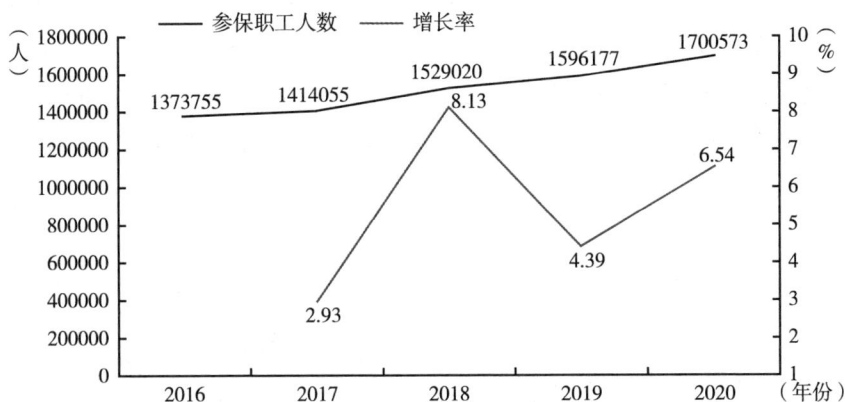

图 5　2016~2020 年海南城镇职工参加工伤保险情况

（4）失业保险发展情况。1991 年 11 月 6 日海南省人民政府颁布了《海南省职工待业保险暂行规定》，这是海南第一个具有失业保险性质的正式法规。为了适应海南经济社会的发展和失业保险制度改革的需要，不断发挥失业保险制度在保民生、促就业方面的作用，1993 年 12 月 31 日海南省第一届人民代表大会常务委员会第 6 次会议通过了《海南经济特区城镇从业人员失业保险条例》（海南省人民代表大会常务委员会公告第 8 号）。为了不断适应新的经济和社会发展形势，落实《失业保险条例》（国发令第 258 号）的精神，2000 年 12 月 9 日海南省第二届人民代表大会常务委员会第 17 次会议决定将《海南经济特区城镇从业人员失业保险条例》改为《海南省城镇从业人员失业保险条例》（海南省人民代表大会常务委员会公告第 36

号）。2010 年 10 月 28 日获全国人大通过的《社会保险法》以专章的形式对失业保险的内容进行了规定。

为了适应新的形势和变化，2011 年 9 月 28 日海南省第四届人民代表大会常务委员会第 25 次会议通过了新修订的《海南省城镇从业人员失业保险条例》（海南省人民政府令第 81 号），文件规定海南城镇企业及其从业人员、民办非企业单位、基金会、律师事务所、会计师事务所等组织及其从业人员，按规定不参照公务员法管理的事业单位、社会团体及其从业人员，国家机关及参照公务员法管理的事业单位、社会团体中应当签订劳动合同的从业人员，部队所属用人单位中无军籍的从业人员，个体工商户及其从业人员均要参加失业保险。2020 年末，海南城镇职工参加失业保险 1946598 人，较 2016 年增加 25.71 万，增长 15.22%；2021 年较 2020 年增加 10.91 万人（见图 6）。

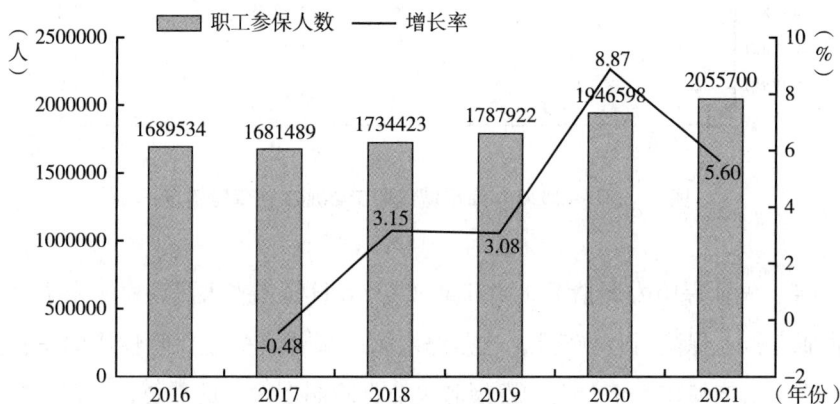

图 6 2016～2021 年海南城镇职工参加失业保险情况

（5）生育保险发展情况。自建省办经济特区起，海南主要按照劳动部在 1994 年印发的《企业职工生育保险试行办法》（劳部发〔1994〕504 号）及国家其他有关生育保险政策，实施生育保险管理。在实践中，海南在生育保险领域不断改革、探索，将分散于各项法律法规中关于生育保险的内容进行了整合，2001 年 9 月 14 日，海南省人民政府印发《海南省城镇从业人员生育保险办法》（琼府〔2001〕59号），开启了海南生育保险立法之路。2011年9月28日，海南省第四届人民代表大会常务委员会第25次会议通过了《关于修改〈海南省城镇从业人员生育保险条例〉的决定》（海南省人民代表大会常务委员会公告第80号），将"机关、事业单位、企业、社会团体、民办非企业单位及其全部从业人员、基金会、律师事务所、会计师事务所等组织和个体工商户"中的从业人员都纳入保障范畴，且外国人在海南范围内就业的可按规定参加生育保险。2020年末，海南城镇职工参加生育保险1832132人，较2016年增加46.73万人，增长32.24%（见图7）。

图7　2016~2020年海南城镇职工参加生育保险情况

2. 收支平衡，社会保险基金安全稳定运行

2020年末，海南省社会保险基金累计结余511.63亿元，其中，基本养老保险基金累计结余248.78亿元，基本医疗保险基金（含生育保险基金）累计结余222.09亿元，失业保险基金累计结余22.55亿元，工伤保险基金累计结余18.21亿元。以2020年社会保险基金支出总额进行计算，基本养老保险累计结余基金可支付9.94个月、基本医疗保险基金（含生育保险基金）累计结余可支付20.45个月、失业保险累计结余基金可支付19.07个月、工伤保险累计结余基金可支付108.83个月。社会保险基金累计结余数

可以支付13.74个月，仅2021年全省收回违规使用医保基金就达1.47亿元。目前海南省各项社会保险基金总体安全运行稳定。

（1）基本养老保险基金运行情况。2020年海南基本养老保险基金收入2662778万元，支出3002990万元，当期收不抵支且负结余340212万元，历年累计结余2487830万元（见表12）。与2016年相比，当期收入增加682654万元，增长34.48%；支出增加1224541万元，增长68.85%；累计结余增加755952万元，增长43.65%。从基本养老保险基金收支增长率来看，2016～2020年收入平均增长率为9.69%，支出平均增长率为14.42%；支出增长速度高于收入增长速度。

表12　2016～2020年海南基本养老保险基金收支情况

单位：万元

年度	收入	支出	累计结余
2016	1980124	1778449	1731878
2017	2711222	2319659	1735014
2018	3260717	2678427	2346304
2019	3245149	2801014	2814442
2020	2662778	3002990	2487830

数据来源：根据历年《海南统计年鉴》整理。

（2）基本医疗保险基金（含生育保险）运行情况。2020年海南基本医疗保险基金（含生育保险）收入1524968万元，支出1303178万元，当期结余221790万元，历年累计结余2220924万元（见表13）。与2016年相比，当期收入增加855546万元，增长27.80%；支出增加780954万元，增长49.54%；累计结余增加1389308万元，增长67.06%。从基本医疗保险基金（含生育保险）收支增长率来看，2016～2020年收入平均增长率23.07%，支出平均增长率27.04%；支出增长速度高于收入增长速度。

表13　2016~2020年海南基本医疗保险基金收支情况

单位：万元

年度	收入	支出	累计结余
2016	669422	522224	831616
2017	867388	644515	1186079
2018	970707	699592	1457194
2019	1177120	818360	1814895
2020	1524968	1303178	2220924

数据来源：根据历年《海南统计年鉴》整理。

（3）失业保险基金运行情况。2020年海南失业保险基金收入66076万元，支出141847万元，当期收不抵支且出现负结余75771万元，历年累计结余225462万元（见表14）。与2016年相比，当期收入增加1161万元，增长1.79%；支出增加96887万元，增长215.50%；累计结余减少119137万元，减少34.57%。从失业保险基金收支增长率来看，2016~2020年收入平均增长率为1.84%，支出平均增长率为36.84%；支出增长速度明显高于收入增长速度。

表14　2016~2020年海南失业保险基金收支情况

单位：万元

年度	收入	支出	累计结余
2016	64915	44960	344599
2017	58966	52500	351065
2018	71483	56363	366185
2019	81970	73685	301234
2020	66076	141847	225462

数据来源：根据历年《海南统计年鉴》整理。

（4）工伤保险基金运行情况。2020年海南工伤保险基金收入17343万元，支出20082万元，当期收不抵支且出现负结余2739万元，历年累计结余182120万元（见表15）。与2016年相比，当期收入减少20980万元，减少 54.75%；支出增加 5707 万元，增长 39.70%；累计结余增加 52715 万元，增长 40.74%。从工伤保险基金收支增长率来看，2016~2020 年收入平均增长率为 -14.28%，支出平均增长率为 9.84%；支出增长速度明显高于收入增长速度。

表 15　2016~2020 年海南工伤保险基金收支情况

单位：万元

年度	收入	支出	累计结余
2016	38323	14375	129405
2017	50974	16125	164254
2018	34363	17228	181389
2019	26232	22761	184858
2020	17343	20082	182120

数据来源：根据历年《海南统计年鉴》整理。

3. 尽力而为，社会保险水平持续提高

海南省委省政府始终把人民群众福祉放在首位，通过不断完善社会保障制度，提高社会保障水平，让人民群众共享经济社会发展成果。新型农村养老保险基础养老金从 2009 年的人均 55 元/月，增长到 2020 年的人均 183 元/月[①]；城镇职工基础养老金也实现了 16 连涨；新型农村合作医疗筹资总额从 2003 年的 30 元增加到 770 元，城乡居民大病保险落地实施，门诊慢性特殊疾病病种不断扩容[②]；失业保险补助金标准不断提高，2020 年最高达到 1200 元/月[③]；工伤保险伤残津贴、供养亲属抚恤金、护理生活费等始终与全省经济发展水平、人民生活水平相适应，工伤保险待遇水平稳步提升；生

[①] 2022 年全省城乡居民基础养老金月标准为 199 元，近三年来上涨了 16 元，因此推断 2020 年城乡居民基础养老金为 183 元。https://m.thepaper.cn/baijiahao_17176177。

[②] 从 2022 年 1 月 1 日起，海南省基本医疗保险待遇方面还开展了城镇职工普通门诊统筹、城镇职工大额医疗费用补助等政策，提高基本医疗保险人参保待遇。

[③] 严钰景：《海南省阶段性实施失业补助金政策　每月最高可领 1200 元》，新华网，2020 年 7 月 2 日，http://www.xinhuanet.com//local/2020-07/02/c_1126189245.htm。

育待遇范围不断扩大、生育津贴水平不断提高。

（1）基本养老保险待遇持续提高。2020年末海南省城乡居民基础养老金人均月发放标准为183元，较2016年增加38元，增长26.21%；城镇企业（含其他）人员月基础养老金发放标准为2495元，较2016年增加327元，增长15.08%（见表16）。

表16　2016~2020年海南基础养老金人均月发放标准

单位：元

年度	城乡居民	城镇企业（含其他）人员
2016	145	2168
2017	145	2119
2018	178	2237
2019	178	2378
2020	183	2495

注：2020年城乡居民基础养老金系笔者根据相关数据推断而来；2017年城镇企业（含其他）人员基础养老金下降是由统计制度调整造成的，实际基础养老金较上年增长约5.5%。

数据来源：《海南省社会保险统计年鉴》。

（2）基本医疗保险待遇稳步提升。截至2021年末，海南基本建立起以基本医疗保险为基础、以大病保险为补充、医疗救助为兜底的医疗保障体系，较好地满足了城乡居民的医疗保障幸福感、获得感、安全感。在基本医疗保险待遇方面，主要包括住院医疗保险待遇、普通门诊统筹待遇、门诊慢性特殊疾病病种待遇等。

住院待遇标准稳步提升。城镇职工基本医疗保险参保人在一个年度内首次住院（含门诊特殊疾病治疗）统筹基金起付标准为：在职职工800元，退休人员600元，统筹基金年累计最高支付限额统一为26万元；城乡居民基本医疗保险参保人员住院起付线为一级医院100元、二级医院300元、三级医院350元，统筹基金年累计最高支付限额统一为15万元。补偿比方面，在职职工在一、二、三级医疗机构补偿比分别为90%、

88%、85%，退休人员则统一为 90%，城乡居民为 90%、75%、65%
（见表 17）。

表 17　2021 年海南基本医疗保险统筹基金支付住院患者待遇标准

参保人	起付线	封顶线	补偿比		
			一级	二级	三级
在职	800 元	26 万元	90%	88%	85%
退休	600 元		90%	90%	90%
城乡居民	一级医院 100 元、二级医院 300 元、三级医院 350 元	15 万元	90%	75%	65%

普通门诊统筹待遇稳步提升。2021 年海南达到法定缴费年限的城镇退休人员月划入标准为退休次月起至 70 周岁（不含 70 周岁）60 元、70 周岁（含 70 周岁）以上 72 元。城乡居民基本医疗保险普通门诊统筹基金年度累计最高支付标准为 300 元。从 2022 年 1 月 1 日起，城乡居民参保人普通门诊统筹基金年度累计最高支付标准上调至 500 元，城镇职工参保人普通门诊统筹基金年度累计最高支付标准为在职职工 1500 元、退休人员 2000 元。

门诊慢性特殊疾病病种待遇稳步提升。门诊慢性特殊疾病病种是根据海南经济社会发展、医疗保障基金水平等共同决定的。2019 年 12 月 19 日海南省医疗保障局印发了《海南省基本医疗保险门诊慢性特殊疾病管理办法（试行）》（琼医保规〔2019〕6 号），统一基本医疗保险门诊慢性特殊疾病病种 36 种（序号 1~36）。2020 年又新调入 4 种病种（序号 37~40），扩容至 40 种；2021 年 7 月又新调入 12 种病种（序号 41~52），海南基本医疗保险门诊慢性特殊疾病病种扩容至 52 种[1]（见表 18）。

---

[1] 2020 年海南省基本医疗保险门诊慢性特殊疾病病种为"序号 1~36"，2021 年又重新调整病种种类，新调入的病种为"序号 37~52"。

表18 **2021年海南基本医疗保险门诊慢性特殊疾病病种、定额标准及待遇享受期限**

序号	病种		定额标准		待遇享受期限
			（从业人员）	（城乡居民）	
1	各种恶性肿瘤		按参保人具体治疗情况确定	按参保人具体治疗情况确定	长期
2	慢性肾功能衰竭	药物保守治疗	1800元/月	1200元/月	长期
		血液透析	按住院报销比例（血液透析不超过13次/月，其中血液透析滤过不超过2次/月,血液灌流不超过1次/月）	按住院报销比例（血液透析不超过13次/月，其中血液透析滤过不超过2次/月,血液灌流不超过1次/月）	长期
		腹膜透析	按住院报销比例（腹膜透析液不超过10L/日）	按住院报销比例（腹膜透析液不超过10L/日）	长期
3	器官移植术后	肝移植	7000元/月	4500元/月	长期
		肾移植	4500元/月	3000元/月	长期
		骨髓移植	3000元/月	2500元/月	2年
		心脏移植	5500元/月	4000元/月	长期
		肺移植	5500元/月	4000元/月	长期
4	脑血管意外后遗症		500元/月	400元/月	长期
5	帕金森病(综合征)		500元/月	400元/月	长期
6	高血压病		500元/月	400元/月	长期
7	糖尿病		500元/月	400元/月	长期
8	慢性再生障碍性贫血		800元/月	500元/月	长期
9	精神病		400元/月	350元/月	长期
10	结核病		400元/月	350元/月	2年
11	泌尿系统震波碎石治疗		650元/次	600元/次	次
12	肝硬化		700元/月	600元/月	长期
13	系统性红斑狼疮		900元/月	650元/月	长期
14	心脏病	500元/月	300元/月	长期	
		合并心衰 700元/月	合并心衰 500元/月	长期	
15	血管支架植入术后	术后第一年900元/月	术后第一年 650元/月	1年	
		600元/月	400元/月	长期	
16	心脏瓣膜置换抗凝治疗		600元/月	450元/月	长期
17	重症肌无力		800元/月	600元/月	长期

续表

序号	病种	定额标准		待遇享受期限
		（从业人员）	（城乡居民）	
18	强直性脊柱炎	800 元/月	600 元/月	长期
19	肾病综合征	500 元/月	300 元/月	长期
20	系统性硬化症	800 元/月	400 元/月	长期
21	运动神经元病	2000 元/月	1000 元/月	长期
22	骨髓增生异常综合征	800 元/月	400 元/月	长期
23	血友病	5000 元/月	4000 元/月	长期
24	原发性青光眼	300 元/月	200 元/月	长期
25	癫痫病	400 元/月	300 元/月	长期
26	慢性阻塞性肺疾病	400 元/月	300 元/月	长期
27	小儿脑性瘫痪		2000 元/月	18 周岁以下
28	性早熟		2000 元/月	2 年
29	小儿智力障碍		2000 元/月	18 周岁以下
30	广泛性发育障碍		2000 元/月	长期
31	地中海贫血（中间型、重型）	2500 元/月	1500 元/月	长期
32	类风湿关节炎	200 元/月	100 元/月	长期
33	风湿性关节炎	200 元/月	100 元/月	长期
34	甲状腺功能亢进症	200 元/月	100 元/月	2 年
35	甲状腺功能减退症	200 元/月	100 元/月	2 年
36	阿尔茨海默病（症）	500 元/月	400 元/月	长期
37	慢性乙型病毒性肝炎	400 元/月	300 元/月	长期
38	丙型病毒性肝炎	4500 元/月	3500 元/月	3 个月
39	黄斑病变	45000 元/眼	40000 元/眼	长期
40	肺动脉高压	60000 元/年	50000 元/年	长期
41	免疫性血小板减少	按住院报销比例	按住院报销比例	长期
42	银屑病	按住院报销比例	按住院报销比例	长期
43	舞蹈病（亨廷顿病）	按住院报销比例	按住院报销比例	长期
44	肌萎缩侧索硬化症（ALS）	按住院报销比例	按住院报销比例	长期
45	艾滋病	按住院报销比例	按住院报销比例	长期
46	尼曼-皮克病（C 型尼曼匹克病）	按住院报销比例	按住院报销比例	长期
47	中重度特应性皮炎	按住院报销比例	按住院报销比例	长期
48	多发性硬化症	按住院报销比例	按住院报销比例	长期
49	支气管哮喘（过敏性哮喘）	按住院报销比例	按住院报销比例	长期
50	克罗恩病	按住院报销比例	按住院报销比例	长期
51	肢端肥大症	按住院报销比例	按住院报销比例	长期
52	特发性肺间质纤维化	按住院报销比例	按住院报销比例	长期

（3）失业保险待遇不断提高。根据《海南省城镇从业人员失业保险条例》的规定，失业保险基金的开支范围包括：失业保险金；失业人员在领取失业保险金期间的应缴纳的基本医疗保险费；失业人员在领取失业保险金期间死亡的一次性丧葬补助金和其供养的配偶、直系亲属的抚恤金；失业人员在领取失业保险金期间接受职业培训、职业技能鉴定、职业介绍补贴费用及自主创业小额担保贷款贴息支出；失业人员在领取失业保险金期间被用人单位吸纳再就业的岗位补贴或者社会保险补贴费用；稳定就业岗位的在岗培训补贴或者社会保险补贴费用；国家或者省人民政府规定的与促进失业人员再就业、创业和预防失业有关的其他支出等。2020 年末海南省失业保险基金支出 141847 万元，其中失业保险金待遇领取 54353 人，发放失业保险金 55834 万元；与 2016 年相比，增加 14889 人、23410 万元，分别增长 37.73%、72.20%（见图 8）。

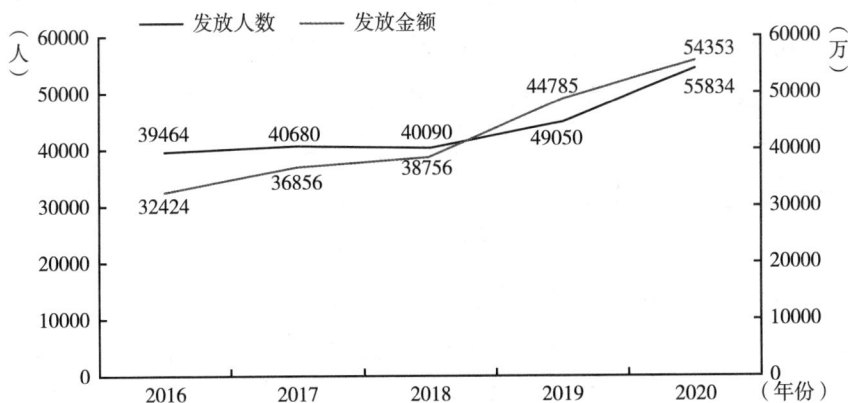

图 8　2016～2021 海南失业保险金待遇享受情况

（4）工伤保险待遇范围不断扩大。职工因工作遭受事故伤害或者患职业病，经认定为工伤的，享受工伤保险待遇。根据《海南经济特区工伤保险若干规定》规定的工伤保险待遇包括：工伤医疗费用和康复费用；住院伙食补助费；省外就医的交通食宿费；安装配置伤残辅助器具所需费用；生活不能自理的，经劳动能力鉴定委员会确认的生活护理费；一次性伤残补助

金和一至四级伤残职工按月领取的伤残津贴；终止或者解除劳动合同时，应
当享受的一次性医疗补助金；因工死亡的，其遗属领取的丧葬补助金、供养
亲属抚恤金和因工死亡补助金；工伤人员劳动能力鉴定费用等费。2020 年
末，海南享受工伤保险待遇人数为 3871 人，其中伤残人数 2880 人，认定为
因工死亡 96 人，供养工伤人员直系亲属 895 人。从费用支出来看，伤残待
遇支出 3982.23 万元、因工死亡待遇支出 10344.17 万元。

（5）生育保险待遇。生育保险待遇包括生育医疗费用和生育津贴。根
据《海南省城镇从业人员生育保险条例》的规定，生育医疗费用包括从业
人员或从业人员未就业的配偶妊娠期、分娩期和产褥期内，因生育发生的检
查费、治疗费、接生费、手术费、住院床位费、药费以及分娩并发症等符合
规定的医疗费用；计划生育的医疗费用，包括从业人员放置或取出宫内节育
器、流产术、引产术、绝育及复通手术等因实施计划生育手术发生的符合规
定的医疗费用；法律、法规规定的其他项目费用。生育津贴包括男性从业人
员实行输精管结扎手术的，享受生育津贴的天数按半个月计算；女性从业人
员享受生育津贴则以妊娠月数计算，实行输卵管结扎手术的，按 1 个月计
算。2019 年海南省城镇职工医疗保险与生育保险合并实施，进一步扩大了
生育保险待遇的实施范围，主要是灵活就业人员可以享受生育医疗费用待
遇；2021 年 5 月 31 日海南省正式执行《关于做好支持三孩政策生育保险工
作的通知》，进一步扩大生育保险待遇的支付范围和标准。2020 年末，生育
医疗费用支出 19773.85 万元，较 2016 年增加 9097.15 万元，增长 85.21%；
生育津贴支出 36567.85 万元，较 2016 年增加 23306.8 万元，增长 75.75%
（见表 19）。

表 19　2016~2020 年海南生育医疗费用、生育津贴支出情况

单位：万元

年度	生育医疗费用支出	生育津贴支出
2016	10676.7	13261.05
2017	18345.95	20932.83

年度	生育医疗费用支出	生育津贴支出
2018	20833.11	31547.87
2019	18407.75	35569.61
2020	19773.85	36567.85

数据来源：历年《海南省社会保险统计年鉴》。

二　就业和社会保障高质量发展面临的主要问题

（一）就业高质量发展方面

2020年，新冠肺炎疫情对海南正处于快速发展期的经济产生重大影响，旅游业及相关产业增速放缓，失业风险加大，农村家庭从业人员向第二、三产业转移不明显，多数行业从业人员工资收入低于全国平均水平，实现更高质量更充分就业的压力仍然较大。

1. "哑铃型"从业人员产业结构分布不利于就业高质量发展

从2016~2020年海南从业人员各产业分布来看，第一产业从业人口占比31.57%，第二产业从业人口占比11.48%，第三产业从业人口占比56.95%，呈典型的两头大中间小的"哑铃型"格局。这说明，海南从业人员在产业结构分布上，集中于以农业为代表的第一产业和以服务业为代表的第三产业，第二产业从业人员较少。在从业人员行业占比上则表现为制造业从业人员比例下降，制造业从业人员净流出。2016以来，海南重点培育的"十二大重点产业"对经济拉动作用明显，从业人员向行业发展前景好、经济收入水平高的产业转移，但第二产业内部产业结构调整所带来的产值增加并未带来就业人员的增加，因而进行产业结构调整时，要充分考虑产业、行业对就业的吸纳作用。当前第一产业从业人员过多且向第二产业转移较少，而向第三产业转移的又多从事工作时间长、强度大、收入不高、技能要求单一的行业，转移出来的从业人员很难在长期激烈的竞争中获得稳定的工作岗位和机会。随着海南自由贸易港建设的不断深入，对劳动者技能要求会更高，这种"人岗"不匹配的情况将更加突出，第一产业从业人员向二、三产业转移难度会越来越大，进而影响到本地从业人员的就业质量。

2. 工资水平偏低成为影响就业质量的突出因素

收入水平仍然被认为是评判就业质量的重要标准之一[①]。2020 年与2016 年相比，海南城镇非私营单位从业人员与城镇私营单位从业人员工资水平均出现不同程度的增长，表明海南城镇从业人员就业质量在不断地提升。但与全国相比，2020 年海南城镇从业人员工资收入水平整体仍低于全国平均水平，城镇私营单位从业人员平均工资低于全国平均水平10.98%；城镇非私营单位从业人员平均工资低于全国平均水平 13.83%。从 2020 年统计结果来看，教育、金融业、制造业等城镇私营单位从业人员平均工资分别低于全国平均水平的 25.15%、22.15%、18.30%；金融业，居民服务、修理和其他服务业，科学研究和技术服务业等城镇非私营单位从业人员平均工资分别低于全国平均水平的 38.51%、33.33%、28.78%。由于工资收入在从业人员流动方向上具有一定的导向作用，因此，当工资水平长期处于较低水平时，从业人员会向高收入的行业和地区流动，进而影响本地区高质量就业人员总数，恶性循环的结果就是本地区就业质量会越来越低。

3. 就业结构性矛盾突出影响就业高质量发展

就业领域的结构性失衡，是劳动力要素在国民经济各部门与产业间的配置不平衡[②]。海南自由贸易港建设确定发展的十二大重点产业和"3＋1"（旅游业、现代服务业、高新技术产业和热带特色高效农业）主导产业使得短期内就业结构性矛盾更加突出。主要表现在以下两个方面：一是产业结构调整和转型升级出现了专业技术人员、高技能人才缺口，造成了高新技术产

---

① 张抗私、朱晨：《大学毕业生就业质量的影响因素》，《人口与经济》2017 年第 1 期，第75~84 页。
② 王阳：《以扩容提质促进就业结构均衡》，《经济日报》2021 年 4 月 7 日。

业、新兴产业"招工难""用工荒"的情况，这又难以避免地造成低技能从业人员不能适应产业结构调整和转型升级需要而另寻他路或失业。这种"招工难"与"就业难"并存的局面根源在于劳动力需求和供给的不匹配，是经济发展不平衡不充分的结构性问题在就业领域的集中体现①。二是区域发展不平衡造成劳动力需求不均引发的就业结构性矛盾，这与海南产业分布和战略定位有关，如中部生态核心区域与"海澄文定"一体化发展、"大三亚"经济圈、儋洋一体化等在劳动力需求方面有显著差异；经济发达区域人才集聚效应与欠发达区域人才"引不进、留不住"形成鲜明反差，这些都是就业结构性失衡的表现。

4. 劳动者素质偏低影响劳动者就业高质量

第七次全国人口普查结果显示，海南有小学文化程度的人口为198.61万人，15岁及以上文盲人口占比3.25%，也就是说海南仍有32.74万人是文盲。国家统计局发布的《2020年农民工监测调查报告》显示，海南初中及以下文化程度的农民工占比66.8%，高出全国11.4个百分点。中高级职业资格、技师和高级技师占比不高，2020年各级各类培训机构培训人员获得"中级及以上职业技能资格"的仅占当年培训人员的10.12%。这与当前海南自由贸易港建设中急需高技能人才形成巨大反差，且这种现象长期存在。随着海南自由贸易港建设的深入，经济社会发展对高素质高技能人才需求呈扩大趋势，需要不断提高海南劳动者素质以满足经济社会发展的需要，同时实现劳动者高质量就业。

5. 就业总量及质量受不确定性因素影响依然较大

2020年新冠肺炎疫情席卷全球，海南克服了新冠肺炎疫情的巨大冲击，经济社会发展稳中向好，就业总量仍实现稳中有升，2021年实现城镇新增就业17.74万人，农村劳动力转移就业11.70万人。新冠肺炎疫情对海南酒店、餐饮、社会服务等行业影响较大，2021年全省接待游客

---

① 赖德胜：《促进更充分更高质量就业》，中国共产党新闻网，2020年7月15日，http：//theory. people. cn/n1/2020/0715/c40531−31783799. html。

8100.43万人次，恢复至2019年的97.46%；接待过夜游客5783.13万人次，恢复至2019年的84.74%；城镇登记失业率3.06%，较2020年的2.78%①上升了0.28个百分点，城镇登记失业率不降反升，游客数量减少，均说明新冠肺炎疫情对产业影响的直接后果导致就业市场萎缩。同样，2021年农村劳动力转移较2020年减少2.9万人，减少19.86%，随着城镇化的加快，热带高效农业对农村劳动力需求减少，农村劳动力向城镇转移面临巨大压力。大中专院校毕业生与日俱增，也会导致供需错位而造成就业不充分。而海南自由贸易港建设加速，政策红利不断释放，封关运作之后的人口流入更快，产业竞争更激烈，而与之相匹配的就业岗位又不能迅速增加，会造成"中低端劳动者受挤压"与"高技能及高层次人才流失"并存，就业总量压力将长期存在，新的结构性失业加剧，就业质量不高的问题很难在短期内得到解决。

（二）社会保障高质量发展方面

海南社会保障事业发展按照党中央、国务院和省委省政府的要求，紧紧围绕"兜底线、织密网、建机制"高标准高质量推动多层次社会保障体系建设，基本实现全省百姓"应保尽保""应享尽享"。站在新的起点，海南社会保障高质量发展还面临一些新的问题，需进一步完善。

1. 社会保障体系有待进一步完善

按照"兜底线、织密网、建机制"的要求，当前社会保障制度还有一些不完善的地方，需要调整以适应经济社会发展的要求；还有一部分人群没有被现行的社会保障制度所覆盖，游离于社会保障制度之外。一些从事新业态的从业人员没有办法参加现行的工伤保险、失业保险等，如近年来兴起的平台经济从业者——"快递小哥、跑腿、滴滴司机等"；针对一些新型的职业伤害没有可依据的工伤保障措施，如工作紧张导致的心理疾

---

① 为了保持城镇登记失业率数据口径的一致性，2020年海南省城镇登记失业率选用《2020年海南省经济社会发展统计公报》中的数为2.78%，而与之前《海南省统计年鉴2021》中的2.8%相差了0.02个百分点，此处数据并不矛盾。

病、过劳死等①；城镇化进程加快造成被征地农民、失海渔民无法匹配到适宜的工作而"失业"，却没有失业保险；实施积极老龄化而调整的生育政策，仅以参保女职工可享受生育津贴而将参保男职工排除在外，急需通过调整生育保险政策，完善母婴福利政策以促进人口长期均衡发展。

2. 社会保障一体化进程有待进一步加快

"碎片化、分割化"的社会保障制度是在特定的历史时期形成的，长期以来城乡社会保障制度发展的不平衡不充分，造成人民对美好生活的需要无法更好地满足②。当前海南社会保障"碎片化"格局主要表现在各项社会保险上的"职工"与"城乡居民"分而设之、信息系统分而建之、经办管理服务分而设之。如基本养老保险方面，存在着城镇职工基本养老保险与城乡居民基本养老保险制度分设，两项制度互认互通还存在障碍，基础养老金待遇调整规则也有所区别；社会保障信息系统因行政主管不同而分设多个系统平台；经办管理服务区分社会保险服务经办机构、医疗保险服务经办机构、失业保险经办机构等，这些分设、分建的社会保障项目已经不能很好地满足人民群众对社会保障的美好需要。

3. 社会保障水平有待进一步提高

社会保障水平是民生福祉的重要体现。2020年海南社会保险基金累计结余可支付13.74个月，高于国家划定的6~9个月的充足线，表明海南社会保险基金处于较高的安全水平。较高和较低的社会保险基金累计结余既不利于社会保障制度的发展，也不利于参保人较好地享受社会保险待遇。当前社会保险各项目均可以适度提高保障水平，如在基本养老保险待遇方面，海南城乡居民基础养老金还可以进一步提高，2020年海南城乡居民基础养老金仅为183元/月，还不能很好地保障农村老年人的生活；在基本医疗保险待遇方面，住院最高支付限额、普通门诊统筹基金支付可进一步提高，医保

---

① 陈林、刘国君：《美国的职业健康保护：经验与启示——基于职业病诊断和工伤赔付的视角》，《环境与职业医学》2017年第7期，第657~663页。

② 牛海、孟捷：《新时代我国社会保障体系的主要矛盾及其优化路径研究》，《西北大学学报（哲学社会科学版）》2019年第4期，第99~103页。

基金支付范围可更广一些；在生育津贴方面，可以进一步延长生育津贴给付天数。

4. 社会保障基金监管水平有待进一步提升

社会保障基金管理的首要原则是安全性。以医疗保险为例，2021 年海南省医疗保障局曝光了 83 家医疗机构违规使用医保基金 1.47 亿元，说明海南社会保障基金监管需要进一步提升。社会保险基金监管要从基金的征缴、使用、运营、保管等全流程进行，如当前对医疗保障基金监管主要是针对基金使用环节，即对基金开展"事前提醒、事中提示、事后审核"智能审核，确保基金安全，但仅仅针对某一环节进行监管远远不够，还应该拓展到其他环节。此外，社会保障基金监管的智能化水平、现场监管能力、执法队伍素质等还需要进一步提高，以适应复杂形势的变化。

三 进一步推动就业与社会保障高质量发展的政策建议

（一）就业方面

1. 坚定实施就业优先战略，在适应海南自贸港发展中促进更高质量就业

海南自由贸易港建设给海南创造了巨大的就业机遇，但不可否认也会导致一些行业或产业的从业人员就业压力加剧。因此，要牢牢地把就业优先置于宏观经济发展中，按照"全省一盘棋、全岛同城化"的要求，统筹协调各方资源，充分发挥"海澄文定"、儋洋一体化、"大三亚"经济圈对就业的吸纳和带动作用。在当前及今后一段时期，要把解决好、吸纳好、规划好"本省劳动力就业"与"引进省外劳动力"相结合作为海南自由贸易港就业工作的主基调，特别是在重大工程项目、园区建设、重点行业、主导产业等的谋划中突出对当地劳动力就业的促进作用；坚持把扩大就业容量与提升就业质量作为海南自贸港就业工作的总目标，要鼓励就业容量大、就业质量高的产业发展，确保就业总量稳步提升，实现更充分更高质量的就业。

2. 不断提高人力资本水平，在把握产业结构调整中推动高质量就业

人力资本可以提高个人就业收入，使其更容易找到体面的工作，更能适应新技术带来的劳动生产率的提高，更好地提高就业技能和社会适应度等①。通过多种方式和渠道提高劳动者人力资本水平，可以让劳动者在激烈的就业市场竞争中获得就业机会和更高质量就业。一是推进农村剩余劳动力转移和提高农业生产技能的技能培训。通过职业技能培训，提升农村劳动力向第二、三产业就业人员及时转型，提升就业质量；同时要做好回流劳动力农业技术水平提升，为热带高效农业发展、乡村旅游、乡村振兴提供高质量劳动力支撑。二是把握当前产业转型中急需的技能人才，瞄准未来新兴产业壮大发展需求的"新兴技能人才"，扎实做好普通高校、职业院校、各级各类培训机构、传承工作室、用人单位的职业技能人才培养、培训，实现技能人才的高质量就业。三是激发人们的技能学习热情，构建终身学习的职业技能学习体系，为海南自由贸易港提供更多高素质的技能人才。

3. 持续提升公共服务能力，在强化就业服务能力中促进更高质量就业

健全的就业创业公共服务体系，对于扩大就业规模、改善就业结构具有重要意义②。全省各级就业创业公共服务机构为劳动者提供均等高效的就业服务是促进更高质量就业的重要途径。因此，要不断完善覆盖城乡的公共就业创业服务体系，创新服务内容，提高服务效率，提升基层公共就业创业服务能力。利用公共就业创业服务平台的大数据，开展"人找岗位"和"岗位找人"的适配，对适龄未就业劳动者开展精准"人职匹配"服务。实现省内人力资源服务机构与公共就业创业服务平台在就业服务信息上的互联互通，打造就业创业服务全省一张网，让全省劳动者享受均等的就业创业服务。

4. 完善重点群体就业支持体系，在完善体制机制中实现更高质量就业

稳定重点群体就业就稳住了就业的基本面。按照"分类帮扶、因人施

---

① 陈林：《中国海南黎族农村女性就业问题研究》，首都经济贸易大学博士学位论文，2019。
② 卫志民、于松浩：《健全就业公共服务体系》，《人民日报》2021年2月1日。

策、精准精细"的原则①对高校毕业生、城镇青年、退役军人、农民工、其他困难群体等重点就业群体提供精准政策支持。聚焦高校毕业生就业特点、就业诉求、就业期望等，完善"政策引领、校内引导、社会联动"的就业政策体系；完善家庭、社会、社区对城镇青年的支持政策，转变城镇青年的被动就业观念为积极就业思想，变"要我就业"为"我要就业"；充分发挥各级退役军人服务机构的作用，就业政策重点向义务兵倾斜；多种政策支撑创建农村劳动力服务品牌活动，发挥名牌效应，做好"定安护工""儋州月嫂"等品牌推广，提升农村劳动力就业质量。通过完善多元化服务机制和政策支持体系，激发重点就业群体的潜能和才智，促进更高质量就业。

（二）社会保障方面

2021年2月26日，习近平总书记在主持中共中央政治局就完善覆盖全民的社会保障体系进行的第二十八次集体学习时强调，社会保障关乎人民最关心最直接最现实的利益问题，要紧盯老百姓在社会保障方面反映强烈的烦心事、操心事、揪心事，不断推进改革②。经济发展和社会保障是水涨船高的关系③，海南自由贸易港建设步入快车道，经济社会实现较好发展，海南社会保障事业需要高质量发展以顺应人民对高品质生活的新期待。

1.深化社会保障改革，促进共同富裕

以全民参保计划为抓手，健全农民工、灵活就业人员、新业态就业人员参加社会保险制度，推动社会保障各领域改革，完善各项社会保险制度，织密社会保障网，优化社会保障设计，创新社会保障运行④，筑牢共同富裕基

① 何勤、李晓曼、毛宇飞、李竞博、李帆：《稳住重点群体就业，抓住稳定就业基本盘的"牛鼻子"》，光明网，2022年3月9日，https：//m.gmw.cn/toutiao/2022-03/09/content_35573386.htm。

② 新华社：《习近平在中共中央政治局第二十八次集体学习时强调完善覆盖全民的社会保障体系 促进社会保障事业高质量发展可持续发展》，新华网，2021年2月27日，http：//www.xinhuanet.com/politics/2021-02/27/c_1127147247.htm。

③ 习近平：《促进社会保障事业高质量发展可持续发展》，求是网，2022年4月15日，http：//www.qstheory.cn/dukan/qs/2022-04/15/c_1128558491.htm。

④ 何文炯：《优化社会保障 促进共同富裕》，《政策瞭望》2021年第12期，第37~40页。

石。在养老保险领域，加快发展多层次多支柱养老保险体系，推动扩大企业年金制度覆盖范围，不断夯实第二支柱养老保险体系；在医疗保险领域，协同推进"三医联动"，深化医保支付方式改革，将更多的罕见病纳入医疗保障范围，继续扩大门诊慢性特殊疾病病种范围，不断提高待遇，奋力解除人们的疾病医疗后顾之忧①。在生育保险领域，扩大生育保险覆盖范围，改革生育津贴计发办法，提高生育待遇。在工伤保险领域，推动新业态、平台经济等行业工伤保险建设，探索建立职业健康保障制度；加快实施长期护理保险制度。在失业保险领域，扩大失业保险覆盖范围，探索逐步将新业态从业人员、平台经济从业人员、失地（海）农（渔）民纳入失业保险范围，健全失业保险保生活、防失业、促就业"三位一体"的运行机制②。

2. 完善社会保障法制，加快法治化进程

深入推进社会保障法律规章制度的"废改立"，对实践证明行之有效的举措，尽快制定法规；对不适应社会保障制度发展，阻碍人民群众更好享受社会保障待遇的规章要修改和废止，做到推进社会保障工作有法可依，深化改革于法有据③。在立法领域，加快制定并出台《海南省医疗保障条例》《海南省长期护理保险条例》《海南省社会保险基金管理条例》等，探索制定《职业健康保险条例》《新业态工伤保险、失业保险条例》。在执法领域，探索制定社会保险（医疗保险）执法监督管理办法。

3. 完善基金安全机制，确保制度可持续

习近平总书记高度关注社会保障基金问题，并指出，要依法健全社会保障基金监管体系，防范化解基金运行风险，维护基金安全。要以零容忍态度严厉打击欺诈骗保、套保或挪用贪占各类社会保障资金的违法行为，守护好

---

① 中共国家医疗保障局党组：《写好医疗保障高质量发展的时代答卷》，求是网，2022年4月16日，http：//www.qstheory.cn/dukan/qs/2022-04/16/c_ 1128558673.htm。

② 中共人力资源和社会保障部党组：《进一步织密社会保障安全网》，求是网，2022年4月16日，http：//www.qstheory.cn/dukan/qs/2022-04/16/c_ 1128558641.htm。

③ 张纪南：《开启社会保障事业高质量发展新征程》，《中国社会保障》2021年第7期，第2~5页。

人民群众的每一分"养老钱""保命钱"①。近年来,党中央、国务院高度重视社会保险医疗保险的基金监管工作,中共中央、国务院、人力资源和社会保障部、国家医保局及有关部门出台了一系列综合性、指导性的政策文件,指导社会保险(医疗保险)基金监管机制建设和政策法规制定。海南要对照国家标准补短板,开展社会保障基金安全机制建设和政策法规制定。一是根据国家有关文件出台更加细化的方案,为海南医保基金监管机制和政策法规制定提供"顶层方案";二是根据中央领导人、各部委领导同志的重要指示批示、讲话、专题会议等开展落地细化工作,不断完善基金监管体系;三是要认真落实省委省政府对社会保险(医疗保险)基金监管体系建设的决策部署,细化实施方案;四是要着眼海南自由贸易港的发展态势,按照国家有关要求出台系统方案,突出集成创新,通过建立"线上线下""事前事中事后""境内境外"全方位全流程监管体系,确保基金安全可持续。

---

① 习近平:《促进社会保障事业高质量发展可持续发展》,求是网,2022 年 4 月 15 日,http://www.qstheory.cn/dukan/qs/2022-04/15/c_ 1128558491.htm。

特色专题篇

Special Topic

B.13

国家生态文明试验区（海南）
发展研究报告

韩晓莉 等*

摘　要： 生态文明试验区建设是海南发展的战略定位之一。在中央和海南省委、省政府的领导下，以各级政府部门为主导，海南各界社会组织、人民团体、公民个人多元协同，试验区建设取得了显著成效。本报告总结了海南在构建统一的国土空间规划和管理体系、推进生态环境综合治理、生态价值实现机制探索和绿色生产生活方式转变方面的主要成绩，展示了在生态文明制度体系建设，热带雨林国家公园、新能源汽车等标志性工程建设方面的主要进展。报告也指出了试验区建设存在的问题或不足，并有针对性地提出对策建议。

关键词： 生态文明制度体系　热带雨林国家公园　新能源汽车　海南

* 执笔人：韩晓莉，海南大学公共管理学院教授、海南省公共治理研究中心研究员。参与人员：谭娉婷、韦夏菲、程智华、张云霄。

海南地处热带地区，热带雨林、火山地貌、海洋资源得天独厚，为了发挥海南省生态优势，为全国生态文明体制改革探索路径、积累经验，国家在生态文明建设战略框架下，将海南作为国家生态文明试验区（以下简称"试验区"）进行重点建设。2018年习近平总书记"4·13"讲话发表后，随着《关于支持海南全面深化改革开放的指导意见》和《国家生态文明试验区（海南）实施方案》（以下简称《方案》）相继出台，生态文明试验区成为海南发展的战略定位之一。《方案》为海南生态文明建设制定了"时间节点"和"硬指标"。按照2020、2025、2035三个时间节点的任务分工，海南从生态环境质量持续保优、国土空间开发、生态环境和资源保护监管、海陆空统筹、生态产品价值实现、绿色生产生活方式等六个"硬指标"循序展开，探索出以生态文明标志性工程为抓手、以点带面、循序推进经济社会发展的全面绿色化。继热带雨林国家公园、清洁能源岛和清洁能源汽车推广、"禁塑"、装配式建筑应用和推广等四项标志性工程实施之后，2022年启动"六水共治"标志性工程。

三年来，在中央和海南省委、省政府的领导下，以各级政府部门为主导，海南各界社会组织、人民团体、公民个人多元协同，试验区建设取得了显著成效。本报告按照点面结合、突出重点的写作思路，对标《方案》建设目标和重点标志性工程建设，在广泛收集资料和深入调研基础上，从总体建设情况、生态文明制度体系、热带雨林国家公园和新能源汽车四个方面总结试验区发展现状，实事求是指出存在的问题并提出改进建议。

一　建设发展现状

（一）总体建设现状

1. 构建统一的国土空间规划和管理体系

试验区建设以来，深入推进"多规合一"改革，在"多规合一"基础之上，形成实用性村庄规划编制、市县国土空间总体规划编制。首先，通过划定生态保护红线、永久基本农田、城镇开发边界 3 条控制线，形成全省统一的国土空间规划"一张蓝图"以及与"多规合一"相适应的法规体系；其次，以"智慧海南"建设为引领，通过发布"一体化"的农民建房审批"零跑动"管理系统、"多规合一"信息综合管理平台、田长制巡查管理信息系统等，建立起"机器管规划"平台，以信息化手段加强过程监督，减少人工干预，实现了国土空间智慧治理，推进国土空间规划督察制度的建立；第三，在全省农村开展乱占耕地建房的"零容忍""零新增"专项整治活动，严格推行田长制，对耕地进行全流程、全要素、全覆盖的监管，实行最严格的耕地保护制度；第四，加强对历史文化风貌和自然景观的管理保护，2020 年 3 月出台《海南省村庄规划管理条例》，进一步明确要保留自然田园风貌，保持村庄景观特色，传承和利用好海南传统文化资源。此外，热带雨林国家公园进入首批 5 个国家公园之列，探索管理机制改革，统一管理机构，初步构建以国家公园为主体的自然保护体系。

2. 深入推进生态环境综合治理

截至 2021 年底，海南全部完成第一轮中央环保督察的整改任务，第二轮已完成 98.5%，国家海洋督察整改完成率达 90.7%，基本解决了突出的生态环境问题。2021 年全年空气质量优良天数达到 99.4%，PM2.5 浓度为 13 微克每立方米①，臭氧浓度是近几年的最低值，河湖水库以及近海岸海水水质优良。积极推动船舶污染防治、海洋养殖污染治理，减少入海河流污染输入、规范入海排污管理，从而减少海洋污染。严格海洋生态保护红线，初步建立起湾长制责任体系与工作机制，建立起海洋生态监视监测和海洋环境观察预报网络，深入推进海洋生态环境治理。2021 年春季，近岸海域水质为优，近岸海域优良面积达 99.85%②，2021 年下半年，省内"湾长制"重点港湾中有 80% 的港湾水质为优。编制推行"三线一单"、河长制和湖长制，建立起生态环保信用制度和环保信用评价、守信激励、失信惩戒及承诺

---

① 海南省人民政府：《2022 年海南省政府工作报告》，海南省人民政府网，2022。
② 海南省生态环境监测中心：《2021 年春季海南省近岸海域环境质量状况》，海南省生态环境厅网，2021。

制度，生态环境治理长效保障机制得到进一步完善。

3. 开展生态价值实现机制探索

在试验区建设中不断推进生态产品价值实现。2020年10月启动了热带雨林国家公园GEP核算项目，项目组绘制了超过12万个地理单元的高精度国家公园生态系统底图，编制了适用于国家公园的生态产品和服务清单。2021年发布的《海南省建立生态价值实现机制实施方案》，进一步推进了生态产业化和产业生态化的发展。利用海南热带特色不断发展高效农业，在2021年创立4个国家现代农业产业园。充分发挥热带岛旅游资源优势，推动海洋旅游、文化旅游、小镇旅游以及乡村旅游的发展，持续推进特色小镇和椰级乡村评定工作，进一步促进了生态旅游的转型。初步探索建立自然资源资产产权制度，在2019年印发《自然资源统一确权登记暂行办法》，在2021年以不动产登记为基础，对省内13个自然保护区和23个自然公园的自然资源所有权展开了首次登记。此外，在2020年12月发布《海南省生态补偿条例》，推进生态保护补偿机制的建立。

4. 推动生产生活方式绿色转变

不断推进清洁能源岛建设，在全省推广清洁能源汽车，公务、公交新增和更换车辆全部使用清洁能源汽车，2021年全年新能源汽车新增上牌5.8万辆。不断加快绿色产业发展，2021年装配式建筑新增280万平方米。推进绿色生活方式，实施全国首部"禁塑"地方法规，在全省范围内全面禁止生产销售和使用一次性不可降解塑料袋、塑料餐具等。2019年开始全面推进绿色产品政府采购制度。2020年印发《海南省生活垃圾分类管理指南》，推进垃圾试点分类。在热带雨林国家公园部分区域附近的中小学校开展自然教育，举办国家公园理念宣讲活动，自然教育得到初步推进。

（二）生态文明制度体系建设现状

截至2021年底，海南生态文明试验区已基本完成生态文明制度体系建设，并且在国家生态文明制度建设要求之上增加了包括禁塑、"三线一单"、绿色生产生活方式等制度，形成了以保护为主、监管为辅，具有系统性、整体性和海南特色的生态文明制度体系。

本报告撰写从内容和时间两个维度选取制度文本。内容上，在地方性法规框架下，对标《方案》中的六项重要任务，将国土空间、陆海保护、生态环境质量提升机制、资源保护、生态产品价值实现机制、绿色生产生活方式等政策文件纳入分析之列。时间跨度上，从 2018 年 4 月 1 日至 2021 年 12 月底，共检索到与生态文明制度体系有关的地方性法规 345 项，去除重复文件，共 301 项文本数据，其中包括地方规范性文件 73 项、地方司法文件 3 项、地方性法规 134 项、地方政府规章 11 项、地方工作文件 80 项。这 301 项制度文本一共有 202 项可以归类《生态文明体制改革总体方案》八大制度中，超出的 99 项是结合海南特色而制定的，比如禁塑、新能源汽车、装配式建筑等标志性工程项目制度。表 1 是对标国家《生态文明体制改革总体方案》的制度分类量表，表 2 是 2018 年 4 月以来海南生态文明制度建设实际分类量表。实际分类可知，保持大气、水、土壤等生态系统的质量巩固提升是试验区建设的重中之重，统筹城乡发展国土空间开发是持续发力的关键，严格的生态环境和资源保护现代监管制度是保障。

表 1　生态文明试验区（海南）制度体系建设分类量表

国家生态文明制度 建设八项内容	任务要求	数量(项)
健全自然资源资产 产权制度（7）	建立统一的确权登记系统	2
	建立权责明确的自然资源产权体系	1
	健全国家自然资源资产管理体制	3
	探索建立分级行使所有权的体制	0
	开展水流和湿地产权确权试点	1
建立国土空间开发 保护制度（20）	完善主体功能区制度	1
	健全国土空间用途管制制度	8
	建立国家公园体制	10
	完善自然资源监管体制	1
建立空间规划体系（3）	编制空间规划	1
	推进市县"多规合一"	2
	创新市县空间规划编制方法	0

续表

国家生态文明制度 建设八项内容	任务要求	数量（项）
完善资源总量管理和 全面节约制度（105）	完善耕地保护制度和土地节约集约利用制度	25
	完善水资源管理制度	25
	建立能量消费总量管理和节约制度	17
	建立天然林保护制度	10
	建立草原保护制度	0
	建立湿地保护制度	2
	建立沙化土地封禁保护制度	0
	健全海洋资源开发保护制度	22
	健全矿产资源开发利用管理制度	3
	完善资源循环利用制度	1
健全资源有偿使用和 生态补偿制度（8）	加快自然资源及其产品价格改革	1
	完善土地有偿使用制度	2
	完善矿产资源有偿使用制度	1
	完善海域海岛有偿使用制度	1
	加快资源环境税费改革	0
	完善生态补偿机制	2
	完善生态保护修复资金使用机制	0
	建立耕地草原河湖休养生息制度	1
建立健全环境治理 体系（44）	完善污染物排放许可制	13
	建立污染防治区域联动机制	11
	建立农村环境治理体制机制	5
	健全环境信息公开制度	5
	严格实行生态环境损害赔偿制度	1
	完善环境保护管理制度	9
健全环境治理和生态 保护市场体系（7）	培育环境治理和生态保护市场主体	1
	推行用能权和碳排放权交易制度	4
	推行排污权交易制度	0
	推行水权交易制度	0
	建立绿色金融体系	1
	建立统一的绿色产品体系	1
完善生态文明绩效评价考核 和责任追究制度（8）	建立生态文明目标体系	1
	建立资源环境承载能力监测预警机制	2
	探索编制自然资源资产负债表	1
	对领导干部实行自然资源资产离任审计	1
	建立生态环境损害责任终身追究制	3
总计		202

资料来源：本表对标《生态文明体制改革总体方案》目标要求，根据北大法宝数据整理得到，https://www.pkulaw.com/，检索时间：2022 年 3 月 15 日。

表 2　生态文明试验区（海南）生态文明制度体系实际建设分类量表

分类	重点任务	数量（项）
国土空间开发保护（61）	深化"多规合一"改革	5
	推进绿色城镇化建设	27
	大力推进美丽乡村建设	19
	建立以国家公园为主体的自然保护地体系	10
陆海统筹保护发展（22）	加强海洋环境资源保护	19
	建立陆海统筹地生态环境治理机制	3
	开展海洋生态系统碳汇试点	0
生态环境质量巩固提升（91）	持续保持优良空气质量	20
	完善水资源生态环境保护制度	21
	健全土壤生态环境保护制度	16
	实施重要生态系统保护修复	23
	加强环境基础设施建设	11
生态环境和资源保护现代监管（56）	建立具有地方特色的生态文明法治保障机制	24
	改革完善生态环境资源监管机制	6
	改革完善生态环境监管机制	15
	建立健全生态安全管控机制	7
	构建完善绿色发展导向地生态文明评价考核体系	4
生态产品价值实现机制（26）	探索建立自然资源资产产权制度和有偿使用制度	10
	推动生态农业提质增效	2
	促进生态旅游转型升级和融合发展	11
	开展生态建设脱贫攻坚	0
	建立形式多元、绩效导向地生态保护补偿机制	2
	建立绿色金融支持保障机制	1
绿色生产生活方式（45）	建立清洁能源岛	5
	全面促进资源节约利用	17
	加快推进产业绿色发展	3
	推行绿色生活方式	20
总计数量		301

　　资料来源：根据北大法宝数据整理得到，https://www.pkulaw.com/，检索时间：2022 年 3 月 15 日。

1. 以"多规合一"为基础的国土空间开发制度体系基本形成

　　海南省人民政府通过颁布《关于加强国土空间规划监督管理的若干意见》

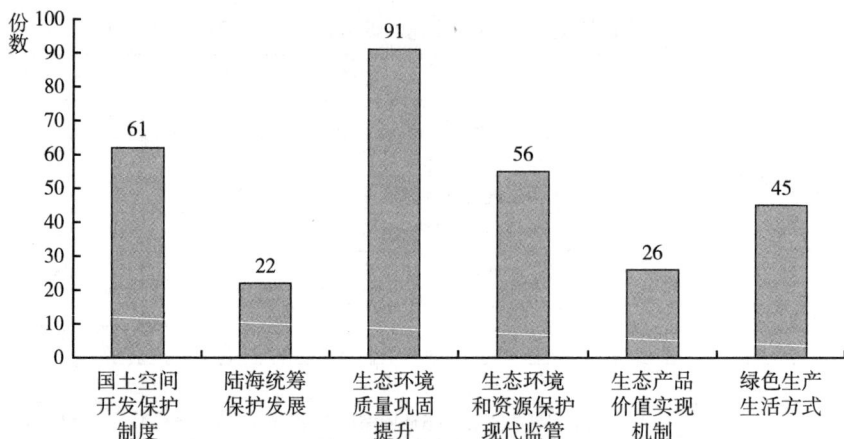

图1 海南省生态文明制度体系重点任务数量分布

等5项相关政策文件，以分类分级管理，严格调整审批，强化数字赋能，严格落实责任为基本原则，以进一步深化"多规合一"改革。同时，积极推进绿色城镇建设，如地方性法规中的《海口市城市环境卫生管理办法（2018年修正）》等27项政策文件，从多方面完善了城市特色风貌和城市设计，积极推动城镇污水处理工作，着力推进垃圾分类、城市地下空间开发利用和新兴节能低碳科技的运用。通过实施《海南省村庄规划管理条例》等20项相关政策，逐步形成健全的村镇规划编制制度，以实现对乡村原先特点以及历史风貌的维护，进一步推进村镇规划管理工作，积极建设美丽乡村。

通过《海南热带雨林国家公园条例》等政策文件，制定实施海南热带雨林国家公园体制试点方案，并通过颁布《海南省自然保护区条例》，从规划建设、保护管理、监督检查及法律责任四方面，构建起以国家公园为主体、归属清晰、权责明确、监管有效的自然保护地制度体系。

2. 全面推进生态环境质量巩固提升制度

为持续保持优良空气质量，海南省制定了《海南省机动车排气污染防治规定（2021年修订）》等20项政策文件，建立完善城市（镇）扬尘污染防治精细化管理机制，并强化餐饮业油烟、烟花爆竹燃放物等面源污染防控，科学合理控制全省机动车保有量。为进一步健全水资源保护体系，出台

《海南省饮用水水源保护条例（2017 年修正）》等 21 项相关政策，进一步健全相关管理制度。严格控制滩涂和近海养殖，促进海洋渔业生产由近岸向外海转移、由粗放型向生态型过渡。在土壤生态环境保护制度方面，通过了《海南省土地储备整理管理暂行办法（2021 年修正）》等 16 项相关政策，实施农用地分类管理。为推进环境基础设施发展，出台《海口市地下综合管线管理办法（2021 年修正）》等 11 项有关政策，加强对城镇污水处理基础设施以及配套管线工程的建设，协调推进主干管网、支管网、入户管工程建设与驳接工作，进一步解决了河湖海水倒灌、管线资源错接混接等问题。

此外，海南省通过《海南省湿地保护条例》等 23 项相关政策，严格保护天然林和生态林，建立重要湿地监测评估与预警制度，对湿地资源总量进行严格管控，实施重要湿地生态建设系统管理保护与修复工程建设。并大力支持海口市的国际湿地城市建设。制定生物多样性保护战略计划，建立生态廊道和生物多样性保护网络，强化对极小群体野生植物、珍稀濒危野生动物和原生植被资源拯救与保护，做好外来森林有害生物防控与综合治理，提高生态系统质量和稳定性，深入开展重要生态系统保护修复。

3. 建立并完善生态环境和资源"防控—监管—惩处—考评"制度体系

在生态安全防控方面，制订了诸多火灾应急预案、地质灾害防治预案、气象灾害应急预案、自然灾害救助方法等 7 项文件，并利用各类应急预案建立健全应对突发性环境事件的救助体制和运行制度，如在《海南省自然灾害救助办法》中通过对各级人民政府行政领导负责制，属地管理、分级负责的规定，在救援准备、应急援助、救助款物监督管理等四方面作出了自然灾害应急救助规范。

在生态资源、生态环境监督管理方面，通过《海南省生态环境保护综合行政执法事项清单（2020 年版）》等 6 项相关文件，科学合理地分配政府机关职责和机构编制资源，整合生态环境保护行政综合执法职责、队伍，统筹实施生态环境保护行政综合执法。出台《海南省生态环境厅环境污染"黑名单"管理办法（试行）》《海南省环评审批正面清单实施细则》等 14 项相关政策。按照海南省发展战略，制定排污许可管理的地方性规定，对排污单位在环境准入、污染管理、执法监督三方面进行"一证式"全过程监督管理，推动排污许可制度改革。设立环境污染"黑名单"，将环境保护信用评估等级与市场准入、金融服务相结合，增强环保信用对企业的经济约束，让环境保护失信企业处处受制约，实现对环保信用企业的跨部门联合奖惩。制定海南省环保信用评价办法（试行）。建立全省重点污染源名录单位环境信息强制公布制度，实施相应办法，推动统一信息公布平台的建立。

在生态环境破坏惩处方面，通过制定《海南经济特区禁止一次性不可降解塑料制品规定》等24项相关政策，制定实施生态环境质量、空气水资源污染物排放、产业能源消耗等地方标准。规范行政执法工作，依法严惩重罚各类生态环境破坏行为。在司法上，强化自然资源生态环境司法保障，积极推进环境资源司法改革，促进环境资源司法审判专门化建设。

在生态文明建设绩效评价考核方面，通过《海南省生态环境保护督察工作实施办法》等4项相关文件，进一步压紧压实海南省各级党委和人民政府的生态环境保护责任，将生态环境损害责任追究与政治巡视、生态环境保护督察等功能工作紧密联系，充分发挥制度叠加效果。

4.借助一系列制度加快推进生态产品价值转换

为实现生态产品价值转换出台了《海南省生态保护补偿条例》等26项相关政策文件。明确了全要素自然资源资产统一确权登记，并制定试点建设实施方案；全面推进海南生态循环农业示范省建设，向生产清洁化、产品品牌化、废弃物资源化、产业生态化的新发展模式转变，培育具有鲜明地方特色的海南绿色农产品品牌；推动全域旅游示范省建设，形成以观光为基础、休闲度假为重点、文体旅游和健康旅游为特色的生态旅游产业体系；不断健全生态保护成果与财政转移支付资金相结合的生态保护补偿制度，进一步确定补偿制度的领域范围、补偿标准、补偿途径、补偿方式及其监督考核制度等内容。

5.为陆海统筹保护发展格局奠定了制度基础

海南省通过《海南经济特区海岸带保护与利用管理规定（2019年修正）》等22项相关政策文件，对形成陆海统筹保护发展格局建立了一定的制度体系，强调海岸带保护治理与利用应当遵循陆海统筹、科学规划、生态优先、合理利用、综合管理、协调发展的基本原则，依法划好生态保护红线区，设立地理界标和宣传牌，实行严格保护和管控。对海岸侵蚀、海水入侵、严重污染、生态严重破坏等海岸带受损或者功能退化区域实施综合治理和修复，并开发沿海优质土地资源，加强对主要入海合流污染物和重点排污口的检测，进一步完善海岸带保护和利用管理巡查制度，及时发现并依法查处侵占破坏海岸带的行为。

6.绿色生产生活方式制度建设深入推进

海南省通过《海南省绿色建筑（装配式建筑）"十四五"规划（2021—2025）》等在内的45项相关政策文件，积极推进安全、绿色、集约、高效的清洁能源供应体系建设，大力推广新能源汽车和节能环保型车辆；开展能源消费总量和强度双控行动，编制碳排放路线图，提高各领域各行业节能标准要求，推进装配式建筑发展，提高新建绿色建筑比例；落实"限塑令"，在全省范围内全面禁止生产、销售和使用一次性不可降解塑料袋、塑料制品餐具等；加快落实生活垃圾强制分类制度，积极倡导绿色出行，构建全民参与的社会行动体系。

（三）热带雨林国家公园建设现状

海南热带雨林国家公园（以下简称"国家公园"）位于海南岛中部山区，东起海南省万宁市南桥镇，西至东方市板桥镇，南至保亭黎族苗族自治县毛感乡，北至白沙黎族自治县青松乡。区划总面积4269km²。范围涉及五指山、琼中、白沙等9个市县，约占海南省陆域面积的12.1%，占所在9市县陆域面积的25.4%。其中核心保护区面积2331km²，占国家公园总面积的54.6%，一般控制区面积1938km²，占国家公园总面积的45.4%。园区范围涉及43个乡镇175个行政村，其中有常住人口2.28万人，分布在5市县35个行政村129个自然村。国家公园所处区域是黎族、苗族等少数民族在海南的集中居住区，少数民族人口占涉及市（县）总人口的61.5%。国家公园拥有三大核心价值，一是岛屿型热带雨林典型代表，二是拥有众多独有的动植物种类及种质基因库，是热带生物多样性和遗传资源的宝库，三是拥有重要的防灾和水土涵养功能，是海南岛生态安全屏障。

1. 创新管理体制机制，实现跨部门跨区域协同治理

2019年2月26日，经中央批复同意，海南热带雨林国家公园管理局正式成立，在琼中、白沙等9个市县下设尖峰岭、五指山、毛瑞等7个管理局分局作为二级管理机构，形成了扁平化的国家公园管理体制。在行政执法方面，涉林执法工作由曾经试点区内的森林公安继续承担，实行省公安厅和省林业局双重管理的形式。国家公园区域内其他行政执法职责则由单独设立的国家公园执法大队承担，执法大队会被分别派驻到国家公园各分局，经各市县人民政府授权，由国家公园各分局指挥，统一负责国家公园区域内的综合行政执法，从而形成双重管理与两级垂直管理并行的综合执法管理机制。原试点地区的林业部门仍将继续负责涉林执法，并采取双重管理模式。

海南省委、省政府和国家林业局联合组建了海南热带雨林国家公园建设工作领导小组，以促进协同工作，海南省委副书记担任组长，国家林草局分管副局长和海南省分管副省长担任副组长，32个省直单位和9个市县共41个单位为成员，合力解决重点难点问题，为强力推进国家公园建设提供了坚强的组织保障。同时，省级层面还成立了热带雨林国家公园社区协调委员会以推进属地协同，建立社区协调管理机制，由7个管理分局牵头成立9个区域性社区协调委员会，管理局和地方协同共治，促进资源保护与社区发展问题的解决。

2. 创建生态移民搬迁集体土地与国有土地规范化换新模式

为了顺利完成移民搬迁，使搬迁群众"搬得出、稳得住、能发展、可致富"，国家公园管理局印发《海南热带雨林国家公园生态搬迁方案》，通过改革土地权属转换方式，对各自然村进行土地产权置换，稳妥推进核心保护区生态搬迁工作，探索"三生互促"的生态生产、生活的路径。白沙县国家公园核心保护区内的3个自然村，将集体土地与国家公园以外的国有土地进行了等值的交换。通过拆建原址的村民住宅进行生态恢复，有效地保护了江源头和生态中心地区的森林资源和生态环境，并为每个搬迁家庭提供一套安居房，并提供10亩高产橡胶，实现了从橡胶单一收入到橡胶、绿茶、庭院经济和生态旅游的多元化收入。新居选择在县城附近，交通便利，公共服务覆盖范围广，村民搬迁后不失土地，搬迁到工业发展条件更加便利的地区，农村居民一直面临的出行难、就医难、上学难、就业难、增收难等长期难以解决的突出问题，得以迎刃而解。

3. 率先发布 GEP 核算成果，探索"两山"转换实践路径

国家公园管理局对国家公园进行了 GEP 核算，以科学数据反映其生态服务价值，2021 年 9 月公开发布 2019 年热带雨林国家公园生态系统核算成果，成为我国第一个发布 GEP 核算成果的国家公园。经过专家论证的国家公园 GEP 核算指标一共分为三级（见表 3）。通过 GEP 核算，反映国家公园生态环境价值变化情况，为生态产品价值实现、生态文明绩效考核以及自然资产核算提供科学依据。2021 年 9 月海南在全国范围内率先发布热带雨林国家公园生态系统生产总值（GEP）核算成果：经核算，热带雨林国家公园 2019 年度生态系统生产总值为 2046.75 亿元。

国家公园生态公共价值转换在管控区内的黎乡苗寨开始试点推广。有"海南小西藏"之称的王下乡是昌江黎族自治县的一个纯黎族乡镇，位于国家公园区域内。2019 年以来，依托海南热带雨林国家公园生态环境资源与黎族特色文化优势，王下乡开启了对"两山"理论转换路径的探索。例如，王下乡打造了"黎花里"文旅小镇项目，发展生态旅游、乡村旅游，这不仅推动了当地的经济发展，而且实现了脱贫致富的目标。2020 年全乡总收入达 4740 万元，比 2015 年增长 78.7%；人均可支配收入 14600 元，比 2015 年增长 180.8%。王下乡先后获得"全国'绿水青山就是金山银山'实践创新基地""全国文明村镇"等称号。

表 3 海南热带雨林国家公园生态系统生产总值核算指标体系

核算项目	二级指标	实物量核算方法	价值量核算方法
农业产品			
林业产品			
畜牧业产品		统计调查	市场价值法
渔业产品			
生态能源			
其他			

续表

核算项目	二级指标	实物量核算方法	价值量核算方法
涵养水源	调节水量	水量平衡法,水量供给法	替代成本法
	净化水质	水质净化模型	替代成本法
保育土壤	固土	修正通用土壤流失模型	替代成本法
	保肥	修正通用土壤流失模型	替代成本法
固碳释氧	固碳	固碳机理模型	替代成本法
	释氧	释氧机理模型	替代成本法
空气净化	提供负离子	植物净化模型	替代成本法
	吸收气体污染物	植物净化模型	替代成本法
	滞纳 TSP、PM_{10}、$PM_{2.5}$	植物净化模型	替代成本法
森林防护	防风抗沙	修正风力侵蚀模型	替代成本法
	有害生物控制	统计调查	替代成本法
洪水调蓄		水量储存模型	影子工程法
气候调节		蒸散模型	替代成本法
生物多样性保护		统计调查	保育价值法
授粉服务		作物增产评估模型	市场价值法
休闲旅游		统计调查	旅游费用法
景观价值		统计调查	享乐价值法
科学研究		统计调查	模拟市场法
科普教育		统计调查	模拟市场法

资料来源:陈宗铸、雷金睿、吴庭天等《国家公园生态系统生产总值核算——以海南热带雨林国家公园为例》,《应用生态学报》2021 年第 11 期,第 3883~3892 页。

4. 分区实施差别化管控,生态环境修复初见成效

秉持分区管控的原则,国家公园根据热带雨林内各种生态系统的不同功能、保护目标和利用价值将其划分为核心保护区和一般控制区,其中核心保护区面积 2331km²,占国家公园总面积的 54.6%,一般控制区面积 1938km²,占国家公园总面积的 45.4%。国家公园对两种分区分别实施差别化保护管理措施:在生态利用方面,一般控制区比核心保护区享有更多的经济开发、观光旅游、科研文化活动的开展权限;在生态保护方面,对核心保护区采取封禁退耕地的方式,依靠自然生态恢复,对于一般控制区则允许人工适度干预,分别进行保护与合理利用,通过有针对性的人工干预和禁封退

耕地的方式，促进受损天然林及受干扰次生林的修复，使雨林生态系统逐步恢复，濒危动植物种群数量显著增加，生物多样性得到有效维护。

5. 创设国际智库合作平台

联合多所重点科研院校组建海南国家公园研究院，建立起汇集国内外生物学、生态学等多学科、多层次的全球智库。成立了国家林草局海南长臂猿保护研究中心，并与国际组织共同进行海南长臂猿的全球保护工作，为海南长臂猿的保护工作提供智力支持。海南热带森林国家公园制度改革试点后，海南的热带森林等自然生态空间得以扩展，长臂猿数量目前已发展到 5 个种群 36 只。2021 年 9 月 5 日，中国海口—法国马赛连线同步，将海南喜添婴猿和海南长臂猿的保护案例向全球发布，在国际上引起了广泛的关注，获得了专家的高度评价。2021 年 10 月 14 日，海南国家公园研究院章新胜理事长在《生物多样性公约》第 15 次缔约方大会上作了《基于自然恢复的生物多样性保护——海南长臂猿案例》的主旨发言，向世界展示了生物多样性保护的"中国智慧、海南方案、霸王岭模式"。

6. 运用高科技手段推进智慧国家公园建设

在省级层面，在国家公园管理局建设省级智慧管理中心，实现对各分局的管理、指挥、调度和展示功能，并与国家林草局生态感知平台对接，国家林草局可实时对海南热带雨林国家公园各类业务活动进行指挥和管理。该项目 2021 年 6 月开始施工，建设内容包括智慧管理中心（含展示功能）、热带雨林国家公园大数据中心平台、霸王岭分局和吊罗山分局核心区电子围栏、热带雨林国家公园综合巡护系统。该项目建成后，实现对各分局的智慧化管理、指挥、调度和展示功能。目前项目整体已完成进度的 99%。在分局层面，积极推动建设各分局智慧管理中心，实现分局智慧化管理，并与省级智慧管理中心连接，经授权后可行使省级智慧管理中心功能。

（四）新能源汽车发展现状

在"双碳"背景下，人们对绿色生产生活方式的要求进一步提高。"衣食住行"是人们生活中必不可少的方面，也是人们追求绿色生产生活的发力点，新能源汽车与人们的"行"息息相关，它充分利用清洁能源，改善传统汽车尾气污染大的局限性，不仅转变了人们的生产生活方式，同时对产业升级、经济发展也大有助益。

新能源汽车作为海南省生态文明试验区标志性工程之一，具有其独特的发展优势：海南太阳能光伏、风能、潮汐能、天然气及核电等清洁能源资源储量丰富，清洁化能源结构优势明显；机动车数量增长仍处初期优势，更易在能源供应、基础设施建设等方面长远布局。因此，发展新能源汽车产业是海南保护生态环境、协同工业经济发展、提高核心竞争力的有效路径。建设生态文明试验区以来，海南新能源汽车推广与产业发展取得了以下进展。

1. 销售规模实现新突破

近年来，新能源汽车的销量呈现稳步上升的态势，截至2021年12月31日，全省新能源汽车新增上牌超5.8万辆，保有量占比7.2%，高出全国4.6个百分点，在新增车辆中占比25.8%、高出全国13.1个百分点。清洁能源装机比重达70%，提高3个百分点[①]。以海口、三亚为代表的重点区域推广新能源汽车28889辆，占比70.97%，推广集中度较高，示范带动效应较强[②]。截至2021年12月31日，海南现有新能源汽车相关企业逾2万家，在全国各省区市中排名第7[③]。

2. 基础设施建设取得新进展

截至2021年12月31日，全省当年新增加充电桩2.0938万个，完成年度计划的209.4%，累计建设充电桩4.7202万个。充电桩的完善使得新能源汽车充电更加便利，在一定程度上可以推进新能源汽车的销量。目前，海南省内高速服务区已经实现充电桩全覆盖，这也为岛内居民的长途出行提供了保障。截至2021年12月31日，海南省新建换电站20座，电池724块，累

① 海南省人民政府：《2022年海南省政府工作报告》，海南省人民政府网，2022。
② 海南省工业和信息化厅：《海南省工业和信息化厅关于海南省2021年促进新能源汽车消费综合奖励资金（第二批）清算结果的公示》，海南省人民政府网，2022。
③ 王子遥：《海南现有新能源汽车相关企业逾2万家 全国排名第7》，南海网，2022年3月16日。

计建设换电站 32 座，电池 1087 块①。换电站的普及为新能源汽车提供了动力的双重保障。

3.配套政策有效激发市场活力

海南省对新能源汽车的综合奖励资金主要围绕其在充电、保险等方面的支出，降低居民使用新能源汽车的成本，提高消费吸引力。促进新能源汽车消费综合奖励资金从省重点产业发展专项资金中安排。截止到 2021 年 12 月 31 日，在购置补贴上，对符合奖励条件的 40702 辆新能源汽车购车用户（含个人用户和单位用户）发放购车奖励资金，共计人民币 31862.2 万元。具体以奖励对象通过"海南充电桩"手机 App 提交申报材料的成功受理时间排序，先到先得②。

表 4　2021 年海南省新能源汽车发展现状

现状	具体事项	数量
销售规模	新增上牌	5.8 万辆
基础设施	新增充电桩	2.0938 万个
	新建换电站	20 座
配套政策	奖励资金	31862.2 万元

4.探索实施换电模式试点工作

2021 年，海南出台《海南省新能源汽车换电模式应用试点实施方案》③，启动实施换电模式试点工作。海南试点以"政府支持、企业为主、市场运作、区域推动"为原则，建立协调推进机制，统筹推进换电模式推广应用，协调解决换电模式推广应用中的重大问题。截至 2021 年 10 月底，

① 海南省人民政府：《2022 年海南省政府工作报告》，海南省人民政府网，2022。
② 海南省工业和信息化厅：《海南省工业和信息化厅关于海南省 2021 年促进新能源汽车消费综合奖励资金（第二批）清算结果的公示》，海南省工业和信息化厅网，2022。
③ 海南省工业和信息化厅：《海南省新能源汽车换电模式应用试点实施方案》，海南省工业和信息化厅网，2021。

全省提前超额完成当年换电站建设目标，其中，海口 2021 年新增换电站 7 座，三亚、儋州、琼海分别新增 2 座，万宁、澄迈分别新增 1 座。随着政府的支持力度不断加大，多家新能源车企进入换电领域，推动了换电商业模式的发展。

二　存在的问题或不足

（一）总体存在的问题

1.《方案》要求的部分建设目标未得到有效落实

试验区建设以来，虽然取得了很大的成绩，但是仍然有部分重难点任务建设进程比较缓慢。主要体现在：第一，生活垃圾分类处理推进缓慢。2020 年印发的《海南省生活垃圾分类工作实施方案》中明确提到：海口市、三亚市、三沙市以及儋州市自 2020 年全面实施生活垃圾分类。但截至 2021 年底，四个城市尚未实现该任务。第二，地下空间开发利用规划尚未编制形成，尚待推进。第三，海洋生态系统碳汇建设缓慢。《方案》明确提到"开展海洋生态系统碳汇试点，调查研究海南省蓝碳生态系统的分布状况以及增汇能力，在部分区域开展不同类型的碳汇试点"。虽然 2019 年在海口开展了生态系统碳汇试点，但截至 2021 年底官方尚未公布相关的蓝碳生态系统分布状况的调研报告，并且针对蓝碳和蓝碳交易的政策法规还不够健全。第四，生态文明教育区域分布不均衡，推进较慢。目前只在国家公园部分区域附近开展了自然教育，生态文明教育没有推广到省内各学校中。

2.制度体系协同性欠缺

调查发现，试验区建设的过程中存在制度机制建设不够完善的问题。首先，2022 年海南省政府工作报告指出，2021 年绿色信贷余额增长 20%，乡村振兴绿色债券实现全国首发。但是据调查，目前政府尚未发布与绿色金融相关的制度方案，尚未形成绿色金融支持保障机制。其次，禁塑行动缺少强有力的监督机制。虽然在 2021 年展开了全面"禁塑"行动，但是仍存在不可降解塑料制品使用的情况。最后，海绵城市建设的制度方案较少，除 2017 年住建厅印发的《海南省海绵城市规划设计导则》和 2019 年发布的《海南省生态修复城市补修工作》外，在近两年的试验区建设中，未搜索到省级层面的制度方案。

（二）生态文明制度体系建设存在的问题或不足

1. 海洋碳汇相关制度薄弱

海洋碳汇，亦称蓝碳或蓝色碳汇，是指一定时间周期内海洋储碳的能力或容量。在《国家生态文明试验区（海南）实施方案》中，强调要推动形成陆海统筹保护发展新格局，开展海洋生态系统碳汇试点，推进海南省蓝碳标准体系建设和交易机制研究，依法合规探索设立国际碳排放权交易场所，通过碳市场、碳普惠以及碳中和活动等方式提升海洋蓝碳价值，然而在海南省政府相关政策文件中，并没有针对海南省海洋碳汇的专项政策，蓝色碳汇的保护、利用等制度存在缺口。

2. 生态文明成果交流转化制度缺失

海南省目前没有专门的生态文明（海南）论坛及其运行机制，生态文明建设高端智库建设滞后，生态文明对外交流渠道缺乏，生态文明相关的职业教育有待提高。海南省生态文明对外交流机制及生态文明方面专家智库的缺失使学术成果、其他地区生态文明治理的优秀经验缺乏渠道直接转化到海南省生态文明建设的实践中，使海南省生态文明建设政策制定、可行性、可操作性有待进一步提高。

3. 生态文明考评反馈制度滞后

生态文明建设融入地方经济社会建设之中，如何得到重视关键在于平时的各项工作推进和绩效考核，《方案》要求海南建立健全绿色发展导向的生态文明评价考核体系，出台海南省生态文明建设目标评价考核实施细则（试行）和绿色发展指标体系、生态文明建设考核目标体系，但是关于生态文明的绩效考评制度还没有建立起来。对于生态环境公共价值衡量如何体现在各级政府及其部门考核中缺乏相应的制度支撑，导致生态文明建设绩效在地方政府考核中没有得到凸显。

（三）热带雨林国家公园建设存在的问题或不足

1. 国家公园管理和科研力量存在不足

在《关于统一规范国家公园管理机构设置的指导意见的通知》中，国家公园管理局明确规定：国家公园管理机构原则上实行"管理局—管理分局"两级管理，管理局、管理分局主要承担规划计划、政策制定、监督管理等职责，明确为行政机构。目前海南热带雨林国家公园管理局未单独设立，下设的 7 个分局仍为事业单位，事业在编人员 200 多名。

国家公园生态保护工作的研究力量需要进一步加强。如在海南长臂猿保护工作中，由于国家林草局海南长臂猿保护研究中心没有固定科研人员、研究场所及专业的设施设备等，出现了监测、研究困难等问题，除此之外，还存在着珍稀动物栖息地保护与修复和生物多样性研究缺少经费和专业人才的窘境，导致目前国家公园内部科研水平不能满足珍稀动植物保护和管理所需的足够的智力支撑，总体科研水平同世界其他国家公园相比仍处于落后状态。

2. 特许经营无规范可依，生态产品价值没有得到充分转换

国家公园生态实行最严格的保护，但在一般控制区内科普教育、游憩等经营活动可实行特许经营，由于目前国家还未出台上位法，顶层设计较为模糊。鉴于我国国家公园建立的历史较短，国内暂无相关立法先例供参照，目前特许经营的目录、范围、流程等的确定无法可依、无规可循。

海南国家公园拥有丰富的热带自然资源和珍稀物种，享有巨大的生态旅游潜力，然而国家公园所在的九个市县较为偏僻，交通不便，普遍存在着经济较为贫困，第二产业薄弱，基础设施落后，居民平均收入较低的问题。当地的农业、房地产业等经济开发项目受到环境保护工作的限制，因此如何将绿水青山转化成金山银山，如何把带动当地经济发展与生态环境保护协同起来，使得二者相得益彰，是国家公园建设的一个难点。

3. 国家公园建设社会力量参与不足，社会科普价值需要提升

当地居民、志愿者、游客、其他社会组织和公众都是国家公园建设的参与力量。由于经济基础薄弱，当地居民大多偏重经济利益诉求，环保意识较差，加之尚未开展定期、成规模的职业培训，当地居民在国家公园生态保护相关工作方面的职业素养较低，难以胜任随着园区发展而需要增加的导游、旅游项目经营等工作。志愿者中不乏专业人员，但是目前参与数量有限，且志愿服务体系等方面尚欠缺系统的方案，缺乏激励、规范、管理措施，志愿者中的人力资源没有得到充分的利用。同时，到访游客的环境保护素养不高，影响了国家公园科普价值实现。在监督机制方面，也存在着社会公众、非营利组织等主体对国家公园生态保护工作的社会监督力度不足的问题。如何促进社会各界的积极参与，形成社会张力，有效提升国家公园的社会科普价值，是国家公园建设的又一个难点。

（四）新能源汽车发展存在的问题或不足

1. 补贴分布不均，各市县发展不平衡

海南尚属欠发达省份，经济基础薄弱，区域之间、城乡之间发展不平衡，如在最新公布的补贴单中，全省共补贴 40704 台新能源汽车，海口共补贴 21410 台，占比 52.6%，其他市县较少，如东方市仅补贴 4710 台新能源汽车，占比仅 11.6%。清洁能源汽车市场化应用需要的财政、产业、环境等基础支撑仍显不足。

2. 消费驱动力不足

新能源汽车性能水平与燃油汽车相比有差距，如宣传的续航里程和实际里程不符，这一现象在海南省尤为突出，海南省由于全年天气炎热，因此使用新能源汽车时常年需要开空调，在打开空调的情况下，新能源汽车充满一次电所驾驶的里程数明显短于宣传的里程。除此之外，新能源汽车使用年限短、换电池成本高，一次性购置成本与燃油汽车相比仍有一定差距，消费者仍存在诸多购买和使用顾虑。

3. 基础设施不健全

海南省内新能源汽车充（换）电站、加氢站，以及天然气汽车加气站等基础设施规划与城市发展、交通、能源等规划未能充分衔接。海南省有999公里的环岛旅游公路，但由于旅游公路上充电桩配备不足，无法满足正常需要，新能源汽车的消费者不敢将车行驶至高速公路上。同时，省内审批流程和建设经验不足，规范标准不完善，涉及车、地、电、气、桩、站、网等多方面，"多规合一"优势未得到充分体现，各领域问题仍亟待解决。

4. 进岛交通管控约束较难

海南省进岛各类车辆每年以较快速度增长，主要集中在自驾游、物流运输等领域。由于涉及岛内经济发展和人民基本物质生活所需，虽对于岛内绿色出行、空气污染防治等造成了较大负担，但进行控量管理涉及面较广、难度较大。

三 对策建议

（一）总体建议

1. 注重补短板，全面推进建设目标达成

第一，推进生活垃圾分类是改善居住环境，实现生态宜居的重要手段，作为生态文明建设的重点任务，应加快生活垃圾分类在全省范围内的全面推进工作，还应加强对生活垃圾分类工作的监督，防止出现"一阵风"，使生活垃圾分类得到长期实施。第二，推进地下空间开发利用，进行地下空间开发利用潜力调查评价，开展地下空间开发利用试点，加快形成城市地下空间利用规划编制，对地下空间进行合理规划利用，进一步深入编制国土空间规划。第三，作为一个拥有最大海洋面积的省份，加大对海洋的开发保护是试验区建设的定位与特色。因此，要持续推动海口蓝碳试点工作，在其他市县陆续展开试点工作；要充分利用2022年成立的海南国际蓝碳研究中心，加快对海洋碳汇的理论研究，修订碳汇相关规划与政策，以推动海洋碳汇试点

工作；构建海洋碳资产交易平台，促进海洋特色产业的发展。

2. 加快顶层设计，推进试验区建设制度协同

绿色金融是解决生态文明建设资金不足，推动生态文明试验区建设的重要支撑制度，它直接关系着试验区建成的速度和成果。因此，在试验区建设中，应该尽快打通绿色金融薄弱环节，完善海南绿色金融体系，以建成完善绿色金融支持保障机制。借鉴其他省份的绿色金融发展经验，进一步加快绿色金融发展方案的出台，例如，江西省作为国家绿色金融改革创新试验区之一，其在绿色金融建设方面拥有丰富的经验可以借鉴学习。

3. 推进社会协同，强化环境教育与环保参与

积极开展生态文明教育，以目前国家公园的自然教育为试点，积极探索生态文明教育发展路径，形成生态文明教育实施方案，尽快在全省范围内开展生态文明教育，举办科普宣教和绿色教育活动，使生态文明理念深入人心，为生态文明试验区建设打下坚固的思想基础。深入推进"禁塑"监督机制的建立，完善"禁塑"宣传机制，使"禁塑"思想深入人心，加强全面"禁塑"工作的落实。在全省范围内进行"禁塑"监督方案意见征集，积极采纳公众和社会组织的意见和建议，促进全名参与，鼓动公众和社会组织对"禁塑"活动的积极性，实现"禁塑"工作的协同开展。汇集各方面专家，对重点城区结构进行全面评估，制定真正适合重点城区的海绵城市建设方案，出台海绵城市建设的制度方案，推进海绵城市的建设。

4. 在政策制定与规划设计中注重人文资源与自然环境的和谐共生

海南的绿水青山与勤劳的海南各族人民是共生式发展关系。在海南生活的汉族和黎族、苗族等少数民族创造了丰富的文化遗产，热带雨林国家公园常住人口中主要是黎族和苗族，这些民族宝贵文化遗产与生态环境密不可分，已经被列为国家级非物质文化遗产保护名录的有黎族织锦、古人类遗址钱铁洞、船形屋营造技艺、黎族民歌、三月三节庆等。一些村庄建筑和村民生产生活已经与自然环境形成了不可分离的依附关系，是不可分割的生命共同体，因此，建议在建设生态文明试验区时必须注重人与自然和谐共生，顶层设计城乡规划要注重自然与人文资源相协调。

（二）生态文明制度体系建设建议

1. 推进蓝碳制度建设

国家生态文明试验区（海南）与其他国家生态文明试验区不同在于，其聚焦"海洋""热带"，因此对于海南省蓝碳的开发建设及保护势在必行。目前海南省对于蓝色碳汇仍然存在制度缺口，因此，要持续推进海洋保护区蓝碳过程与机制研究，规范各项海洋开发利用活动，加强对海南省蓝碳储量评估与现状、潜力估测，修订海洋碳汇规划和政策，完善海岸带综合管理和海洋空间规划。

2. 填补生态文明对外交流机制缺失

推动海南省生态文明对外交流机制的建立，进一步完善生态文明（海南）论坛机制，充分发挥论坛机制作用，建立论坛研究成果转化机制，推进论坛理论成果与实践成效之间的转化。同时，在国内外环保组织、高校、研究机构的基础上建立海南生态文明建设高端智库，根据海南省情探讨生态文明建设的方向，并提出战略性措施建议，为海南省生态文明建设的稳步推进保驾护航。

3. 加快完善生态文明评价考核反馈制度体系

完善海南省生态文明评价考核后的反馈改进制度，定时对海南省各市县生态文明建设中的不足之处进行研讨与改进反馈，推进海南省生态文明评价考核的即时性，持续跟进生态文明建设不足的改进情况，并将生态文明建设不足改进情况列入当年生态文明评价考核指标，形成完善的生态文明评价考核反馈体系，推进生态文明建设内驱力。

（三）热带雨林国家公园发展建议

1. 完善管理体制机制，探索广泛的科研合作路径

不断完善管理机构设置，构建统一规范高效的管理体制。定期组织交流活动，学习借鉴国内外国家公园先进管理经验。加快推进国家公园科技设备建设，提升管理中科技手段的应用，完善生物多样性本底信息，综合应用卫

星遥感、航空遥感、地面监测等手段，健全"天地空"一体化综合监测体系。加大力度引进科研人才，改革科研经费管理制度，增强科研人员的科研动力。推进科研合作国际化，与国内外相关机构建立合作机制，通过借智借力、合作交流增加科研产出。

2. 规范特许经营相关制度，发展以社区为基础的特色生态旅游

根据国务院的批复，按程序撤销国家公园区域内的各类自然保护地。追踪编制总体规划审批进度，加快修编保护、交通基础设施、生态旅游等专项规划，修订完善《海南热带雨林国家公园社会监督办法》《海南热带雨林监测制度》等法规政策。建立健全企业的特许经营制度，加快出台相关特许经营制度相关的法律规范制度并建立相应的管控和权利保障机制，在不破坏生态环境的情况下吸引企业进行投资，发挥市场机制的基础性功能。

充分利用热带雨林生态资源，在不会超过生态承载力的限度下，以社区为基础发展新型的生态旅游，关注居民的利益诉求，积极采纳公众的意见和建议，完善居民参与生态旅游决策的管理机制。并对本地居民开展就业技能培训，为他们提供与国家公园管理活动相关的就业机会，如学习我国台湾地区国家公园的管理经验，通过雇用本地居民作为巡山员、志愿者等参与国家公园管理人员的方式，并建立科学的考核评价机制激励带动居民，使社区居民参与到国家公园的建设和管理中，从而带动收入增长，促进当地经济发展。

3. 建立社会多元合作机制，扩大国家公园"海南名片"的社会价值

在国家公园建设中要关注园区附近社区居民的利益诉求，积极采纳公众的意见和建议，进一步完善居民参与生态旅游决策的管理机制。赋予他们知情权和一定的参与权，将被动参与变为主动参与。及时公开国家公园建设相关信息，畅通交流渠道，接受社会监督，形成全社会参与国家公园保护的良好局面，充分调动和发挥好游客和当地民众参与保护的积极性。

重视志愿组织在国家公园保护管理中的重要作用，建立系统的志愿服务体系，完善志愿者的相关管理规定。定期安排开展研讨大会、专题讲座等活动，增进志愿者团队对国家公园的认识，从而提升民众环境保护观念，使人

力资源得到充分的发挥。

国家公园的建设、管理和规划当中要充分开展科普宣传教育工作，搭建多方参与合作平台，坚持扩大公众参与，在科学、技术和政策方面帮助和引导居民，使居民具备能够胜任相应工作的素质和自觉的环保意识，让他们可以依靠保护地的自然环境教育和文化旅游资源，在保护范围进行相关旅游服务配套设施的经营，以获得就业机会。同时注重对游客进行宣传教育，如通过科普讲解和打造游客环保体验项目等方式，提高游客环保意识，让其在游玩的同时也能够积极参与到国家公园生态保护中，使之成为保护自然的重要力量。通过媒体多层次多视角展示国家公园建设进展和成效，将热带雨林国家公园打造成靓丽的"海南名片"。

（四）新能源汽车发展建议

1.实行差异化发展补贴机制

海南省对新能源汽车的补贴分为三个档次，分别为 6000 元、8000 元、10000 元，无论购买的新能源汽车类型和价钱，补贴金额不变。基于此我们应逐步引导、分步替换；综合考虑各项客观因素，鼓励探索差异化发展路径，为实现全域汽车清洁能源化补齐短板。在补贴机制方面，北京市给我们提供了经验借鉴，与海南省固定的三个档位补贴金额不同，北京市对新能源汽车按照中央与地方 1∶0.5 比例安排补助，补贴金额更多；除此之外，北京市还针对私人购买之外的其他类型新能源汽车（如货运车、公交车等）进行运营里程的补贴。这样一来，不仅能给予新能源汽车更充分的补贴，还能促进除私人购买之外的其他类型新能源汽车的推广。

2.加强基础设施和配套政策建设

在基础设施方面，力求乡镇充电桩建设 100% 全覆盖，让新能源汽车进入乡镇，实现全面普及；不断完善配套政策引导和支撑，如通过财政补贴政策和税收优惠政策提高新能源汽车的消费吸引力，并降低企业的生产成本，吸引更多新型行业的加入；用好海南自由贸易港交通工具及游艇零关税政策等。

3.分领域推进新能源汽车推广

公共服务领域先行，发挥示范引领作用；社会运营领域引领，加快推进清洁能源化；私人使用领域引导，积极培育私人消费者用车习惯，加强社会舆论宣传引导，完善私人领域交通应用环境，加大基础设施建设，以引导新能源电动化为主要原则，实现新增与更换车辆由一定比例向高比例和全面使用新能源汽车过渡。

4.打造新能源汽车先进制造集群

虽然海南博鳌区域规划成为新能源汽车发展的先行区，力求带动全省交通和能源转型升级，但目前集群效应不显著。应提高海南省新能源汽车的制造水平，确保全产业链的健康发展，在研发、制造、生产、物流等方面提高吸引力，最重要的是，要形成本土竞争优势，吸引全球顶级新能源汽车品牌，建设新能源汽车高端旅游消费和体验、汽车创意设计、汽车赛事文化为一体的汽车高端服务业聚集区。

参考文献

［1］海南省自然资源和规划厅：《海南省土地资源利用和保护"十四五"规划（2021-2025年）》，海南省人民政府网，2021。

［2］海南省人民政府：《2022年海南省政府工作报告》，海南省人民政府网，2022。

［3］应验：《国家生态文明试验区背景下海南蓝碳开发的理论分析与路径建议》，《科技管理研究》2021年第24期，第177～183页。

［4］国家公园管理局：《海南热带雨林国家公园体制试点方案》，海南省人民政府网，2019。

［5］中共中央办公厅、国务院办公厅：《建立国家公园体制总体方案》，中华人民共和国中央人民政府网，2017。

［6］国家公园管理局、海南省人民政府：《海南热带雨林国家公园规划（2019—2025年）》，国家公园管理局网，2020。

［7］卢青、沙璇：《中国国家公园治理体系构建与实践路径》，《宜春学院学报》2021年第8期，第26～35页。

［8］刘超：《国家公园体制建设中环境私人治理机制的构建》，《中州学刊》2021年

第 4 期，第 48~55 页。

［9］赵越鸿、张壮：《外部利益相关者视角下国家公园治理问题研究》，《长春市委
党校学报》2020 年第 3 期，第 30~34 页。

［10］樊漓、宁艳、桑千蕴：《中国国家公园社区发展策略的研究浅述》，《城乡规
划》2021 年第 6 期，第 58~64 页。

［11］龙珍珍、黄翠莲、黄冬梅：《低碳经济背景下柳州新能源汽车产业发展策略研
究》，《农村经济与科技》2021 年第 12 期，第 140~142 页。

B.14
国际旅游消费中心发展研究报告

夏　锋　等*

摘　要： 中央赋予海南的"三区一中心"战略定位之一就是建设具有世界影响力的国际旅游消费中心。在一系列消费促进政策和产业发展政策推动下，海南国际旅游消费中心建设顺利开局。未来，在我国构建新发展格局的大背景下，海南完全有条件充分发挥自然环境和政策优势，打响国际旅游消费中心这张"王牌"。海南国际旅游消费中心建设一头连着需求，一头连着供给，建设具有世界影响力的国际旅游消费中心，关键在于以着力做好"三篇境外消费回流文章"为主线，适应消费结构升级、新型消费不断涌现的大趋势，深化供给侧结构性改革，延长消费产业链条，形成产业集群，通过创新供给方式满足消费、产生需求，创新旅游消费的新发展模式。本报告分析了海南建设国际旅游消费中心的战略意义、建设进展和存在的问题，并提出了发展策略。

关键词： 海南　国际旅游消费中心　消费结构升级　境外消费回流

2018 年，习近平总书记在庆祝海南建省办经济特区 30 周年大会上指出，推动海南建设具有世界影响力的国际旅游消费中心，是高质量发展要求在海南的具体体现。2022 年 4 月 11 日，习近平总书记前往三亚国际免税城调研离岛免税政策的具体落实情况。习近平总书记指出，要更好发挥消费对

---

* 课题组：夏锋，海南大学马克思主义学院研究员，博士生导师；科研助理陈志鹏、杨东琛、陈珏竹、张梦娜；海南师范大学教授刘锋。

经济发展的基础性作用，依托国内超大规模市场优势，营造良好市场环境和法治环境，以诚信经营、优质服务吸引消费者，为建设中国特色自由贸易港作出更大贡献。

消费架起了国际与国内市场之间的桥梁。在新冠肺炎疫情全球大流行的严峻形势下，虽然中国城乡居民国外旅游消费的规模大大缩小，但是我国城乡居民对购物、旅游、休闲娱乐、康养等综合消费的热情并未消减。海南完全有条件、有可能在一流的自然环境、新冠肺炎疫情防控取得的积极成果和离岛免税购物政策、自由贸易港和 RCEP 叠加开放政策等有利因素综合作用下，用好中国国际消费品博览会这一平台，从供给（生产）和需求（消费）两端同时发力，从扩大实物型消费和服务型消费两端同时施策，将重点放在吸引三大消费回流上，充分发挥海南释放消费潜力的作用，由此深度融入和服务国内国际双循环的新发展格局。

一 建设具有世界影响力的国际旅游消费中心的战略意义

《中共中央、国务院关于支持海南全面深化改革开放的指导意见》明确把"国际旅游消费中心"作为海南全面深化改革战略定位之一。海南省第八次党代会报告提出"一本三基四梁八柱"战略框架，国际旅游消费中心作为"四梁"之一，对海南自由贸易港建设起着重要的支撑作用。在我国构建新发展格局的大背景下，海南有条件打响国际旅游消费中心这张"王牌"。

（一）建设国际旅游消费中心旨在抓住"四大机遇"

2021 年 12 月，习近平在中央经济工作会议上强调，要深化供给侧结构性改革，重在畅通国内大循环，突破供给约束堵点，打通生产、分配、流通、消费各环节。服务国家扩大内需战略、建设强大国内市场的重要举措主要是在海南建设具有世界影响力的国际旅游消费中心。

1. 抓住国家坚定实施扩大内需战略的机遇

《中华人民共和国国民经济和社会发展第十四个五年规划和 2035 年远景目标纲要》明确提出，"必须建立扩大内需的有效制度，加快培育完整内需体系，加强需求侧管理，建设强大国内市场"。从规模上看，2012～2021年，我国社会消费品零售总额从 20.6 万亿元增长到 44.1 万亿元，年均增长接近 9%，成为仅次于美国的全球第二大消费市场（见图 1）；城乡居民人均消费水平从 2012 年的 12054 元增长到 2021 年的 24100 元，年均增长 8.0%（见图 2）。据国家统计局的数据，2021 年，内需对经济增长的贡献率达到79.1%，最终消费支出对经济增长的贡献率达到 65.4%，消费尤其是居民消费需求日益成为我国经济稳定运行的压舱石。预计到 2025 年，社会消费品零售总额有望达到 55 万亿元至 60 万亿元，居民人均消费支出将接近 3 万元。"十四五"时期，海南需紧紧抓住深化供给侧结构性改革这条主线，以建设国际旅游消费中心为总抓手，深入实施扩大内需战略，利用好我国超大规模市场优势推动经济社会发展。

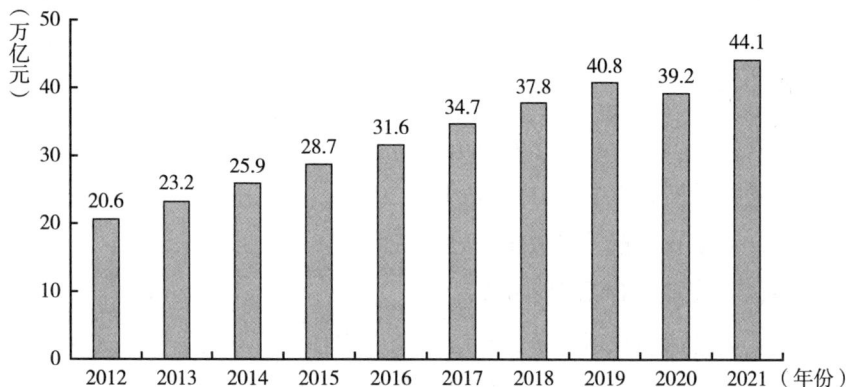

图 1　2012～2021 年我国社会消费品零售总额

数据来源：国家统计局。

2. 抓住城乡居民服务性消费需求快速增长的机遇

随着城乡居民生活水平的不断提高，消费结构升级趋势明显，旅游、教

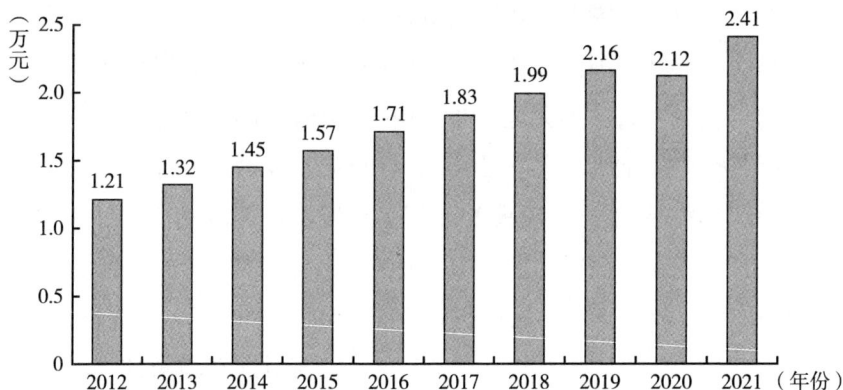

图 2　2012~2021 年我国城乡居民人均消费支出水平

数据来源：国家统计局。

育、医疗、文化等服务性消费需求全面快速增长。2013~2021 年，我国城乡居民人均服务性消费支出从 5245.9 元提高到 10645 元，人均服务性消费支出占居民人均消费支出的比重由 39.7%提升至 44.2%（见图 3）。有专家预测，到 2025 年，我国居民人均服务性消费在居民人均总消费支出中的占比将达到 50%左右。在此背景下，国内对海南服务性、多样化、国际化、中高端消费需求呈现全面快速增长态势。"十四五"时期，海南国际旅游消费中心的建设，要适应消费结构升级的大趋势，加快服务业市场高水平开放和服务贸易创新发展，着力提升免税购物、国际教育、中高端医疗等服务性消费产品供给数量和质量，释放服务性消费潜力。

3.抓住新兴消费不断涌现的机遇

新冠肺炎疫情的全球蔓延，导致生产方式和生活方式发生深刻变革。一方面，疫情对传统消费模式和供给模式带来巨大冲击；另一方面，疫情也催生了新兴消费产品、消费形态和供给模式，突出表现为信息消费全面快速增长、信息消费新业态蓬勃发展。海关统计数据显示，2021 年我国跨境电商进出口 1.98 万亿元，增长 15%。预计到 2025 年，中国跨境电商 B2B 市场规模将达到 13.9 万亿元。为适应这一趋势，海南国际旅游消费中心建设要鼓励创新消费模式，推动线上线下消费协同发展，将海南打造成为我国新兴

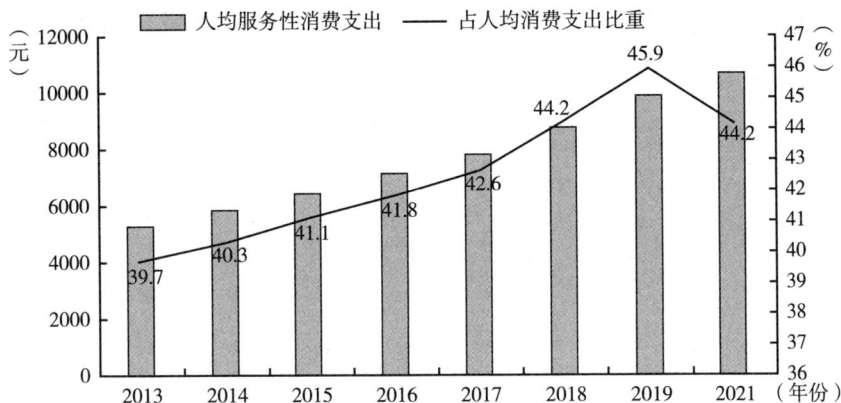

图3　2013~2021年全国居民服务性消费支出水平及占比

数据来源：国家统计局。

消费产品供给集聚地。

4.抓住中等收入群体不断扩大的机遇

社会的稳定与和谐、经济高质量发展，消费结构升级、消费方式转型、扩大新型消费过程中，中等收入群体是既是重要的中坚力量也是主要推动力。我国拥有全球规模最大、最具成长性的中等收入群体。从我国现状和未来发展来看，新兴收入群体主要生活方式是互联网消费、数字消费。其消费特征所蕴含的积极的经济和社会价值，有助于扩大内需并建构一种良性的消费文化。在疫情对经济发展造成冲击的背景下，海南国际旅游消费中心建设要以中等收入群体为主要目标，挖掘并释放对海南的国际化、多元化消费需求潜力，尤其要适应新兴中等收入群体消费结构升级、新型消费需求不断出现的趋势，加快消费性服务产业提质升级，以新业态新模式为引领，加快推动新型消费扩容提质，持续激发消费潜力。

（二）让国民不出国门就能在海南享受国际化旅游消费

1.将海南打造成为国民消费释放的重要承接地

我国拥有14亿人的内需大市场，消费市场规模大、潜力足、韧性强。

2021 年我国人均 GDP 突破 1.2 万美元，全国居民恩格尔系数降低到 29.8%。根据联合国的标准，我国城乡居民整体上已进入到比较富裕的阶段（见图4）。"十四五"期间，通过持续提高旅游购物服务水平、扩大免税商品品牌和种类，为游客提供自由选择的空间，满足消费者的多样化需求，海南的离岛免税业完全有可能升级为千亿元级乃至万亿元级的产业集群，从而将海南打造成为吸引境外消费回流的重要承接地。未来 5 年，海南岛免税销售网络结构将不断优化升级，能够有效对接国内外商品，充分发挥购买力，并凭借自身优势能够吸引免税购物回流 3000 亿元。如果把离岛免税购物引致的旅游综合消费计算在内，内需市场空间会更大。

图 4　2012~2021 年我国人均国内生产总值变化

数据来源：根据国家统计局数据整理。

2. 让本岛居民享受国际旅游消费中心的政策红利

调研发现，多数本岛常住居民或多或少知道《海南自由贸易港建设总体方案》中提出的"2025 年前，对岛内居民消费的进境商品，实行正面清单管理，允许岛内免税购买"。随着本岛居民收入水平的提高，购买免税日用消费品的愿望越来越强烈，对这一政策尽快落地的呼声也越来越高。过去，本岛居民去海南的免税购物商城，对免税商品只能看、不能买，心里不免有怨气。此条政策若有效落实，海南岛内居民则能够直接在岛内购买免税商品，不再受到地域限制，降低了生活成本，切实增强了岛内居民的获得感。

（三）助力海南经济社会高质量发展

以国际旅游消费中心建设带动实体经济发展和产业结构调整，增强海南产业抗风险能力，助力海南经济社会高质量发展。海南建省以来，由于产业政策、产业发展规划的一致性、协调性、连续性、稳定性不够，到目前为止没有一个产业做到在全国领先。在新冠肺炎疫情的冲击下，再一次暴露出海南产业发展脆弱、韧性不强、回旋余地不大等突出问题。"十四五"期间，面临国内外经济下行的巨大压力，推动海南产业结构进行战略性调整已经刻不容缓。国际旅游消费中心建设一头连着消费（需求），一头连着生产（供给），这意味着不仅要加快免税购物产业的发展，而且要以此为杠杆，撬动先进制造业、农业加工业等产业发展，由此形成免税消费品生产、消费产业链，做大做强实体经济。

（四）带动海南自由贸易港全方位开放、大力度改革

1. 带动海南全方位开放

由于历史原因，海南开放基础较为薄弱。自海南自由贸易港建设以来，海南对外开放水平明显提高。然而2021年，海南的对外贸易依存度为27.25%，仍低于全国平均水平约12个百分点（见表1）。要实施更加开放、便利的免税购物政策，落实"以既准入又准营"为特征的自由化、便利化措施，促进国内需求与国际供给良性互动，推动双循环促进新发展格局的形成。

表1 2021年海南对外贸易依存度与全国平均水平比较

	货物进出口总额（亿元）	服务进出口总额（亿元）	GDP（亿元）	外贸依存度（%）
海南	1476.78	287.79	6475.2	27.25%
全国	391009	52983	1143670	38.82%

续表

	货物进出口总额(亿元)	服务进出口总额(亿元)	GDP(亿元)	外贸依存度(%)
海南/全国	0.38%	0.54%	0.57%	11.57(全国-海南)

数据来源:国家统计局、海南省统计局。

3.倒逼海南全面深化改革

建设具有世界影响力的国际旅游消费中心,不只是免税购物业的发展,还涉及财税、金融、保险、投资、市场准入、自然人流动等制度型开放的突破,也涉及旅游业、现代物流、高新技术等产业发展的提质升级。国际旅游消费中心建设与服务业市场开放和服务贸易制度创新紧密相关。为此,海南要加快解决跨境服务贸易中存在的各类问题,逐步深入落实跨境服务贸易中的规章制度,促进服务贸易自由化,充当我国构建高水平开放型经济体制的"压力测试实验室"。

二 海南国际旅游消费中心建设主要进展

离岛免税购物新政自2020年7月1日落地实施,在一系列消费促进政策和产业发展政策推动下,海南国际旅游消费中心建设顺利开局。

(一)免税购物成为海南的"金字招牌"

海南离岛旅客免税购物政策作为国家赋予海南独一无二的特殊利好政策,对带动海南旅游业和现代服务业转型升级、促进海南市场消费和地方经济发展发挥着不可或缺的作用。近2年,免税购物开始成为海南自由贸易港建设的突出优势,逐步成为国际旅游消费中心建设的一张"王牌"。

1.大力度免税购物新政落地实施

离岛免税政策自2011年在海南正式实施以来,国家又分别在2012年、2015年、2016年、2018年、2020年发布政策进行了多次离岛免税调整,在购物额度、次数、商品品类等方面逐步放宽购物限制,释放离岛免税市场消费潜力。2020 年 7 月 1 日，调整优化离岛免税购物政策率先落地、成效显著（见表 2）。

表 2　海南离岛免税购物政策调整

实施日期	适用对象	限购要求	可购品种及数量	购买及提货渠道
2011 年 4 月 20 日	年满 18 周岁、乘坐飞机离开海南本岛但不离境的境内外旅客，包括海南岛内居民	离岛旅客 5000 元/人；离岛旅客每年 2 次，本岛居民每年一次	首饰(2)、工艺品(2)、手表(2)、香水(2)、化妆品(5)、笔(5)、眼镜(2)、丝巾(2)、领带(2)、毛织品(2)、服装服饰(5)、鞋帽(2)、皮带(2)、箱包(2)、小皮件(4)、糖果(5)、体育用品(2)	三亚市内免税店购买，三亚凤凰机场提货；海口美兰机场店购买(2011 年 12 月开业)
2012 年 11 月 1 日	年满 16 周岁、乘坐飞机离开海南本岛但不离境的境内外旅客，包括海南岛内居民	离岛旅客购物限额提高至 8000 元/人	由 18 种商品增加至 21 种商品，增加美容及化妆品、健身器材、餐具及厨房用品、玩具。提高了相关产品的数量限制：化妆品(8)、香水(5)、手表(4)、服装服饰(4)小皮件(4)、皮带(4)、箱包(4)、眼镜(4)，其余不变	原购买及提货渠道不变
2015 年 3 月 20 日	维持 2012 年政策	维持 2012 年政策	由 21 种商品增加至 38 种商品，增加婴儿奶粉、保健品、家用医疗器械等。提高了相关产品的数量限制：化妆品(12)、香水(8)、手表(6)、服装服饰(6)小皮件(6)，其余不变	2014 年 9 月起增加海棠湾店购物渠道，提货渠道不变
2016 年 2 月 1 日	维持 2015 年政策	取消离岛旅客购物次数限制，购物限额提高至 16000 元/人	维持 2015 年政策	增加三亚海棠湾店和美兰机场店的网上销售窗口

续表

实施日期	适用对象	限购要求	可购品种及数量	购买及提货渠道
2017年 1月15日	扩大至乘坐火车离岛的旅客	维持2016年政策	维持2016年政策	增加火车站提货渠道
2018年 12月1日	维持2017年政策	取消岛内居民购物次数限制，购物限额提高至30000元/人	家用医疗器械部分子项增加：助听器、矫形固定器、视力训练仪等,各子项目可购2件	2018年4月增加博鳌机场提货点
2018年 12月28日	扩大至乘坐轮船的离岛旅客	维持2018年政策	维持2018年政策	增加新海港、秀英港提货点
2020年7月	维持2018年政策不变	购物限额提高至100000元/人	由38种增加至45种免税商品,增加电子消费产品、酒类等7类免税商品;化妆品(30)、手机(4)、酒类不超过1.5升,其余商品单次没有购买量限制	海口美兰机场店、海口日月广场店、三亚海棠湾免税店等。
2021年 2月2日				离岛游客购买免税品可选择"邮寄送达"提货,岛内居民离岛前购买免税品,可选择"返岛提取"。

资料来源：根据海南省财政厅相关文件整理。

2. 海南免税购物产业发展进入快车道

海南离岛免税政策在2020年进一步优化和大幅放宽,实施近2年来成效显著,海南离岛免税购物销售火爆。2021年全年离岛免税店总销售额达601.7亿元,增长84%;免税品销售额达到494.7亿元,是2011年的50倍。2022年以来海南离岛免税销售市场持续火爆,春节期间（1月31日至2月6日),海南离岛免税店7天销售额超21亿元,同比增长超过150%。在疫情影响的背景下,一季度海关共监管离岛免税购物金额仍达147.2亿元,同比增长8.4%;购物件数2027万件,增长14.2%;人均购物金额8372元,增长10.2%。

3. 国内消费群体由"海外购"转向"海南购"

受到疫情影响，国内消费者境外消费大幅降低，基本处于停滞状态。2020 年全年出境旅游人数为 2033.4 万人次，同比减少 86.9%（见图 5）。

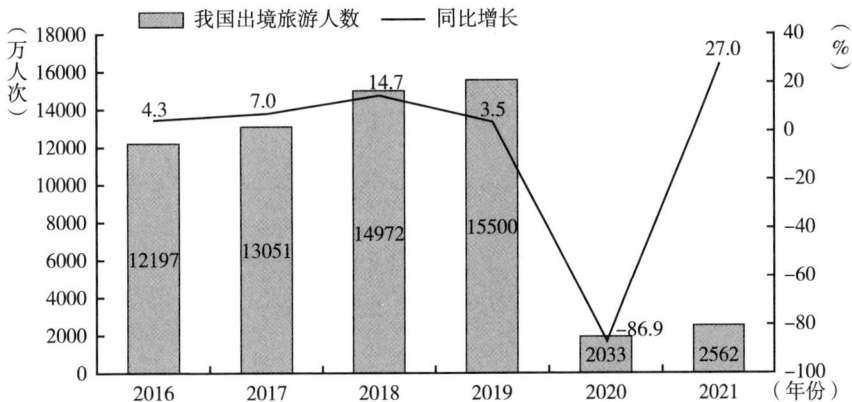

图 5　2016~2021 年我国出境旅游人数变化情况

数据来源：文化和旅游部数据中心。

从海南离岛免税客单件增长趋势看，2019 年之前处于缓慢增长状态，2020 年后呈现快速增长趋势。这表明，国内消费者群体已经开始由"海外购"转向"海南购"，引导我国海外消费回流效果显著，再一次彰显了离岛免税的巨大政策效应。2020 年离岛免税新政后，离岛免税平均客单价呈现大幅提升趋势，从 2019 年的 3513.02 元提高到 2021 年的 7367.03 元，提高了 109.7%。可以预计，随着海南离岛免税购物渗透率的提高，海南将加快成为国内消费者境外购物消费的替代地，"海南购"替代"海外购"的红利将会逐步释放（见图 6）。

（二）海南成为旅游业恢复情况最好的地区之一

1. 旅文产业贡献不断提升

"十三五"时期，全省累计接待国内外游客 3.52 亿人次，实现旅游总收入 4364.91 亿元。2016~2019 年，全省接待国内外游客共 2.87 亿人次，

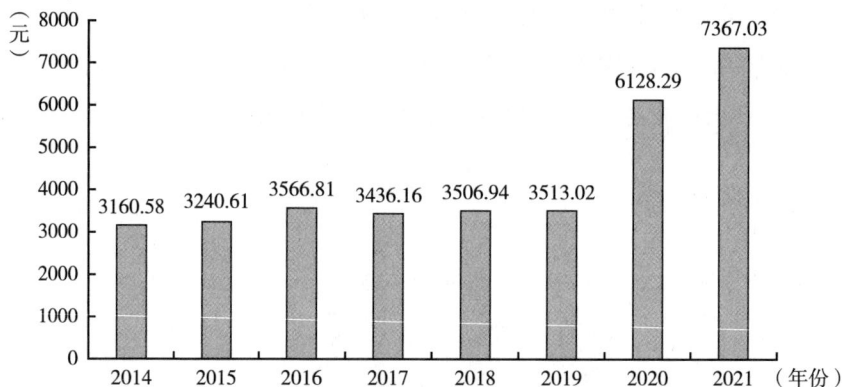

图6 2016~2021年海南离岛免税客单价增长趋势

数据来源：根据海口海关、海南省统计局相关数据计算。

年均增长11.4%；实现旅游总收入3492.05亿元，年均增长15.9%。2019年海南旅游业对全省国民经济直接贡献率为11.92%、综合贡献率为27.97%。在受新冠肺炎疫情影响的2020年，实现接待国内外游客6455.09万人次，旅游总收入872.86亿元，旅游业增加值占GDP比重为7.3%；海南省文化产业实现增加值205.48亿元，比2015年增长86.3%；文化产业增加值占GDP的比重为3.7%，比2015年增加0.7个百分点。2021年全省接待游客总人数8100.43万人次，同比增长25.5%，恢复至2019年的97.5%。实现旅游总收入1384.34亿元，同比增长58.6%，两年平均增长14.4%。海南是全国旅游市场恢复情况最好的地区之一。

2. 旅游购物快速增长

从海南旅游和购物情况看，2021全年全省接待游客8100.43万人次，其中接待过夜游客5783.13万人次，增长6.0%；接待国内游客8080.72万人次，增长25.6%；旅游总收入1384.34亿元，比上年增长58.6%，快于游客增速33.1个百分点，人均消费额增长26.4%。

3. 全域旅游成效显著

全域旅游示范省创建工作积极开展。全省层面旅游成效："十三五"期间，海南成为全国首个全域旅游示范省创建单位，循序渐进推动国家体育旅游示范区、国家公共文化服务体系示范区建设工作。在生态环境方面，热带雨林国家公园试点建设取得初步成效。市县层面：三亚市吉阳区、陵水黎族自治县、保亭黎族苗族自治县成功创建国家全域旅游示范区，海口观澜湖旅游度假区、三亚蜈支洲岛旅游区、海南呀诺达雨林文化旅游区获评国家体育旅游示范基地创建单位。

4."旅游+"成绩斐然

旅游产业与文化、体育深度融合。海南拥有以海口华人国际剧院、三亚亚特兰蒂斯C秀、三亚千古情为代表的文化演艺项目16个。建设了以中国（海南）南海博物馆、海南省博物馆两座国家一级博物馆为代表的一批各具特色、推广海南文化的博物馆。围绕国家体育旅游示范区建设，成功举办第十三届海南省全民健身运动会和各类全民健身赛事活动132项。

（三）"健康海南"这张王牌正在形成

海南岛的空气中所含有的人体必需微量元素和四季恒温的宜人气候，使其既有自然条件优势也有政策条件打响"健康海南"这张王牌。

1.海南国际医疗产业的政策演进

2013年2月28日，国务院发布《关于同意设立海南博鳌乐城国际医疗旅游先行区的批复》（国函〔2013〕33号），主要包含有加快先行区医疗器械和药品进口审批注册，实施医疗技术准入，允许境外资本在先行区内举办医疗机构，境外医师执业实践等内容。

2019年9月16日，国家发展改革委会同国家卫健委、国家中医药局、国家药监局联合印发《关于支持建设博鳌乐城国际医疗旅游先行区的实施方案》（以下简称《实施方案》）。《实施方案》在原先"国九条"的基础上继续加大开放力度，重点关注集聚发展高水平医疗服务机构及科研机构，大力发展医疗优质旅游服务，优化先行区开放发展环境等。

2021年4月7日，商务部出台《国家发展改革委商务部关于支持海南自由贸易港建设，放宽市场准入若干特别措施的意见》，赋予海南多条利好医疗行业政策，包括支持开展互联网处方药销售、创新发展国产化高端医疗装备和高端医美产业发展，加大对药品市场准入支持、全面放宽合同研究组织（CRO）准入限制、优化移植科学全领域准入和发展环境等。

2. 海南医疗健康产业加快发展

在政策支持下，目前海南以博鳌乐城国际医疗旅游先行区为核心的医疗旅游产业发展态势迅猛。进口医疗器械审批权的下放、人才引进的鼓励等利好政策使博鳌乐城国际医疗旅游先行区等医疗旅游发展区拥有了极大的独家优势，国内民众在海南就可以享受到在其他地区享受不到的医疗服务。这种优势留住了国内部分本计划出境接受医疗服务的群体。海南医疗旅游机构也以其优质的医疗服务和相对低廉的价格吸引了国外医疗旅游者。

海南的国际医疗产业主要集中在博鳌乐城国际医疗旅游先行区。2021年1月至5月，乐城先行区注册企业103家，同比增长212%；园区接待医疗旅游人数47941人，同比增长417.16%；营业收入41950.68万元，同比增长154.26%。2022年1月4日，乐城先行区进口特许药械品种首例突破200例，同时为了让更多患者用得起特许药品，乐城还创新"医保+商保"机制，推出"乐城全球特药险"。先行先试的"政策高地"激活了乐城先行区发展的"引擎"。

（四）首届中国国际消费品博览会"一炮打响"

2021年5月6日，习近平主席在向首届中国国际消费品博览会的致贺信中强调，中国愿发挥海南自由贸易港全面深化改革和试验最高水平开放政策的优势，深化双边、多边、区域合作，同各方一道，携手共创人类更加美好的未来。据统计，2021年海南省首届消博会吸引了70个国家、1505家企业、2628个消费精品品牌，采购商与专业观众超过3万人，进场观众超过24万人次，共有160多家境内外媒体、近千名记者现场参会，此次消博会参展商媒体曝光比为43.5%。无论是国际化水平还是参展物品的价值，都足以达到亚太地区的大规模精品展水平。

2022年中国国际消费品博览会已有日本、韩国、澳大利亚、越南、泰国、马来西亚、新加坡共7个RCEP成员国确定参展，参展总面积逾6000

平方米。在企业方面，包括 Hello Kitty 主题乐园、资生堂、红牛等著名品牌企业确定参展。日本、韩国和泰国已连续两年参展消博会。日本企业参展面积由 2021 年的 2000 余平方米增加到 2022 年的超 3400 平方米，其中由日本贸易振兴机构牵头的日本国家馆展览面积从 2021 年的 600 平方米增加到 2022 年的 900 平方米。

（五）服务业和消费成为拉动经济增长的重要动力

1. 服务业成为拉动经济增长的"发动机"

国际旅游消费中心建设与服务业尤其是现代服务业紧密相关。城乡居民消费结构升级，消费模式转型，转向"商品+服务"双轮驱动阶段。现代服务业作为海南自由贸易港"3+1"主导产业之一，实际使用外资 33.2 亿美元，占全省实际使用外资比 2019 年达到 96%，主要发挥了拉动经济增长，促进国际旅游消费中心建设的作用。2021 年，全省服务业增加值同比增长 15.3%，高于整体经济 4.1 个百分点，对经济增长的贡献率为 82.5%；现代服务业占 GDP 比重达到 31%，比 2020 年提高 2 个百分点（见表 3、图 7）。

表 3　2021 年"3+1"主导产业及派生产业增加值

指标	增加值（亿元）	现价增长（%）	占 GDP 比重（%）
旅游及相关产业	587.45	30	9.1
现代服务业	2004.51	23.7	31
高新技术产业	961.96	21.3	14.9
数字经济产业	450.53	22.2	7
热带特色高效农业	962.04	14.1	14.9
医疗健康产业	197.18	1.2	3.0
会展业	92.17	17.1	1.4
现代物流业	241.17	20.1	3.7
海洋经济	1953	8.5	30.2
教育产业	314.78	5.3	4.9

续表

指标	增加值(亿元)	现价增长(%)	占GDP比重(%)
文化及相关产业	229.33	17.4	3.5
体育产业	17.81	6.0	0.3

注：医疗健康产业、会展业、现代物流业、海洋经济、教育产业、文化及相关产业、体育产业为派生产业。

数据来源：海南省统计局。

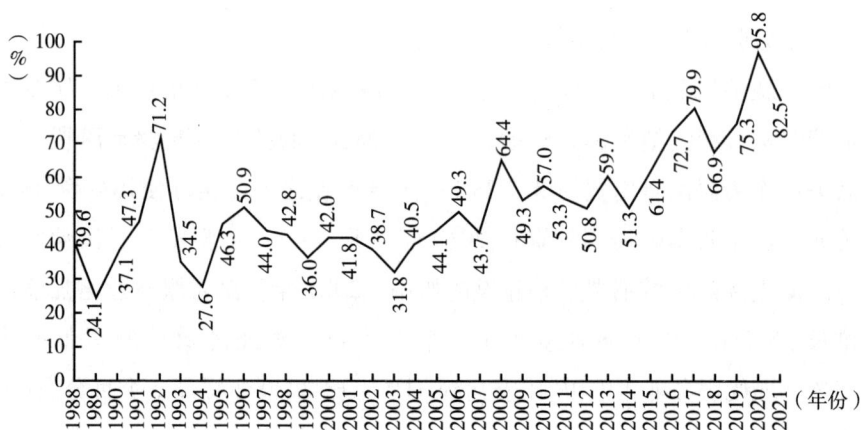

图7　1988~2021年海南服务业对经济增长的贡献率

数据来源：海南省统计局。

2. 消费实现"量质双升"

在免税购物政策刺激下，海南消费的量和质实现了双提升。从量上看，2021年，全省社会消费品零售总额2497.62亿元，同比增长26.5%，两年平均增长13.1%。社会消费品零售总额增速全国第一，两年平均增速全国第一。2022年1~2月，全省社会消费品零售总额418.14亿元，同比增长16.7%，增速比2021年同期两年平均增速加快16.1个百分点。从质上看，2021年海南消费升级类商品销售额较快增长，限额以上单位商品零售中，化妆品类增长59.3%；金银珠宝类增长43.6%；通信器材类增长160.6%；汽车类增长17.4%，其中新能源汽车增长99.6%（见图8）。

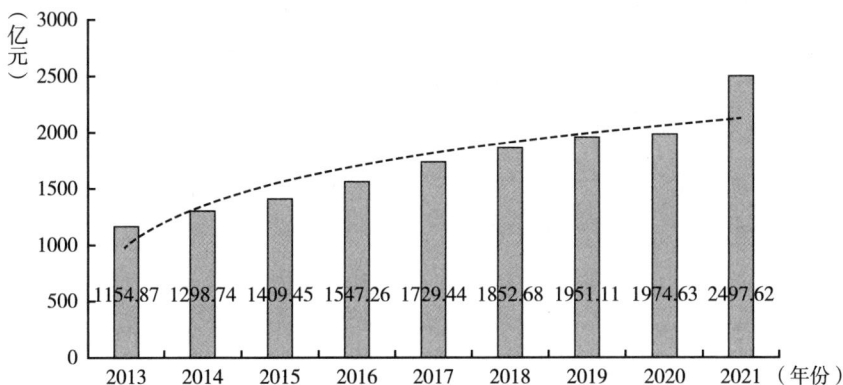

图8　2016～2021年海南社会消费品零售总额

数据来源：海南省统计局。

三　海南国际旅游消费中心建设面临的突出矛盾

2018 年以来，海南国际旅游消费中心建设进入快速发展期。但由于起点低、目标高，海南国际旅游消费中心建设还面临多方面的挑战，要着力破解全国对海南免税购物、国际化服务型消费需求全面快速增长与海南国际化服务不到位、国际化产品供应不足的突出矛盾。

（一）我国免税业市场潜力巨大与海南离岛免税购物"一小两低"的矛盾突出

1. 离岛免税购物规模偏小

从 2011 年 4 月至 2021 年 12 月，海南离岛免税购物累计销售总额为 1308.4 亿元人民币，年均约 119 亿元，仅约占 2021 年国内奢侈品市场销售额的 2.5%。海南免税销售额最高的 2021 年，也仅占 2021 年国内奢侈品市场销售额的 10.5%，与香港旅游零售市场高峰期规模近 5000 亿港元相比，仅相当于香港的 14.7% 左右。

2.免税购物渗透率较低

2021 年，在国际旅游受限及离岛免税购物政策实现重大突破的情况下，海南免税购物转化率、渗透率有显著提高。2021 年，海南的免税店转化率已经超过 40%，与国内的一般商场相比，这一比例已相当高。渗透率从 2014 年的 2.9% 提高到 2021 年的 8.3%，但与韩国 54% 的水平相比，还有较大差距。2019 年韩国人在本土免税店购物人次达 2842.74 万人次，韩国人免税购物渗透率达 54.90%，占韩国免税购物人次的 58.68%。在韩国购物的外国人中，中国游客及代购占比约为 35%，但中国人在韩国免税消费额占韩国免税零售额超 7 成，中国游客成为全球免税消费主力（见表 4）。

表 4 2014~2021 年海南离岛免税购物渗透率

单位：万人次，%

年份	购物人次	接待国内游客	免税购物渗透率
2014	137.00	4722.99	2.90
2015	165.00	5275.68	3.13
2016	173.32	5948.70	2.91
2017	233.40	6633.07	3.52
2018	288.00	7501.04	3.84
2019	384.00	8167.61	4.70
2020	448.40	6432.68	6.97
2021	671.50	8080.72	8.31

数据来源：根据海口海关、海南省统计局相关数据计算。

3.离岛免税购物客单价较低

2021 年，海南离岛免税购物平均客单价为 7367.03 元，与韩国免税购物客单价（14626.9 元人民币）还有较大差距；离国家给予海南 10 万元的额度还有巨大提升空间。

（二）全国对海南服务性消费需求的快速增长与海南现代服务业和服务贸易发展滞后的矛盾突出

1.国际旅游消费中心建设高度依赖服务业发展

在高质量发展阶段，最本质的消费要求是国际化服务和产品。随着国内消费逐渐升级，人们对康养、医疗、文化等消费服务的需求提高。参考国际发展经验，新加坡、巴黎、纽约等各知名区域，服务业占比达70%~80%，主要以金融、保险等现代服务业为主，因此，国际旅游消费中心需要具备发达的现代服务业。

2.海南服务业尤其是现代服务业发展相对滞后

海南2021年服务业占比达61.5%，高出全国平均水平8.2个百分点，但现代服务业占比仅为31%，且与香港（2020年为88.99%）、新加坡（2020年为70.95%）、北京（2021年为81.7%）、上海（2021年为73.3%）相比仍有显著差距。

以医疗健康产业为例。新冠肺炎疫情显著提升了人们对健康消费的需求；医疗健康产业与5G技术的深度融合，也带动了智慧医疗健康产业的快速发展，医疗健康产业支出从2016年的437亿元增长到2020年的1049亿元。2021年海南医疗健康产业增加值为197.18亿元，占GDP比重仅为3.0%，从国际上看，美国、瑞士、德国、法国等欧美发达国家医疗卫生支出占GDP的比重普遍超过10%，OECD国家平均为8.8%，中国目前为6.6%。海南医疗健康产业发展水平与发达国家相比，还有巨大差距。从海南医疗健康产业微观运行看，海南国际医疗产业面临着导游、翻译等国际医疗产业相关人才短缺的问题。国际医疗人才的缺失抑制了国内外游客医疗旅游至海南的动力，制约了海南国际医疗产业的进一步发展（见表5）。

表5　海南与中国香港、新加坡、上海、北京服务业比重比较

单位：%

年份	中国香港	新加坡	上海	北京	海南
2011	91.51	69.02	58.6	78.5	47.0
2012	91.92	69.21	61.0	79.0	48.7
2013	91.11	70.76	63.7	79.5	52.7
2014	90.48	70.34	65.3	80.0	53.0
2015	89.84	69.95	68.3	81.6	54.0
2016	89.53	70.63	70.9	82.3	55.3

续表

年份	中国香港	新加坡	上海	北京	海南
2017	88.64	70.33	70.7	82.7	56.4
2018	88.71	69.23	70.9	83.1	58.5
2019	89.98	70.67	72.9	83.7	59.5
2020	88.99	70.95	73.1	83.8	60.4

数据来源：香港特别行政区政府统计处、新加坡统计局（DOS）、上海市统计局、北京市统计局、海南省统计局。

3. 关键在于加快服务业市场开放和服务贸易创新发展

海南要适应我国居民消费结构升级和全国对海南服务性消费需求快速增长的趋势，关键是要加快服务业市场开放和服务贸易创新发展，以开放促消费，更好满足多层次、多样化消费需求。2018年以来，在自由贸易港开放政策推动下，海南服务业市场开放程度明显提高，服务贸易加快发展。由于历史原因，海南产业开放基础薄弱，服务贸易总体规模小。2021年，海南服务贸易为287.79亿元人民币，仅占全国服务进出口总额的0.54%，仅相当于中国香港（7677.89亿元人民币）的3.7%、新加坡（31628亿人民币）的0.91%。未来要用好并不断优化跨境服务贸易负面清单制度，以服务业市场开放带动海南消费环境提质升级（见图9）。

（三）我国居民新型消费需求快速增长与海南消费领域高质量供给不足的矛盾突出

1. 我国城乡居民新型消费需求快速增长

新一轮科技革命和产业变革、新冠肺炎疫情的历史交汇，消费偏好已从数量型、粗放型逐渐转向质量型，消费新场景和新业态不断涌现。例如，直播带货、线上教育、"无接触"零售逐步成为消费新常态。各类新业态新模式引领新型消费加快发展，线上线下消费正加速融合。2021年，我国网上零售额达13.1万亿元，同比增长14.1%，增速高于同期社会消费品销售总额增速1.6个百分点。实物商品网上零售额达10.8万亿元，对社会消费品

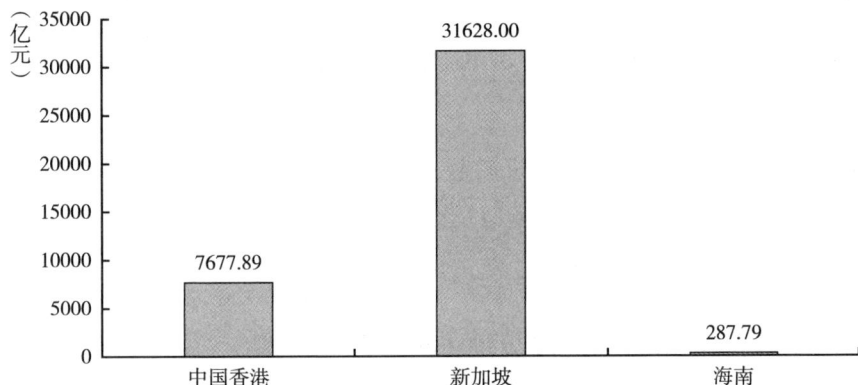

图 9　海南与中国香港、新加坡的服务贸易额比较

数据来源：香港特别行政区政府统计处、新加坡统计局（DOS）、海南省统计局。

零售总额增长的贡献率达到 23.6%，连续 8 年成为全球规模最大的网络零售市场。加快发展新型消费及相关产业，成为各省区市发力的"蓝海"。

2. 海南消费领域缺乏有效的高质量供给掣肘新型消费潜力的释放

从供给端来看，5G、人工智能、云计算、VR/AR、物联网等新技术快速发展，科技变革重塑整个消费品产业链，带来整个消费品市场营销去中心化、渠道不断下沉，产品持续创新升级。从海南消费产品和服务供给现实情况看，海南在高质量促消费供给方面不足。由于个人情况以及需求的不同，海南仍将注意力更多集中在免税购物这一传统零售模式上。需求与供给不对应、产品与品牌不相符等矛盾突出，难以充分释放消费潜力。

数字技术的发展能够为消费者提供更多个性化、定制化的服务，有效针对需求提供商品；2021 年，我国规模以上互联网和相关服务企业完成业务收入 15500 亿元，同比增长 21.2%。近年来，以海南复兴城产业园、海南生态软件园等为平台，海南数字经济产业快速发展。2021 年，海南数字经济产业增加值达到 450.53 亿元，同比增长 22.2%。但海南与浙江等发达省市相比，数字信息消费、数字经济产业发展还有巨大差距。2021 年，海南数字经济产业增加值仅相当于 2021 年浙江省的 5.4%、2019 年广东省的 3.3%、2020 年深圳市的 28.14%。

四 国际旅游消费中心建设的发展策略

海南要抢抓宝贵的"窗口机遇期",在未来5~6年加快落地和创新自贸港政策,培育旅游消费新热点,以早期制度安排取得早期收获,为建设具有世界影响力的国际旅游消费中心奠定重要基础。

(一)加快打造全球最大的免税购物市场

在全球市场萎缩的外部环境下,海南要抢抓时机,加速释放海南离岛免税政策红利,争取在未来3~5年成为全球最大免税购物市场。

1. 创新免税业经营模式

(1)恢复即购即提。海南现在市内免税购物店不是即购即提,必须是在离岛的隔离区内提货,或者选择邮寄或者返岛提。即购即提取消后对旅客购买体验造成影响,降低旅客购买欲望,影响消费潜力。建议恢复采用"即购即提"的模式,消费者购买完商品即可随身带上飞机。购买的时候可以交保证金后即把货物带走,离岛时经核销后再把保证金退回。

(2)提升离岛购物便利性。实地调研访谈发现,70%的旅客在岛内因时间、行程或存货量等因素额度使用不满十万元,但离岛后通过寻找日韩、港澳地区代购满足消费需求,导致潜在消费流失。虽然离岛补购平台一定程度上满足了已离岛旅客的需求,但是在品牌、品类方面仍较为欠缺,无法完全满足旅客需求,建议丰富线上品类,让已离岛旅客通过离岛免税线上平台,在一定期限内(180天内)可利用未使用的额度进行购买,强化线上身份验证,并通过特殊资质的快递公司邮寄至旅客本人,在有效监管内最大限度释放消费潜力,实现消费回流。

(3)放宽酒类等免税消费品管制政策。一是放宽洋酒购买容量限额。现阶段洋酒合计购物限额为1.5升,根据中国传统礼节及消费者日常习惯,酒类通常购买数量为双数,即在现阶段下旅客只能购买单支750毫升以下的洋酒,可选择品牌、价格有限,部分消费者因此放弃购买,亦时常引发客户投诉。二是增加白酒品类。离境免税设有白酒品类，现场常有旅客对于离岛免税无白酒售卖表示不解，希望根据国内消费需求，进一步放宽酒类限制。

2. 加快完善免税购物相关的产业链构建和配套服务

基于自贸港的政策红利，借助消博会的发展平台，提前将海南打造为优质免税商品、资源的"交易所"和"反应炉"，实现差异化竞争与合作发展。将欧洲奢侈品产业链引入自贸港，探索海南免税品的产出与销售的创新模式，促进消费回流、吸引境外投资。加强与北上广深等一线消费城市的互惠协作，协商建立免税商品"区域互补、错位发展"的分销模式，探索创建海南免税业发展"飞地"等。进一步丰富海南国际旅游与免税购物的体验和层次，在统计口径上，建议增加离境退税等消费统计数据。

3. 加强琼港合作

宽松的贸易政策与贸易自由便利化是香港成为国际知名消费中心的重要条件，香港有一套完整全面的免税购物与监管体系，能够与海南国际旅游消费中心充分对接。建议在重点园区探索建立"琼港旅游商品和服务贸易合作示范园区"，合作开展免税消费品保税物流、免税消费品制造、加工和维修业务，与香港联手共建免税购物产业链、供应链、服务链。

（二）打造跨境电商"金名片"

海南有条件通过抓住建设自贸港的历史机遇，把握跨境电商创新发展的"窗口期"，加快打造跨境电商"金名片"。

1. 合理利用海南跨境电商政策优势

为了推动跨境电商产业的发展，《海南省"十四五"建设国际旅游消费中心规划》明确，海南将积极承接海外消费回流，构建离岛免税、岛内居民日用消费品免税、跨境电商三类购物业态并存的多层次免税购物体系。2020年初，根据《关于扩大跨境电商零售进口试点的通知》，海南全岛纳入跨境电商零售进口试点范围。2020年4月，国务院同意在三亚设立跨境电商综合试验区，为海南跨境电商发展提供了更多有利条件。

作为跨境电商进口试点区域，海南能够在全岛范围内采取跨境电商保税进口模式。省内还有相关的扶持政策，如：海口市提供跨境电商物流补贴，对跨境电子商务出口企业年支付EMS、邮政小包等国际物流费用达到100万元以上的，按其国际物流费用的10%给予资金扶持，每家企业扶持资金最多不超过100万元。

2.探索适合海南跨境电商发展的海关通关模式

实现出口跨境电商审批放行全程电子化，对符合条件的报关单自动触发放行，破解电子放行数据从海关到货站"最后一公里"的信息化传输难题。运用"智慧海关"科技成果实现对企业商品入区理货、商品库位情况、打包分拣等关键环节全流程实时监管，提升商品通关效率，精细化实施"一企一策"服务，加强跨境电商转关联系配合，主动对接企业了解通关需求。实现跨境电商业务24小时运转，既"管得住"，又"通得快"。

3.创新跨境电商发展模式

（1）积极拓宽物流渠道。支持各业务现场通过区港联动、陆空联动等方式拓展跨境电商货物出口渠道，常态化开行"跨境B2B+世界班列"线路，推动跨境电商实现从单一物流体系到陆海空邮立体式全链路出运物流体系，实现物流通道换档升级；加大投入构建高水平物流服务保障体系，做好跨境电商的配套服务。

（2）建设一体化合作平台。打造国际经贸合作产业园，促进各国间信息流通，建设多国联通的多式联运转口贸易通道；加强跨境电商大数据平台的构建，创造"线上集成+跨境贸易+综合服务"的综合服务中心。

（3）探索跨境电商物流新模式。大力支持海外仓库的建设，完善海外仓库网络体系，搭建智慧物流平台；建设跨境电商海外发货通道，鼓励跨境电商创新发展，打造跨境电商保税仓直播直发新模式。

（三）以健康产业为重点打好"健康海南"王牌

在全国范围内，海南健康养生的需求量逐渐加大，人民对医疗康养的服务需求量也在迅速增加，海南省应借助海南自由贸易港的发展机遇，充分利用生态环境、经济条件、国际旅游岛这三个主要优势，借医疗健康产业的契机，加快将海南岛打造成"国际健康岛"。

1.彰显特色，实现突破，打造品牌，发展产业

（1）彰显"健康旅游"的特点。海南具有特殊的热带季风气候与丰富的海洋资源，加快黎族医药、温泉、森林等旅游资源开发力度，将旅游业与服务业相结合，开发多样化旅游产品，打造康养旅游胜地，体现旅游业发展的内涵，带动现代服务业的升级与转型。

（2）利用政策促进产业开放。第一，充分利用海南自贸港的特殊优惠政策。国家赋予博鳌乐城国际旅游医疗先行区九条政策优惠，力争全岛能够享受政策优惠。第二，打开健康服务业市场。聚焦健康服务产业突破口，充分利用现有的市场与资源，借鉴先进的康养技术与新型健康服务业态。优化市场、革新政策、培养人才，海南健康服务业发展能够有质的突破。

2.增加医疗健康产业的市场开放度

（1）扩大博鳌乐城国际医疗旅游先行区政策适用范围。与此同时，加快对政策具体落实细则的完善工作，在先行区内的相关企业可在全岛成立分部，以保证其能够享受同等优惠政策；优化医疗设备、技术和药品进出口方面的审批流程，精简审批程序，将国外已批准未上市但国内还未批准的药品审批权下放至海南，赋予海南在国际医疗旅游方面充分的自主权。

（2）开放医疗健康服务业市场。增加市场开放程度，引进国际知名的医疗、康养、保健机构，打造集保健、养老、康复等多功能统一化康养中心，推动境外资本在海南省设立医疗服务机构，放宽经营范围与限制，降低外资控股比例。

3.搭建"创新药械和先进医疗技术国内国际双循环"的重要平台

（1）创新监管体制和模式。坚持"放得开、管得住"，稳步推进医药监管改革，夯实高质量发展的基础，打消国际药械企业对于药械使用风险的顾虑。创新实施"医疗+药品"一体化监管模式，实现业务协同、资源共享，从而形成监管合力，提高监管效能。对于临床急需进口特许药械要加强对其采购、运输、通关、储藏、使用的全程监管，保证可以有效追踪药品来源，搭建全流程追溯平台。

（2）打造全球真实世界研究的新高地。依托国家药监局药品医疗器械监管科学研究基地（海南省真实世界数据研究院），汇聚监管部门、临床机构、研究机构、药械企业和社会团体、院士专家团队等各方力量，打造国内国际药品医疗器械真实世界数据研究的学术权威，推动真实世界数据应用项目抢占"世界第一"。借鉴国际经验，拓展真实世界研究在商保、医保目录谈判中的应用探索，以及在专病专科方面的探索。

（3）鼓励支持科研和创新项目落地。推动华西医学中心研究院、真实世界数据研究院、上海交大医学院研究院、博鳌研究型医院等在"十四五"期间运作并取得一批研究成果；引入委托研究机构（CRO）/临床机构管理组织（SMO）和药械研发机构；抢抓第三批大众创业万众创新示范基地创建机遇，聚焦医疗器械等健康产业领域，推进科技成果转化与应用，搭建创新创业的国际化平台，打造具有国际竞争力的全球化医疗健康产业创新创业示范基地。

（四）吸引国际教育消费

1. 积极探索国际教育合作新模式

探索建立涉外人员子女专门学校，解决境外人员子女的就学问题，形成由幼儿教育—小学—初中—高中构成的国际化基础教育体系。支持引进国外知名大学、职业教育机构以控股、独资等方式在海南设立分校。重点支持港澳（台）高等院校在海南独资、合资、合作办学。支持有条件的优质高中创办"国际课程班""国际学校"。实施自由留学政策，为海外学生进入海南建立更为灵活、迅速和透明的签证申请及审理程序系统。与国外相关机构合作，打造素质教育中心与研学服务中心，为国内有发展需求的学生提供高水平素质教育服务。

2. 创新适应服务业大发展需要的高校人才培养模式

争取国家支持，整合资源筹办综合性的"海南旅游大学""海南服务业大学"等；根据海南旅游及相关服务业发展方向与实际需求，调整现有高校专业科类，建设一批国家级和省级重点专业；优化服务业专业师资队伍结构，引进和培养一批教学名师和学科带头人；从企业引进一批具有一定学历和丰富经验的人才充实师资队伍；选派优秀教师赴国内外知名院校学习或到服务型企业进行交流学习；加快引进、消化和吸收国外服务业教育课程体系和教材。

3. 将海南打造成为国内外教育衔接中心

利用自贸港建设背景下拥有人员进出便利政策优势，引进外教资源，吸引国内外留学机构赴琼办学，发展外语教育和国际文化教育，打造留学预科中心与国际文化学习中心。探索为有国际发展需求的国内人员提供国际注册会计师等资质证书培训与考试平台，建设为有国际视野与国际资质人才服务的教育中心；为境外人员提供中文教育服务，为希望来华发展的境外人员对接国内相关资质考试，如监理工程师、注册建筑师、环境影响评价工程师、设备监理师、注册测绘师等职业资格考试。

（五）打造海南"国际电影岛"

海南可以依靠独特自然环境和政策红利，通过打造全产业链的电影产业体系，充分发挥电影节的辐射带动作用，引进优质资本，建立健全标准化、专业化的电影拍摄服务体系，把海南打造成为"国际电影岛"。

1. 抓住机遇打造"海南电影岛"

（1）用好进口影片引进权。积极引进国内未上映的国际热门商业电影，用好海南的电影审批权，让海南岛成为"电影特区"。让更多商业大片、探索性影片、经典重映影片、国外分级影片等能在海南与中国观众见面，让消费者赴琼观影成为时尚，打造海南娱乐综合体，体现海南的开放特色。

（2）提供优于国内其他省市的影视产业扶持政策。从土地、财政、税收、金融、商事制度、人才引进等多方面给予具体支持。在全省范围内规划建设多层次、多功能的影视产业基地，吸引国内外电影人、电影投资方到海南落户、开机、拍片。

（3）支持影视新兴业态。鼓励发展网络影视，定期举办网络视听创新大赛、短视频大赛、微电影展等活动。支持影视企业与文化创意、数字内容、主题娱乐的融合发展,支持应用各类影视技术和作品成果 IP。

2. 打造电影人才集聚创业平台

(1)扩大海南国际电影节影响力。借鉴国际顶尖电影节发展模式,引进国际资源,探索电影奖项设置,将海南国际电影节打造成具有国际吸引力的高水平电影宣发平台。

(2)夯实专业人才队伍。对从事视效、音效、剪辑、调色、配音、三维动画等领域专业人才,研究探索建立有针对性的职称评价办法。鼓励行业相关企业组织开展职业技能培训。

(六)打造"国际电竞港"

海南既有天然优势也有政策优势推进发展电竞产业。从自然条件看,海南拥有的生态环境稀缺资源,既有利于提高竞技水平,也有利于推进电竞产业化。依托海南的生态旅游资源,在海南景区举办电竞赛事,能提升赛事的体验度和舒适度。

1. 电竞产业促消费潜力日益展现

2021 年全球电竞运动领袖峰会发布的《2021 中国电竞运动行业发展报告》显示,2021 年全球电竞观众将增至 4.74 亿,其中核心电竞爱好者将达到 2.34 亿。2021 年,中国电竞用户达到 4.25 亿,成为世界拥有核心电竞爱好者最多的区域,人数达到 9280 万。全球电竞赛事营收规模将达到 10.84 亿美元,中国凭借 3.6 亿美元的收入成为全球赛事收入最高的电竞市场。到 2024 年,全球电竞观众预计增至 5.77 亿,全球电竞赛事规模预计将超过 16 亿美元。

2. 海南有政策、有条件打造"国际电竞港"

(1)利用好电子游戏审批权下放海南的政策。鼓励国内游戏企业在海南设立分公司,制作优质游戏,输出优质服务。适当放宽对游戏内容的审核,鼓励游戏企业大胆创新、自主发挥、自主创造,学习国际高水平游戏开发模式,优化用户体验,打造一批具有时代特色与国际吸引力的高品质电竞游戏产品。

（2）用好海南免税政策。电竞游戏产业作为海南自贸港鼓励类产业之一，可在海南自贸港享受15%的企业所得税优惠政策。符合相关条件的电竞人才，亦可在海南自贸港享受15%的个人所得税优惠的相关政策。向国内外电竞游戏公司大力宣传免税政策，吸引其在海南设立研发部门。

3.积极推动"电竞+"融合发展

（1）推动"电竞+文化"融合发展。相较于欧美的电竞产业，中国电竞产业发展模式单一。美国主要采取的是"IP+娱乐"的模式，先通过打造出特色的文化标签，如米老鼠、漫威等主题，再通过文化输出制成游戏，迅速提高游戏影响力。未来海南可以通过大力推动电竞娱乐文化产业在海南落地发展，利用中国广阔的电竞市场与人才资源，挖掘中国文化资源，创新游戏内容，打造中国的电竞娱乐IP，为海南发展提供源源不断活力的同时形成发展特色，提高知名度与美誉度。

（2）推动"电竞+会展"融合发展。秉持"以展带赛，以赛促展"的发展理念，支持举办以电竞赛事为核心、辐射电竞产业链的电竞展会。鼓励各类展会会期同步开展电竞嘉年华、电竞动漫展等系列活动，丰富展会内涵，推动电竞与会展业创新融合发展。

（3）推动"电竞+旅游"融合发展。支持特色旅游城市筹办高水平电竞赛事，以"观赛+体验+旅游"的形式，扩大电竞体育旅游消费群体。鼓励开发特色电竞体育旅游产品，全省旅游景区场景融入线上电竞赛事。

（七）大力发展高端消费品加工产业

用好海南自贸港加工增值30%免关税政策，通过"保税加工转离岛免税"渠道进入国内市场，提高海南中高端消费品加工制造能力，为海南国际旅游消费中心建设提供工业支撑。

1.珠宝加工

我国是世界上最大的彩色宝石、钻石、黄金消费国之一，90%的原材料依赖进口。2019年，我国珠宝原料进口总量约1730吨。其中，毛坯钻石、彩色宝石、玉石、贵金属和珍珠等其他珠宝原料为主要进口品类，主要进口国家包括澳大利亚、加拿大、泰国等。"十四五"时期，提前布局珠宝加工产业链，积极引进国内外珠宝加工企业，通过进口钻石、黄金、铂金等贵金属首饰及零件，发展从设计、执模、打磨到镶石、抛光、电镀的珠宝首饰加工业，积极向展示、拍卖、仓储、分拨转运等产业链下游拓展，利用加工增值免税政策，吸引国际、国内珠宝研发品牌的投资，打造知名的珠宝创意设计地。

2. 化妆品加工

海南全岛已有的 10 家免税店中，化妆品是免税商品消费的主要构成。"十四五"时期，根据海南免税品经营的主要情况以及海南自由贸易港的优惠政策，升级传统的发展加工模式。积极吸引全球化妆品品牌代工企业，建立南方化妆品加工厂。延长化妆品加工下游产业链发展，推广"本地加工生产+电商销售"模式，与阿里巴巴、京东、苏宁等电商合作，加快化妆品加工业发展。

3. 香水加工

随着人均可支配收入上升以及消费者观念的转变，对个人护理、卫生及加香产品的需求日益增长，中国香水市场规模逐年扩大，带动香水原料加工业快速发展。2019 年，我国香水原料进口总量约 1730 吨，其中，薄荷醇、橙油、苯甲醛、苄醇等其他香水原料为主要进口品类，主要进口国家包括印度、德国、美国、巴西等。"十四五"时期，继续支持上海家化等香化企业提高研发技术、开发新产品线、扩大生产规模，充分利用海南自由贸易港的加工增值免关税政策，积极引进知名香精制造商企业，建立南方香水原料加工基地。

4. 咖啡加工

中国咖啡主要分布在云南、海南等热带地区。咖啡是海南重要的热带经济作物，其中澄迈县是主要种植地之一。2020 年，我国咖啡进口总量约 7.1 万吨，其中，已焙炒咖啡（进口关税为 15%）进口量约 1.4 万吨，未焙炒咖啡（进口关税为 8%）进口量约 5.7 万吨，主要进口国家包括巴西、危地马拉、哥伦比亚、埃塞俄比亚、印度尼西亚等。中国咖啡有效消费人口已达 3.3 亿，占中国人口的 23%。海南接待游客量超过 0.8 亿人次，根据海南自由贸易港"加工增值免关税政策",在海南加工的咖啡产品,一部分经"二线"销往内地,一部分销往免税城。预计未来在海南免税城购买咖啡的人次达0.2亿,咖啡加工业具有广阔的发展前景。"十四五"时期,海南可以通过积极引进咖啡加工知名企业进驻,探索建设咖啡小城、咖啡博物馆、咖啡加工品检验检测中心等项目,提前布局咖啡加工产业链,力争打造南方咖啡加工生产基地。

5. 可可加工

2020年,我国可可脂、可可油进口总量约1.48万吨,主要进口国家包括科特迪瓦、加纳、尼日利亚等,国内市场对可可需求量仍然较大。海南是我国最大的可可种植地,具有可可加工得天独厚的资源优势。海南自由贸易港"加工增值免关税政策"对高附加值可可脂、可可油进口加工企业,巧克力制造企业发展具有明显的政策性优势。"十四五"时期,充分利用好海南本地可可资源,积极引进国内外知名巧克力制造企业,大力发展可可加工产业。

6. 水果加工

海南以其优越的自然条件在水果生产,特别是热带水果生产方面有着先天优势。随着经济发展,国民收入增加,人民生活水平不断提高,对食品品质也提出了更高要求。追求绿色、健康、天然无污染食品已成为一种潮流。对水果精深加工进行研发生产,如高品质果汁饮料、果干、果花茶、果醋、果酒以及保健药品生产等在满足国内外市场需求方面扮演着重要角色。水果深加工产品市场前景广阔,附加值高。海南利用天然优势,加大经费的投入,不断加强自主创新能力,并将研发成果应用到实际生产中,丰富深加工产品,延长产业链。

参考文献

[1]《中央经济工作会议在北京举行习近平李克强作重要讲话》,《人民日报》2021

年 12 月 11 日。

[2]《中华人民共和国国民经济和社会发展第十四个五年规划和 2035 年远景目标纲要》，《人民日报》2021 年 3 月 13 日。

[3] 迟福林：《中国消费：构建双循环新发展格局》，工人出版社，2021，第 4~5 页。

[4] 迟福林：《"十四五"服务贸易发展的三大趋势》，《服务外包》2021 年第 Z1 期，第 68~70 页。

[5] 朱迪：《新兴中等收入群体的崛起：互联网消费特征及其经济社会价值》，《社会科学辑刊》2022 年第 1 期，第 46~58 页。

[6] 夏锋：《打好国际旅游消费中心这张"王牌"》，《光明日报》2020 年 6 月 23 日。

[7] 夏锋：《加快海南国际旅游消费中心建设》，《经济日报》2020 年 7 月 17 日。

[8]《海南离岛免税：同比大幅增长》，海南自由贸易港官网，2022 年 3 月 29 日。

[9]《一季度海南离岛免税品销售超 2000 万件：金额同比增长 8.4%》，《海南日报》2022 年 4 月 12 日。

[10] 刘自更：《2021 年海南省经济运行情况》，海南省统计局，2022 年 1 月 19 日。

[11]《2021 年海南省国民经济和社会发展统计公报》，《海南日报》2022 年 2 月 22 日。

[12] 冯飞：《政府工作报告——二〇二二年一月二十一日在海南省第六届人民代表大会第五次会议上》，海南日报客户端，2022 年 1 月 26 日。

[13]《习近平向首届中国国际消费品博览会致贺信》，新华社，2021 年 5 月 6 日。

[14] 迟福林：《着眼中长期打好海南免税购物"王牌"》，《中国经济时报》2022 年 3 月 24 日。

[15] 中国信息通信研究院：《5G 时代智慧医疗健康白皮书》，中国信通院网，2019。

[16] 冯其予：《消费市场持续稳定增长》，《经济日报》2022 年 3 月 31 日。

[17]《数字经济实现飞跃式发展 开创领跑新局面》，《人民邮电报》2022 年 4 月 6 日。

[18] 夏锋、陈志鹏：《发挥好海南自贸港促进双循环的重要作用》，《经济日报》2022 年 3 月 22 日。

[19]《海南省商务发展"十四五"规划》，海南自由贸易港官方网站，2021 年 11 月 29 日。

[20]《智慧海南总体方案（2020—2025 年）》，海南自由贸易港官方网站，2021 年 8 月 14 日。

[21]《海南省高新技术产业"十四五"发展规划》，海南自由贸易港官方网站，2021 年 7 月 8 日。

［22］迟福林:《着眼中长期打好海南免税购物"王牌"》,《中国经济时报》2022年3月24日。

［23］智研咨询:《2020～2026年中国免税店行业市场现状及前景战略分析报告》2020年8月。

［24］携程、银联国际:《2019中国人出境旅游消费报告》2019年11月。

［25］《2021年前三季度全省医疗健康产业增加值为122.73亿元》,《北京青年报》2022年2月13日。

［26］《海南省国民经济和社会发展第十四个五年规划和2035年远景目标纲要》,国家发展改革委网站,2022年1月17日。

［27］教育部:《2018年来华留学统计》,教育部网站,2019年4月12日。

［28］夏锋:《以健康产业为重点打好"健康海南"王牌》,《中国经济时报》2018年4月25日。

［29］海南博鳌乐城国际医疗旅游先行区管理局:《关于博鳌乐城先行区开启高质量发展新篇章逐步从"政策高地"迈向"平台高地"的报告》,2022。

后　记

　　《海南高质量发展报告（2022）》是海南省社会科学界联合会、海南省社会科学院组织编写的一部记录海南高质量发展进展情况的专著，旨在落实海南省委主要领导提出的"当好省委省政府的重要智库"的重要指示精神。该项目立项为"2022年海南省规划重点课题"，由海南省社会科学界联合会、海南省社会科学院组织省内有关领域专家、学者和政府工作人员联合攻关完成。

　　参加本课题研究和管理人员共30多人，主要来自海南省内重点高校、党委政府部门，研究团队中既有社科理论专家学者，也有政府和企业的实践者，大家不断碰撞思想，分享独特的思维，提出各自的专业见解，团结一致，共同完成了本报告的创作。

　　另外，本报告在研究、撰写、编辑和印刷出版过程中，得到了各级领导和热心人士的支持和帮助，海南经贸职业技术学院作为项目执行主体做了大量实际工作，省社科院自由贸易港所负责学术把关和专家遴选，省社科院科研管理处负责具体统筹联络，大家各司其职，相互协作，让本报告如期完成，在此，一并表示衷心的感谢。

　　虽然，国家和省级层面都对高质量发展进行了很多深入的探讨，但海南省目前这方面的研究成果不多。本课题组结合现实与未来、需要与可能，以及高质量发展的理论与实践，集体研究破题，精心谋篇布局，合理设置海南自由贸易港高质量发展的特色专题。但因为首次研究此类专题并将成果以蓝皮书形式出版，疏漏之处难免，敬请各位专家和读者批评指正。

课题组

2022年10月30日

社会科学文献出版社

皮 书

智库成果出版与传播平台

❖ 皮书定义 ❖

皮书是对中国与世界发展状况和热点问题进行年度监测，以专业的角度、专家的视野和实证研究方法，针对某一领域或区域现状与发展态势展开分析和预测，具备前沿性、原创性、实证性、连续性、时效性等特点的公开出版物，由一系列权威研究报告组成。

❖ 皮书作者 ❖

皮书系列报告作者以国内外一流研究机构、知名高校等重点智库的研究人员为主，多为相关领域一流专家学者，他们的观点代表了当下学界对中国与世界的现实和未来最高水平的解读与分析。截至2021年底，皮书研创机构逾千家，报告作者累计超过10万人。

❖ 皮书荣誉 ❖

皮书作为中国社会科学院基础理论研究与应用对策研究融合发展的代表性成果，不仅是哲学社会科学工作者服务中国特色社会主义现代化建设的重要成果，更是助力中国特色新型智库建设、构建中国特色哲学社会科学"三大体系"的重要平台。皮书系列先后被列入"十二五""十三五""十四五"时期国家重点出版物出版专项规划项目；2013~2022年，重点皮书列入中国社会科学院国家哲学社会科学创新工程项目。

皮书网

（网址：www.pishu.cn）

发布皮书研创资讯，传播皮书精彩内容
引领皮书出版潮流，打造皮书服务平台

栏目设置

◆ 关于皮书

何谓皮书、皮书分类、皮书大事记、
皮书荣誉、皮书出版第一人、皮书编辑部

◆ 最新资讯

通知公告、新闻动态、媒体聚焦、
网站专题、视频直播、下载专区

◆ 皮书研创

皮书规范、皮书选题、皮书出版、
皮书研究、研创团队

◆ 皮书评奖评价

指标体系、皮书评价、皮书评奖

◆ 皮书研究院理事会

理事会章程、理事单位、个人理事、高级
研究员、理事会秘书处、入会指南

所获荣誉

◆ 2008 年、2011 年、2014 年，皮书网均
在全国新闻出版业网站荣誉评选中获得
"最具商业价值网站" 称号；
◆ 2012 年，获得 "出版业网站百强" 称号。

网库合一

2014 年，皮书网与皮书数据库端口合
一，实现资源共享，搭建智库成果融合创
新平台。

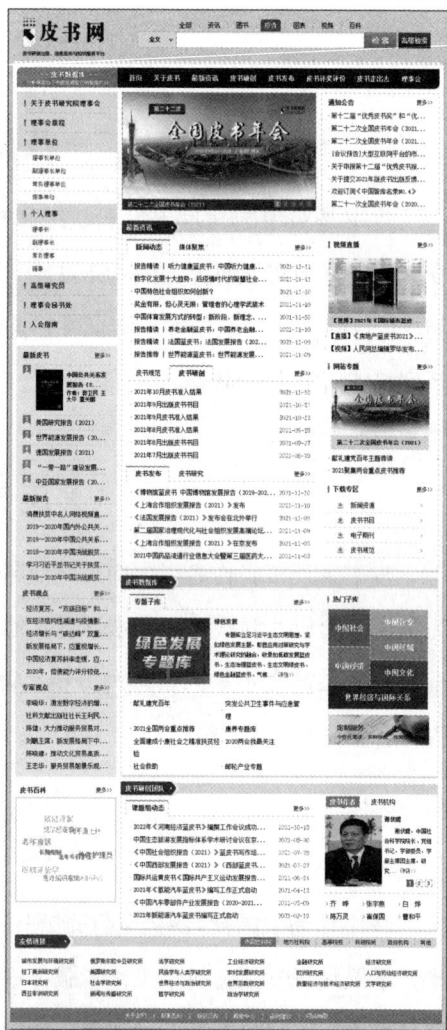

皮书网　　　"皮书说"　　　皮书微博
　　　　　微信公众号

权威报告·连续出版·独家资源

皮书数据库
ANNUAL REPORT(YEARBOOK)
DATABASE

分析解读当下中国发展变迁的高端智库平台

所获荣誉

- 2020年，入选全国新闻出版深度融合发展创新案例
- 2019年，入选国家新闻出版署数字出版精品遴选推荐计划
- 2016年，入选"十三五"国家重点电子出版物出版规划骨干工程
- 2013年，荣获"中国出版政府奖·网络出版物奖"提名奖
- 连续多年荣获中国数字出版博览会"数字出版·优秀品牌"奖

皮书数据库　　"社科数托邦"
　　　　　　　　微信公众号

成为会员

　　登录网址www.pishu.com.cn访问皮书数据库网站或下载皮书数据库APP，通过手机号码验证或邮箱验证即可成为皮书数据库会员。

会员福利

- 已注册用户购书后可免费获赠100元皮书数据库充值卡。刮开充值卡涂层获取充值密码，登录并进入"会员中心"—"在线充值"—"充值卡充值"，充值成功即可购买和查看数据库内容。
- 会员福利最终解释权归社会科学文献出版社所有。

数据库服务热线：400-008-6695
数据库服务QQ：2475522410
数据库服务邮箱：database@ssap.cn
图书销售热线：010-59367070/7028
图书服务QQ：1265056568
图书服务邮箱：duzhe@ssap.cn

社会科学文献出版社 皮书系列
SOCIAL SCIENCES ACADEMIC PRESS (CHINA)

卡号：293384328683
密码：

S 基本子库
UB DATABASE

中国社会发展数据库（下设 12 个专题子库）

紧扣人口、政治、外交、法律、教育、医疗卫生、资源环境等 12 个社会发展领域的前沿和热点，全面整合专业著作、智库报告、学术资讯、调研数据等类型资源，帮助用户追踪中国社会发展动态、研究社会发展战略与政策、了解社会热点问题、分析社会发展趋势。

中国经济发展数据库（下设 12 专题子库）

内容涵盖宏观经济、产业经济、工业经济、农业经济、财政金融、房地产经济、城市经济、商业贸易等 12 个重点经济领域，为把握经济运行态势、洞察经济发展规律、研判经济发展趋势、进行经济调控决策提供参考和依据。

中国行业发展数据库（下设 17 个专题子库）

以中国国民经济行业分类为依据，覆盖金融业、旅游业、交通运输业、能源矿产业、制造业等 100 多个行业，跟踪分析国民经济相关行业市场运行状况和政策导向，汇集行业发展前沿资讯，为投资、从业及各种经济决策提供理论支撑和实践指导。

中国区域发展数据库（下设 4 个专题子库）

对中国特定区域内的经济、社会、文化等领域现状与发展情况进行深度分析和预测，涉及省级行政区、城市群、城市、农村等不同维度，研究层级至县及县以下行政区，为学者研究地方经济社会宏观态势、经验模式、发展案例提供支撑，为地方政府决策提供参考。

中国文化传媒数据库（下设 18 个专题子库）

内容覆盖文化产业、新闻传播、电影娱乐、文学艺术、群众文化、图书情报等 18 个重点研究领域，聚焦文化传媒领域发展前沿、热点话题、行业实践，服务用户的教学科研、文化投资、企业规划等需要。

世界经济与国际关系数据库（下设 6 个专题子库）

整合世界经济、国际政治、世界文化与科技、全球性问题、国际组织与国际法、区域研究 6 大领域研究成果，对世界经济形势、国际形势进行连续性深度分析，对年度热点问题进行专题解读，为研判全球发展趋势提供事实和数据支持。

法律声明

"皮书系列"（含蓝皮书、绿皮书、黄皮书）之品牌由社会科学文献出版社最早使用并持续至今，现已被中国图书行业所熟知。"皮书系列"的相关商标已在国家商标管理部门商标局注册，包括但不限于 LOGO（▧）、皮书、Pishu、经济蓝皮书、社会蓝皮书等。"皮书系列"图书的注册商标专用权及封面设计、版式设计的著作权均为社会科学文献出版社所有。未经社会科学文献出版社书面授权许可，任何使用与"皮书系列"图书注册商标、封面设计、版式设计相同或者近似的文字、图形或其组合的行为均系侵权行为。

经作者授权，本书的专有出版权及信息网络传播权等为社会科学文献出版社享有。未经社会科学文献出版社书面授权许可，任何就本书内容的复制、发行或以数字形式进行网络传播的行为均系侵权行为。

社会科学文献出版社将通过法律途径追究上述侵权行为的法律责任，维护自身合法权益。

欢迎社会各界人士对侵犯社会科学文献出版社上述权利的侵权行为进行举报。电话：010-59367121，电子邮箱：fawubu@ssap.cn。

社会科学文献出版社